Berghof Foundation I Wir stärken Dich e.V.

Günther Gugel

Handbuch Gewaltprävention III

Für den Vorschulbereich und die Arbeit mit Kindern

Grundlagen – Lernfelder – Handlungsmöglichkeiten

Reihe Handbuch Gewaltprävention:
1. Grundschule
2. Sekundarstufen
3. Vorschulbereich
www.schulische-gewaltpraevention.de

Impressum

Günther Gugel: Handbuch Gewaltprävention III
Für den Vorschulbereich und die Arbeit mit Kindern
Grundlagen – Lernfelder – Handlungsmöglichkeiten

© 2014 Berghof Foundation / Wir stärken Dich e.V.

Gestaltung: Manuela Wilmsen, eyegensinn
Bildnachweis: alle Fotos Jan Roeder, Gauting, außer: S. 77: wiki commons, S. 99: Unabhängiger Beauftragter zu Fragen des sexuellen Kindesmissbrauchs, S. 152: Talheimer Verlag, S. 283: ift, S. 312: Flimmo, S. 315: Landesanstalt für Medien NRW

Trotz aller Bemühungen ist es uns leider nicht in jedem Fall gelungen, die Rechteinhaber ausfindig zu machen. Sie werden gebeten, sich ggf. an den Verlag zu wenden.
Druck: Deile, Tübingen

Berghof Foundation / Friedenspädagogik Tübingen
Corrensstr. 12, 72076 Tübingen, Telefon 0 70 71 - 92 05 10
info-tuebingen@berghof-foundation.org
www.friedenspaedagogik.de; www.berghof-foundation.org

Das Handbuch Gewaltprävention III ist ein Projekt von „Wir stärken Dich e.V.", das als Kooperationsprojekt mit der Berghof Foundation entwickelt wurde.

ISBN 978-3-932444-70-8

Inhalt

Vorwort

Gewaltpräventionsforschung weist immer wieder darauf hin, dass Gewaltprävention früh beginnen muss, um ihre Wirksamkeit entfalten zu können. Insbesondere der Bereich des Kindergartens und der Vorschule ist bislang jedoch nur unzureichend im Blick (gewalt-)präventiver Programme.

Das *Handbuch Gewaltprävention für die Vorschule und die Arbeit mit Kindern* knüpft an die vorliegenden Handbücher „Gewaltprävention in der Grundschule" (2008) und „Gewaltprävention in den Sekundarstufen" (2009) an und entfaltet diesen Ansatz für den Elementarbereich. Der Zugang dieser Handbücher zur Gewaltprävention und dessen konkrete Ausgestaltung hat in der Fachwelt sowie der Praxis ein äußerst positives Echo gefunden, da er keine isolierten Maßnahmen anbietet, sondern einen umfassenden ganzheitlichen Blick auf die verschiedenen Einflussfaktoren von Gewalt ermöglicht und konkrete Handlungsmöglichkeiten aufzeigt. Insbesondere trägt er dem Stand der wissenschaftlichen Diskussion Rechnung, nach der Gewaltprävention Teil der Organisationsentwicklung pädagogischer Einrichtungen sein muss und das Umfeld einzubeziehen ist.

Der Band beinhaltet kein neues Präventionsprogramm, das genau so in die Praxis umzusetzen ist. Er verdeutlicht vielmehr die Voraussetzungen und Grundbedingungen von Gewaltprävention und entwickelt so einen Handlungsrahmen mit sehr konkreten Vorschlägen.

Jeder Baustein besteht aus den Bereichen „Grundwissen", „Problemfelder", „Überlegungen zur Umsetzung" und „Materialien". Unter dem Aspekt, dass alle Betroffenen einbezogen werden sollen, werden Materialien angeboten, die für Fachkräfte, Eltern, die gesamte Einrichtung und (wo immer möglich) auch für Kinder bestimmt sind und die spezifischen Anforderungen dieser Gruppen berücksichtigen.

Obwohl der Band der besseren Gliederung und Darstellung wegen in einzelne Kapitel (Bausteine) aufgeteilt ist, stellen diese keine Lernmodule im Sinne von in sich geschlossenen Programmen dar. Vielmehr handelt es sich um ein offenes Konzept, das Anregungen und Hinweise auf konkretes pädagogisches Handeln gibt und einen Rahmen für spezifische Präventionsprogramme bietet.

Günther Gugel, Januar 2014

Begleitwort

Beim vorliegenden *Handbuch Gewaltprävention III für den Vorschulbereich und die Arbeit mit Kindern* stellt sich den Leserinnen und Lesern vielleicht die Frage, ob der Komplex von Aggression und Gewalt ein Problem darstellt, das bereits für diese Altersgruppe aufgegriffen werden muss. Der Leitgedanke, der diesem Handbuch zugrunde liegt, ist jedoch ein anderer.

Themen der Gewaltprävention frühzeitig aufzugreifen kann Kinder insbesondere in der frühen Phase ihrer Entwicklung fördern, in der vielfältige soziale und emotionale Kompetenzen erworben werden und sich etwaige Verhaltensauffälligkeiten noch nicht verfestigt haben. Durch gewaltpräventive Maßnahmen und konkrete Handlungsangebote im Vorschulbereich und einen umfassenden Blick auf die Faktoren, die Einfluss auf Gewalt nehmen, können Verhaltensstörungen verhindert, Risikofaktoren vermindert, positives Sozialverhalten gefördert und die Kompetenzen der Kinder spielerisch gestärkt werden. Konflikte lassen sich zwar nicht grundsätzlich vermeiden, aber je zeitiger Kinder lernen, diese gewaltfrei zu lösen, desto besser können sie auch im späteren Erwachsenendasein damit umgehen. Präventionsmaßnahmen sind somit für diese Altersgruppe als besonders wirksam und nachhaltig anzusehen.

Mit dem vorliegenden *Handbuch Gewaltprävention III für den Vorschulbereich und die Arbeit mit Kindern*, möchte *Wir stärken Dich e. V.* dazu beitragen, sich auf sachlicher und fachlicher Ebene mit dieser Thematik auseinanderzusetzen.

Mit der nun vorliegenden Trilogie der Handbücher Gewaltprävention I–III wurde ein in sich geschlossenes umfassendes Werk zum Thema Gewaltprävention für alle Altersstufen geschaffen.

Unser besonderer Dank gilt der *Berghof Foundation* und insbesondere dem Autor Günther Gugel für die Ausarbeitung der Thematik und die gute langjährige Zusammenarbeit.

Wir stärken Dich e. V., Januar 2014

1.1 Klärungen

Grundwissen

Materialien
Für Pädagogen und Eltern

9

Gewalt ist immer präsent

Kinder haben ein Recht auf gewaltfreie Erziehung. Von Anfang an. Nicht nur, weil dies seit dem Jahr 2000 im Bürgerlichen Gesetzbuch steht oder weil es für die Gesellschaft, langfristig betrachtet, kostengünstiger ist, in Prävention zu investieren, anstatt in spätere Therapien und Jugendgefängnisse (Berth 2012). Sondern einfach, weil zu jedem Menschen eine ihm eigene Würde gehört, die durch die Anwendung von Gewalt, gleich von welcher Seite und zu welchem Zweck, negiert wird. Menschen können nur zusammen leben, wenn sie gewaltfrei miteinander umgehen. Dies ist die Grundlage jeder freien Gesellschaft und jeder Demokratie.

Gewaltprävention hat in den letzten Jahren einen regelrechten Boom erlebt. Dabei hat sich die Erkenntnis durchgesetzt, dass Prävention bereits im frühen Kindheitsalter beginnen sollte, um mögliche spätere negative Folgen von kindlichen Gewalterfahrungen zu verhindern. Gewaltprävention ist mit der Absicht oder gar dem Versprechen verbunden, Gewalt im Bereich von Kindern und Jugendlichen zu reduzieren, wenn nicht ganz abzuschaffen.

Diese Absicht wird mit der Erkenntnis konfrontiert, dass auch in modernen Gesellschaften ein weitgehend gewaltfreier Umgang als Grundlage des Zusammenlebens nicht gänzlich garantiert ist und wohl auch nicht garantiert werden kann. Die Gesellschaften, so der Historiker Sieferle (1998, S. 28), könnten der Gewalt nicht entkommen. Sie könnten nur versuchen, ihr eine kulturell verträgliche Form zu geben. Gewaltprävention will hierzu einen Beitrag leisten.

Das Vorhandensein und die Suche nach den Ursachen von Gewalt sowie der Umgang damit gehören zu den großen Menschheitsthemen. Gewalt war und ist geschichtlich gesehen immer schon da. Nicht nur zwischen Menschen, sondern auch in Institutionen, Gemeinschaften und Gesellschaften. Dabei wurde und wird immer unterschieden zwischen der guten Gewalt als legitimes Mittel, um übergeordnete Ziele zu erreichen, und der schlechten Gewalt, die egoistisch und gemeinschaftsschädlich ist.

Gewalt ist eine Grundkonstante menschlichen Verhaltens, auf die immer dann zurückgegriffen wird, wenn andere Verhaltensweisen nicht zur Verfügung stehen. Entwicklungspsychologisch betrachtet taucht sie in bestimmten Lebensphasen wie z.B. dem Jugendalter besonders häufig auf. Deshalb sind Gewalt und Gewaltprävention auch wichtige Themen für die Begleitung von Kindern. Dabei geht es immer auch darum, was normales, erwartbares Verhalten ist, wann von der Norm abgewichen wird und wie dies zu bewerten ist. Denn was als Gewalt in der jeweiligen Situation bezeichnet wird, ist immer kultur- und kontextspezifisch und darüber hinaus historisch einzuordnen.

Gewalt ist jedoch nicht nur Abweichung von Normalität. Gewalt konstituiert sich auch aus sich selbst und ist ein eigenes Handlungs- und

Prävention

„Prävention ist zunächst das eigentliche und primäre Geschäft der Pädagogik. Prävention meint, dass Verhältnisse so stabil sein müssen, dass sich in ihnen schwieriges Verhalten nicht entwickelt bzw. dass es da, wo es anfängt sich zu entwickeln, aufgehalten und abgefangen werden kann. Prävention zielt auf Verhältnisse, die ein gelingendes Großwerden möglich machen. Prävention zielt darauf, und da gibt es großen Nachholbedarf, dass die Schulen [bzw. die vorschulischen Einrichtungen – d.V.] gut sind, dass die familialen Verhältnisse verlässlich und attraktiv sind, aber auch, dass es ein Gemeinwesen gibt, in dem Probleme aufgefangen werden können und nicht abgeschoben und exkludiert werden müssen."
(Thiersch 2007)

Legitimationssystem (vgl. Barberowski 2012, S. 8). Ermöglichungs-
und Ermächtigungsräume für Gewalt zu kennen und diese zu begrenzen, sind Voraussetzungen für gelingende Prävention. Gewalterfahrungen auf der Täter- und auf der Opferseite verändern Menschen.
Das Vorhandensein von Gewalt anzuerkennen, setzt voraus, sie auch
wahrnehmen zu können und Antworten auf ihr Vorhandensein zu finden. Dabei ist davon auszugehen, dass Gewalt in den wenigsten Fällen sinnlos angewendet wird. Denn Verhalten ist auf die Befriedigung
von Grundbedürfnissen angelegt und auch als Kommunikationsform
zu verstehen. Wer also Gewaltprävention betreiben will, muss seine
Zielgruppe, deren Bedürfnisse und Umwelt gut kennen.

Trotz aller gewaltpräventiven Bemühungen werden Aggression und
Gewalt die Menschheit auch weiterhin begleiten. Nicht, weil sie angeboren wären, sondern zum einen, weil sie für viele eine nützliche
Funktion für das Erreichen von Zielen haben und zum anderen, weil
sie in Situationen emotionaler Erregung verbunden mit dem Gefühl
der Ausweglosigkeit häufig als letztes Mittel (letzte Ressource) gesehen und angewendet werden.
Wie können sich in einer Gesellschaft, in der über viele Generationen
hinweg Prügel als Erziehungsmittel selbstverständlich waren, gewaltfreie Verhaltensweisen durchsetzen (vgl. Müller-Münch 2011)? Verbote von Gewalt sind wichtig, um einen klaren Rahmen zu setzen,
reichen aber bei weitem nicht aus. Es geht um Lernprozesse, die zu
einer veränderten, neuen inneren Überzeugung und Haltung beitragen, zumal in einer Gesellschaft, in der die Durchsetzung eigener
Interessen als das eigentlich richtige Handeln permanent betont wird.
Dies benötigt Zeit und Energie, um Achtsamkeit im Umgang miteinander zu erlernen. Und es braucht Mut und Ermutigung, Alltagsweis-
heiten wie z.B. „Eine Ohrfeige hat noch keinem geschadet" hinterfragen zu können – und zu wollen.

Im Vorschulbereich werden die Grundlagen für die weitere Entwicklung von Kindern gelegt. Dabei können prosoziale Fähigkeiten altersgemäß angebahnt und gefördert, dissoziale frühzeitig wahrgenommen und mit anderen Verhaltensangeboten konfrontiert werden.
Gewaltprävention basiert auf der Annahme, dass, wenn nichts unternommen wird, eine negative Entwicklung einsetzen könnte, die (später) Probleme bereitet und zu vermeidbaren Kosten führt.
Gerade im Vorschulbereich erscheint es jedoch äußerst wichtig,
Gewaltprävention nicht als eine Verhinderungspädagogik misszuver-
stehen, sondern als Förderung und Ermöglichung einer positiven Entwicklung zu begreifen, die die körperlichen und psychischen Grundbedürfnisse von Kindern aufgreift.
Dieser gewaltpräventive Ansatz geht davon aus, dass aggressive
Verhaltensweisen keine isolierten Phänomene sind, sondern eng
mit (noch) nicht entwickelten sprachlichen und sozialen Fähigkeiten

Nur zögerlich aufgegriffen
Die Stiftung Deutsches Forum Kriminalprävention (DFK) befasst sich kontinuierlich und schwerpunktmäßig mit der Frage, wie Gewaltprävention systematisch und nachhaltig gestaltet werden kann. Sie stellt in ihrem 2013 veröffentlichten Leitfaden fest: „Erstens zeigt sich, dass die Bedarfe zur Stärkung von Erziehungskompetenzen in den Kindertagesstätten, Einrichtungen der sozialen Kinder- und Jugendarbeit und Schulen von ihren verantwortlichen Trägern und Verwaltungen nur (sehr) begrenzt systematisch aufgegriffen werden.
D.h., insbesondere von Praxis und Experten für notwendig erachtete Anpassungen etwa in der Aus- und Fortbildung sowie bei der Organisationsentwicklung werden nicht oder nur zögerlich eingeleitet."
(DFK 2013, S. 3)

im Vorschulalter zusammenhängen, mit Erprobungsverhalten zu tun haben und oft auch auf tieferliegende Probleme hinweisen können. Neben der Herkunftsfamilie hat die pädagogische Qualität einer Einrichtung einen wichtigen unmittelbaren Einfluss auf das Sozialverhalten der Kinder im Allgemeinen und auf das Konflikt- und Gewaltverhalten im Besonderen. Eine „gute" Pädagogik wirkt hier in einem allgemeinen Sinne präventiv.

Gewaltprävention ermöglicht es, durch die Entwicklung und Förderung prosozialen Verhaltens, von Konfliktlösekompetenz und sozial akzeptablen Ausdrucksformen kindlicher Aggression günstige Entwicklungs- bedingungen zu unterstützen. Dabei geht es nicht um Einzelmaßnahmen, sondern um die Verbesserung der sozialen Qualität der Einrichtung, der Qualifizierung der Mitarbeiterinnen und Mitarbeiter sowie um die Unterstützung von Eltern und Familien im Bereich der Erziehung.

Wie Gewaltprävention im Vorschulbereich verstanden wird und welche Maßnahmen angewendet werden, hängt stark davon ab, wie das Verhalten von Kindern bewertet und wie das, was Kinder brauchen, gesehen wird, welche Möglichkeiten der Entwicklung und der Unterstützung in der Familie und deren Umfeld vorhanden sind und welche Möglichkeiten die betreuenden Einrichtungen (Kindergarten, Kindertagesstätte, Krippen, Hort usw.) anbieten können.

Der Vorschulbereich
Der Begriff Kindergarten mutet heute altmodisch an. Man spricht heute von Kindertageseinrichtungen, von Frühpädagogik und Elementarbereich. Diesem Bereich wird nicht nur ein Betreuungsauftrag, sondern auch ein eigenständiger Bildungsauftrag zugeschrieben. Bildungspläne unterstützen die ganzheitliche Förderung der Kinder, denn es sollen keine kostbaren Jahre verschenkt werden.

Auch Friedrich Fröbel, der „Vater des Kindergartens", sah dessen Aufgabe darin, Kinder zu bilden und Familien bei der Erziehung zu unterstützen. Ein Kindergarten wurde als Ort begleitender Erziehung verstanden, an dem die Entwicklung der einzelnen Kinder genau beobachtet und gefördert werden sollte. Maria Montessori hat hierzu wegweisende Ansätze entwickelt.

Die verstärkte Ganztagsbetreuung und das Angebot von Krippenplätzen sowie die zunehmende Akademisierung des Elementarbereichs haben den traditionellen Kindergarten verändert. Vor allem aber der Bildungsanspruch bringt neue Herausforderungen mit sich, denn die Bildungsysteme sollen und müssen stärker als früher miteinander kooperieren.

In diesem Band werden die Begriffe Kindereinrichtung, Kindertagesstätte und Kindergarten, Hort usw. synonym als Bezeichnung vorschulischer Einrichtungen verwendet, ohne dadurch deren je spezifische Verfasstheit ignorieren zu wollen.

Klärungen und Vergewisserungen

Wer in der Praxis Gewaltprävention betreibt, trifft bewusst oder unbe-wusst eine Vielzahl von (Vor-)Entscheidungen, die letztlich über die Wirksamkeit der durchgeführten Maßnahmen entscheiden.

Was soll unter Gewaltprävention verstanden werden?

Prävention bedeutet, durch Vorbeugen spätere Kosten zu verhindern. Dies will auch Gewaltprävention: Durch rechtzeitiges Handeln Gewalt vermeiden. Über diese allgemeine Absichtserklärung hinaus gibt es jedoch keine anerkannte Definition, was unter Gewaltprävention genau zu verstehen ist und wie Vorbeugung zu geschehen hat, obwohl der Begriff ständig in vielfältigen Zusammenhängen verwendet wird. Der Hinweis auf Gewaltprävention dient der Handlungslegitimation („Im Dienste der öffentlichen Sicherheit."), der Forderung nach Res-sourcen („Hier ist finanzielle Förderung dringend geboten."), aber auch der Produktion von Konsens („Wir müssen alle kooperieren, denn wer ist nicht gegen Gewalt?"). Der Begriff wird für verschie-dene Zwecke vereinnahmt und instrumentalisiert.

Zum Verständnis von Gewaltprävention
- „Gewaltprävention zielt auf die direkte oder indirekte Beeinflussung von Personen bzw. Situationen, um das Risiko zu vermindern, dass Gewalttaten begangen und Menschen Täter oder Opfer von Gewalt werden." (Scheithauer u.a. 2012, S. 80)
- „Gewaltprävention ist das reflektierte und absichtsvolle Handeln von Fachkräften (…) sowohl als fachlich begründete individuelle Interventionen wie als Handlungskonzepte von Einrichtungen mit verschiedenen Kooperationspartnern." (Sommerfeld 2008, S. 82)

Ist die Absicht oder die Wirkung entscheidend?

Im Alltagsverständnis werden unter Gewaltprävention alle spezifi-schen und unspezifischen Handlungen verstanden, die die Absicht haben, Gewalt verhindern zu wollen. Gewaltprävention definiert sich dabei als Ziel bzw. als Absichtserklärung über das Wollen und das Vorhaben.

Die Arbeitsstelle Kinder- und Jugendkriminalprävention am Deutschen Jugendinstitut in München (2007) schlägt ein engeres Verständnis von Gewaltprävention vor: Es sollten nur diejenigen Maßnahmen als Gewaltprävention bezeichnet werden, die nachweislich auch Wirkung zeigen. Die Absicht allein, der Gewalt entgegenzuwirken, reiche nicht aus. Hier wird Gewaltprävention unter dem Wirkungs-aspekt gesehen und deshalb auch vorgeschlagen, von „wirkungs-basierter Gewaltprävention" zu sprechen.

Die Frage ist hier also, was wissen wir jeweils über die Wirkung der durchgeführten Maßnahmen und wie lässt sich Wirkung messen, wenn es um Ereignisse geht, die nicht eintreten sollen?

GRUNDWISSEN

13

1.1 KLÄRUNGEN

Die Grundannahmen dieses Bandes

- Gewaltprävention darf nicht als Heilsversprechen missverstanden werden. Gewalt kann allenfalls reduziert und eingedämmt, jedoch nie vollständig beseitigt werden.
- Gewalt ist Teil einer Kultur und hat vielfältige Funktionen. Sie ist auch in unserer Gesellschaft nicht gänzlich tabuisiert. Es gibt die tolerierte, die ritualisierte, die mythologisch oder religiös aufgeladene Gewalt. Und zudem die legitime Staatsgewalt (Polizei, Militär, Gefängnisse usw.).
- Prävention ist immer langfristig vorbeugend auf die Reduzierung von Risikofaktoren und die Entwicklung von Schutzfaktoren gerichtet.
- Prävention sollte nicht nur die Verhaltensdimension des Kindes umfassen, sondern auch dessen Lebensverhältnisse und Umstände, die sein Verhalten bedingen.
- Gewaltprävention im Vorschulbereich bedeutet zuallererst, Kinder vor Gewalt (der Erwachsenen und anderer Kinder) zu schützen. Kinder sind zunächst Opfer von Gewalt und auch im Bereich der Gewaltprävention nicht ausschließlich unter dem Aspekt potenzieller Täterschaft zu sehen.
- Aggressives und gewalttätiges Verhalten ist nicht angeboren, sondern erfüllt in der Entwicklung von Kindern vielfältige Funktionen wie z.B. Reaktion auf Schmerz Verteidigung, Selbstbehauptung usw. Bei Kindern im Vorschulbereich ist aggressives Verhalten in aller Regel eine Art der Kommunikation und eine Exploration der Umwelt.
- Aggressive Verhaltensweisen können als Kommunikationsform verstanden werden, die immer Botschaften beinhaltet und auf Problemlagen aufmerksam macht.
- Nicht jedes Verhalten, das umgangssprachlich als Aggression und Gewalt bezeichnet wird, verdient diese Bezeichnung auch im wissenschaftlichen Sinne. Deshalb ist es wichtig, das Gewaltverständnis zu klären.
- Aufgabe von Gewaltprävention kann es nicht sein, kindliche Neugier und spielerisches Verhalten einzugrenzen, sondern die Nöte und Sorgen von Kindern, die sich in aggressivem Verhalten äußern können, zu erkennen und Abhilfe zu schaffen (Schutzverantwortung der Erwachsenen).
- Gewaltprävention im Vorschulbereich ist eine permanente Anfrage an Erwachsene (Eltern und pädagogische Kräfte): Wie lösen sie ihre eigenen Konflikte, was drücken sie mit ihrem Verhalten aus, wo überschreiten sie Grenzen?
- Gewaltprävention im Vorschulbereich kann nicht heißen, ein engmaschiges Netz der Überwachung und Eingrenzung zu spannen, das sich über den weiteren Entwicklungsweg von Kindern legt, sondern Kinder auf ihrem Weg ins Leben zu unterstützen und zu begleiten.
- Aggression und Gewalt werden auch in Einrichtungen des Vorschulbereichs nicht nur von außen hineingetragen, sondern sind in vielen Fällen hausgemacht.
- Gewaltprävention muss an den psychischen Grundbedürfnissen der Kinder ansetzen. Der ressourcenorientierte Blick und das ressourcenorientierte Vorgehen ermöglichen es, Kinder im Sinne einer resilienten Entwicklung zu fördern.
- Kinder müssen als eigenständige, vollwertige Menschen wahrgenommen werden, denen eigene, unveräußerliche Rechte zukommen und denen auch eigene Meinungen, Interessensbekundungen und Mitbestimmungsmöglichkeiten zustehen.
- Der Bereich der Intervention darf mit dem der Prävention nicht verwechselt oder gar als identisch angesehen werden. Erprobte Verhaltensmöglichkeiten in akuten Problemsituationen sind für den pädagogischen Alltag wichtig.
- Die Anwendung von erprobten Präventionsprogrammen bedarf eines schlüssigen pädagogischen Rahmens, der über Einzelprogramme hinausgeht.
- Wissenschaftliche Kenntnisse über die Wirkung von Maßnahmen zur Gewaltprävention sind unabdingbar und bilden die Grundlage für eigene Vorhaben und Maßnahmen.
- Gewaltprävention kann nur durch Networking mit anderen Einrichtungen unter Einbeziehung der Eltern gelingen.

Ordnungspolitisch oder pädagogisch?

Unter dem Aspekt der prinzipiellen Vorgehensweise lassen sich eher ordnungspolitisch und eher pädagogisch orientierte Ansätze unterscheiden. Durch Disziplinar- und Ordnungsmaßnahmen Verhaltensprobleme in den Griff zu bekommen, stellt auch heute noch eine gängige pädagogische Praxis dar (Bueb 2008). Doch alle Untersuchungen weisen auf die Untauglichkeit dieser Mittel hin (Brumlik 2007).

Primär sicherheits- und ordnungsorientierte Ansätze, die auf Kontrolle, Sanktionen und Strafen setzen, sind nicht nur nicht erfolgversprechend, sie sind geradezu kontraproduktiv, da sie die Probleme, die sie verhindern wollen, erst erzeugen.

Es kann bei Gewaltprävention nicht um die Herstellung absoluter physischer Sicherheit mit allen Mitteln gehen – ein Versprechen das nicht einlösbar ist –, sondern um die Bedingungen für ein gewaltfreies Miteinander. Die Entwicklung eines Sicherheitsgefühls basiert auf gemeinsam erarbeiteten Regeln, auf Verlässlichkeit und vertrauensvollen Beziehungen.

Kinder: Täter oder Opfer?

Folgt man der öffentlichen Debatte um Gewaltprävention, so ist immer wieder festzustellen, dass Kinder (und vor allem Jugendliche) primär als (potenzielle) Täter gesehen werden. Gewaltprävention bedeutet in diesem Verständnis, die anderen („die Gesellschaft") vor der Gewalt dieser Kinder und Jugendlichen zu schützen.

Diese Sichtweise ist nicht nur negativ und defizitorientiert, sondern auch falsch. Denn Kinder und Jugendliche sind nicht primär Täter, sondern in einem viel höheren Maße Opfer von (familiärer und anderer) Gewalt. Mit dieser Opfererfahrung verbunden, steigt das Risiko, selbst wiederum Täter zu werden (Baier/Pfeiffer 2009, S. 67).

Die Opferorganisation WEISSER RING formuliert hier unmissverständlich: Kinder sind immer Opfer. Auch in der Täterschaft sind Kinder Opfer. Gewaltprävention muss deshalb zuallererst heißen, Kinder (und Jugendliche) vor der Gewalt der anderen, der Erwachsenen in der Familie und in der Gesellschaft zu schützen. Nicht die Gesellschaft, sondern Kinder und Jugendliche sind die Schwachen, die es zu beschützen gilt. Dies wird u.a. in der UNO-Kinderrechtskonvention kompromisslos eingefordert und als gemeinsames Verständnis von Gewaltprävention bei der UNESCO und der Weltgesundheitsorganisation angewendet.

Kinder: Subjekte oder Objekte?

Kinder können sehr unterschiedlich wahrgenommen werden – als potenzielle Problemträger ebenso wie als Hoffnungsträger für zukünftige gesellschaftliche Entwicklungen. Immer häufiger haben wir es mit der Gefahr der Institutionalisierung von Kindheit, mit der Pädagogisierung und Vereinnahmung des Vorschulbereichs für andere Interessen zu tun (vgl. Honig 2011).

Webcams in der Kita

„Bei meiner Suche war ich auch bei einer Krippe, die Videoüberwachung anbietet.
Das heißt, die Eltern können ihr Kind von zu Hause aus per Computer ansehen, was es macht, wie es ihm geht. Nur Bild, kein Ton. Zugang würden nur die Eltern haben und es wäre ein Live-Stream, nichts würde aufgezeichnet und gespeichert werden."
(Forumsbeitrag im Onlineportal www.kigaportal.com, Auszug)

Kinder sind ...
- Kinder sind aktive Lerner.
- Kinder konstruieren Wissen und Bedeutung.
- Kinder lernen in sozialen Zusammenhängen.
- Kinder lernen durch spielerische Aktivität und aktives Spiel.
- Emotionale Sicherheit und Zuwendung bieten die Basis für kindliche Lernprozesse und die Entwicklung des Selbst.
- Kinder lernen durch Teilhabe und Aushandlung.
- Kinder haben das Recht auf Anerkennung ihrer Individualität.

(Dietrich u.a. 2007)

Kinder gehören weder den Eltern noch dem Staat. Sie sind eigenständige Individuen und damit auch Träger von eigenen Rechten und Ansprüchen. Aber sie sind, da sie noch nicht selbständig und eigenverantwortlich leben können, auf die Fürsorge, Unterstützung und Begleitung ihrer Eltern oder anderer Erwachsener angewiesen. Sie benötigen Resonanz auf ihr Dasein, Zuwendung und Bindung ebenso wie Platz, sich zu entfalten und Grenzen, um zu wachsen. Gerald Hüther (2012, S. 15) betont, dass Kinder nicht nur die Fähigkeit haben, ständig Neues hinzuzulernen, sondern auch diese Lust, immer wieder Neues zu entdecken, mit auf die Welt bringen. Sie sind dabei aber auf die Resonanz und Unterstützung der Erwachsenen angewiesen.

Kinder im Vorschulbereich sind keine homogene Gruppe. Sie sind in ihrem Entwicklungsstand, ihren sozialen Fähigkeiten, ihren Herkunftsfamilien, in ihren sozialen Milieus und ihrem kulturellen Hintergrund sehr unterschiedlich.

Verhalten und die Verhältnisse

Gewaltprävention, wie sie im vorschulischen Kontext verstanden und diskutiert wird, bezieht sich vor allem auf den primärpräventiven Bereich und dort auf die Verhaltensbeeinflussung (vgl. Schick 2010). Zu wenig zielen diese Präventionsprogramme auf die Einbeziehung und Beeinflussung der Lebenswelt und des Umfeldes, also auf Verhältnisse, die das auffällige Verhalten oft (mit-)bedingen.

Gewaltprävention muss also neben einer individuellen Dimension, die vor allem das Verhalten im Blick hat, auch eine institutionelle Dimension umfassen, die die Verhältnisse, die dieses Verhalten (mit-)bedingen, berücksichtigt. Sie muss darüber hinaus auch eine kulturelle, gesellschaftliche und politische Dimension beinhalten, die die Legitimations- und Bedingungsebenen dieser Verhältnisse einbezieht. Mit dem Instrument der „Frühen Hilfen" im Kontext von Kindeswohlgefährdungen wurde im Vorschulbereich ein Schritt in diese Richtung unternommen.

Einzelprogramme und/oder ganzheitliche Ansätze

Für die Praxis der Gewaltprävention wurden inzwischen für Kinder und Eltern eine Reihe von Präventionsprogrammen entwickelt, die meist spezifische Aspekte des sozialen Lernens und der Verhaltenskontrolle fördern sollen. Solche Programme sind für die Fachkräfte entlastend, da sie klar strukturierte Vorgaben machen, wie sie anzuwenden sind und von denen, wenn es sich um standardisierte und evaluierte Programme handelt, auch eine Wirkung zu erwarten ist.

Diese Programme dürfen jedoch nicht für sich allein stehen, sondern müssen auf ein Umfeld treffen, das die Weiterentwicklung einer guten pädagogischen Praxis zum Ziel hat. Beide Zugänge ergänzen sich und sind aufeinander bezogen.

Das Verständnis von Gewalt

Da Gewalt weder ignoriert noch geduldet werden darf, ist es für eine gelingende Gewaltprävention unumgänglich, über einen präzisen Gewaltbegriff zu verfügen. Was unter Gewalt genau zu verstehen ist, ist jedoch weder in der Wissenschaft noch in der Politik geklärt und wird auch im Bereich der Vorschule kaum ausgewiesen oder diskutiert.

Insbesondere, ob der Begriff Gewalt für das Verhalten von Kindern im Vorschulbereich überhaupt angemessen ist oder ob nicht besser je nach Situation von „kindlich-aggressivem Verhalten" oder „auffälligem" oder „störendem Verhalten" gesprochen werden sollte. Umgangssprachlich wird Gewalt mit Schädigung und Verletzung von Personen und Sachen in Verbindung gebracht, wobei die Begriffe Aggression und Gewalt häufig synonym verwendet werden, obwohl sie von ihrem Bedeutungsgehalt her Unterschiedliches bezeichnen. So unterscheidet Erich Fromm (1977) z.B. zwischen konstruktiver und destruktiver Aggression.

Unter Gewalt werden heute vor allem die Phänomene körperliche und verbale Gewalt sowie Mobbing diskutiert. Kinder, Jugendliche, Eltern und Fachkräfte verstehen unter Gewalt sehr verschiedene Dinge, zumal Kinder diesen Begriff nicht gebrauchen, sondern Verhalten eher gezielt beschreiben („Der hat mir weh getan."). Im vorschulischen wie im schulischen Kontext wird der Begriff Gewalt eher unspezifisch, unscharf und inflationär verwendet. Verhaltensprobleme und Auffälligkeiten werden als Gewalt bezeichnet und damit letztlich auf die gleiche Stufe gestellt wie körperliche Angriffe oder Vandalismus.

Einen Vorgang als Gewalt zu benennen, heißt jedoch, eine Anklage zu formulieren und die Schuldfrage zu moralisieren, um dadurch Handlungsdruck zu erzeugen, meint Friedhelm Neidhard (1986, S. 140).

Um Gewalt sinnvoll fassen zu können, ist nicht nur die Tat als solche, sondern vor allem die Frage nach der Motivation und Intention sowie ihr Kontext zu berücksichtigen. Die beabsichtigte Gewaltausübung mit dem Ziel der Verletzung des anderen muss anders bewertet werden als Handlungen, die zwar Gewalt verursacht haben, die aber nicht intendiert war.

Der Fokus des Gewaltbegriffs ist häufig kindbezogen und hat Elterngewalt oder Gewalt durch Mitarbeiterinnen und Mitarbeiter in den Einrichtungen wenig im Blickfeld. Auch der gesamte Bereich der Autoaggression, also Selbstverletzungen, wird kaum miteinbezogen.

Es geht also darum, das eigene Gewaltverständnis zu klären. Dabei taucht die Schwierigkeit auf, dass Gewalt in unserer Gesellschaft nicht durchgängig tabuisiert, illegal und illegitim ist, es gibt auch die tolerierte, legale und die legitime Gewalt.

Das Ausmaß von Gewalt

Gewalterfahrungen in der Familie sind auch heute noch weit verbreitet. 50 % der Eltern in Deutschland wenden in der Erziehung immer noch Körperstrafen an, wenngleich nicht aus Überzeugung, sondern aus Hilflosigkeit. Im ersten Lebensjahr sterben mehr Kinder an den Folgen von Vernachlässigung und Misshandlung als in jedem späteren Alter. Im Alter von 3–6 Jahren zeigen 15 % der Jungen und 10 % der Mädchen Verhaltensauffälligkeiten. Bei Kindern mit Migrationshintergrund verdoppeln sich diese Zahlen und bei Kindern aus Familien mit niedrigem sozialen Status werden Verhaltensauffälligkeiten viermal so häufig festgestellt (BMFSFJ 2009, S. 89, 97).

Kaum untersucht ist das Gewaltverhalten (sei es in offener oder subtiler Form) von Mitarbeiterinnen oder Mitarbeitern von pädagogischen Einrichtungen, obwohl dieses nicht unerheblich sein dürfte. Solches Verhalten ist strengstens verboten und dürfte eigentlich gar nicht vorkommen. Das Ausmaß der strukturellen Gewalt wird deutlich, wenn man etwa die Verbreitung der Kinderarmut in Deutschland zur Kenntnis nimmt, die ja nicht nur die materielle Dimension umfasst. Strukturelle Gewalt wird auch deutlich, wenn man die Ergebnisse der internationalen Bildungsforschung aufgreift, in denen regelmäßig der enge Zusammenhang zwischen der sozio-ökonomischen Herkunft der Schülerinnen und Schüler in Deutschland und ihrem Bildungserfolg festgestellt wird (OECD 2010).

Die Risikofaktoren für Gewalt kennen

Für die Entstehung von Gewalt können nicht einzelne Bedingungen (Risikofaktoren) verantwortlich gemacht werden, sondern eine Kumulation von Risiken führt zu einer erhöhten Wahrscheinlichkeit der Entwicklung von gewalttätigen Verhaltensmustern (Scheithauer 2012, S. 72).

Die Risikofaktoren für Gewalt sind weitgehend bekannt und oft beschrieben: Zu ihnen gehören im persönlichen Umfeld u.a. das Erleben elterlicher Gewalt, Vernachlässigung, das Fehlen eines positiven Erziehungsstils im Elternhaus, der Konsum altersgefährdender Medien, der Kontakt mit delinquenten Freunden und gewaltakzeptierenden Männlichkeitsnormen (Baier u.a. 2010, S. 12).

Zu den institutionellen Risikofaktoren zählen ein schlechtes soziales Betriebsklima, schlechte Qualität der Beziehungen zwischen den Mitarbeiterinnen bzw. Mitarbeitern und Kindern, mangelnde pädagogische Qualität in der Einrichtung, unzureichende Personalschlüssel, das Fehlen von Instrumenten der Konfliktbearbeitung, mangelnde individuelle Förderung, mangelnde Partizipationsformen oder ein schlechter Zustand der Gebäude und eine unzureichende Ausstattung.

Zu den gesellschaftlichen Risikofaktoren gehören Entwicklungen wie der ökonomische Wandel, die aktuelle Finanz- und Schuldenkrise, verbunden mit dem Risiko der Marginalisierung und möglicher oder tatsächlicher Armut sowie sozialer Ausgrenzung. Damit korrespondieren fehlende Zukunftsperspektiven, die eng mit fehlenden Bildungsabschlüssen verbunden sind. Auch ein öffentliches Klima, das Gewalt nicht eindeutig verurteilt, gehört in diesen Kontext.

Der Zusammenhang zwischen mangelnden sprachlichen Fähigkeiten, schulischen Misserfolgen, fehlenden Bildungsabschlüssen und Gewalt ist gravierend und seit Langem bekannt.

Medieneinflüsse

Kinder leben heute in einer von Medien geprägten Welt. Der Umgang mit Medien ist schon für viele Kleinkinder selbstverständlich und gehört zum Alltag. Eine viel diskutierte Frage ist, ob bzw. welchen Einfluss Gewaltdarstellungen in Medien auf reales Gewaltverhalten haben. Gerade bei Kindern sind negative Auswirkungen des Konsums von Mediengewalt nicht auszuschließen. Einfache Ursache-Wirkungs-Zusammenhänge sind jedoch nicht haltbar.

Jungen und Mädchen

Aggression und Gewalt sind Verhaltensweisen, die vor allem Männern zugeschrieben werden und die auch vor allem Männer treffen. Bei Jungen sind körperliche Audrucksformen von Aggression und Gewalt stärker verbreitet als bei Mädchen. Bei Mädchen kommt die indirekte und psychische Gewalt in der späten Kindheit häufiger vor als bei Jungen (Scheithauer u.a. 2012, S. 70). Im Bereich der Vorschule dürfen jedoch lautes und raumgreifendes Spielen von Jungen oder Raufen und „Körperspaß" nicht mit gewalttätigem Verhalten verwechselt werden.

Über 90% der Fachkräfte im Vorschulbereich sind Frauen. Dass hier so wenige Männer beschäftigt sind, hat wesentlich mit der mangelnden gesellschaftlichen Anerkennung dieses Berufsfeldes, der geringen Bezahlung und den fehlenden Aufstiegsmöglichkeiten zu tun. Unter entwicklungspsychologischen Aspekten ist zu diskutieren, welche Folgen das weitgehende Fehlen männlicher Identifikationsfiguren für die

Entwicklung der Geschlechteridentität (von Mädchen und Jungen) sowie des geschlechtsspezifischen Ausdrucksverhaltens haben kann. Bienek und Stoklossa (2007, S. 115) sehen die Abwesenheit von Männern sogar als ein Schlüsselproblem in diesem Bereich, das thematisiert werden müsse.

Die Gelingensbedingungen kennen

Die „Gelingensbedingungen" für Gewaltprävention lassen sich heute immer deutlicher beschreiben. Zu ihnen zählen auf einer allgemeinen Ebene (vgl. Scheithauer 2012, S. 60 ff.):

- genaue Problemanalysen durchführen
- früh beginnen
- auf mehreren Ebenen ansetzen
- Entwicklungsaufgaben und -übergänge berücksichtigen
- Peerorientierung unter Einbeziehung von Erwachsenen anstreben
- nur wissenschaftlich fundierte und evaluierte Maßnahmen einsetzen
- die eingesetzten Programme entsprechend ihrer Vorgaben implementieren
- protektive Faktoren aufgreifen und mit den Ressourcen der Kinder arbeiten
- über längere Zeiträume arbeiten
- vernetzt und im Verbund mit anderen Trägern (Polizei, Jugendhilfe) und anderen Einrichtungen arbeiten
- Evaluation und wissenschaftliche Begleitung anstreben.

Diese Gelingensbedingungen lassen sich für pädagogische Einrichtungen noch präzisieren (vgl. Melzer 2006, S. 31 f.). Erforderlich sind:

- das Engagement, die Überzeugungskraft und die Durchsetzungsfähigkeit der Leitung der Einrichtung
- das gemeinsame, geschlossene Handeln des pädagogischen Personals, insbesondere bei Konflikt- bzw. Gewaltsituationen
- die Bereitschaft, bei Gewalt nicht wegzuschauen, sondern einzugreifen und pädagogisch angemessen zu reagieren
- ein positives Verhältnis des pädagogischen Personals zu den Kindern und Eltern, ein partnerschaftlicher und vertrauensvoller Umgang miteinander
- Vermeiden von Überreaktionen, Stigmatisierungen und Etikettierungen. Bloßstellende und verletzende Bemerkungen von Fachkräften gegenüber den Kindern sollten unterbleiben.

Das gesellschaftliche Umfeld im Blick haben

Gewaltprävention geschieht nicht im luftleeren Raum. Sie trifft auch auf gesellschaftliche Strömungen, Einstellungen und Haltungen, die es zu sehen und zu beantworten gilt und die quasi die Rahmenbedingungen für gewaltpräventives Handeln darstellen. Der Bielefelder Soziologe Wilhelm Heitmeyer (2011) hat mit seiner Forschungsgruppe das Konzept der „gruppenbezogenen Menschenfeindlichkeit" entwickelt und spezifische Einstellungen über den Zeitraum der letzten zehn Jahre jährlich erhoben.

Gruppenbezogene Menschenfeindlichkeit bildet den Boden für die Legitimation von Gewalt gegen Schwächere. Heitmeyer diagnostiziert den Zustand der Deutschen wie folgt (Spiegel 20/2011, S. 71): „Die zunehmende soziale Spaltung zersetzt das Miteinander, die Gesellschaft ist vergiftet. Soziale Desintegration ist gefährlich, insbesondere für schwache Gruppen. Erhebliche Teile denken, sie seien mehr wert als andere. Nur wer etwas leistet, wer nützlich ist, wer effizient ist, zählt etwas."

Diese Ökonomisierung der Bewertung von Menschen sei unmenschlich, da Zuwanderer, Obdachlose, Langzeitarbeitslose, Behinderte usw. nach diesen Maßstäben weniger wert seien. Nicht die Jugendlichen, sondern die Älteren, die über 60-Jährigen, würden dabei besonders feindselige Einstellungen aufweisen. Das sei gefährlich, da die Einstellungen der älteren Generation sich in vielen Fällen auf die jungen Leute übertrage.

Frühe Kindheit

Ohne Zweifel werden in der frühen Kindheit die Weichen für das spätere Leben gestellt. Wie wir aus zahlreichen Studien wissen, „haben es Menschen, die in dieser Phase vernachlässigt, misshandelt oder missbraucht werden, schwer, später stabile Beziehungen einzugehen, in der Schule Erfolg zu haben, gesund zu bleiben und gesellschaftlich erfolgreich zu sein. Ohne frühe positive Erfahrungen ist es auch kaum möglich, der nächsten Generation entsprechende Erfahrungen zu vermitteln. Probleme können sich also über Generationen fortpflanzen." (Pauen 2012, S. 11)

Präventionsbereiche

Mittelschichtsorientierung überwinden

Wenn sich die Angebote von pädagogischen Einrichtungen in erster Linie an Mittelschichtserwartungen orientieren und die Voraussetzungen anderer Nutzergruppen vernachlässigen, finden Kinder mit Migrationshintergrund oder aus sozial benachteiligten Verhältnissen wenig Anerkennung und Unterstützung durch die Fachkräfte. Dies ist umso problematischer, als sich empirisch immer wieder zeigt, dass gute soziale Beziehungen zwischen Erziehungs- oder Lehrkräften und Kindern ein entscheidender Faktor für die förderliche Wirkung der Kita, Beratungsstelle oder Ganztagsschule ist. *(Olk 2013, S. 18)*

Die Weltgesundheitsorganisation (WHO 2002) unterscheidet Maßnahmen und Programme der Gewaltprävention anhand von zwei Dimensionen:

- Zeitliche Dimension: In diesem Kontext wird von primärer, sekundärer und tertiärer Gewaltprävention gesprochen.
- Zielgruppendimension: Hierbei gibt es Strategien, die sich allgemein an jedermann wenden, aber auch Interventionen, die sich speziell an Täter und Opfer oder an Hochrisikogruppen richten.

Primäre, sekundäre, tertiäre Prävention

Die Einteilung in primäre, sekundäre und tertiäre Prävention berücksichtigt, an welcher Stelle das entsprechende Programm in der Kette der Risikofaktoren von „lange, bevor Gewalt auftritt" bis zu „lange, nachdem Gewalt aufgetreten ist" angesiedelt ist.

- Primäre Prävention richtet sich unspezifisch an alle Kinder und Jugendliche und versucht, u.a. durch die Stärkung sozialer Kompetenzen, Gefährdung zu verhindern. Ein typischer Slogan hierfür ist: „Kinder stark machen".
- Sekundäre Prävention wendet sich an konkrete, identifizierbar gefährdete Personen und Gruppen. Mit speziellen Programmen erhalten diese Unterstützung und Förderung.
- Tertiäre Prävention wendet sich an diejenigen, die bereits auffällig, gewalttätig oder straffällig geworden sind. Ziel ist es, eine erneute Gewalthandlung oder Straffälligkeit zu verhindern.

Gewaltprävention beinhaltet in diesem Verständnis also Prävention im Sinne langfristiger, vorbeugender Arbeit, Interventionsstrategien zum Verhalten in akuten Gewalt- und Konfliktsituationen sowie Maßnahmen zur Konfliktregelung und Nachbearbeitung von Gewaltsituationen.

Während im Bereich primärer Prävention Aufklärung und eine „gute Erziehungs- und Bildungsarbeit" gefragt sind, die prinzipiell von allen ausgeübt werden können, sind in den Bereichen sekundärer und tertiärer Prävention spezifische Kenntnisse erforderlich, die durch eigenständige Zusatzqualifikationen erworben werden.

Im Kindergarten haben primär- und sekundärpräventive Ansätze Bedeutung. Kinder, die durch massives aggressives Verhalten auffällig geworden sind, benötigen spezifische heilpädagogische oder therapeutische Begleitung.

Ebenen der Gewaltprävention

Ebene 1　　　ergänzt durch

　　　　　　　　Ebene 2　　　ergänzt durch

　　　　　　　　　　　　　　　Ebene 3

Universelle Gewaltprävention
für Kinder/Jugendliche, die im Lebensverlauf gewalttätiges Verhalten entwickeln würden.

Vorpräventive, allgemeine Förderung der Kompetenzen
für Kinder/Jugendliche, die auch ohne Maßnahme eine „normale" Entwicklung aufzeigen würden.

Selektive Gewaltprävention
für Kinder/Jugendliche, die zu einer indizierten Risikogruppe gehören.

Indizierte Gewaltprävention
für Kinder/Jugendliche, die bereits gewalttätig sind.

(Scheithauer u.a. 2012, S. 82)

Umsetzung konkret

Gewaltprävention setzt spezifische Klärungen voraus, die oben beschrieben wurden. Die Materialien dienen dieser Klärung. Sie haben wegen ihrer grundsätzlichen Bedeutung das gesamte Kinder- und Jugendalter im Blick und beziehen somit immer auch den Vorschulbereich mit ein.

- **Prinzipielle Klärungen**
  M1 thematisiert prinzipielle Fragen, die der Klärung bedürfen, wenn Gewaltprävention eingeführt wird. Weitere Fragen kommen später hinzu.

- **Den Kontext von Gewaltprävention kennen**
  M2 und M3 thematisieren die Tendenz von (Gewalt-)Prävention, zunehmend bei jüngeren Kindern zu beginnen und stellen die Frage, wo Gewaltprävention über die normale vorschulische Arbeit hinausgeht.

- **Der prinzipielle Ansatz von Gewaltprävention**
  Gewaltprävention beruht auf der Begrenzung bzw. Ausschaltung von Risikofaktoren und der Förderung von Schutzfaktoren. M4 „Wie wirkt Prävention?" erläutert diesen prinzipiellen Ansatz und M5 stellt ihn in einen entwicklungsbezogenen Kontext. Das Kriminologische Forschungsinstitut Niedersachen identifiziert vier zentrale Felder für Präventionsarbeit: Familie, Bildungschancen, Männlichkeitsnormen und den Umgang mit Medien (M6). Diese Felder können auf ihre Relevanz für den Vorschulbereich überprüft werden.

- **Jungen im Blick**
  Gewaltprävention thematisiert stark die Lebenswelt von Jungen. Der 2013 veröffentlichte „Männergesundheitsbericht" (M7) fordert, dass qualifizierte Präventionskonzepte Jungen nicht nur als Täter sehen, sondern gerade die psychische Bewältigung von Opfererfahrungen zum Thema machen müssten.

- **Best Practice**
  Die Untersuchungen des Perry-Preschool-Modells (M8) zeigen, welche Erfolge eine langfristig angelegte Präventionsarbeit mit sich bringen kann. Dabei muss jedoch die Reichweite des Modells klar benannt werden.

M1 Unsere Klärungen

- Was wollen wir unter Gewaltprävention verstehen?

- Soll der Begriff Gewaltprävention überhaupt verwendet werden oder sollen wir lieber allgemein von Prävention sprechen?

- Was unterscheidet allgemeine Prävention von Gewaltprävention?

- Wie soll unsere prinzipielle Ausrichtung sein?

- Wie ist unser Bild vom Kind?

- Wie nehmen wir Jungen, wie Mädchen wahr?

- Sollen spezifische Einzelprogramme durchgeführt werden?

- Sollen die Rahmenbedingungen für Prävention bearbeitet werden?

- Was verstehen wir unter Gewalt?

- Wo sehen wir die Hauptrisikofaktoren für Gewalt bei uns?

- Wo gibt es Problembereiche in unserer Einrichtung?

- Welche Problembereiche nehmen wir bei Kindern wahr?

- Welche Problembereiche nehmen wir im Umgang mit den Eltern wahr?

- Welche Problembereiche nehmen wir bei der Kooperation mit anderen Einrichtungen wahr?

- Welches sind für uns die Gelingensbedingungen für Gewaltprävention?

M2 Entwicklung der Kriminalitätsprävention

In den letzten Jahrzehnten ist die Kriminalitätsprävention in Deutschland in vielfältiger Weise ausgebaut und etabliert worden. Neben den originär für Sicherheit zuständigen Institutionen Polizei und Justiz kamen weitere Akteure hinzu, insbesondere auch die Kinder- und Jugendhilfe. Kriminalitätsprävention wurde immer mehr als „gesamtgesellschaftliche Aufgabe" definiert.

- Fokussiert man nun auf die Kriminalitätsprävention im Kindes- und Jugendalter, so fällt erstens auf, dass es sich hier um einen sehr zentralen Bereich der Kriminalitätsprävention handelt, der anhaltend Aufmerksamkeit erfährt und in dem zahlreiche Akteure und Institutionen involviert sind. Kinderdelinquenz und Jugendkriminalität sind die Kriminalitätserscheinungen, die hauptsächlich zum Ziel von Präventionsstrategien gemacht werden.
- Zweitens ist herauszustellen, dass sich in den letzten zwanzig Jahren eine Entwicklung vollzog, nach der sich in Institutionen übergreifend die Erkenntnis durchgesetzt hat, dass in diesem Bereich Präventionsstrategien vorrangig pädagogisch ausgerichtet sein sollen: Kinder und Jugendliche, bei denen das Risiko besteht, dass sie mit rechtswidrigen Taten auffällig werden oder die bereits auffällig geworden sind, sollen mit erzieherischen Mitteln von möglichen künftigen Straftaten abgehalten werden.
- Hinzu kommt: Kinder und Jugendliche werden auch deshalb zu einer Hauptzielgruppe in der Kriminalitätsprävention, da sie – als noch in der Entwicklung befindliche Menschen – eher beeinflusst werden können und so die Erwartung besteht, mögliche spätere kriminelle Karrieren frühzeitig zu verhindern. Damit sind Kinder und Jugendliche für die Grundannahme präventiven Denkens, problematischen Entwicklungen bereits vor ihrer Manifestation wirksam zu begegnen, besonders prädestiniert. So lässt sich auch eine seit einigen Jahren zu beobachtende Tendenz der Vorverlagerung der Präventionsstrategien, also immer jüngere Altersgruppen und im Grunde „unproblematischere" Konstellationen in den Blick zu nehmen, erklären. Die dahinterliegende Grundannahme lautet: Je früher, desto besser. In dieser Entwicklung liegt aber gleichzeitig das Risiko einer Ausweitung einer (Kriminalitäts-)Prävention, die sich dadurch kennzeichnet, immer unspezifischer zu werden und die damit auch weniger zielführende Effekte zeigt.

- Drittens kann festgehalten werden, dass Strategien der Gewaltprävention in der Kriminalitätsprävention im Kindes- und Jugendalter einen Hauptteil der Aktivitäten ausmachen, auch wenn Gewaltdelikte nur einen kleinen Anteil an den Straftaten ausmachen. Eine naheliegende Erklärung hierfür ist sicherlich, dass ein nicht unerheblicher Anteil der Delinquenz im Kindes- und Jugendalter dem Bagatellbereich zugeordnet werden kann und hier weniger Handlungsbedarf gesehen wird, während Gewalttaten sowohl in der öffentlichen als auch in der fachlichen Wahrnehmung zunehmend als gravierendes Problem betrachtet werden, das unbedingt eine Reaktion erforderlich macht.

Mit der Ausrichtung der Kriminalitätsprävention auf Kinder und Jugendliche gewinnen die Institutionen Kinder- und Jugendhilfe, Schule bis hin zur Kinderbetreuung an Bedeutung. Hier verfügen die Fachkräfte nicht nur über die pädagogischen Qualifikationen, die notwendig sind, die erzieherisch orientierten Strategien umzusetzen, sondern zunehmend auch über „kriminalpräventives Spezialwissen".

Bernd Holthusen / Abrina Hoops: Kriminalprävention im Kindes- und Jugendalter. In: JZZ. Zeitschrift für Jugendkriminalrecht und Jugendhilfe, 1/2012, S. 23 f.

M3 Prävention in Kindertageseinrichtungen

Uns scheint eine neue und weitergehende Reflexion der Präventionsaufgaben im Bereich der Kindertagesbetreuung sinnvoll zu sein, um je spezifischen Verkürzungen zu entgehen:

So legt eine primär individualisierende Betrachtungsweise der Probleme einzelner Kinder die Verantwortung für die Wahrnehmung von Präventionsaufgaben in überfordernder Weise allein in den Aufgabenbereich der einzelnen Erzieherin. Eine Betrachtungsweise hingegen, die sich darauf beschränkt, nur nach den allgemein guten Bedingungen für Kindergartenarbeit zu fragen, verliert die besonderen Probleme bestimmter Gruppen von Kindern aus dem Blick. Das Fehlen einer auf diese doppelte Perspektive bezogenen Präventionsdiskussion in der Vorschulerziehung erscheint uns als Indiz für eine Verengung gegebener Probleme.

Die Verwendung des Präventionsbegriffs im Kontext von Kindertageseinrichtungen sieht sich mit der Frage konfrontiert, normale gute Kindergartenarbeit gegen spezielle Prävention abzugrenzen, also zu bestimmen, wann eine Maßnahme „nur" normale gute Kindergartenarbeit und wann sie speziell präventiven Charakter hat. Wir gehen davon aus, dass hier keine allgemeingültige Grenze zu beschreiben ist, sondern dass präventionssensibles Handeln immer auch Rückwirkungen auf die alltägliche Kindergartenarbeit haben wird und vormals speziell präventive Arbeitsansätze in die Normalität guter Erziehung integriert werden (können).

Spezifische Zugänge

- Projekte mit dem Ziel, Problemgruppen zu identifizieren, für die spezielle Prävention angebracht wäre. Frage nach Beobachtungs- und Erhebungsmethoden und Instrumenten.
- Projekte zur Prävention von Erziehungsbenachteiligung; Zielgruppe: Familien in Schwierigkeiten, unsichere oder gewaltbereite Eltern, Kinder mit Migrationshintergrund, Kinder, die mit drohender geschlechtsspezifischer Benachteiligung konfrontiert sind.

- Prävention von Bildungsbenachteiligung; Zielgruppe: arme und sozial benachteiligte Kinder, Kinder mit Migrationshintergrund, Kinder mit Problemen in Bezug auf ihre Bildungschancen.
- Prävention der Benachteiligung von Kindern mit Behinderung; Zielgruppe: Kinder mit Behinderung und drohender Behinderung.
- Gewaltprävention; Zielgruppe: Kinder mit aggressiven Verhaltensweisen, Kinder mit wenig Steuerungsfähigkeit, Familien mit Gewaltpotentialen oder in gewaltfördernder sozialer Situation.
- Suchtprävention; Zielgruppe: suchtgefährdete Kinder.
- Prävention sexuellen Missbrauchs; Zielgruppe: Kinder in Gefahr, Opfer sexuellen Missbrauchs zu werden.
- Übergreifende Prävention: Verbesserung der Lebensbedingungen; Ziel: Verbesserung der Lebensbedingungen durch übergreifende, nicht nur pädagogische Maßnahmen.
- Prävention durch Qualitätssicherung und „Best Practice".

Sozialministerium Baden-Württemberg: Landesjugendbericht Baden-Württemberg für die 13. Legislaturperiode. Stuttgart 2004, S. 122 f., Auszüge.

M4 Wie wirkt Prävention?

Um zu verstehen, wie Prävention wirken kann, ist die Unterscheidung von Risikofaktoren, Schutzfaktoren und Mechanismen nützlich.

- Risikofaktoren sind Prozesse und Merkmale, welche zu einer erhöhten Wahrscheinlichkeit für ein negatives Ergebnis führen und bei denen man annimmt, dass sie als Ursachen an der Entstehung des Problems beteiligt sind. Kriminalität der Eltern, eine hohe Impulsivität im Kindheitsalter oder das Aufwachsen in sozial benachteiligten Stadtquartieren sind beispielsweise Risikofaktoren für Gewalt im Jugendalter.
- Der Begriff Schutzfaktor bezeichnet eine Einflussgröße, welche die negativen Auswirkungen von belastenden Faktoren mildert oder gar aufhebt. Die Gegenwart von Schutzfaktoren bewirkt eine größere Resilienz, d.h. die Fähigkeit zu erfolgreichem Handeln auch unter Bedingungen, die durch erhöhtes Risiko gekennzeichnet sind (vgl. z.B. Hawley/DeHaan 1996). Schutzfaktoren machen verständlich, warum bei Weitem nicht alle Jugendliche, die Risikofaktoren ausgesetzt sind, auch problematische Verhaltensweisen entwickeln.
- Mit Mechanismen sind die Prozesse gemeint, die zwischen einem Risiko- oder Schutzfaktor und einem Ergebnis vermitteln. Die Frage nach den Mechanismen ist identisch mit der Frage: Wie kommt es, dass A zu einer erhöhten Wahrscheinlichkeit von B führt? Beispielsweise wird vermutet, dass der Zusammenhang zwischen Impulsivität und Aggression teilweise durch mangelnde Steuerungsfunktionen in bestimmten Regionen des Vorderlappens des Großhirns vermittelt wird (Blair 2001).

Ausgehend von dieser Unterscheidung lassen sich drei Stoßrichtungen von Prävention unterscheiden:
- Prävention kann anstreben, jene Risikofaktoren zu reduzieren, die mit einem Problemverhalten ursächlich verbunden sind. (...) Man kann die Erziehungskompetenzen von Eltern stärken, um das Risiko problematischer Entwicklungen infolge falscher Erziehung zu reduzieren.
- Zweitens kann man versuchen, Schutzfaktoren aufzubauen. Dies ist vor allem dann ein sinnvoller Ansatz, wenn die Risikofaktoren bereits bestehen und nicht mehr beeinflusst werden können. Beispielsweise zeigen viele Kinder, die unmittelbar Krieg und Gewalt erlebt haben, Symptome einer post-traumatischen Belastungsstörung (Macksoud/Aber 1996). Zwar können diese Erlebnisse nicht beeinflusst werden, doch können geeignete Programme helfen, die negativen Auswirkungen zu minimieren. Man kann beispielsweise unter Einbezug der Mütter versuchen, die psychosozialen Ressourcen der Kinder zu stärken (Dybdahl 2001).
- Drittens kann Prävention darauf abheben, die Kausalkette zwischen Ursache und Wirkung zu unterbrechen. Beispielsweise sind günstige Gelegenheiten ein Mechanismus, der latente Gewaltbereitschaft in tatsächliche Gewalt umschlagen lässt.

Daniel Eisner / Denis Ribeaud / Rahel Locher (2009): Prävention von Jugendgewalt. Expertenbericht Nr. 05/09. Bern 2009, S. 4 f.

M5 Entwicklungsbezogene Prävention

Präventionen im Kindes- und Jugendalter orientieren sich idealerweise eng an Entwicklungsmodellen und an den im Entwicklungsverlauf bekannten risikoerhöhenden und -mildernden Bedingungen (Scheithauer/Mehren et al. 2003). Dem Ansatz einer entwicklungsorientierten Prävention liegt die empirisch belegte Sichtweise zugrunde, dass frühere Erfahrungen (positive und negative) in einem gewissen Maße spätere Entwicklungen (positiv oder negativ) beeinflussen (Scheithauer/Hayer/Niebank 2008).

Nach Tremblay und Craig (1995) stellen entwicklungsorientierte Präventionen Interventionen dar, die das Ziel haben, jene risikoerhöhenden Bedingungen zu reduzieren und risikomildernde Bedingungen zu fördern, von denen angenommen wird, dass sie einen bedeutsamen Einfluss auf die weitere (positive oder negative) Entwicklung eines Individuums ausüben.

Entwicklungsorientierte Präventionsprogramme müssen somit folgende entwicklungswissenschaftliche Erkenntnisse berücksichtigen (Scheithauer/Mehren et al. 2003):

- Wissen um die normgerechte Entwicklung von Kindern und Jugendlichen
- Kenntnisse über mögliche Variationen im Entwicklungsstand von Kindern und Jugendlichen innerhalb einer Altersgruppe
- Wissen über Bedeutung von Störungen in Abhängigkeit von der jeweiligen Altersstufe
- Wissen über deren Ursprung und deren Auswirkung auf die weitere Entwicklung
- Berücksichtigung des Einflusses von wichtigen Entwicklungsaufgaben und Entwicklungsübergängen („Transitionen", wie z.B. der Übergang zur weiterführenden Schule, Wechsel in ein Ausbildungsverhältnis).

Als zentrale Ziele entwicklungsorientierter Prävention gelten die Intervention auf drei Ebenen (ebd., 2003; s. auch Cicchetti/Hinshaw 2002; Hawkins/Arthur/Catalano 1995):

- altersspezifische, risikoerhöhende Bedingungen vermindern bzw. verhindern,
- altersspezifische, risikomildernde Bedingungen fördern und
- bei der Bewältigung von wichtigen Entwicklungsaufgaben/Entwicklungsübergängen zu helfen.

Weitere, eine entwicklungsorientierte Prävention kennzeichnende Aspekte sind:

- eine frühe Intervention, bevor das Problemverhalten auftritt oder sich stabilisiert bzw. bevor sich verschiedene risikoerhöhende Bedingungen im Entwicklungsverlauf potenzieren können,
- jene Personen mit dem höchsten Risiko für eine Entwicklungsgefährdung einzubeziehen,
- multiple Risikobedingungen sowohl multimodal (d.h. auf verschiedenen Ebenen wie: die Jugendlichen selbst, Peers und Freunde, Familie, Schule, Sportverein) und multimethodal (d.h. mittels verschiedener präventiver Maßnahmen wie z.B. Elterntraining und sozialkognitive Maßnahmen fürs Kind) ansprechen (Scheithauer/Mehren et al. 2003).

Herbert Scheithauer / Charlotte Rosenbach / Kay Niebebank: Gelingensbedingungen für die Prävention von interpersonaler Gewalt im Kindes- und Jugendalter. Bonn 2012, S. 76 f.

M6 Tätigkeitsfelder von Prävention

Das Kriminologische Forschungsinstitut Niedersachsen identifiziert vier zentrale Tätigkeitsfelder zukünftiger Präventionsarbeit: Wenn es gelänge, die familiäre Erziehung gewaltloser zu gestalten, die Bildungschancen zu verbessern, die Männlichkeitsnormen zu relativieren und die Medienumgangsweisen zu kontrollieren, dann könnte ein großer Schritt in Richtung Absenkung des höheren Gewaltniveaus nichtdeutscher Jugendlicher getan werden.

Eindämmung innerfamiliärer Gewalt

Für die Eindämmung innerfamiliärer Gewalt erscheinen zwei Maßnahmen sinnvoll: Frühförderung und Vertrauenslehrer. Bekannt ist, dass bereits in den ersten Lebensjahren schlechte familiäre Rahmenbedingungen (Armut, schlechte Wohnbedingungen, soziale Ausgrenzung) für die betroffenen Kinder ein erhöhtes Risiko implizieren, dass ihre Eltern sie vernachlässigen oder dass sie Opfer elterlicher Gewalt werden – dieses Risiko ist besonders in Migrantenfamilien hoch.

Verbesserung der Bildungschancen von Migrantenkindern

Eine frühe soziale Vernetzung ist für eine erfolgreiche schulische Integration von hoher Wichtigkeit.

Städte und Gemeinden sollten sich darum bemühen, Bürger dazu zu motivieren, ehrenamtlich Nachhilfeunterricht für nichtdeutsche Kinder anzubieten.

Gerade mit Blick auf die Tendenz der Konzentration einiger ethnischen Gruppen an Hauptschulen erscheint eine sachliche Diskussion über die Zukunft dieser Schulform notwendig. Es zeigt sich, dass Hauptschüler einen dreimal so hohen Anteil an Gewalttätern aufweisen wie Gymnasiasten.

Gewaltlegitimierende Männlichkeitsnormen

Die Orientierung vieler junger Migranten an übertriebenen Männlichkeitsvorstellungen ist von zentraler Bedeutung für ihre im Vergleich zu einheimischen Deutschen höhere Gewaltbereitschaft. Dies sollte zum Anlass dafür genommen werden, die Regeln der Machokultur im Rahmen des Schulunterrichts zur Diskussion zu stellen.

Medienumgang

Wichtig erscheint zunächst eine stärkere Sensibilisierung der Eltern für die problematische Mediennutzung ihrer Kinder, wobei es hervorzuheben gilt, dass das TV-Gerät im Kinderzimmer die Schulleistungen negativ beeinflusst. Eltern müssen deshalb eine aktive Medienerziehung praktizieren.

Es wäre wünschenswert, alle Kinder während der kostbaren Zeit zwischen 14 und 17 Uhr in entwicklungsförderliche Freizeitangebote einzubinden. Unseres Erachtens sind Bund, Länder und Gemeinden aufgefordert, flächendeckend für alle Schüler Ganztagsschulen einzurichten.

Vgl. Dirk Baier / Christian Pfeiffer: Gewalttätigkeit bei deutschen und nichtdeutschen Jugendlichen. Befunde der Schülerbefragung 2005 und Folgerungen für die Prävention. Forschungsbericht Nr. 100 des Kriminologischen Forschungsinstituts Niedersachsen. Hannover 2007, S. 46 ff.

?

- Treffen diese Aussagen nur für „nichtdeutsche" oder auch für deutsche Kinder und Jugendliche zu?
- Stimmen Sie den hier vorgeschlagenen zentralen Tätigkeitsfeldern zu?
- Welche Konsequenzen hätte dies für Kindertagesstätten?
- Wie könnte eine Kita konkret tätig werden?

M7 Jungenerziehung

Für die frühe Kindheit gibt es viele Hinweise darauf, dass Jungen im Durchschnitt etwas langsamer in der motorischen und der Sprachentwicklung sowie überproportional von Entwicklungsverzögerungen und -störungen betroffen sind. Entsprechend häufiger werden sie in Logo-, Moto- und Ergotherapie vorgestellt. Dieser Trend hält im Kindergarten- und Grundschulalter an. Noch bei etwa zwei bis drei Prozent der Schulkinder kommen Sprachentwicklungsstörungen vor, wobei Jungen zwei- bis dreimal häufiger betroffen sind als Mädchen.

Nachdem ein schlüssiges Erklärungsmodell für diese Unterschiede fehlt, gibt es auch keine erkennbar geschlechtsbezogene Evaluation von Therapien oder im Bedarfsfall spezielle Konzepte für die Behandlung von Jungen.

Die Praxis beschreibt den Übergang aus dem familiären Raum in die öffentliche Erziehung im Kindergartenalter wie auch den Übergang von der Kita zur Schule bei Jungen als tendenziell prekärer; die Ablösung der Jungen von den Müttern sei schwieriger und von einer ganz eigenen Dynamik. Stichhaltige Belege sowie Untersuchungen dieser Thematik fehlen allerdings.

Neuere Modelle gehen dagegen davon aus, dass nur Jungen einen Objektwechsel vornehmen müssen und sprechen von einer „Umwegidentifikation", die für Jungen sozialisationstypisch sei (vgl. Böhnisch 2004, 94 ff.). Mädchen können ihre Geschlechtsrolle demnach durch kontinuierliche personale Identifikation mit einer konkreten Person – der Mutter – erwerben.

Aufgrund der empirischen „Abwesenheit" des Vaters in der frühen Kindheit fehle Jungen diese Möglichkeit, ihre Geschlechtsrollenentwicklung sei deshalb von Diskontinuität und positionaler Identifikation („anders als weiblich") geprägt und damit entwicklungspsychologisch prekärer. Die Annahme einer insbesondere für Jungen problematischen Vaterlosigkeit, die Abwesenheit von Männern in der familiären wie öffentlichen Erziehung und damit verbunden eine mangelnde Gelegenheit zu „männlicher"

Identifikation und Auseinandersetzung für Jungen sind alte Topoi, die gegenwärtig eine Renaissance zu erleben scheinen. Im Gegenzug wird die Präsenz (oder „Dominanz") von Frauen als psychosoziales Problem für Jungen dargestellt. Auch eine aktuelle Kampagne wie „Mehr Männer in Kitas" wird gern in diesen Zusammenhang gestellt. Ob allein ein Mehr an Männern aber schon als Universalheilmittel für eine gesunde psychische Entwicklung von Jungen gelten kann, sei hier dahingestellt und müsste jedenfalls genderkritisch reflektiert werden.

Ein psychosoziales Thema, mit dem sich Jungen in ihrer Entwicklung deutlich stärker als Mädchen auseinandersetzen müssen, ist das Phänomen Gewalt. Jungen sind häufiger auf der Täterseite, aber auch auf der Opferseite anzutreffen, sie werden häufiger als Mädchen zum Opfer körperlicher elterlicher Gewalt. Entsprechende Elternbildung, das Training anderer als gewaltförmiger Bewältigungsmöglichkeiten für Jungen selbst, wie auch die konkrete Bewältigung belastender oder traumatisierender Erfahrungen tragen viel zur psychischen Gesundheit von Jungen bei (bzw. würden das tun, wenn es sie denn gäbe). Qualifizierte Präventionskonzepte integrieren deshalb gerade auch bei Jungen die psychische Bewältigung eigener Gewalterfahrung, eingeschlossen der Bereich des sexuellen Missbrauchs bzw. der sexualisierten Gewalt.

Lothar Weißbach / Matthias Stiehler (Hrsg.): Männergesundheitsbericht 2013. Im Focus: Psychische Gesundheit. Bern 2013, S. 106 ff., Auszüge.

M8 Das Perry-Preschool-Modell – 1

Wie hilfreich frühe Unterstützung sein kann, lässt sich in Ypsilanti, im US-Bundesstaat Michigan, studieren. Im Jahr 1962 begann dort ein Experiment mit erstaunlichen Erfolgen. 58 Jungen und Mädchen aus einem armen Stadtviertel durften einen kostenlosen Halbtagskindergarten besuchen. Gut ausgebildete Lehrerinnen und Lehrer sollten Kindern aus armen Familien einen guten Start ins Schulleben ermöglichen. Nach zwei Jahren war diese „Perry Preschool" beendet und die Kinder wechselten in die erste Klasse der benachbarten Grundschule – scheinbar nichts Spektakuläres.

Doch im Jahr 2011 reiste ein Nobelpreisträger um die Welt und verkündete, dass das Experiment von Ypsilanti lohnender sei als jede andere Sozialpolitik: „Die Perry Preschool hatte ungeheure Vorteile – sie war hilfreich für die Kinder und extrem lohnend für Staat und Gesellschaft", so James Heckman, Nobelpreisträger für Ökonomie. Die Zeitschrift „Science" stellte das Experiment von Ypsilanti 2011 in den Mittelpunkt einer Ausgabe und befand: „Das Ergebnis der Preschool von Ypsilanti ist, dass die Gesellschaft für jeden Dollar, der dort investiert wurde, bis zu 16 Dollar gespart hat, weil die Kinder später besser in der Schule abschneiden, bessere Jobs finden und seltener im Gefängnis landen."

Nun lassen sich die Folgen jedes sozialen Projekts mit Rechentricks schönen. Die Erfolgsbilanz von Ypsilanti aber zählt zum Robustesten, was die Sozialwissenschaft in diesem Bereich liefert. Denn neben den 58 Kindern in der Preschool gab es eine gleich große Gruppe von Kindern, die aus dem gleichen Milieu stammten, aber nicht in der Kita gefördert wurden. Deshalb können die Wissenschaftler heute, Jahrzehnte später, vergleichen:

Wie entwickelten sich die Kinder aus der Preschool? Und was wurde aus der Kontrollgruppe? Die Unterschiede sind enorm. Zum Beispiel bei der Kriminalität: ein Drittel weniger Eigentumsdelikte in der Experimentalgruppe, ein Drittel weniger Gewaltverbrechen, halb so viele Morde

und 60 Prozent weniger Drogenkriminalität. Entsprechend verteilten sich die Haftstrafen. Die Jungen aus der Perry Preschool waren bis zu ihrem 40. Geburtstag im Schnitt 27 Monate inhaftiert – nicht gerade wenig. Doch diejenigen, die ohne das Kita-Programm ins Leben starteten, brachten es auf durchschnittlich 45 Gefängnismonate.

Und weil den modernen Staat kaum etwas so teuer kommt wie die Kriminalität seiner Bürgerinnen und Bürger, stellen Ökonomen wie Heckman ihre Erfolgsbilanzen auf: Jeder männliche Versuchsteilnehmer, der einst als Kind nicht in die Vorschule ging, verursachte bis zu seinem 40. Geburtstag etwa um 150.000 Dollar höhere „Kriminalitätskosten" als derjenige, der die Perry Preschool besucht hatte.

Aus diesen Ergebnissen kann man zwei Schlüsse ziehen, einen richtigen und einen falschen. Der richtige ist: Jede Bildungsdebatte, die sich allein auf die Verbesserung der Schulen konzentriert, greift zu kurz. Weil alle Bildungskarrieren lange vor dem ersten Schultag beginnen, geht es um die rechtzeitige Unterstützung des Lernens. Wer sich auf 10- oder 18-Jährige konzentriert, hat den richtigen Zeitpunkt längst verpasst.

Die falsche Schlussfolgerung allerdings wäre, dass ein Staat nun viel mehr Geld in alle Kindergärten investieren sollte – gemäß dem Prinzip: Was den Kindern von Ypsilanti geholfen hat, wird allen anderen Kindern genauso nutzen. Man kann sich schon vorstellen, wie ambitionierte Akademiker in Berlin-Prenzlauer Berg oder in München-Schwabing für ihre Kinder eine Förderung wie in der Perry Preschool verlangen: „Dieses Experiment zeigt doch, dass sich jeder Euro lohnt, den der Staat für unsere Kinder ausgibt", hört man sie argumentieren. Bloß: Genau das zeigen diese Experimente nicht.

Die Versuche in den USA – in Ypsilanti wie in einigen anderen Städten – waren Versuche mit Kindern aus miserablen Verhältnissen. Diese Kinder lebten meist bei alleinerziehenden Müttern,

M8 Das Perry-Preschool-Modell – 2

die wenig Geld und schlechte Ausbildungen hatten. Die Väter waren oft abgehauen oder im Gefängnis, die Kinder hatten sehr niedrige Intelligenzquotienten, und ihnen fehlte etwas, das viele Kinder in Deutschland von ihren Eltern bekommen: Unterstützung. Für diese Unterstützung sorgte das exzellent ausgebildete Lehrpersonal der Perry Preschool. Sie hörten den Dreijährigen zu, lasen ihnen Bücher vor, unterstützten ihr Spiel und ihre Ideen und nahmen sie ernst. All das glich Defizite der Eltern aus, die es in einzelnen deutschen Familien auch gibt – aber längst nicht in allen.

Die Kinder aus den schwierigsten Familien brauchen also die beste Unterstützung. Wer ihnen exzellente Kindergärten anbietet, macht sich verdient um die ganze Gesellschaft. Es dient dem sozialen Frieden, wenn ein Dreijähriger aus dem Berliner Wedding bessere Chancen auf ein Leben hat, das ihn nicht ins Gefängnis führt. Es dient dem Budget des Staates, wenn der Junge im Alter von 17 Jahren fähig ist, eine Stelle anzunehmen, statt in Jobtrainings auf sein Leben als Dauerarbeitsloser „vorbereitet" zu werden. Es dient der wirtschaftlichen Prosperität, wenn dieser junge Mann für anspruchsvolle Jobs zur Verfügung steht, sobald wegen der demografischen Lücke noch mehr Fachkräfte fehlen. Und es dient der politischen Stabilität, wenn sich Berlin-Neukölln (das natürlich auch anders heißen könnte: München-Hasenbergl etwa oder Nürnberg-Südstadt) nicht zu einem Quartier entwickelt, in dem frustrierte Jugendliche die Autos der vermeintlich Wohlhabenden abfackeln.

Wenn wir die Jüngsten in den schwächsten Stadtvierteln gezielt unterstützen, bekommen jene Kinder eine Chance, die heute kaum eine haben. Dann schaffen wir das, was dem Land so bitter fehlt: Bildungsgerechtigkeit. Wenn Deutschland daran scheitert, wird die neue Klassengesellschaft zementiert. Dann verschleudern wir unseren Wohlstand. Wir haben die Wahl.

Felix Berth: Für eine kluge Ungleichbehandlung – Essay. In Apuz, 22–24/2012. S. 3–7.
http://www.bpb.de/apuz/136761/fuer-eine-kluge-ungleichbehandlung-essay?p=all

1.2 Orientierungen

Orientierungen

In der Pädagogik wird zwischen Methoden und Konzepten auf der einen und prinzipiellen Einstellungen und Haltungen auf der anderen Seite differenziert. Wenn Ansätze der Gewaltprävention nicht nur instrumentell angewendet werden sollen, bedürfen sie der Erdung in spezifischen Haltungen und Orientierungen. Zu diesen Orientierungen gehören:

- ein humanistisches Menschenbild
- der pädagogische Blick
- ein systemischer Ansatz
- Erkenntnisse der Resilienzforschung
- die pädagogische Beziehung
- eine „gute" Qualität der Einrichtung
- die Entwicklung einer Kultur des Friedens.

Ein humanistisches Menschenbild

Menschen suchen Klarheit und Eindeutigkeit, das Entweder – Oder, hier der Täter, dort das Opfer; hier die Guten, dort die Bösen, wobei man sich selbst stets auf der Seite „der Guten" sieht.

Auch im Kontext von Aggression und Gewalt findet diese Zuspitzung statt. Häufig handelt es sich dabei um die Abspaltung und Projektion psychisch unliebsamer Anteile nach außen: Das Böse („die Aggressiven"), das sind die Anderen. „Der Gewalttäter wird als ein Feindbild aufgebaut, mit dem wir nichts gemein haben und den wir immer schärfer und unnachsichtiger ausgrenzen müssen", meint der Kriminologe Michael Walter (2004).

Von Goethe stammt die Bemerkung: „Wenn ich von den Verbrechen lese, so habe ich die Empfindung, dass ich fähig wäre, ein jegliches davon selbst zu begehen" (zit. nach Eisenberg 2010, S. 296). Aus der Polarität des „Entweder – Oder" wird hier ein „Sowohl – Als auch". Die Grenze verläuft also nicht zwischen den „guten" und den „bösen" Menschen (schon gar nicht bei Kindern), sondern mitten durch jeden von uns (ebd). Wir alle sind „gut" und „böse" zugleich, und es hängt von den Umständen ab, welche Seite dieser Ambivalenz schließlich lebensbestimmend wird.

Das humanistische Menschenbild geht von der Gleichheit und Gleichwertigkeit aller Menschen aus. Menschen sind einmalig und wertvoll. Sie haben einen Anspruch darauf, ihr Leben selbst zu bestimmen. Für Erich Fromm gehört zum Grundverständnis des Humanismus:

- „Erstens der Glaube an die Einheit des Menschen, also die Überzeugung, dass es nichts Menschliches gibt, was nicht in jedem von uns zu finden wäre.
- Zweitens die Betonung der Würde des Menschen und
- drittens die Betonung der Fähigkeit des Menschen, sich weiter zu entwickeln und zu vervollkommnen" (Fromm, GA IX, S. 19; zit. nach: Johach 2011, S. 121).

Der pädagogische Blick

Der Konfliktforscher Reiner Steinweg (2008, S. 114) stellt für eine gelingende Gewaltprävention die entscheidende Frage: „Was brauchen Kinder, damit sie Gewalt nicht brauchen?" Und der Sportsoziologe Gunter Pilz (2010, S. 447) nennt einen zentralen Ansatzpunkt: Gewaltprävention muss bei den Problemen ansetzen, die Kinder und Jugendliche haben, nicht bei denen, die sie machen, denn hinter der Gewalt stehen oft eigene Erfahrungen mit Gewalt.

Gewaltprävention muss vorrangig durch Erziehung, Lernen und Kompetenzerwerb bewältigt werden. Eine nachhaltige Gewaltprävention kann nur gemeinsam mit den Kindern, mit den Peers und mit Eltern, anderen Erziehungspersonen sowie dem relevanten sozialen Umfeld der Kinder gelingen (vgl. Lüders/Holthusen 2007).

Der pädagogische Blick bedeutet, den Charakter von Aggression und Gewalt bei Kindern weitgehend als entwicklungsbedingtes und altersspezifisches Phänomen zu sehen, das viel mit den Problemen, Herausforderungen und Aufgaben zu tun hat, die beim Aufwachsen bewältigt werden müssen. Aggression hat hier oft eine explorative, erkundende Funktion, die Fragen und Zumutungen an die soziale Umwelt beinhaltet: „Was darf ich tun?" und: „Wo liegen die Grenzen?" Dabei werden Reaktionen der Erwachsenen herausgefordert und erwartet.

Der pädagogische Blick ermöglicht es, Aggression und Gewalt auch als Kommunikationsform zu verstehen, als soziales Handeln, in dem vielfältige Botschaften und auch Hilferufe versteckt sind. Eine Kommunikationsform, die sicherlich nicht sozial adäquat ist, aber die vielleicht im Moment die einzig mögliche darstellt.

Der pädagogische Blick bedeutet, die verschiedenen Funktionen von Gewalt, etwa für die Erprobung und Inszenierung von Männlichkeit oder für die Erlangung von Zugehörigkeit zu Gruppen, zu kennen und zu beantworten.

Der pädagogische Blick bedeutet, dieses Verhalten mit „Augenmaß" zu betrachten und zu beurteilen. Es geht um die Begleitung von Kindern auf ihrem Weg in die Welt. Dabei brauchen sie für ihre Entwicklung auch unbeobachtete und selbstbestimmte Räume, in denen sie eigene Erfahrungen machen können (Steffen 2007, S. 210).

Deshalb dürfen das Übertreten von Regeln oder aggressives Verhalten von Kindern nur als ein und nicht als der zentrale Aspekt ihres Verhaltens gesehen werden. Die Aufmerksamkeit muss stattdessen stärker auf ihre Kompetenzen, Ressourcen sowie auf die Ausbildung von Schutzfaktoren gerichtet werden (vgl. Arbeitsstelle Kriminalprävention 2007; Steffen 2007, S. 210 ff.).

Was der Tübinger Pädagogikprofessor Hans Thiersch (2007) in Bezug auf Jugendliche formulierte, gilt auch für Kinder: „Der Pädagoge [geht] zunächst von den Entwicklungsmöglichkeiten, den Lernmöglichkeiten des Heranwachsenden und der Frage [aus], wie diese gestützt und gefördert werden können. Wichtig aber scheint mir für den pädagogischen Ansatz zu sein, dass alle diese Formen eines schwierigen, regelverletzend auffälligen Verhaltens verstanden werden müssen, als Ausdruck der Anstrengung, mit seinem Leben zurande zu kommen oder als Bewältigungsversuch. Es sind vielleicht die falschen Mittel, es sind vielleicht falsche Vorgaben, es sind falsche Muster, aber es steckt in ihnen die Anstrengung, mit den Verhältnissen zurande zu kommen."

Der systemische Ansatz

Was ist systemisch?
Von einer „systemischen" Sichtweise sprechen wir dann, wenn wir die Dinge als System betrachten, wenn wir also einzelne Teile im Zusammenhang mit dem größeren Ganzen sehen, dem sie angehören, und die Ursachen für Probleme nicht bei den Teilen, sondern im Zustand des Systems sehen.
www.teamdynamik.net/ index.php?id=5860

Der pädagogische Blick gründet u.a. auch auf dem systemischen Ansatz, der Menschen in einem Netzwerk (System) von sozialen Beziehungen integriert sieht, die auf sie einwirken und die sie wiederum beeinflussen. Diese Gruppen bilden durch ihre sozialen Beziehungen ihrerseits jeweils soziale Subsysteme, die sich selbst regulieren und dabei eigene Rollen, Werte und Konfliktregelungen ausbilden.

Nicht isolierte Individuen werden so betrachtet, sondern Menschen als Mitglied relevanter Bezugsgruppen, denn Menschen sind primär Gruppenwesen. Ihre Identität und ihr Handeln werden wesentlich von ihren Bezugsgruppen bestimmt. Bezogen auf Kinder sind das ihre Herkunftsfamilie, ihre Kindergarten- und ihre Freundesgruppe (vgl. Hennig/Knödler 2010, S. 11).

Auch auffälliges Verhalten wird dabei erklärbar und ist in seinem Bezugsrahmen als sinnvoll zu verstehen und immer mit einer Botschaft verbunden. Gewalt wird so nicht länger als individuelle Eigenschaft, sondern kontextgebunden gesehen. Von der Haltung „Hier ist etwas, das stört, das weg soll." geht es zu Fragen wie „Warum wird Gewalt gebraucht?", „Welche Botschaft ist damit verbunden?", „Welche Funktion hat das Symptom?" und „Was muss entwickelt werden, damit das Symptom nicht mehr nötig ist?".

Das Gewaltverhalten als Symptom gesehen, verweist dabei auch auf die Verhältnisse, die es bedingen und stützen. Unter dem systemischen Blick ist das Symptom kein Problem, sondern bereits ein Lösungsversuch für dahinterliegende Schwierigkeiten.

Zum systemischen Denken muss systemisches Handeln in einer doppelten Bedeutung kommen. Zum einen als systemgerechte Intervention, zum anderen als ein gemeinsames Vorgehen der verschiedenen Partner. Dies bedarf der Absprachen, der Vernetzung und der Kooperation. Gemeinsames Handeln beginnt innerhalb des Teams in der Einrichtung und bezieht Eltern, Polizei, Jugendhilfe usw. mit ein.

Resilienzorientierung

Unter Resilienz wird die Fähigkeit von Menschen verstanden, Krisen unter Rückgriff auf persönliche und sozial vermittelnde Ressourcen zu meistern und als Anlass für Entwicklung zu nutzen, wobei dieser Prozess das ganze Leben hindurch andauert.

Resilienzforschung geht der Frage nach, warum bestimmte Menschen oder Menschengruppen besser mit Schwierigkeiten und belastenden Situationen umgehen können als andere, warum sie „Schicksalsschläge" und traumatische Erlebnisse so verarbeiten, dass sie nicht aus der Bahn geworfen werden, sondern sogar daran wachsen. Während herkömmliche Ansätze der Gewaltprävention reaktiv sind und unerwünschtes Verhalten verhindern sollen, ist der Resilienzansatz proaktiv und möchte Schutzfaktoren (protektive Faktoren) fördern.

Menschen sind nicht das Produkt ihrer Umstände oder ihrer Sozialisation, sondern entwickeln sich und können auch aus eigener Kraft ihre Lebenssituation verändern, wenn entsprechende Unterstützungssysteme vorhanden sind (vgl. Zander 2011). Der wichtigste Schutzfaktor ist dabei der Halt in einer stabilen, emotional bedeutungsvollen Beziehung. Wenn dies in der Familie nicht möglich ist, dann spielen Personen außerhalb der Familie eine entscheidende Rolle. Weitere Schutzfaktoren kommen hinzu (ausführlich in Kap. 3.1).

Eine unbedingte Voraussetzung und Grundlage für die Herausbildung von Resilienz ist die Zugehörigkeit zu einem größeren Verbund von Menschen, der über die Familie hinausgeht. Dies kann in Freundeskreisen, der Nachbarschaft, in konstruktiven Gruppen oder aber eben auch in den Kitas sein.

Die pädagogische Beziehung

Grundlage des eigenen Handelns in der Kita ist für Kinder die Beziehung zu den Erzieherinnen und Erziehern, später zunehmend auch zwischen den Kindern. Entwicklung und Aneignung der Welt kann nur im Rahmen von Beziehungen stattfinden. Dabei steht die subjektive Bedeutung für Kinder im Mittelpunkt der Aktivitäten, die sich auf der Grundlage einer tragfähigen Beziehung dritten Personen und Dingen zuwenden können. Die Entwicklung einer belastbaren Beziehung ist deshalb die Grundlage, um Kinder überhaupt erreichen zu können. Die Fachkräfte müssen dabei wahrnehmen und erkennen, agieren und reagieren, bestätigen und begrenzen, ermutigen und motiveren, Altes wiederholen und Neues wagen und dies auf vielen Gebieten. Sie greifen soziale Situationen auf und schaffen Lernanreize, sei es beim Zuhören oder Sprechen, beim Sitzen oder Bewegen, beim Gestalten oder Aufräumen, in den Räumlichkeiten, im Garten oder im Wald. Sie unterstützen dabei die Selbstbildungskräfte der Kinder und der Gruppe und haben beide im Blick.

Dabei bringen Kinder ihre Erlebnis- und Beziehungsmuster aus ihrer Familie mit und werden mit neuen Mustern konfrontiert. Fachkräfte müssen sich dabei ständig auf verschiedenste Beziehungsangebote einlassen und dennoch Vorbild und Autorität sein. Eine gute Beziehungsgestaltung ist die Grundlage für die Ermöglichung von Lernprozessen und deren Begleitung. Der gute Umgang mit den eigenen Gefühlen ist dabei ein wichtiger Bereich professionellen Handelns.

Sprachfähigkeit fördern

Mangelnde Wertschätzung anderer, aggressives und dissoziales Verhalten sind häufig verbunden mit Kommunikationsschwierigkeiten. Sprach- und Kommunikationsprobleme vor dem fünften Lebensjahr in der Familie und den Kindertagesstätten im Blick zu haben und aufzugreifen, kann Entwicklungen verhindern, die später nur noch schwer zu beeinflussen sind.

Im Sinne einer entwicklungsbezogenen Prävention liegt hier der grundlegende Ansatz von Gewaltprävention in der Förderung kommunikativer Fähigkeiten und des sozialen Verhaltens. Deshalb reicht es nicht aus, auf bestimmte Gewaltsymptome zu reagieren. Vielmehr geht es darum, überzeugende Förder- und Handlungsangebote zu schaffen, die den Kreislauf der Gewalt durchbrechen können.

Eine wichtige Strategie ist, den Spracherwerb und darauf aufbauend die Schreib- und Lesefähigkeit systematisch zu fördern, denn mangelnde Fähigkeiten in diesen Bereichen sind eng mit ungünstigen oder gar dissozialen Entwicklungen verbunden.

Sprachfähigkeiten sind deshalb so wichtig, da sie den Schlüssel zur sozialen Interaktion und Lernfähigkeit darstellen. Sprach- und Kommunikationsfähigkeit ermöglicht es, Gefühle, Bedürfnisse und Meinungen ausdrücken zu können. Sprachfähigkeit hängt mit sozialen Lebenslagen zusammen.

(Vgl. Gross 2008, S. 21)

Ein Teufelskreis für Kinder und Möglichkeiten des Eingreifens

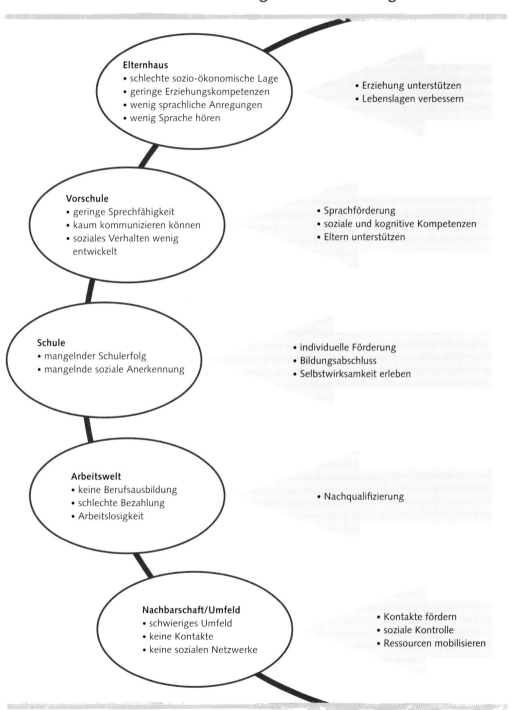

Elternhaus
- schlechte sozio-ökonomische Lage
- geringe Erziehungskompetenzen
- wenig sprachliche Anregungen
- wenig Sprache hören

- Erziehung unterstützen
- Lebenslagen verbessern

Vorschule
- geringe Sprechfähigkeit
- kaum kommunizieren können
- soziales Verhalten wenig entwickelt

- Sprachförderung
- soziale und kognitive Kompetenzen
- Eltern unterstützen

Schule
- mangelnder Schulerfolg
- mangelnde soziale Anerkennung

- individuelle Förderung
- Bildungsabschluss
- Selbstwirksamkeit erleben

Arbeitswelt
- keine Berufsausbildung
- schlechte Bezahlung
- Arbeitslosigkeit

- Nachqualifizierung

Nachbarschaft/Umfeld
- schwieriges Umfeld
- keine Kontakte
- keine sozialen Netzwerke

- Kontakte fördern
- soziale Kontrolle
- Ressourcen mobilisieren

GRUNDWISSEN

41

1.2 ORIENTIERUNGEN

Die „gute" Qualität der Einrichtung

Sprachentwicklung und Früherkennung
Die frühe Sprachentwicklung stellt eine Art Alarmsystem für den Gesamtentwicklungsstand eines Kindes dar. Um Entwicklungsstörungen unterschiedlicher Art frühzeitig erkennen zu können, ist es daher erforderlich, die frühe Sprachentwicklung insbesondere im Alter von ein bis drei Jahren besonders sorgfältig zu beobachten und Sprachverzögerungen bereits in diesem Alter ernst zu nehmen.
www.bielefelder-institut. de/sprachentwicklung-und-frueherkennung.html

Expertinnen und Experten sind sich einig: Wenn eine Einrichtung etwas gegen Gewalt unternehmen will, muss sie Organisationsentwicklung betreiben, denn – so eines der wichtigsten Ergebnisse der Gewaltforschung – eine „gute Schule" wirkt gewaltpräventiv (Schubarth 2010). Dasselbe dürfte auch für den Bereich der Vorschule gelten: Eine gute Qualität der Einrichtung wirkt gewaltpräventiv. Einzelne isolierte Programme zeigen kaum Effekte, solang sie nicht Bestandteil umfassender sog. multimodaler Ansätze sind (Scheithauer 2012, S. 96).

In der Praxis zeigt sich, dass die fachliche Qualität und das soziale Miteinander durch die Herausbildung eines sog. „Ethos" der Einrichtung begleitet werden muss. Ein solches Ethos ist etwas anderes als ein verordneter Verhaltenskatalog. Es besteht aus von allen getragenen Überzeugungen und Einstellungen, wie die Einrichtung sein soll und was die Voraussetzungen des Zusammenlebens dort sind, denn jede Einrichtung benötigt eine Identität (Wer sind wir? Was wollen wir? Was steht bei uns im Mittelplunkt? Was sind unsere Stärken? ...).

Auf die Wichtigkeit eines solchen Ethos weist auch die Organisationsentwicklungsforschung hin. Gerade bei sozialen Organisationen im Vorschulbereich geht es nicht nur um Rationalität von Abläufen und Funktionalität von Strukturen, sondern eben immer auch um Sinngebung und Sinngestaltung, da Organisationen auch eine geistig-kulturelle Dimension umfassen (vgl. Epstein 2007, S. 101 ff.).

Fragen an eine Tagesbetreuung für Kinder unter drei Jahren
• Sind vielfältige Erfahrungen mit allen Sinnen möglich?
• Bekommt das Kind Möglichkeiten zur selbständigen Bewegungsentwicklung?
• Bietet die Kita dem Alter entsprechende Räume und Materialien an?
• Beobachten und dokumentieren die Erzieherinnen und Erzieher systematisch die Interessen und Entwicklungsfortschritte jedes Kindes?
• Gibt es eine Eingewöhnung im individuellen Tempo des Kindes und in Begleitung eines Elternteiles?
• Beachten die Erzieherinnen bei der Pflege die Signale des Kindes und greifen sie diese einfühlsam auf?
• Gibt es gleichaltrige Spielpartner sowie Kontakte zu größeren und kleineren Kindern?
• Hat das Kind jederzeit vertraute Personen – Kinder und Erzieherinnen – um sich?
• Werden Eltern als Erziehungspartner von der Kita akzeptiert?
• Wird ein soziales Netzwerk für Kinder, Eltern und Einrichtung geschaffen?
Bertelsmann Stiftung: Checkliste für Eltern: Kinder unter Drei in Kitas. www.bertelsmann-stiftung.de/bst/de/media/xcms_bst_dms_16179__2.pdf

Der Hirnforscher Gerald Hüther formuliert diesen Zusammenhang so: „Der Geist, der in einer Einrichtung oder Gemeinschaft herrscht, bestimmt darüber, welche Erfahrungen die Menschen in dieser Gemeinschaft machen können. Und die Erfahrung, die sie dort machen, bestimmt ihre innere Haltung, die sie entwickeln. Und diese Haltung bestimmt ihr Verhalten" (Hüther in SWR 2011, S. 7).

Eine lernfreundliche Umgebung

Eine inklusive, lernfreundliche Umgebung, basierend auf gemeinsamen Werten und Visionen

- schließt alle Kinder ein: Mädchen und Jungen; Kinder mit unterschiedlichem kulturellen und sprachlichen Hintergrund; behinderte Kinder und solche mit spezifischen Lernbedürfnissen.
- ist sicher: alle Kinder sind vor Leid, Gewalt und Missbrauch geschützt.
- ist kultursensitiv, greift Unterschiede positiv auf und stimuliert alle Kinder, zu lernen.
- fördert Partizipation, Kooperation, gegenseitige Fürsorge, Selbstachtung und Vertrauen.
- fördert einen gesunden Lebensstil und lebenspraktische Kompetenzen.
- fördert die zunehmende Verantwortungsübernahme der Kinder für ihre Lernprozesse.
- fördert Gelegenheiten für Fachkräfte, selbst zu lernen und davon zu profitieren.
- stellt die Gleichberechtigung der Geschlechter und Nichtdiskriminierung sicher.
- bezieht Familien, Fachkräfte und Gemeinschaften in die Lernprozesse der Kinder ein.

UNESCO Bangkok: Embracing Diversity: Toolkit for Creating Inclusive, Learning-Friendly Environments. Bangkok 2007, S. 11.

Kinder brauchen drei Dinge, damit sie wachsen können, meint Elena Riegel (2009):
- eine gute Gemeinschaft, in der sie sich aufgehoben fühlen
- Aufgaben, an denen sie wachsen können sowie
- Anerkennung und Respekt.

Alle Bemühungen, die in diese Richtung gehen, leben letztlich von der Glaubwürdigkeit, der Überzeugungskraft und der Beziehungsfähigkeit der Beteiligten wie Fachkräfte und Eltern, denn Kinder brauchen glaubwürdige Vorbilder und Menschen, mit denen sie sich identifizieren können.

Eine gute Einrichtung benötigt deshalb auch eine angemessene materielle und räumliche Ausstattung, qualifiziertes Personal, ein Umfeld, das diese Bemühungen stützt und fördert und durch ausreichende Ressourcen erst ermöglicht.

Entwicklung einer Kultur des Friedens

Soll sich Gewaltprävention nicht in einer situativen „Gegen-Gewalt" erschöpfen, bedarf es eines überzeugenden übergeordneten Bezugsrahmens, der über die eigene Einrichtung hinausweist und die Vision eines gelingenden Zusammenlebens beinhaltet.

Menschen benötigen nicht nur Techniken und Methoden der Gewaltprävention, sie brauchen auch Ziele und Visionen. Solche Visionen und Bezugsrahmen für das eigene und institutionelle Handeln haben die Funktion, sich selbst in einem größeren Kontext verorten zu können und den eigenen Beitrag zu diesem größeren Ziel zu sehen. Sie wirken deshalb auch sinnstiftend.

Hier könnte Gewaltprävention von Ergebnissen der Friedens- und Konfliktforschung profitieren. Nach langen Jahren der Kriegsursachenforschung hat sich die nüchterne Erkenntnis herausgebildet, dass sich mit den Kenntnissen der Ursachen für gewaltsame Konflikte und Kriege, so wichtig diese auch sind, noch nicht die Bedingungen des Friedens formulieren lassen. Dieser Paradigmenwechsel, weg von der Kriegsursachenforschung, hin zur Erforschung der Bedingungen für Friedensfähigkeit, ermöglichte neue weitreichende Erkenntnisse.

Der Bremer Friedensforscher Dieter Senghaas (zum Folgenden: 2004, S. 30–40) untersuchte den Übergang von traditionellen zu modernen Gesellschaften, um herauszufinden, welche Bereiche eines Staates vorhanden und entwickelt sein müssen, damit er friedensfähig wird. Auf dieser Grundlage arbeitete er sechs Bedingungen heraus, die für eine zivilisierte, d.h. nachhaltig gewaltfreie Bearbeitung von unvermeidlichen Konflikten von Bedeutung sind. Diese sechs Bedingungen sind (1) ein staatliches Gewaltmonopol, (2) Rechtsstaatlichkeit, (3) Interdependenzen und Affektkontrolle, (4) demokratische Teilhabe, (5) soziale Gerechtigkeit und (6) eine Kultur konstruktiver Konfliktbearbeitung.

Diese sechs Bedingungen sind miteinander verbunden und stehen in gegenseitiger Abhängigkeit. Senghaas nennt dieses Gebilde „zivilisatorisches Hexagon".

1. An oberster Stelle des Hexagons steht das legitime Monopol staatlicher Gewalt, verstanden als die Sicherung der Rechtsgemeinschaft. Diese Entprivatisierung von Gewalt nötigt dazu, Konflikte mit Argumenten und nicht mit Gewalt auszutragen.

2. Das Gewaltmonopol bedarf der rechtsstaatlichen Kontrolle, soll es nicht einfach Ausdruck von Willkür sein. Ohne eine solche Kontrolle wäre das Gewaltmonopol nichts anderes als eine Diktatur, also Herrschaft des Stärkeren.

3. Die Entprivatisierung von Gewalt, also die Entwaffnung der Bürger und das Angebot von Konfliktregelungen macht die Kontrolle von Affekten erforderlich. Diese Selbstbeherrschung und Selbstkontrolle ergeben sich aus dem Zwang zum (gewaltfreien) Zusammenleben. Affektkontrolle ist eingeübte Selbstdisziplin.

4. Partizipation ist Voraussetzung für eine friedliche Konfliktlösung. Unterordnungsverhältnisse werden von den Bürgern nicht mehr erduldet. Sie wollen und können ihre Interessen artikulieren und sich an Entscheidungsprozessen beteiligen.

5. Interessenartikulation und Beteiligung sind nur dann von Dauer, wenn es anhaltende Bemühungen um soziale Gerechtigkeit gibt, es also fair zugeht. Dabei geht es um Chancengerechtigkeit und um Verteilungsgerechtigkeit sowie um die Sicherung von Grundbedürfnissen (Bedürfnisgerechtigkeit).

6. Gibt es im öffentlichen Raum faire Chancen für die Artikulation und den Ausgleich von unterschiedlichen Interessen, sind die Voraussetzungen für Konfliktbearbeitung gegeben. Die Kultur konstruktiver Konfliktaustragung wird dabei zur emotionalen Grundlage des Gemeinwesens.

Diese sechs Komponenten, so Senghaas, sind als Voraussetzung und Bedingungen für eine dauerhaft zivilisierte Konfliktbearbeitung konfigurativ zu denken, d.h. sie sind in ihrer Gesamtheit und ihren Wechselwirkungen zu verstehen.

Denkt man das zivilisatorische Hexagon mit dem Projekt Gewaltprävention zusammen, so werden die gesellschaftlichen Bedingungen von Gewaltprävention und auch die politischen und gesellschaftlichen Handlungsnotwendigkeiten deutlich.

Gewaltmonopol

Interdependenz und Affektkontrolle

Rechtsstaatlichkeit

demokratische Prinzipien

soziale Gerechtigkeit

Konfliktkultur

Das zivilisatorische Hexagon. (Senghaas 2004)

Obwohl sich das zivilisatorische Hexagon zunächst auf den staatlichen und gesellschaftlichen Bereich bezieht, könnte es lohnenswert sein, es probehalber auch auf den pädagogischen Kontext anzuwenden. So würde deutlich, dass vorschulische Gewaltprävention weitgehend in dem Bereich der Affektkontrolle und Konfliktbearbeitung (auf Kinderebene) ansetzt, weniger oder kaum die Bereiche soziale Gerechtigkeit, Fairness und Partizipation aufgreift.

Das zivilisatorische Hexagon kann als ein normativer Rahmen verstanden werden, der verdeutlicht und immer wieder fragend ins Gedächtnis ruft, an welchen Normen wir uns orientieren können, und dass es darum geht, eine Balance zwischen den sechs Ecken (Bereichen) herzustellen. Dabei ist stets auch zu klären, wer die Akteure in den verschiedenen Ecken des Hexagons sind und wer wofür die Verantwortung trägt.

Es geht also um individuelle und gemeinsame (kollektive) Lernprozesse, die ermöglichen, Gewalt zu vermeiden und Konflikte konstruktiv auszutragen. Die Orientierungshilfe für die Gestaltung dieser Lernprozesse könnten dabei für Gewaltprävention die benannten sieben Punkte sein (s. S. 36).

Gewaltprävention ist so gesehen kein Set von Maßnahmen, Modellen und Projekten im Nahbereich von Kindern, sondern eine gesamtgesellschaftliche Aufgabe, ja Strategie der Demokratisierung und Zivilisierung. Man könnte auch einfacher sagen, der bürgerorientierten Sicherung und Weiterentwicklung unserer demokratischen Grundordnung.

Erst in dieser Einbettung sind die Einzelmaßnahmen sinnvoll und erst in diesem Kontext können die Einzelmaßnahmen auch auf ihren Beitrag für eine Zivilisierung und Demokratisierung von Gesellschaft geprüft werden. Gewaltprävention arbeitet, so verstanden, an der Entwicklung einer Kultur des Friedens, die die Kultur der Gewalt ablösen und überwinden kann.

Umsetzung konkret

Wie jedes Handeln beruht auch pädagogisches Handeln auf impliziten Vorannahmen und Vorentscheidungen. Diese nicht nur im unbewussten und unsichtbaren Bereich zu belassen, sondern zu benennen und damit der Überprüfung und Korrektur zugänglich zu machen, ist für eine praktische Arbeit, die ihre Bedingungen und Handlungen reflexiv durchdringen will, unumgänglich. Die Überprüfung bzw. Ausrichtung der präventiven Arbeit an solchen übergeordneten Orientierungen ist ein ehrgeiziges und schwieriges, aber notwendiges Unterfangen, das sicherstellen soll, dass die verschiedenen Komponenten von Prävention auch miteinander in Einklang stehen und sich gegenseitig ergänzen und bestätigen.

- **Die eigenen Orientierungen finden**
  M1 bietet Möglichkeiten, sich über eigene Orientierungspunkte und deren Relevanz für die Arbeit zu verständigen: Über das eigene Menschenbild, die Sichtweise auf das Alltagsgeschehen, die Möglichkeiten, dieses unter dem systemischen Ansatz zu begreifen, die Bedeutung der Resilienzforschung und Beziehungsgestaltung, aber auch über Kriterien pädagogischer Qualität der Einrichtung und Arbeit. Ein wichtiger Punkt könnte auch der eigene Beitrag zur Verwirklichung einer Friedenskultur sein. Eng verbunden mit diesen Punkten sind die eigenen „Grundüberzeugungen". M2 bietet eine Möglichkeit, diese zu formulieren und zu diskutieren. Viele dieser Punkte werden in den weiteren Kapiteln dieses Bandes noch vertiefend aufgegriffen. M3 zeigt, was Kindzentrierung bedeuten kann.

- **Rahmendaten kennen**
  Pädagogische Arbeit kann sozio-ökonomische Rahmendaten nicht ohne Weiteres beeinflussen. Aber sie sollte diese Rahmendaten kennen und sich mit ihren Konsequenzen auseinandersetzen. Der 14. Kinder- und Jugendbericht beschreibt ausführlich die Situation der Kinder. M4 zeigt die Bedeutung der familiären Ressourcen für die Entwicklung von Kindern. M5 benennt das Armutsrisiko von Kindern und weist darauf hin, dass Armut nicht nur materiell zu verstehen ist.

M1 Unsere Orientierungen

- Was bedeuten die folgenden Bereiche für uns?
- Was machen wir bereits?
- Was wollen wir noch entwickeln?

unser Menschenbild

unser pädagogischer Blick

unser systemischer Ansatz

unsere Einbeziehung der Resilienzforschung

unsere pädagogische Beziehungsgestaltung

die Qualität unserer Einrichtung und unserer Arbeit

unser Beitrag zur Verwirklichung einer Friedenskultur

das fehlt uns noch …

M2 Unsere Überzeugungen

	Was sagen wir nach außen?	Was glauben wir selbst?
Wer sind wir?		
Warum gibt es uns?		
Was wollen wir?		
Was steht bei uns im Mittelpunkt?		
Was sind unsere gemeinsamen Werte und Überzeugungen?		
Was macht uns stark?		
Worin besteht diese Stärke?		
Was unterscheidet uns von anderen?		
Was verbindet uns?		
Woran kann man dies alles erkennen?		

M3 Kindzentrierung als zentraler Ansatz

In jeder Pädagogik sollte das Kind im Mittelpunkt stehen. Was bedeutet dies jedoch konkret? Der Pädagoge Herbert Vogt schlägt sieben Merkmale der Kindzentrierung vor:

1. **Das einzelne Kind als handelndes Subjekt mit individuellen Bedürfnisse und einem eigenen Willen wahrnehmen.** (…) Das Kind gibt dabei seinem Handeln einen persönlichen Sinn, nicht unbedingt „durchdacht", nicht einmal immer bewusst, aber dennoch möchte es mit seinem Tun etwas aus seiner Perspektive Wichtiges und Sinnvolles erreichen. Jedes Kind hat in diesem Verständnis immer gute Gründe für das, was es tut. (…)

2. **Die subjektive Wirklichkeit des Kindes achten.** Das bedeutet, die Dinge auch aus dessen Perspektive zu betrachten, ihm aktiv zuzuhören und zu versuchen, das Gehörte „für wahr" zu nehmen und die darin verborgene Weltsicht und Logik aufzuspüren. (…)

3. **Auf die Kräfte des Kindes vertrauen.**
   Dies erfordert einen kompetenz- und ressourcenorientierten Blick, der sich auf das richtet, was das Kind schon kann, statt auf das, was es noch nicht kann. Es bedeutet auch, ihm etwas zuzutrauen. Damit ein Zutrauen entstehen kann, brauchen Kinder Gelegenheiten, uns Erwachsenen zu zeigen, wie sie an Probleme herangehen und welches Wissen und welche Erfahrungen sie dabei einsetzen.

4. **„Erwachsenes" Vorauseilen, Besserwissen und Beherrschen zurückzunehmen.** Das Kind seine Wege, Strategien und Rhythmen beim Lernen zu lassen, statt zu versuchen, es an die eigenen Vorstellungen anzupassen. Eine kindzentrierte Haltung verbietet die Selbstverständlichkeit, Kinder daran zu hindern, ihre Absichten zu verfolgen, wenn sie erwachsenen Deutungen und Bewertungen nicht entsprechen.

5. **Dem Kind das Wort geben.** Dies heißt, es an allen wichtigen Entscheidungen zu beteiligen, um Rat zu fragen und bereit zu sein, sich von ihm beeinflussen zu lassen. Die Deutungsmacht des Erwachsenen zu reduzieren. Deutungsmacht üben Erwachsene dann aus, wenn sie die eigenen Erklärungen, Bewertungen, Wertvorstellungen und Interpretationen über diejenigen der Kinder stellen, wenn sie selbstverständlich die eigene Sichtweise für die richtige, bessere und wahre halten. Andererseits müssen Erwachsene auch ihre Entscheidungsmacht einschränken und Kindern die Möglichkeit geben, sich folgenreich einzumischen.

6. **Die Entwicklungsbedingungen und -gesetzmäßigkeiten des Kindes zur Grundlage der pädagogischen Arbeit machen.** „Kinder sind anders", hat Maria Montessori schon festgestellt. (…) Wer kindgerecht arbeiten möchte, muss entwicklungspsychologische Kenntnisse erwerben. Vieles, was Kinder tun, erklärt sich anders, wenn man etwas darüber weiß, wie Kinder einer bestimmten Entwicklungsstufe die Welt wahrnehmen und wie sie sich Zusammenhänge erklären.

7. **Kindzentrierung ist vor allem von einer dialogischen Haltung durchzogen.** Der Dialog als Merkmal der Kindzentrierung wohnt auch allen anderen Merkmalen inne. Er ist eine besondere Kommunikationsweise, eine spezielle Form, sich dem anderen zu nähern und mit ihm in Kontakt zu treten. Der Dialog ist eine offene Art, miteinander zu sprechen und einander zuzuhören. Er besteht u.a. darin, nicht so sehr mit eigenen Meinungen und Gewissheiten zu argumentieren, sondern sich als Lernender in einem gemeinsamen, offenen Kommunikationsprozess zu begreifen.

Herbert Vogt: Im Dschungel der Ansätze. Kindzentrierung kann pädagogisch suchenden Teams Orientierung geben. In: TPS 10/2007, S. 21 ff., Auszüge.

Vgl. www.balance-paedagogik.de

M4 Wichtig für Kinder ist ...

Für ein in Deutschland aufwachsendes Kind ist es zentral, mit welchem finanziellen, sozialen und kulturellen Kapital seine Familie ausgestattet ist, über welche Ressourcen die erwachsenen Familienmitglieder verfügen, also welchen Bildungsabschluss sie haben, welche Zugänge zum Arbeitsmarkt, über welche Handlungsalternativen hinsichtlich ihrer Erziehung sie verfügen und welche Strategien – etwa in der innerfamiliären Konfliktlösung – sie anwenden können, aber auch, welche Zugänge zu persönlichen oder öffentlichen Betreuungsmöglichkeiten sich bieten. All diese Aspekte tragen dazu bei, dass Kinder mit höchst unterschiedlichen Voraussetzungen ins Leben treten, und somit stellt sich von Anfang an die Frage, wie die Gesellschaft auf die damit einhergehenden Ungleichheiten reagiert.

Es sind in den ersten zehn Lebensjahren ganz maßgeblich die familiäre Ausstattung und die Passung der einzelnen Familien zu den öffentlich finanzierten Betreuungs-, Erziehungs- und Bildungssystemen, die den Alltag, die Erfahrungen und die Grenzen des Kindes bestimmen. Sie sind unterschiedlich verteilt, und nicht alle Kinder können auf die gleiche familiale Ausstattung zurückgreifen. Es kommen aber auch andere außerfamiliale Akteure hinzu, die schon die frühe Kindheit mitprägen, die nicht per se der öffentlichen Verantwortung unterliegen, die Bildungschancen von Kindern jedoch auch mit beeinflussen und Ungleichheiten verstärken können. Kinder erwerben in den ersten Lebensjahren elementare Voraussetzungen, die sie in die Lage versetzen, auf der Basis stabiler Beziehungen weitere soziale Beziehungen zur Welt aufzubauen. Für die gesamte kognitive, sprachliche und sozio-emotionale Entwicklung der Kinder bildet diese Phase das zentrale Fundament. Von entscheidender Bedeutung ist dabei, dass die Kinder von Anfang an in einer kognitiv, sprachlich und kulturell anregungsreichen Umgebung aufwachsen. Diese Umwelten sollten sie idealerweise innerhalb und außerhalb der Familie vorfinden. Allerdings kommt der Familie insbesondere in der frühen Kindheit eine besondere Bedeutung zu. Moderne Kindheit basiert auf den Ideen von Entwicklung, Bildung, Schutz und Rechten. Diesem Konzept von Kindheit ist aber inhärent, dass Entwicklung, Bildung, Schutz und Rechte stets prekär sind, unsicher, zur Disposition stehen, bedroht sein können.

Deutscher Bundestag: 14. Kinder- und Jugendbericht 2013, Drucksache 17/12200, S. 104.

M5 Armutsrisiken

Allerdings lebt nach wie vor ein beträchtlicher Anteil von Kindern in Armut, in den Jahren 2006 bis 2010 waren es 13,1 % der Kinder im Alter von null bis zehn Jahren.

Dabei ist die Gruppe der Kinder zwischen null und zwei Jahren mit 13,8 % relativ betrachtet am stärksten von Armut betroffen, während 12,6 % der Kinder im Alter von drei bis sechs Jahren und 13,2 % der Kinder von sieben bis zehn Jahren von Einkommensarmut betroffen waren.

Die Einkommensarmut bei Kindern der Altersgruppe null bis zehn Jahren hat sich in den letzten 15 Jahren, bezogen auf den Bevölkerungsanteil, zwar nur wenig geändert – allerdings hat sich angesichts des Anstiegs der Armutsrisiken der anderen Altersgruppen die relative Betroffenheit insofern verringert, als sich die Armutsquote von Kindern inzwischen kaum mehr von der der Gesamtbevölkerung unterscheidet. Allerdings geht diese Armutsentwicklung bei Kindern mit vielfachen soziodemografischen Unterschieden und Veränderungen einher.

Nach wie vor weisen Kinder mit Migrationshintergrund mit 15,1 % ein vergleichsweise hohes Armutsrisiko auf. Bemerkenswert ist jedoch, dass die Armutsquote von Kindern mit Migrationshintergrund bei einem gleichzeitig höheren Bevölkerungsanteil in dieser Altersgruppe rückläufig ist.

Zu beachten ist außerdem der weiterhin sehr hohe Anteil von Kindern alleinerziehender Eltern, die von Armut betroffen sind, sie weisen von allen soziodemografischen Gruppen mit 33,7 % das mit Abstand höchste Armutsrisiko auf. Der Anteil an Haushalten mit Alleinerziehenden hat zwar zugenommen, aber die hohen Armutsrisiken dieser Gruppe haben sich nicht mehr weiter verstärkt. Insgesamt nimmt das Armutsrisiko für Kinder von Alleinerziehenden mit zunehmendem Alter der Kinder ab, was auch damit zusammenhängt, dass mit zunehmendem Alter des Kindes mehr Mütter erwerbstätig sind.

Neben Alleinerziehenden haben insbesondere Haushalte mit mehreren Kindern, sogenannte Mehrkindfamilien, ein hohes Armutsrisiko (13,6 %) – dies hat über die Zeit allerdings eher abgenommen. In regionaler Differenzierung erscheinen zudem vor allem Kinder in Ostdeutschland sowie in den Stadtstaaten erhöhten Armutsrisiken ausgesetzt. Eine schlechte materielle Situation ist auch für das subjektive Wohlbefinden von Eltern entscheidend; dies belegen unterschiedliche empirische Untersuchungen.

Die allgemeine Lebenszufriedenheit, wie auch die Zufriedenheit insbesondere mit dem Bereich „Arbeit und Einkommen" aber auch mit der Partnerschaft, hängt mit der materiellen Situation von Eltern zusammen. Von Einkommensarmut betroffene Eltern sind mit ihrem Leben unzufriedener als Eltern mit materieller Sicherheit. Eine ungünstige materielle Situation von Familien kann für Kinder an sich schon belastend sein. Häufig kommen weitere „Belastungen" durch eine Reduktion im subjektiven Wohlbefinden von Eltern hinzu. Auf solche Zusammenhänge weisen unterschiedliche empirische Studien hin. Die AWO-ISS-Studien beispielsweise untersuchten neben der materiellen Grundversorgung auch jene kindsbezogenen Dimensionen, die die Versorgung im kulturellen, sozialen und gesundheitlichen Bereich umfassen.

Die Studienergebnisse zeigen, dass das Aufwachsen in Einkommensarmut deutlich bei den Kindern ankommt.

Deutscher Bundestag: 14. Kinder- und Jugendbericht 2013, Drucksache 17/12200, S. 108, Auszüge.

2.1 Aggression und Gewalt

Grundwissen

Materialien

Für Pädagogen und Eltern

Für Kinder

Aggression und Gewalt im Vorschulbereich

Aggression

„Die Aggressionen dieser Altersgruppe werden durch ein entwicklungsbedingtes Kompetenz-Handicap im sozialen Miteinander ausgelöst. (…)
Kinder werden nicht ohne Zutun erwachsener Bezugspersonen auffallend aggressiv, wobei dieses Zutun auch ein Nichtstun bedeuten kann."
(Haug-Schnabel 2009, S. 47, 72)

Den Begriff Gewalt für das Verhalten von Kindern im Vorschulalter zu verwenden, ist für viele Fachleute problematisch (vgl. Sommerfeld 2007, S. 80). Zum einen sind Kinder primär Opfer von Gewalt der Erwachsenen und aus diesen Erfahrungen heraus können sich vielfältige aggressive Verhaltensweisen entwickeln. Zum anderen ist das Vorschulalter eine Phase, in der soziale Verhaltensweisen gelernt werden und sich gleichzeitig das Ich-Bewusstsein entwickelt. Die Erprobung von Durchsetzungsstrategien, das Erreichen eigener Ziele (auch mit unfairen Mitteln) und das Behauptenlernen, sind hierzu notwendige Lernschritte. Kinder sind nicht gewalttätig, sondern sie wenden in spezifischen Zusammenhängen und Situationen Aggression und Gewalt an.

Viele Missverständnisse bringt in Bezug auf die Einschätzung des kindlichen Verhaltens die sog. Trotzphase, die verstärkt in der Altersspanne von zwei bis fünf Jahren auftritt. Viele der dabei beobachtbaren Handlungssequenzen könnte man, wenn man sie aus dem situativen und entwicklungsbezogenen Kontext herauslöst, als aggressives oder gewalttätiges Verhalten bezeichnen. Auf den Vorschulbereich bezogen ist dies jedoch nicht sinnvoll, denn es handelt sich um Wutausbrüche und Abgrenzungsbemühungen, um dadurch zunehmend mehr Selbständigkeit zu gewinnen.

Die Verhaltensbiologin Gabriele Haug-Schnabel (2007, S. 47) stellt fest: „Wir finden im Kindergarten zwar eine Vielzahl von Szenen aggressiver Konfliktbearbeitung, aber in der Regel kein gewalttätiges Verhalten."

Es erscheint deshalb angebracht, für diese Altersphase von entwicklungsbedingter kindlicher Aggression zu sprechen. Kinder sollen deshalb in dieser Altersstufe nicht als „Täter von Gewalt" betrachtet und gekennzeichnet werden, sondern als Kinder, die auch aggressives Verhalten zeigen, um Ziele zu erreichen, Macht zu demonstrieren oder auf ihre spezifische Situation aufmerksam zu machen.

Gewaltprävention im Vorschulbereich hat das Kind als Opfer von vielfältigen Erscheinungsformen von Gewalt im Blick und möchte im Sinne einer umfassenden Primärprävention Kinder in ihrer Persönlichkeitsentwicklung fördern. Dabei ist es durchaus sinnvoll, einzelne durch Risikofaktoren und Verhaltensauffälligkeiten besonders belastete Kinder spezifisch im Blick zu haben.

Dies geschieht zunehmend auch mit dem Argument, dass durch frühe Interventionen spätere Verhaltensauffälligkeiten oder gar kriminelle Karrieren verhindert werden könnten und sich dadurch für die Gesellschaft langfristig enorme Kosten sparen ließen. Doch jenseits des Kostenarguments haben Kinder aufgrund ihrer eigenen Würde ein Recht auf optimale Förderung ihrer Persönlichkeit und Entwicklungsmöglichkeiten.

Der Begriff Gewalt ist kein Begriff, den Kinder verwenden. Kinder beschreiben und umschreiben ihre Gewalterfahrungen mit Worten wie „das tut weh", „das mag ich nicht" oder „das macht mir Angst".

Was ist Gewalt?

Gewalt ist ein Phänomen, das nicht klar definiert und abgegrenzt ist, weder in der Wissenschaft noch im Alltag. In der öffentlichen Diskussion werden oft verschiedene Dinge gleichzeitig als Gewalt bezeichnet: Beschimpfungen, Beleidigungen, Mobbing, Gewaltkriminalität (Raub- und Morddelikte), Vandalismus, gewalttätige Ausschreitungen bei Massenveranstaltungen, fremdenfeindliche Gewalt gegen Menschen usw.

Auch im wissenschaftlichen Bereich gibt es keine allgemein akzeptierte Definition und Beschreibung von Gewalt. Mehrere Begriffsbestimmungen und Theoriestränge stehen weitgehend unverbunden nebeneinander (etwa im Bereich der Aggressionsforschung).

Der Begriff Gewalt wird dabei häufig auch synonym zu dem Begriff Aggression gebraucht bzw. als Teilmenge von Aggression verstanden. Dies rührt daher, dass sich die Begriffe Aggression und Gewalt nicht klar voneinander trennen lassen. Unter Aggression werden häufig minder schwere Verletzungen oder die Übertretung von sozialen Normen verstanden, während mit Gewalt schwere Verletzungen und Übertretungen von Geboten und Gesetzen bezeichnet werden. In diesem Verständnis ist Aggression dann eine Vorform von Gewalt. Allerdings beinhaltet der Begriff Aggression immer auch positive Lebenskräfte und Energien.

Deshalb unterscheidet Erich Fromm (1996) zwischen „gutartiger Aggression" als notwendigem Energiepotenzial und positive Kraft sowie „bösartiger Aggression" als spezifische menschliche Leidenschaft, zu zerstören und absolute Kontrolle über ein Lebewesen zu haben. Die bösartige Aggression bezeichnet er als Destruktion.

Je nachdem, ob die Ursachen und Bedingungen von Gewalt eher beim Individuum oder in gesellschaftlichen Lebenslagen gesehen werden, werden unterschiedliche Verantwortlichkeiten angesprochen.

Gewaltprävention hat also mit dem Dilemma zu tun, dass sie einerseits auf vorfindbare Gewalt Antworten geben will, andererseits aber nur wenig oder kaum auf präzise Analysen, Beschreibungen und Definitionen ihres Gegenstands zurückgreifen kann.

Um einen praktikablen Ausweg zu finden, grenzen viele Projekte oder Ansätze der Gewaltprävention Gewalt auf den Bereich der physischen Gewaltanwendung ein. Dies erscheint in der Praxis der Gewaltprävention für die Durchführung konkreter Projekte vor Ort als legitim und sinnvoll.

Der Gewaltbegriff ist problematisch

„Vor dem Hintergrund einer Theorie der Kindheit ist die Verwendung des Begriffs ‚Gewalt' für das Verhalten von Kindern im Vorschulalter problematisch. Weder wird er dem unter diesem Etikett zusammengefassten breiten Verhaltensspektrum gerecht, noch eignet er sich als Ausgangspunkt für präventive Strategien. Diese benötigen eine differenzierte Betrachtungsweise und als Voraussetzung empirische Forschung, die eine breitere Datenbasis zur Verfügung stellt und Zusammenhänge erklärt."
(Sommerfeld 2007, S. 80)

GRUNDWISSEN

55

2.1 AGGRESSION UND GEWALT

Gegen eine solche Reduktion der Gewalt auf körperliche Gewalt gibt es allerdings auch Einspruch, da dadurch viele weitere Bereiche der Gewalt ausgeklammert werden (vgl. Gudehus/Christ 2013).

Gewaltbegriffe

Der Gewaltbegriff von Johan Galtung

Der Friedensforscher Johan Galtung unterscheidet drei Typen von Gewalt: personale, strukturelle und kulturelle Gewalt. Bei personaler (oder auch direkter) Gewalt sind Opfer und Täter eindeutig identifizierbar und zuzuordnen.

Strukturelle Gewalt produziert ebenfalls Opfer. Aber nicht Personen, sondern spezifische institutionelle oder gesellschaftliche Strukturen und Lebensbedingungen sind hierfür verantwortlich. Mit kultureller Gewalt werden Ideologien, Überzeugungen, Überlieferungen und Legitimationssysteme beschrieben, mit deren Hilfe direkte und strukturelle Gewalt ermöglicht und legitimiert wird.

Galtung sieht einen engen Zusammenhang zwischen diesen Gewaltformen und beschreibt das Dreieck der Gewalt als Teufelskreis, der sich selbst stabilisiert, da gewalttätige Kulturen und Strukturen direkte Gewalt hervorbringen und reproduzieren.

Der Gewaltbegriff Galtungs zeigt, dass es nicht ausreicht, Gewalt lediglich als zwischenmenschliche Handlung – als Verhalten – zu begreifen. Es müssen auch religiöse, kulturelle und gesellschaftliche Legitimationssysteme sowie gesellschaftliche Strukturen berücksichtigt werden, wenn es darum geht, Gewalt als komplexes Phänomen zu verstehen.

Das Dreieck der Gewalt

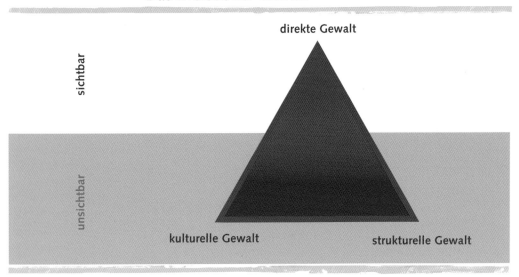

(Galtung 1993)

Kulturell legitimierte Gewalt

Willentliche Gewaltausübung und Gewalterfahrung sind in unserer Kultur über-
all präsent, etwa im Sport (Boxen, Ringen, Fechten), insbesondere bei sexuellen
Sado-Maso-Praktiken oder in Selbstverstümmelungen wie beim Piercing. Die
Kultur der Massenmedien schließlich trieft vor nicht-instrumenteller Gewalt. (…)
Die Popularkultur heroisiert den gewaltsamen Täter. So sehr sie offiziell für
Gewaltfreiheit eintritt, so sehr dementiert sie dies in ihren Bilder- und Tonwelten,
die allabendlich in die Wohnstuben flimmern. Diese Gewalt dient keinem Zweck,
der außerhalb von ihr läge. Ihre Devise ist vielmehr das reine intensive Erlebnis
nach der Devise „It's better to burn out than to fade away" (Neil Young).
Die in sozialer Hinsicht „sinnlose" Gewalt kann somit einen subjektiven Sinn in
der Erlebnissteigerung und der Intensivierung von Selbsterfahrung besitzen.
Darüber hinaus gibt es aber auch Formen von Gewalt, die einen direkten instru-
mentellen Sinn haben und daher gewöhnlich sozial hoch bewertet werden. Dies
gilt in erster Linie für die kriegerische Gewalt und zwar dann, wenn sie legitim
und erfolgreich ausgeübt wird. (…)
Die Gesellschaften können der Gewalt nicht entkommen, sie können nur versuchen, ihr eine kulturell erträgliche Form zu geben.
(Sieferle 1998, S. 25 f., Auszüge)

Der Gewaltbegriff der Weltgesundheitsorganisation (WHO)

Die WHO hat in ihrem 2002 veröffentlichten „World Report on Violence and Health" eine detaillierte Typologie von Gewalt vorgelegt,
in der Gewalt als „der absichtliche Gebrauch von angedrohtem oder
tatsächlichem körperlichen Zwang oder physischer Macht gegen die
eigene oder eine andere Person, gegen eine Gruppe oder Gemeinschaft, die entweder konkret oder mit hoher Wahrscheinlichkeit zu
Verletzungen, Tod, psychischen Schäden, Fehlentwicklungen oder
Deprivation führt", verstanden wird (WHO 2002, S. 6).

Diese Definition umfasst zwischenmenschliche Gewalt ebenso wie
selbstschädigendes oder suizidales Verhalten und bewaffnete Auseinandersetzungen zwischen Gruppen und Staaten.

Eine konkrete Typologie von Gewalt bietet einen analytischen
Bezugsrahmen und identifiziert konkrete Ansatzpunkte für Gewaltprävention. Sie gliedert Gewalt in drei Kategorien, die darauf Bezug
nehmen, von wem die Gewalt ausgeht bzw. zwischen wem Gewalt
stattfindet: Gewalt gegen die eigene Person, interpersonelle Gewalt
und kollektive Gewalt.

Als Gewalt gegen die eigene Person gelten suizidales Verhalten und
Selbstschädigung. Die interpersonelle Gewalt gliedert sich in Gewalt
in der Familie und unter Intimpartnern sowie in Gewalt, die von Mitgliedern der Gemeinschaft ausgeht. Kollektive Gewalt bezeichnet die
gegen eine Gruppe oder mehrere Einzelpersonen gerichtete instru-
mentalisierte Gewaltanwendung durch Menschen, die sich als Mitglieder einer anderen Gruppe begreifen und damit politische, wirtschaftliche oder gesellschaftliche Ziele durchsetzen wollen. Hierunter
zählen auch Bürgerkriege und Kriege.

Aggression und Konflikt
„Krippen- und Kindergarten-
kinder tragen ihre Kon-
flikte häufig körperlich aus.
Dies sind oft Zeichen von
alterstypischen Aggressi-
onshäufungen und Zeichen
noch mangelnder sozialer
Kompetenzen und interaktiver Hilflosigkeit, die sich bei
entsprechenden Unterstüt-
zungsmöglichkeiten bis zum
fünften Lebensjahr weitgehend legt."
(Haug-Schnabel 2009, S. 46)

Der Gewaltbegriff von Herbert Scheithauer u.a.

Der Psychologe und Gewaltpräventionsforscher Herbert Scheithauer und andere (2012, S. 7) verwenden für den Bereich der Gewaltprävention den Begriff der interpersonalen Gewalt:

„Der Begriff der interpersonalen Gewalt bezieht sich (…) auf das gewalttätige Verhalten einer oder mehrerer Personen gegenüber einer/mehrerer anderer Personen. Interpersonale Gewalt wird beispielsweise nach Kruttschnitt (1994) durch drei Elemente gekennzeichnet:

- Verhaltensweisen einer oder mehrerer Personen, die zu einer körperlichen Schädigung führen, diese androhen oder versuchen. Die Gewalttat an sich muss demnach nicht tatsächlich ausgeführt werden oder erfolgreich sein.
- Intention körperlicher Schädigung (ausgeschlossen wird somit Fahrlässigkeit und Rücksichtslosigkeit).
- Vorhandensein einer oder mehrerer Personen (Opfer), gegen die sich die Verhaltensweisen richten" (Scheithauer 2003).

Typologie der Gewalt

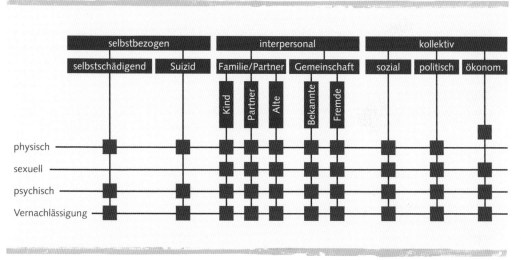

(WHO 2002)

Kein gemeinsamer Gewaltbegriff

Der Gewaltbegriff ist nicht eindeutig und einfach fassbar. Definitionen von Gewalt sind immer auch interessengeleitet. Gewalt ist in dreifacher Weise kontextgebunden: historisch, geografisch und kulturell. Was an einem Ort und zu einer bestimmten Zeit als Gewalt bezeichnet und erlebt wird, gilt (wissenschaftlich betrachtet) nicht unbedingt für andere Zeiten und andere Orte. Gewalt ist kein einheitliches, singuläres Phänomen, sondern nur in der Vielfalt seiner Formen zu begreifen.

Dennoch benötigt Gewaltprävention einen Gewaltbegriff, der ein umfassendes Verständnis von Gewalt ermöglicht und die vielfältigen Formen und Ebenen von Gewalt einschließt. Der Rückgriff auf und die Akzeptanz eines gemeinsamen Verständnisses von Gewalt erscheint für Gewaltprävention, die gesamtgesellschaftlich und international kooperieren und sich vernetzen will, unabdingbar. Die Konsequenz einer mangelnden Verständigung über den Bedeutungsgehalt von Gewalt ist, dass keine gemeinsamen Strategien gegen Gewalt entwickelt werden können, da bereits die Grundlage, nämlich eine detaillierte Datenerhebung über Gewaltvorkommen nicht möglich ist bzw. vorhandene Daten nicht verglichen werden können.

Ausdrucksformen von Aggression bei Kindern

- offen aggressiv
- verdeckt aggressiv (Gerüchte verbreiten)
- aktiv: zielgerichtet (wegnehmen)
- reaktiv: sich bei Angriff wehren
- emotionsgeleitet (Wut, Ärger)
- erpresserisch: geplant, gezielt schädigend
- instrumentell: Vorteil erlangen
- feindselig: Rache üben, Gewalt um der Gewalt willen.

(Koglin/Petermann o.J. www.kindergartenpaedago gik.de/747.html)

GRUNDWISSEN

59

2.1 AGGRESSION UND GEWALT

Funktionen von Gewalt

Verletzende und schützende Gewalt

„Marshall Rosenberg unterscheidet zwischen verletzender und schützender Gewalt. Es kann Situationen geben, in denen der Einsatz von Gewalt geboten ist: Wenn ein Kind über eine stark befahrene Straße laufen will, muss man es u.U. mit Gewalt festhalten, bis der Verkehr die Überquerung gefahrlos erlaubt. Für die innerstaatliche Ebene ist unumstritten, dass das staatliche Gewaltmonopol, sofern es rechtsstaatlich kontrolliert wird, aus der Notwendigkeit seine Legitimation bezieht, Leben und körperliche Unversehrtheit der Bürger vor willkürlichen Übergriffen zu schützen. Viel schwieriger ist die ethische Abwägung zwischen notwendiger und illegitimer Gewalt, wenn es um eine akute Bedrohung für Leib und Leben großer Bevölkerungsgruppen geht."
(Reiner Steinweg 2008, S. 109)

Gewalt ist nicht einfach destruktives und verletzendes Verhalten, sondern kann gerade bei Kindern auch unter dem Aspekt von Kommunikation und Interaktion betrachtet werden. Welche Botschaften werden in diesem Verhalten sichtbar, welche Aufgaben und Funktionen erfüllt das Verhalten? Auf diesen Aspekt weist besonders die Humanethnologie hin und sieht als spezifische Funktionen von Gewalt (vgl. Eibl-Eibesfeld 1984, S. 549):

- die Verteidigung von Besitz und sozialen Bindungen (territoriale Aggression)
- die Anwendung bei der Abweichung von Normen (normerhaltende Aggression)
- die Ermittlung und Verteidigung von Rangpositionen (Wer hat hier das Sagen?)
- den Schutz der Nachkommenschaft („Brutverteidigung")
- die Erkundung der Umwelt und das Austesten von Grenzen.

Gabriele Haug-Schnabel (2009, S. 24 f.) beschreibt weitere Funktionen von Gewalt bei Kindern. Aggression kann so auch

- eine spezifische Kommunikationsform sein, um auf Problemlagen aufmerksam zu machen.
- ein Hinweis darauf sein, dass körperliche oder psychische Grenzen überschritten wurden.
- letztes Mittel in ausweglosen Situationen sein.
- Mittel sein, um Ziele zu erreichen (instrumentelle Aggression). Die aktive Schädigung des anderen steht dabei nicht im Vordergrund.
- in Gruppen angewendet werden, um einen „Störenfried" zu bekämpfen.
- im Spiel, als Teil eines Spielverlaufs gesehen werden.
- spielerisch stattfinden, wenn z.B. alle Beteiligten das Geschehen als Spiel begreifen und bestimmte Regeln vereinbaren und einhalten (etwa bei Raufspielen).

Im Vorschulbereich sind insbesondere die reaktive und explorative Aggression von Bedeutung. Aggression und Gewalt werden aber auch oft angewendet, um Konflikte zu „lösen" oder weisen auf eine eskalierende Konfliktdynamik insbesondere dann hin, wenn keine anderen Möglichkeiten des Austrags zur Verfügung stehen. Der Ursprungskonflikt kann dabei auch aus einem anderen Kontext stammen (Verschiebung). Durch aggressives Verhalten werden oft auch dahinterliegende Risiken, Belastungen und Störungen im familiären Bereich sichtbar.

Subjektive Sinndimensionen von Gewalt

Wilhelm Heitmeyer u.a. (1995, S. 73) machen auf folgende Sinndimensionen von Gewalt aufmerksam:

- Gewalt ist eine Bearbeitungsform von Ambivalenz, sie schafft Eindeutigkeit in unklaren, unübersichtlichen Situationen.
- Gewalt ist die (zumindest momentan wirksame) Überwindung der eigenen Ohnmacht (Wiedergewinnung der Kontrolle).
- Gewalt ist ein Mittel, um Beachtung und Aufmerksamkeit zu erlangen.
- Gewalt schafft Solidarität und Anerkennung in der Gruppe.
- Gewalt erweist sich als ein erfolgsversprechendes Instrument, eigene Interessen durchzusetzen.
- Gewalt verspricht die Rückgewinnung von körperlicher Sinnlichkeit als Gegenerfahrung in einer rationalen, sprachlich vermittelten Welt.
- Gewalt ist ein Mittel, um „Abenteuer" und „Action" zu erleben.
- Gewalt kann zu einem rauschartigen Zustand innerer Erregung führen, die im normalen Lebensvollzug sonst nicht erfahrbar ist.

Weitere Differenzierungen

Um Gewalt sinnvoll fassen zu können, muss nicht nur der jeweilige Kontext berücksichtigt werden, sondern auch die Frage der Motivation und Intention.

Gewaltausübung kann so unterschieden werden in

- beabsichtigte Gewaltausübung, die den einzigen Zweck hat, den anderen bewusst zu verletzen,
- instrumentelle Ausübung, die Gewalt bewusst als Mittel zum Zweck einsetzt,
- nicht beabsichtigte, aber als Nebeneffekt des eigenen Handelns in Kauf genommene Verletzung anderer.

Diese Unterscheidungen sind für Gewaltprävention äußerst relevant, da sie verdeutlichen, dass nicht so sehr Handlungen als solche, sondern vielmehr die Absichten und Motive den eigentlichen Ansatzpunkt für Gewaltprävention darstellen sollten.

Verena Sommerfeld (2007, S. 79) weist darauf hin, dass die öffentliche wie fachpolitische Gewaltdebatte auch im Vorschulbereich fast ausschließlich kindliche Verhaltensweisen thematisieren würde. Bezüge oder Wechselwirkungen zu institutionellen Bedingungen – also Formen struktureller Gewalt – würden selten hergestellt. Ebenso würde personale Gewalt in Form von Zwang, Bestrafung, Beschämung oder anderen entwürdigenden Praktiken von Erziehungspersonen nur in Extremfällen wahrgenommen.

Die Auseinandersetzung mit der „sanften Gewalt", mit deren Hilfe die Erwachsenen als Mächtigere das Wohlverhalten kleiner Kinder erzwingen könnten, erfordere von Pädagoginnen und Pädagogen die Bereitschaft zur Selbstreflexion und von Arbeitgebern das Zur-Verfügung-Stellen und Einfordern regelmäßiger Reflexionszeiten (für Supervision und Beratung). Beides seien derzeit keine Standards in diesem Feld.

Vordergrund und Hintergrund

„Die aktuelle Interaktion bezieht sich auf das momentane Geschehen und findet im „Vordergrund" statt. Diese kann auch mit frustrierenden Erfahrungen verbunden sein.
Die generelle Einstellung der Eltern (oder Erzieher) wird jedoch durch den „Hintergrund" geprägt. Idealerweise sollte hier eine stabile harmonische Bindung und vertrauensvolle Beziehung vorhanden sein. Problematisch wirkt sich ein spannungsreicher, konfliktbeladener Hintergrund aus."
(Ratzke u.a. 1997, S. 156)

Risikofaktoren für Gewalt

Auch im Kontext von Aggression und Gewalt ist die Suche nach einfachen Erklärungsweisen (Ursache-Wirkungs-Zusammenhängen) zwar verständlich, aber nicht realisierbar. Deshalb wird heute in der Forschung von Risikofaktoren gesprochen, die sich verdichten, kumulieren und aufschaukeln können (vgl. Kap. 3.1).

Das ökologische Modell der WHO

Die Weltgesundheitsorganisation weist in ihrem „World Report on Violence and Health" darauf hin, dass Gewalt ein außerordentlich komplexes Phänomen ist, das in der Wechselwirkung zahlreicher biologischer, sozialer, kultureller, wirtschaftlicher und politischer Faktoren wurzelt.

Die WHO entwickelte deshalb ein sog. „ökologisches Modell" zur Erklärung der Gewaltursachen, das dem vielschichtigen Charakter der Gewalt Rechnung tragen soll. Dieses Modell verknüpft verschiedene Ursachenstränge als Erklärungsansatz und ist zugleich ein Analyseinstrument, um konkrete Gewaltvorkommen besser verstehen zu können.

Das mit vier Ebenen arbeitende Modell ist hilfreich für die Ergründung der das Verhalten beeinflussenden Faktoren oder von Faktoren, die das Risiko, zum Gewalttäter oder Gewaltopfer zu werden, erhöhen. Auf den Vorschulbereich bezogen können folgende Risikofaktoren identifiziert werden (vgl. WHO 2002, Lösel 2004, Ratzke 1994, Schick 2011, Scheithauer 2012):

Rolle der Familie

Viele Familien sind, ohne sich dessen bewusst zu sein und ohne dies zu wollen, Brutstätten für eine spätere Gewaltbereitschaft der in ihnen lebenden Kinder. Kinder, die keine zuverlässigen Bindungen zu ihren Bezugspersonen haben, um die sich kaum jemand kümmert und für die niemand Zeit hat, leben im Zustand der Ausgrenzung. Eine geradezu erdrückende wissenschaftliche Datenlage zeigt, dass vernachlässigte oder von Gewalterfahrung betroffene Kinder in späteren Jahren eine massiv erhöhte Gewaltbereitschaft zeigen und ein massiv erhöhtes Risiko haben, kriminell zu werden. Zur guten Erziehung eines Kindes gehören liebevolle Zuwendung, klare Regeln und das gemeinsame Einüben, dass Bedürfnisbefriedigung aufgeschoben und Frustrationen ertragen werden können.

Auch Kindergärten und Schulen sind Orte, in denen Spielarten von Ausgrenzungen und Demütigungen stattfinden. Dies betrifft vor allem den Umgang der Kinder untereinander. (...) Auch Kindergärten und Schulen sind Orte, wo Konflikte fair ausgetragen werden müssen. Es ist jedoch eine bisher zu wenig wahrgenommene Aufgabe von Eltern und von Pädagogen, gemeinsam (!) darauf zu dringen, dass dies fair und ohne Ausgrenzungen und Demütigungen passiert. Eine diesbezügliche Achtsamkeit ist die beste Prävention gegen Gewalt.

(Bauer 2011, S. 195)

1. Biologische und persönliche Entwicklungsfaktoren

Auf der ersten Ebene werden die biologischen Faktoren und persönlichen Entwicklungsfaktoren erfasst, die einen Einfluss darauf haben, wie sich der einzelne Mensch verhält.

Friedrich Lösel (2004) zählt hierzu u.a. männliches Geschlecht, genetische Disposition (Erbanlagen), Schwangerschaftsrisiken (fötales Alkoholsyndrom), Geburtskomplikationen (Mangelgeburt), geringes Erregungsniveau (Pulsrate), Neurotransmitter-Dysfunktion (Serotonin), hormonelle Faktoren (Testosteron, Cortisol).

Frühe Persönlichkeits- und Verhaltensrisiken sind nach Lösel u.a.: Schwieriges Temperament, Impulsivität, Hyperaktivität-Aufmerksamkeitsdefizit, Risikobereitschaft und Stimulierungsbedürfnis, Intelligenz- und Sprachdefizite, Bindungsdefizite, früher Beginn dissozialen und aggressiven Verhaltens, Verhaltensprobleme in verschiedenen Kontexten (Familie, Kindergarten, Schule).

2. Beziehungsebene

Hierzu gehören für Kleinkinder Risikofaktoren vor allem im Bereich der Familie. Diese sind u.a. frühe ungünstige Bindungserfahrungen, fehlende elterliche Wärme, mangelnde Aufsicht und Betreuung, Vernachlässigung, Kindesmisshandlung, ungünstiger Erziehungsstil, konfliktreiche Beziehungsdynamiken, geringer Zusammenhalt in der Familie, Scheidung/Trennung, Aggression als Modell der Konfliktlösung, Armut, Kriminalität der Eltern sowie Devianz fördernde elterliche Einstellungen.

Negative Entwicklungsverläufe als Risikofaktoren

Koglin und Petermann sehen insbesondere in negativen Entwicklungsverläufen, die bereits im Säuglingsalter beginnen können, eine Vielzahl von Risikofaktoren, die im kindlichen Bereich, in der Familie oder im sozialen Umfeld liegen.

Für das Kindergartenalter identifizieren sie folgende kindbezogene Risikofaktoren für aggressives Verhalten:

- Defizite in der emotionalen Kompetenz: geringe Fähigkeiten, eigene Gefühle oder die Gefühle anderer zu erkennen oder zu benennen sowie eine geringe Fähigkeit, Emotionen sprachlich auszudrücken.
- Defizite in der sozialen Problemlösung: Vermehrte Anwendung aggressiver Problemlösungen, Interpretation von Handlungen anderer als ablehnend oder feindselig oder unrealistische Bewertung der Konsequenzen aggressiver Handlungen.
- Ablehnung durch Gleichaltrige: Die Zurückweisung geht oft einher mit bereits bestehenden Verhaltensproblemen und Schwierigkeiten, sich angemessen am Spiel von Gleichaltrigen zu beteiligen oder sich an Spielregeln zu halten. Die Kombination von früh auftretendem aggressivem Verhalten und Zurückweisung durch Gleichaltrige gehören zu den stärksten kindlichen Prädiktoren von chronisch aggressivem, delinquentem und gewalttätigem Verhalten (Coie 2004).

(Koglin/Petermann o.J. www.kindergartenpaedagogik.de/747.html)

3. Familiäres und regionales Umfeld

Auf der dritten Ebene geht es um die sozialen Beziehungen stiftenden Umfelder der Gemeinschaft wie Kindergärten, Schule, Betreuungseinrichtungen, Arbeitsplätze und Nachbarschaften sowie um die für die jeweiligen Settings charakteristischen, Gewalt fördernden Risikofaktoren. Das Risiko auf dieser Ebene wird beispielsweise durch Faktoren wie Wohnmobilität beeinflusst (d.h. ob die Bewohner der unmittelbaren Nachbarschaft sehr sesshaft sind oder häufig umziehen), aber auch durch Faktoren wie hohe Arbeitslosigkeit oder die Existenz eines Drogenmarktes vor Ort. Die Qualität der Erziehungseinrichtungen, mangelnde Bindung an die Gruppe, mangelnde individuelle Förderung, Armut, Konzentration von Problemfamilien, desorganisierte Nachbarschaft, mangelnder Kontakt zum Umfeld, mangelnde soziale Vernetzung und fehlende individuelle Unterstützungssysteme wirken sich hier ebenfalls als Risikofaktoren aus.

4. Gesellschaftliche Faktoren

Zu den gesellschaftlichen Faktoren, die ein gewaltförderndes oder ihr abträgliches Klima schaffen, gehören u.a. soziale und kulturelle Normen, die Gewalt in der Erziehung, aber auch darüber hinaus dulden oder gar akzeptieren. Normen, die Gewalt nicht eindeutig verurteilen und große Graubereiche zulassen. Eine solche Norm ist beispielsweise, wenn das Elternrecht gegenüber dem Wohl des Kindes Vorrang genießt. Auch Männlichkeitsbilder, die die Dominanz gegenüber Frauen und Kindern festschreiben und zu denen eine aggressive Durchsetzungsfähigkeit gehört, sind solche Risikofaktoren. Ein gesellschaftlicher Faktor im weiteren Sinne ist auch eine Gesundheits-, Wirtschafts- und Bildungspolitik, die wirtschaftliche und soziale Verteilungsungerechtigkeiten in der Gesellschaft festschreiben.

Das ökologische Modell trägt also zur Klärung der Gewaltrisiken und ihrer komplizierten Wechselwirkungen bei, macht aber auch deutlich, dass auf mehreren Ebenen gleichzeitig gehandelt werden muss, wenn Gewalt verhindert werden soll.

Lösel (2004) weist darauf hin, dass jeder dieser Risikofaktoren für sich genommen nur relativ schwach mit aggressivem und gewalttätigem Verhalten zusammenhinge, eine Kumulation der Faktoren jedoch das Risiko erheblich steigere. Maßnahmen der Gewaltprävention müssen deshalb so angelegt sein, dass sie Risiken in möglichst vielen Bereichen vermindern und protektive Mechanismen stärken (vgl. Kap. 3.1).

Geschlechtsspezifische Zusammenhänge

Unübersehbar ist der geschlechtsspezifische Zusammenhang: Das aggressive Kind ist vorwiegend männlich. Schwere körperliche Aggression geht primär von Jungen aus. Diese Beobachtung weist darauf hin, dass es geschlechtsspezifische Ausdrucksformen von Aggression gibt. Mädchen reagieren eher verbal aggressiv und versuchen, Beziehungen zu kontrollieren. Jungen versuchen, sich körperlich zu messen und durchzusetzen. Sie sind häufig raumgreifender und lauter als Mädchen. Jungen passen sich auch weniger den Vorgaben der Erzieherinnen an.

Diese spezifischen Ausformungen (nicht nur) kindlicher Aggression werden noch dadurch verstärkt, dass Frauen in sozialen Berufen und insbesondere bei Kindern im Vorschul- und Grundschulalter weit überrepräsentiert sind. Das männliche Pendant fehlt oft gänzlich. Die Wahrnehmung von Aggression ist jedoch stark geschlechtsbezogen und durch die eigene Sozialisation geprägt. Wahrnehmungen und Bewertungen von Verhalten sind automatisierte Prozesse, die weitgehend unbewusst ablaufen (vgl. Sommerfeld 2007).

Ausgrenzung und Schmerzgrenze

Mythos: Die meisten zukünftigen Täter können bereits in der frühen Kindheit identifiziert werden
Unkontrolliertes Verhalten oder das Zeigen aggressiver Verhaltensweisen in der frühen Kindheit ist kein Indikator für gewalttätiges Verhalten in der Adoleszenz. Die Mehrzahl der Jugendlichen, die während ihrer Adoleszenz gewalttätiges Verhalten zeigen, waren in der frühen Kindheit nicht hoch aggressiv oder „außer Kontrolle". Und die Mehrzahl der Kinder mit kognitiven oder Verhaltensproblemen werden in der Adoleszenz nicht auffällig.

Der Freiburger Arzt und Neurobiologe Joachim Bauer (2011, S. 192 f.) macht auf einen grundlegenden Aspekt von Aggression und Gewaltentstehung aufmerksam: „Aggressives Verhalten ist ein evolutionär entstandenes, neurobiologisch verankertes Verhaltensprogramm, welches den Menschen in die Lage versetzen soll, seine körperliche Unversehrtheit zu bewahren und Schmerz abzuwenden." Aggression folge dabei immer Regeln. Es sei kein spontan auftretendes Verhalten, sondern immer eine Reaktion.

Die neurobiologische Forschung konnte in den vergangenen Jahren zeigen, dass Menschen mit Aggression und Gewalt reagieren, wenn bei ihnen eine bestimmte Schmerzgrenze überschritten wird. Diese Schmerzgrenze kann durch körperliche Gewalt erreicht werden oder aber auch durch Ungerechtigkeit und mangelnde Fairness. Wenn Menschen so behandelt werden, fühlen sie sich ausgegrenzt und können aggressiv werden.

Die Beobachtung, dass soziale Zurückweisung, Ausgrenzung und Verachtung „aus Sicht des Gehirns" wie körperlicher Schmerz wahrgenommen werden, bedeute einen Durchbruch im Verständnis der menschlichen Aggression, so Bauer (ebd., S. 59).

Fehlende Zugehörigkeit zu einer Gruppe und Zurückweisung durch andere Menschen seien die stärksten und wichtigsten Aggressionsauslöser, denn das Motivationssystem des Gehirns sei auf die Erlangung von Vertrauen, Zugehörigkeit und Kooperation ausgerichtet.

Solche Ausgrenzungen finden in allen Lebensbereichen, der Familie ebenso wie in der Kindertagesstätte statt. Oft ist sie verbunden mit Konflikten, die nicht oder nicht gut bearbeitet werden und deshalb mit Demütigungen für die eine oder andere Seite verbunden sind. Aggression, so Bauer, sei also ein kommunikatives Signal, das aufmerksam mache, dass ein körperlicher oder sozialer Schmerz empfunden werde (vgl. ebd., S. 193). Aggression signalisiere dabei, dass ein von Schmerz oder Ausgrenzung betroffenes Individuum nicht bereit und nicht in der Lage sei, eine ihm zugefügte soziale Zurückweisung zu akzeptieren. Wenn diese Funktion des Aufmerksammachens vorhanden sei, erfülle Aggression eine wichtige Aufgabe und sei positiv. Wenn sie diese Funktion eingebüßt habe, werde sie destruktiv und zum Auslöser von Gewaltkreisläufen.

Damit diese kommunikative Funktion der Aggression erfüllt werden könne, d.h. sie richtig wahrgenommen werde, müsse sie im zeitlichen Kontext und in angemessener Weise geäußert werden. Häufig finde jedoch eine doppelte Verschiebung dieser aggressiven Äußerungen statt: Sie werde an einem anderen Ort (Zusammenhang) und auch zu einem späteren Zeitpunkt und dazu oft noch völlig unangemessen (in der falschen Dosis) geäußert. Damit werde sie nicht (mehr) verstanden und verschlimmere das Problem, auf das sie sich eigentlich bezog (ebd., S. 63). Eine solche Aggression habe ihre kommunikative Funktion verloren und wirke deshalb destruktiv. Sie werde dann sogar zum Grund für Gegenaggression.

Schmerz beobachten

„Die zum Aggressionsapparat zählenden Komponenten des Gehirns fühlen sich nicht nur angesprochen, wenn Schmerz am eigenen Leib erlebt wird, sondern auch dann, wenn wir beobachten, wie jemand anderem wehgetan wird (Spiegelneuronen).

Mit Blick auf die Aggression erklärt dies, warum es uns durchaus auch dann wütend und aggressiv machen kann, wenn wir sehen, wie einer anderen Person Leid zugefügt wird (insbesondere, wenn sie uns nahesteht)."

(Bauer 2011, S. 57)

Umsetzung konkret

Für die Praxis der Gewaltprävention ist es jenseits aller wissenschaftlichen Debatten zunächst sinnvoll und auch gut begründet, davon auszugehen, dass

- Aggression und Gewalt soziale und kulturelle Phänome darstellen.
- Gewalt häufig im Kontext einer sich zuspitzenden Konfliktdynamik angewendet wird.
- Gewalt vielfältige Formen umfasst und nicht alle diese Formen tabuisiert sind.
- Kinder ein anderes Gewaltverständnis haben als Erwachsene.
- in Bezug auf Vorschulkinder diese vielfach Opfer von Gewalt werden, eine Zuschreibung von Gewalttäterschaft aber vermieden werden sollte.
- kindliche Aggression primär als entwicklungsbedingtes Phänomen zu sehen ist, das vielfältige explorative Funktionen erfüllt.

- **Erkennen und Sensibilisieren**
  Um Aggression und Gewalt differenziert wahrnehmen zu können, ist zu klären, was in der Einrichtung darunter verstanden werden soll und wie kindliche Äußerungen bewertet werden sollen. Dabei sind auch die verschiedenen Formen von Erziehungsgewalt einzubeziehen, die oft eng mit der Abhängigkeit der Kinder und der Macht der Erwachsenen verbunden ist.
  Anhand der Materialien M1–M4 kann ein differenziertes Verständnis erarbeitet werden, wie Gewalt verstanden werden kann und wo sie vorkommt. Dabei geht es auch um die Sensibilisierung für verschiedene Formen von Gewalt sowie deren Duldung, Unterstützung und Rechtfertigung.

- **Die Attraktivität von Aggression und Gewalt**
  Gewalt übt auf viele eine eigenartige Faszination aus. M5 thematisiert, was Gewalt für viele immer wieder so attraktiv macht. In der Werbung und in den Medien sind Gewaltmotive und -darstellungen allgegenwärtig. Warum werden diese Gestaltungsmotive verwendet und welche impliziten Botschaften werden damit vermittelt? Gleichzeitig wird in M5 auch verdeutlicht, warum Gewalt so problematisch ist.

- **Spielerische Aggression**
  Aggression kann sich nicht nur im Kontext von Spielen entwickeln, sondern auch spielerisch erprobt und als Spiel gelebt werden. Für viele Kinder ist dies attraktiv und lustvoll und hat auch mit dem Erproben vielfältiger Rollen zu tun. M6 zeigt, wie Aggression im Spiel stattfinden kann und benennt eine Reihe von Fragen, die im Erziehungsbereich oft damit verbunden werden, wie z.B. ob nicht

gerade so aggressives Verhalten gelernt werden könnte. Wie also umgehen mit diesem Phänomen? Verbieten, fördern, kultivieren (in einem eigenen Toberaum), gemeinsame Regeln aufstellen (nicht boxen, nicht beißen usw.)?

- **Die Trotzphase**
  Aggression und Gewalt im Kontext kindlicher Entwicklung zu verstehen, bedeutet, im Vorschulbereich auch besonders die sog. Trotzphase, also die Entwicklung und Erprobung des eigenen Willens, im Blick zu haben und damit angemessen umgehen zu können. M7 beschreibt die Grundzüge der Trotzphase und die Lernaufgaben für Kinder und Eltern.

- **Die Gewalt zähmen?**
  Lässt sich Gewalt verhindern oder gar zähmen? In der Fabel „Der Wolf von Gubbio" (M8) erzählt Franz von Assisi von einem Wolf, der Mensch und Tier in Schrecken versetzt und gegen den die Bevölkerung kämpft, bis Franz von Assisi ihn schließlich in die Gemeinschaft integrieren kann. Wie bei allen Fabeln werden auch hier menschliche Eigenschaften und Problemfelder am Beispiel von Tieren erzählt. Diese Fabel kann nicht nur von Erwachsenen, sondern auch in vielfältiger Form von Kindern bearbeitet werden.
  Der Wolf kann dabei für Unterschiedliches stehen: (1) den eigenen inneren Wolf, der zerstörerisch wirken kann, (2) die personifizierte äußere Gewalt, (3) den „Untragbaren", der andere in Mitleidenschaft zieht und herausfordert. Welche eigenen Möglichkeiten lassen sich finden, mit diesem Wolf umzugehen: Ihn töten zu wollen, ihn permanent zu bekämpfen, ihm Regeln aufzuzwingen, seine Bedürfnisse anzuerkennen, ihn mit den anderen zu versöhnen?

Umgang mit der Wut lernen
Was man tun könnte:
- Eine Wutkiste, z.B. eine Kiste mit Zeitungen anbieten, die bei einem Wutanfall zerknüllt werden dürfen.
- Auf Riesenpapierbögen mit leuchtenden Farben wüten.
- Brüllermännchen, das sind Socken mit Gesicht, in die man mit der Hand hineinschlüpfen und sie dann den ganzen Ärger erzählen lassen kann.
- Einmal den Gartenzaun entlang ums Grundstück rennen.
- In der Wutecke auf alte Töpfe und Pfanne schlagen
- Die Wut im Klo runterspülen.
- Ins Wutzelt krabbeln und sich auf die dicken Wutkissen werfen.
- Eine Stimmungstafel neben sich stellen oder legen, auf der mit knallroten Buchstaben „Wut" steht.
- Wutfiguren miteinander kämpfen lassen.
- Einen zähnefletschenden Hund ans Sweatshirt klammern, der sagen soll: Vorsicht, haltet Abstand, ich beiße gerade.

(Haug-Schnabel 2009, S. 91, Auszüge)

M1 Was verstehe ich unter Gewalt?

1. Gewalt ist für mich, wenn …

_____

_____

_____

_____

2. Gewalt erkenne ich daran, dass …

_____

_____

_____

3. Menschen wenden Gewalt an, weil …

_____

_____

_____

4. Menschen werden Opfer von Gewalt, weil …

_____

_____

_____

_____

5. Gewalt hat viele Gesichter, nämlich …

_____

_____

_____

_____

6. Gewalt bedeutet für das Opfer, dass …

_____

_____

_____

7. Gewalt bedeutet für den Täter, dass …

_____

_____

_____

8. Mein Symbol für Gewalt ist:

M2 Gewalt findet statt, wenn …

Welchen Punkten stimmen Sie zu?

1. Gewalt findet statt, wenn
O ein Mensch einem anderen Schmerzen zufügt.
O einer seine Meinung gegen die anderen durchsetzen möchte.
O eine sechs-köpfige Familie in einer Zwei-Zimmer-Wohnung leben muss.
O Erdbeben ganze Städte zerstören.
O jemand keine/n Lehrstelle/Studienplatz bekommt.
O in einem Land keine Opposition geduldet wird.

2. Gewaltanwendung ist nötig, weil
O damit Konflikte schneller gelöst werden können.
O sie oft das einzige Mittel ist, um etwas durchzusetzen.
O die anderen ja auch Gewalt anwenden.
O nur der von anderen ernst genommen wird, der Gewalt anwendet.
O nur so die nötige Macht für Veränderungen erreicht werden kann.

3. Gewaltfreie Konfliktlösung heißt,
O auf Gewaltanwendung bewusst zu verzichten.
O dass dem Gegenüber eine Chance gegeben wird, sich zu ändern.
O dass auf rationale Konfliktlösungen gesetzt wird.
O den Menschen zu achten.
O dass sich nur kurzfristig etwas ändert.

4. Die Risikofaktoren für aggressives und gewalttätiges Verhalten liegen
O in der Natur des Menschen.
O in einer den Menschen einengenden und frustrierenden Umwelt.
O in einer autoritären und unterdrückenden Erziehung.
O in den Lernerfahrungen, dass durch aggressives Handeln Ziele erreicht werden können.
O in einer antiautoritären, zu freien Erziehung.
O in den Gewaltdarstellungen der Massenmedien.
O in der Angst vor Mitmenschen.
O in Ausgrenzungen und Diskriminierungen.

5. Gewaltanwendung und aggressives Verhalten lassen sich beseitigen/überwinden,
O durch ein geändertes Erziehungsverhalten.
O wenn die Natur des Menschen geändert wird.
O wenn dem Menschen neue Lernmöglichkeiten geboten werden.
O wenn Entfremdung und Frustration im Alltag beseitigt werden.
O durch mehr Ordnung und Disziplin.
O durch positive (anerkennende, belohnende) Reaktionen auf aggressives Verhalten.
O durch konsequente Bestrafung aggressiven Verhaltens.
O durch Verzicht auf gewalthaltigen Medienkonsum.
O wenn Gewalt überflüssig wird.

M3 Lebenslauf und Gewalt

Alter (Jahre)	Wichtige Verhaltensfelder und Personen	Manifestationsformen von Aggression und Gewalt
0 bis 2	Mutter, Vater, Geschwister	Wutausbrüche, Aggressionen
2 bis 4	Eltern, Geschwister, Krippe, Spielplatz	Wutausbrüche, Zerstörung von Sachen, Schlagen und Beißen
5 bis 11	Eltern, Kindergarten, Primarschule, Spielplatz, Hort, Gleichaltrige	Plagen, Streiten, Sachen zerstören, Tiere quälen
12 bis 16	Schule, Freundesgruppen, Freizeit, ohne Erwachsene, erste Intimpartner, Gewalt in Gruppen	Drohungen, Erpressen, Schlägereien, Gewalt in Gruppen
17 bis 25	Freundesgruppen, Schule, Freizeit, Intimpartner	Gewalt in Gruppen, Raub, Körperverletzungen, sexuelle Gewalt
25+	Familie, eigene Kinder, Arbeitsplatz, Freizeitaktivitäten	Körperverletzung, Gewalt im Umfeld von Alkohol, familiäre Gewalt

Einerseits …

zeigen Ergebnisse von Untersuchungen, dass Kinder, die in einer frühen Lebensphase Gewaltbereitschaft zeigen, dies mit höherer Wahrscheinlichkeit auch später tun. Durch neutrale Beobachter als aggressiv eingeschätzte Kleinkinder sind beispielsweise auch in der Primarschule überdurchschnittlich häufig in Prügeleien verwickelt; Aggression im Alter von sechs bis elf Jahren ist ein Prädiktor für Gewalt und schwere Delinquenz im Alter von 15 bis 25 Jahren; und Gewalt im Jugendalter ist ein Prädiktor für die Wahrscheinlichkeit, im Erwachsenenalter Gewalt auszuüben.

Andererseits …

zeigen diese Untersuchungen auch, dass über verschiedene Altersstufen hinweg ein erhebliches Ausmaß an Veränderung stattfindet. Gewalt und Aggression sind keine biographisch vorgeprägten Schicksale, sondern werden durch Ereignisse in allen Lebensphasen beeinflusst. Lebenslauforientierte Prävention kann dazu beitragen, dass in verschiedenen Lebensphasen aggressive Potentiale abgebaut werden und dass die Entwicklung eines Individuums positiv beeinflusst wird.

Manuel Eisner / Denis Ribeaud / Stéphanie Bittel: Prävention von Jugendgewalt. Wege zu einer evidenzbasierten Präventionspolitik. Eidgenössische Ausländerkommission EKA. Bern-Wabern 2006, S. 16 f.

M4 Gewalt – keine Gewalt

Vorgehensweise

Die Aussagen werden auf dem Kontinuum von den Mitarbeitern oder Eltern zugeordnet.

- Auf dem Boden werden die beiden Pole markiert und auf einem Blatt Papier mit „Gewalt" und „keine Gewalt" gekennzeichnet.
- Die einzelnen Aussagen sind auf Zettel geschrieben, die die Teilnehmenden erhalten.
- Jede Teilnehmerin / jeder Teilnehmer liest nun seinen Zettel vor, ordnet die Aussage im Kontinuum zu und begründet dies. Die anderen dürfen korrigieren, bis die Aussage für alle richtig liegt.

Ordnen Sie die unten stehenden Aussagen den beiden Begriffen „Gewalt" – „keine Gewalt" zu:

- Gegenstände zerstören
- mangelndes Rechtsbewusstsein
- Nägelbeißen
- Wände beschmieren
- Türe zuknallen
- einschüchtern
- Liebesentzug
- Kettenrauchen
- bloßstellen
- ignorieren
- „Du Wichser" sagen
- boxen, treten
- lächerlich machen
- Hunger
- beschimpfen
- Gefühle verletzen
- kein sauberes Trinkwasser haben
- stehlen
- bedrohen
- sich keinen Internetzugang leisten können
- anschreien
- Meinung nicht sagen dürfen
- Klaps geben
- aussperren/einsperren
- Fernsehverbot
- lautes Schreien
- sexuelle Übergriffe
- Schulverweigerung
- Unterschrift fälschen
- soziale Ausgrenzung
- beengter Wohnraum
- keinen Reisepass erhalten
- schlagen
- verletzen
- in die Enge treiben
- kein Geld für Ausflug haben

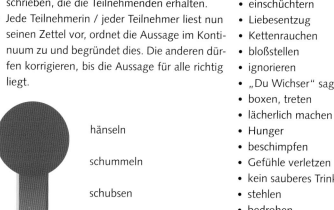

hänseln

schummeln

schubsen

schlagen

dazwischen reden

schreien

stoßen

etwas wegnehmen

an den Haaren ziehen

„Du dumme Sau" sagen

eine Ohrfeige geben

wütend sein

über jemanden etwas Schlechtes erzählen

jemanden bedrohen

M5 Was macht Gewalt oft so attraktiv?

- Gewalt schafft für viele Klarheit in komplexen Situationen.
- Mit Gewalt können Interessen durchgesetzt und Ziele erreicht werden.
- Gewaltanwendung bedeutet Machtausübung.
- Gewalt schafft Fakten, die bei späteren Gesprächen/Verhandlungen als Ausgangspunkt genommen werden können.
- Gewalt kann eigene Privilegien/Vorteile (zumindest kurzfristig) absichern und zudem berechtigte Ansprüche anderer (eine Zeit lang) abwehren.
- Die (scheinbare) Effektivität von Gewalt braucht nicht begründet zu werden.
- Gewalt wirkt auch nach innen, indem sie potentielle Kritiker einschüchtert.
- Gewalt schafft Klarheiten in einer komplizierten und undurchsichtigen Welt.
- Gewaltausübung kann (bei entsprechenden Gruppennormen) Anerkennung in der eigenen Gruppe garantieren.
- Gewalt vermittelt das Gefühl, die eigene Ohnmacht überwinden zu können und Selbstwirksamkeit zu erleben.
- Gewalttätigkeiten garantieren eingehende Medienberichterstattungen.
- Gewalthandlungen wirken emotional stimulierend und überwinden Langeweile.
- Gewalthandlungen werden oft als zum „Mannsein" gehörig gesehen.
- Gewaltausübung bedeutet, nicht nach Alternativen suchen zu müssen.
- Gewalt vermittelt eine äußerst intensive Körpererfahrung.

Aber ...

- Gewalt verletzt und zerstört Leben und Umwelt, anstatt sie zu bewahren oder aufzubauen.
- Gewalt zerstört Vertrauen in Beziehungen und Menschen.
- Gewalt setzt einen Schlusspunkt, schafft nicht mehr rückgängig zu machende Fakten.
- Gewaltanwendung fördert Feindbilder.
- Gewalt birgt den Mechanismus der Eskalation in sich.
- Gewalt bricht die (verbale) Kommunikation ab und setzt Fakten.
- Die Eindeutigkeit von Gewalt wird der Komplexität von Problemen nicht gerecht.
- Gewaltanwendung ist mit einem ethischen Wertesystem, das den Menschen als Mittelpunkt hat, nicht vereinbar.

? Mit welchen Aussagen stimmen Sie überein?

Suchen Sie Beispiele für die Aussagen!

Handbuch – Gewaltprävention III
©2014, Berghof Foundation/Friedenspädagogik Tübingen

M6 Spielerische Aggression

Im kindlichen Spiel kommt nicht Aggressivität zum Ausdruck, sondern die Spielbereitschaft, die Lust zum Kämpfen und Jagen.

Kennzeichen für spielerische Aggressionen sind:

- Alle beteiligten Kinder wollen miteinander kämpfen! Typisch ist, dass sie lachen oder eine freundliche Mimik zeigen, die ihr Einverständnis mit dem Spielverlauf signalisiert und auch als Beschwichtigungs- und Bindungsgeste aufgefasst werden kann.
- Vor und nach dem Kampf, aber auch in Kampfpausen, ist ein eher zärtlicher Körperkontakt zwischen den „Spielkontrahenten" zu beobachten.
- Typisch sind auch die beidseitig eingehaltenen Pausen zwischen zwei Kampfszenen, in denen man verschnaufen und den weiteren Kampfverlauf besprechen kann.
- Auffallend ist der gebremste Einsatz der Körperkraft, um Verletzungen zu vermeiden, aber sicher auch, um keinen vorzeitigen Spielverdruss beim zu grob behandelten Partner herauf zu beschwören.
- Verbale Stoppsignale wie „Aua!", „Nicht so stark!", „Wart' mal kurz!" werden akzeptiert.
- Riskante Kampfhandlungen, deren Durchspielen mit Verletzungsgefahr verbunden wäre, werden nur angedeutet oder als „Drehbuchtext" gesprochen („Dann würde dich mein Pfeil durchbohren und rückwärts auf den Boden werfen!", „Dann würde ich dich so fest würgen, bis du im Gesicht lila wärst!").

Spielerische Aggression findet nicht nur zwischen Gleichaltrigen und Gleichstarken statt, sondern auch zwischen Älteren oder auch zwischen Kindern und Erwachsenen, wobei sich dann häufig die Stärkeren bewusst ein Handicap geben (z.B. nur mit einer Hand kämpfen).

Positive Effekte der spielerischen Aggression sind:

- sie hält Spielgruppen zusammen
- sie erleichtert die Kontaktaufnahme
- sie kann ernste Aggression auffangen und ins Spielerische umleiten.

Spielerische Aggression bedeutet Psychohygiene, denn im „Als-Ob-Raum" kann man probedenken und probehandeln.

Nach Gabriele Haug-Schnabel: Aggression bei Kindern. Praxiskompetenz bei Erzieherinnen. Freiburg 2009, S. 80 f.

?
- Woran kann man erkennen, wann aus Spiel Ernst wird?
- Kann es nicht auch gerade bei spielerischer Aggression zu Verletzungen kommen?
- Lernen Kinder nicht gerade so, dass Aggressionen Spaß machen?
- Wann muss eingegriffen werden?
- Was, wenn die Stoppsignale nicht eingehalten werden?

M7 Die Trotzphase

Die Trotzphase tritt meist zwischen 15 Monaten und 4 Jahren auf und dauert bei jedem Kind unterschiedlich lang und ist auch unterschiedlich stark ausgeprägt. Da zeigen sich oft viel Wut und Ärger, die anscheinend unvermittelt auftreten oder sich an „Kleinigkeiten" festmachen.

Trotzphasen sind wichtig und ein notwendiger Entwicklungsschritt, da sich in ihnen das eigene Ich ausprägt und am „Nein" erprobt. Das Kind entdeckt seine Selbstständigkeit und muss diese an den anderen ausprobieren und formen. Es geht dabei um die Ablösung von der Symbiose mit den Eltern und um erste Schritte in die Selbstständigkeit. Das Kind schwankt dabei zwischen Wollen und Können. Vieles, was es erproben will oder sich in den Kopf gesetzt hat, kann es noch nicht (vollständig) selbst bewältigen. Das Kind ist deshalb immer wieder mit seinen eigenen Grenzen konfrontiert und leidet an seinem eigenen „Unvermögen". Zudem es ist mit den Grenzen der Eltern konfrontiert, die diese dem eigenen Drang nach Unabhängigkeit entgegensetzen. Die Welt ist für das Kind eine andere geworden. Sie ist nicht mehr (vollständig) beherrschbar und kontrollierbar. Dieses Erleben äußert sich immer wieder in Wutausbrüchen, zornigen Reaktionen und dem allgegenwärtigen „Nein!".

Das „Nein" ist eine Vorstufe des „Ja". Die meisten Kinder sagen zunächst „Nein", erst dann kommt das „Ja" in ihren aktiven Sprachschatz, und nicht selten ist im „Nein" des Kindes ein „Ja" versteckt.

Vgl. Jan Uwe Rogge: Wenn Kinder trotzen. Reinbek 2010.

Die Kinder sollen in dieser Phase lernen können, dass …
- ihr eigener Wille willkommen ist und nicht nur auf Ablehnung stößt.
- Problemsituationen bewältigt und aufgelöst werden können.
- Eltern auch unangenehme Gefühlsausbrüche aushalten.
- die Anerkennung und Zuwendung der Eltern nicht vom eigenen Wohlverhalten abhängen.

Eltern müssen in dieser Phase lernen, mit schwierigen Situationen umzugehen. Ihre Ungeduld, die auftauchende Wut und den Impuls, mit Strafen und Begrenzungen zu reagieren, zu beherrschen. Und sie müssen lernen, ihr Regelsystem in der Familie zu überdenken und eventuell neu auszurichten. Die (Mit-)Entscheidungsmöglichkeiten für das Kind sollten jetzt ausgeweitet werden. Vor allem aber müssen sie einen Machtkampf vermeiden, denn dieser eskaliert die Situation.

Obwohl das Verhalten oberflächlich betrachtet oft alle Aspekte eines aggressiven Verhaltens aufweist, ist es dennoch anders anzusiedeln. Es ist Einübung und Erprobungsverhalten von eigenem Willen und Bewusstsein, der Steuerung des eigenen Könnens und des Erlebens des noch nicht Könnens. Eltern und Erzieherinnen sollten mit Geduld, Gelassenheit und innerer Distanz reagieren, obwohl dies nicht immer einfach ist. Eltern sollten nicht vergessen, bei allem Reden und allen Reaktionen sich wirklich dem Kind zuzuwenden und Kontakt mit ihm aufzunehmen.

Vgl. Manfred Hoffener: Wenn Kinder trotzen. In: www.familienhandbuch.de

M8 Der Wolf von Gubbio

In einem Dorf, in das auch der Hl. Franz mit seinen Brüdern und Schwestern kam, herrschten große Angst und Sorge, weil ein Wolf das Dorf bedrohte, die Tiere riss und auch die Menschen in Angst und Schrecken versetzte. Als Franz in das Dorf Gubbio kam, klagten ihm die Menschen dort ihre Nöte und baten ihn, da er sich doch so gut mit Tieren verstand, mit dem Wolf zu verhandeln, dass er sie in Ruhe lassen sollte. Denn kriegerischer Einsatz gegen den Wolf hatte nichts gebracht, sie konnten ihn nicht töten und trauten sich nur noch in Gruppen auf die Straßen und auf die Felder.

Franz ließ sich darauf ein, mit dem Wolf zu verhandeln. Er ging mit seinen Brüdern und Schwestern hinaus, um den Wolf zu treffen. Nach einer Zeit verließen ihn seine Gefährten, weil sie Angst bekamen, und Franz ging allein weiter.

Und dann traf er den Wolf. Er sprach ihn an: „Bruder Wolf, ich habe Dich gesucht. Die Menschen im Dorf haben große Angst vor Dir, Du bringst Unheil, frisst die Tiere, die auch die Menschen brauchen, weil auch sie Hunger haben. Du verbreitest Angst und Schrecken. Aber ich sehe, dass Du in Not bist, dass Du Hunger hast. Ich schlage Dir einen Handel vor. Die Menschen im Dorf werden Dich mit dem versorgen, was Du brauchst, wenn Du selber keine Nahrung findest, dafür musst Du aber sie selbst und ihre Tiere in Frieden lassen."

Der Wolf willigte in diesen Handel ein. Als Zeichen für diesen Vertragsabschluss reichte er Franz die Pfote.

Der Wolf und auch die Bewohnerinnen und Bewohner von Gubbio hielten sich an diesen Handel. Wenn der Wolf nichts zu fressen fand, ging er durch die Straßen des Dorfes, und die Menschen legten für ihn Nahrung vor die Türen, die er sich nehmen konnte. Als der Wolf nach vielen Jahren starb, waren die Menschen sogar ein wenig traurig, so sehr war er ein Teil ihrer Gemeinschaft geworden.

Josef Werkstetter nach: Franz von Assisi: Die Werke. Firoretti 21, Hamburg 1958.

2.2 Gewalt gegen Kinder

Grundwissen

Materialien

Für Pädagogen und Eltern

Gewalt gegen Kinder

Gewalt gegen Kinder ist auch in Deutschland weiter verbreitet, als man auf den ersten Blick vermuten würde. Insbesondere als Körperstrafe wird sie in unterschiedlicher Intensität immer noch breit angewendet. Sie reicht von Ohrfeigen und Liebesentzug bis hin zu schwersten Formen brutaler Gewalt mit Todesfolge. Kleinkinder sind hier besonders gefährdet (Forsa 2011; Bayer Vital 2013). In der Fachliteratur wird dies meist unter den Begriffen „Kindesmisshandlung und „Kindeswohlgefährdung" aufgegriffen.

„Gewalt und Erziehung sind von jeher eine enge Beziehung eingegangen. Mit Gewalt wurde erzogen und Erziehung mündete oftmals in Gewalttätigkeit des Nachwuchses." (Dollase 2013, S. 17) Gewalt gegen Kinder geschieht nicht zufällig und meist auch nicht als einmaliger Akt. Sie ist in der Regel in ein Familiensystem (oder einen anderen institutionellen Kontext) eingebettet, das durch soziale Notlagen, Hilflosigkeit und psychische Überforderung geprägt ist (vgl. Hessischer Leitfaden 1998).

Aber es gibt auch die körperlich strafende, repressive und missbrauchende Erziehung, die nicht nur aus Überforderungen, sondern auch aus Überzeugung geschieht, systematisch eingesetzt und dabei sogar pädagogisch legitimiert wird. Das körperliche Züchtigungsrecht der Eltern (Lehrkräfte und Erziehende) als Erziehungsgewalt hat eine jahrhundertelange Tradition (vgl. Hafeneger 2011). „Erzieherische" und damit als legitim und notwendig eingestufte Gewalt und Misshandlung sind nicht voneinander zu trennen. Denn nicht die Absicht der Erziehenden, sondern das Erleben des Kindes ist entscheidend für die Einstufung als Gewalt. Für den Schulbereich wurden in Deutschland erst in den 1970er Jahren Körperstrafen abgeschafft. Im Jahr 2000 wurde dann das Recht des Kindes auf eine gewaltfreie Erziehung im BGB (§ 1631 Abs. 2) verankert. Dort heißt es: „Kinder haben ein Recht auf gewaltfreie Erziehung. Körperliche Bestrafungen, seelische Verletzungen und andere entwürdigende Maßnahmen sind unzulässig." Viele Formen von Gewalt gegen Kinder werden selbst von Fachleuten wie Kinderärzten häufig nicht oder nicht rechtzeitig erkannt. Das Bundesministerium für Familie, Senioren, Frauen und Jugend (2009, S. 89) weist darauf hin, dass insbesondere der Bereich der Vernachlässigung lange Zeit wegen seines „schleichenden Verlaufs" zu wenig beachtet worden sei. Die Anwendung von Gewalt wird von den Tätern, aber oft auch von den Opfern selbst, über lange Zeit geleugnet. Die sichtbaren Folgen werden häufig durch scheinbar plausible Erklärungen („Treppe hinuntergefallen") vertuscht. Auch professionelle Helfer lassen sich hier immer wieder täuschen.

Erst langsam kommt der Bereich der strukturellen Gewalt in den Blick, der sich oft in Armut (und den damit verbundenen Folgen) zeigt. Kinderarmut muss heute als das zentrale sozialpolitische Problem gesehen werden. Über 1,5 Millionen Kinder beziehen „Hartz IV".

Dieser Risikobereich für Gewalt wird durch die bestehenden Hilfestrukturen bei Kindeswohlgefährdung nicht erfasst. Es bedarf sozialpolitischer Entscheidungen zur Unterstützung der Betroffenen.

Die UNICEF und andere Organisationen (Bertram u.a. 2011, S. 8 ff.) betonen, dass unter dem Begriff „Armut" nicht allein die materielle Situation der Kinder betrachtet werden dürfe, sondern es insgesamt auf eine „gute Lebensumwelt" für Kinder ankomme. Sie verwenden deshalb den Begriff „Wohlbefinden" der Kinder als Maßstab und verstehen darunter neben der materiellen Seite auch Dimensionen wie Gesundheit, Sicherheit, Bildung und Beziehungen zu Gleichaltrigen. Eine zentrale Erkenntnis ist, dass kindliche Teilhabe und kindliche Entwicklung sehr stark von der Lebenssituation der Eltern beeinflusst wird. Gewalt gegen Kinder kann deshalb nicht als individuelles Problem einzelner überforderter Eltern (Erwachsener) gesehen werden. Es ist ein gesellschaftliches Problem, das nur durch eine gemeinsame Verantwortung und entsprechende Unterstützungs- und Hilfesysteme bewältigt werden kann.

Zum Ausmaß von Gewalt gegen Kinder können für den Vorschulbereich keine verlässlichen Angaben gemacht werden. Dies hat mehrere Gründe:

- Es gibt in Deutschland keine systematische Erfassung von Gewalt an Kindern.
- Die polizeiliche Kriminalstatistik bildet nur das Hellfeld ab. Gerade bei Gewalt an Kindern ist jedoch von einem beträchtlichen Dunkelfeld auszugehen.
- Befragungen beziehen sich i.d.R. auf Selbstaussagen (auch der Betroffenen) und sind deshalb mit Bedacht zu interpretieren.
- Amtliche Statistiken beziehen sich nur auf „amtlich" bekannt gewordene Fälle von Kindesmissbrauch.
- Es gibt für Ärzte keine Melde- und Anzeigepflicht bei Verdacht auf Gewalteinwirkungen.
- Ein Großteil der Gewalt gegen Kinder spielt sich im familiären Raum ab, der vielfach abgeschottet ist oder werden kann.

(vgl. Hafeneger 2011, S. 14; Deutscher Kinderschutzbund 2012, S. 20)

Formen von Gewalt

Gewalt gegen Kinder kann verstanden werden als „eine – bewusste oder unbewusste – gewaltsame körperliche und/oder seelische Schädigung, die in Familien oder Institutionen geschieht und die zu Verletzungen, Entwicklungsverzögerungen oder gar zum Tode führt und die somit das Wohl und die Rechte eines Kindes beeinträchtigt oder bedroht" (Bast 1990). Der Deutsche Kinderschutzbund (2012, S. 6) definiert Gewalt gegen Kinder als Übergriff, der die Begriffe „Miss-

Subtile Gewaltverhältnisse
„Viele Formen von subtilen Gewaltverhältnissen sind ‚normal' und gesellschaftlich erwünscht. Dazu zählen: Anpassung und Kontrolle, Disziplin und Selektion, Konkurrenz und Notendruck, die Aufteilung in Sieger und Verlierer, Ausgrenzung und Mobbing, negative Anerkennungserfahrungen – dabei bleiben viele Kinder und Jugendliche auf der Strecke', sie werden von der Gesellschaft als ‚Risikoschüler' und ‚lernunwillig', als ‚ausbildungsunfähig' und ‚unangepasst' abgeschrieben, bleiben chancenlos und ausgegrenzt."
(Hafeneger 2011, S. 136)

Risiken
Kinder mit geistigen und/
oder körperlichen Beein-
trächtigungen haben ein
dreimal so hohes Risiko
misshandelt zu werden wie
andere Kinder.
*(Bundesministerium für
Familie, Senioren, Frauen
und Jugend 2009, S. 89)*

handlung, Missbrauch, Vernachlässigung und Verwahrlosung" vereine. Obwohl verschiedene Begrifflichkeiten verwendet werden, geht
es im Kern immer um die bereits 1998 im „Hessischen Leitfaden für
Arztpraxen zu Gewalt gegen Kinder" dargestellten Formen der körperlichen Gewalt, seelischen Gewalt, Vernachlässigung und sexualisierten Gewalt.

Körperliche Gewalt

Körperliche Gewalt wird von Erwachsenen an Mädchen und Jungen
in vielen verschiedenen Formen ausgeübt (Niedersächsisches Ministerium für Soziales, Frauen, Familie und Gesundheit 2007, S. 11 ff.):
„Verbreitet sind Prügel, Schläge mit Gegenständen, Kneifen, Beißen,
Treten und Schütteln des Kindes. Daneben werden Stichverletzungen,
Vergiftungen, Würgen und Ersticken, sowie thermische Schäden (Ver-
brennen, Verbrühen, Unterkühlen) bei Kindern beobachtet. Das Kind
kann durch diese Verletzungen bleibende körperliche, geistige und
seelische Schäden davontragen oder in Extremfällen daran sterben."
Schwere physische Misshandlungen und deren Folgen betreffen vor
allem Säuglinge und Kleinkindern. Dies sind in 95 % aller Fälle Wieder-
holungs- bzw. Vielfachtaten, also keine Affekthandlungen.
Körperliche Gewalt kommt vor allem im Bereich der Erziehung (auch in
Form von Strafe) vor und wird von nahezu 50 % der Eltern angewendet (Forsa 2011). Schwere Misshandlungen werden von ca. 10 % der
Eltern für die letzten zwölf Monate berichtet. 2011 wurden bundesweit 4.100 Fälle von schwerer körperlicher Misshandlung registriert.
Laut Kriminalstatistik des Bundeskriminalamtes wurden 2011 146 Kinder durch einen tätlichen Angriff getötet, 114 davon waren jünger als
sechs Jahre (Focus 29.5.2012).

Gewalt gegen Kinder

beobachtend miterlebt	direkt erlebt: Kindesmisshandlung	indirekt erfahren: strukturelle Gewalt

• reale Gewalt im
  häuslichen Bereich
• mediale Gewalt
	aktiv
	• physische Gewalt
	• psychische Gewalt
	• sexualisierte Gewalt
	passiv
	• Vernachlässigung
		• Armut
		• beengte Wohnverhältnisse
		• mangelnde Beteiligungs-
		  möglichkeiten
		• mangelnde Förderung

Seelische Gewalt

Seelische oder psychische Gewalt sind „Haltungen, Gefühle und Aktionen, die zu einer schweren Beeinträchtigung einer vertrauensvollen Beziehung zwischen Bezugsperson und Kind führen und dessen geistig-seelische Entwicklung zu einer autonomen und lebensbejahenden Persönlichkeit behindert" (Eggers 1994). Die Schäden für die Mädchen und Jungen sind oft folgenschwer und daher mit denen der körperlichen Misshandlung zu vergleichen.

Seelische Gewalt liegt z.B. dann vor, wenn dem Kind ein Gefühl der Ablehnung vermittelt wird. Für das Kind wird es besonders schwierig, ein stabiles Selbstbewusstsein aufzubauen. Diese Ablehnung wird ausgedrückt, indem das Kind gedemütigt und herabgesetzt, durch unangemessene Schulleistungen oder sportliche und künstlerische Anforderungen überfordert oder durch Liebesentzug, Zurücksetzung, Gleichgültigkeit und Ignorieren bestraft wird.

Schwerwiegend sind ebenfalls Akte, die dem Kind Angst machen: Einsperren in einen dunklen Raum, Alleinlassen, Isolation, Drohungen oder Anbinden. Vielfach beschimpfen Eltern ihre Kinder in einem extrem überzogenen Maß oder brechen in Wutanfälle aus, die für das Kind nicht nachvollziehbar sind.

Mädchen und Jungen werden auch für die Bedürfnisse der Eltern missbraucht, indem sie gezwungen werden, sich elterliche Streitereien anzuhören, oder indem sie in Beziehungskonflikten instrumentalisiert werden und dadurch in einen Loyalitätskonflikt kommen. Auch überbehütendes und überfürsorgliches Verhalten kann zur seelischen Gewalt werden, wenn es Ohnmacht, Wertlosigkeit und Abhängigkeit vermittelt (vgl. Niedersächsisches Ministerium für Soziales, Frauen, Familie und Gesundheit 2007, S. 11 f.).

Umfang

„In der Gewaltstudie 2013 geben fast ein Viertel (22,3 %) der befragten jungen Menschen an, dass sie zumindest manchmal von Erwachsenen geschlagen werden: 28 % davon Kinder ab sechs Jahren, 16,6 % Jugendliche ab zwölf Jahren. Auffällig ist, dass Gewalt ein in allen Schichten verbreitetes Phänomen ist. Kinder in prekärer Lage werden jedoch häufiger und offenbar auch in höherer Intensität geschlagen als Kinder mit anderem sozioökonomischen Hintergrund."
(Ziegler 2013, S. 2)

Keine verlässlichen Datenquellen

Deutschland verfügt über keine verwertbaren Datenquellen, um die Häufigkeit von Kindesmisshandlung und Vernachlässigung abzuschätzen. Man geht von einer Lebenszeitprävalenz von Gewalterfahrung in der Kindheit in Deutschland für körperliche Gewalt bei 11,8 % der Männer und bei 9,9 % der Frauen aus. Sexuelle Misshandlungen mit Körperkontakt in der Kindheit werden von 2,8 % der befragten Männer und 8,6 % der Frauen zwischen 16 und 69 Jahren berichtet.

Stationär in allen Krankenhäusern betreute Kinder zeigen in etwa 2 % der Fälle körperliche Symptome auf, die an Misshandlung und Vernachlässigung denken lassen. Die Häufigkeit der Erkennung in Kinderarztpraxen variiert stark und liegt bei vier von 100.000 Patientenkontakten bei Verdacht auf körperliche Misshandlung, 17 bei Verdacht auf seelische Misshandlung und drei bei Verdacht auf sexuellen Missbrauch. Bleibende körperliche Schädigungen und Behinderungen nach körperlicher Misshandlung kommen vor allem bei Säuglingen und Kleinkindern vor.
(Arbeitsgemeinschaft der Wissenschaftlichen Medizinischen Fachgesellschaften 2010, S. 1)

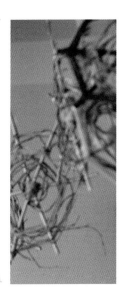

GRUNDWISSEN

83

2.2 GEWALT GEGEN KINDER

Nicht mehr im Verborgenen

„Sexueller Missbrauch an Kindern ist heute kein Verbrechen mehr das im Verborgenen geschieht. Es passiert etwa 50.000- bis 60.000-mal im Jahr, also täglich hundertfach, und diese Zahl nennt nur die Fälle von Übergriffen mit Körperkontakt. Es geschieht im Internet, wo millionenfache Missbrauchsabbildungen und -filme in Tauschbörsen gehandelt werden. Sogenannte Kinderpornographie, die nichts anderes ist als die abgebildete und abgefilmte Vergewaltigung von Kindern.

Die Polizeidienststellen, Staatsanwaltschaften, Gutachter und Richter sind längst überfordert mit dem, was sich ihnen darbietet. Es fehlt an Ermittlern, an qualifizierten Guachtern, schlicht an Personal. In vielen ermittelten Fällen kommt es so nicht einmal zur Anklage."

(Tichomirow 2013, S. 13, Auszug)

Vernachlässigung

„Die Vernachlässigung stellt eine Besonderheit sowohl der körperlichen als auch der seelischen Kindesmisshandlung dar. Eltern können Kinder vernachlässigen, indem sie ihnen Zuwendung, Liebe und Akzeptanz, Betreuung, Schutz und Förderung verweigern oder indem die Kinder physischen Mangel erleiden müssen. Dazu gehören mangelnde Ernährung, unzureichende Pflege und gesundheitliche Fürsorge bis hin zur völligen Verwahrlosung. Diese Merkmale sind Ausdruck einer stark beeinträchtigten Beziehung zwischen Eltern und Kind." (Niedersächsisches Ministerium für Soziales, Frauen, Familie und Gesundheit 2007, S. 12)

Das Nationale Zentrum Frühe Hilfen vermutet, dass Kindesvernachlässigung die mit Abstand häufigste Gefährdungsform der im Bereich der Kinder- und Jugendhilfe bekannt werdenden Fälle sei. Dies zeige sich auch daran, dass in über 50 % der Fälle, bei denen das Familiengericht angerufen werde, Vernachlässigung das zentrale Gefährdungsmerkmal sei (vgl. www.fruehehilfen.de).

Sexualisierte Gewalt

Der Unabhängige Beauftragte für Fragen des sexuellen Kindesmissbrauchs der Bundesregierung (2013) versteht sexualisierte Gewalt als „jede sexuelle Handlung, die durch Erwachsene oder Jugendliche an, mit oder vor einem Mädchen oder Jungen entweder gegen den Willen vorgenommen wird oder der das Mädchen oder der Junge aufgrund körperlicher, psychischer, kognitiver oder sprachlicher Unterlegenheit nicht wissentlich zustimmen kann. Der Täter bzw. die Täterin nutzt seine bzw. ihre Macht- und Autoritätsposition aus, um eigene Bedürfnisse auf Kosten des Kindes zu befriedigen und ignoriert die Grenzen des Kindes. Enge Definitionen beziehen ausschließlich Handlungen mit direktem und eindeutig als sexuell identifizierbarem Körperkontakt zwischen Opfer und Täter bzw. Täterin ein. Diese sind unmittelbar der sexuellen Bedürfnisbefriedigung des Täters oder der Täterin dienender Hautkontakt mit der Brust oder den Genitalien des Kindes bis hin zur vaginalen, analen oder oralen Vergewaltigung. Weite Definitionen von sexuellem Missbrauch umfassen zudem sexuelle Handlungen mit indirektem oder ohne Körperkontakt wie z.B. Exhibitionismus oder Handlungen, die das Kind zwingen, sexuelle Handlungen an sich selbst vorzunehmen oder pornografische Filme anzuschauen."

Sexualisierte Gewalt gegen Mädchen und Jungen wird in den meisten Fällen von Personen aus der Familie oder dem sozialen Nahbereich der Mädchen und Jungen begangen. Ein wesentlicher Unterschied zur körperlichen Misshandlung ist, dass der Täter häufiger in überlegter Absicht handelt. Sexuelle Übergriffe sind eher geplant als körperliche Gewalttaten.

Die polizeiliche Kriminalstatistik für 2011 weist 12.444 registrierte Fälle des sexuellen Missbrauchs von Kindern auf (§§ 176, 176a, 176b StGB). Das ist ein Anstieg von 4,9 % gegenüber 2010.

Ursachen von Gewalt gegen Kinder und Jugendliche

gesellschaftliche Ebene	soziale/kommunale Ebene	familiäre Ebene	individuelle Ebene
z.B. hohe Armutsquote, Toleranz gegenüber aggressiven/gewaltförmigen Konfliktlösungen oder Erziehungsgewalt, Macht- und Beziehungsgefälle zwischen den Geschlechtern	z.B. fehlendes soziales unterstützendes Netzwerk der Familie, sozialer Brennpunkt	z.B. gestörte Eltern-Kind-Beziehungen, Paarkonflikte, beengte Wohnverhältnisse	z.B. belastete Kindheit, psychische Störungen, Drogen- oder Alkoholmissbrauch, mangelnde Fähigkeiten im Umgang mit Stress und Konflikten

(Deegener 2006, S. 28 f.)

Eine 2011 veröffentlichte repräsentative Untersuchung des Kriminologischen Forschungsinstituts Niedersachens (2011) zum sexuellen Missbrauch kommt zu folgenden Ergebnissen:

Bei Kindern unter 14 Jahren gaben 5,0 % der weiblichen und 1,0 % der männlichen Befragten an, sexuellen Missbrauch mit Körperkontakt erlebt zu haben. 4,5 % der befragten weiblichen und 1,3 % der befragten männlichen Personen berichteten von exhibitionistischen Handlungen männlicher Täter. Die Autoren bilanzieren: „Im Vergleich zur KFN-Untersuchung des Jahres 1992 ist ein deutlicher Rückgang des Missbrauchs zu verzeichnen." Ein Grund hierfür sei die deutlich erhöhte Anzeigebereitschaft. Die öffentliche Aufmerksamkeit und die Anteilnahme für die Leiden der Betroffenen haben sich im Laufe der letzten zwei Jahrzehnte deutlich erhöht und damit einhergehend auch die Unterstützung der Betroffenen durch Organisationen der Opferhilfe und durch andere Institutionen.

In einer Repräsentativbefragung für die Schweiz (UBS Optima Foundation 2012, S. 29) gaben Schülerinnen und Schüler der neunten Klassen folgende Erlebnisse an:

- 15 % haben schon einmal sexuelle Übergriffe mit Körperkontakt erlebt
- 3 % der Mädchen und 0,5 % der Jungen wurden schon einmal zu Geschlechtsverkehr mit Penetration gezwungen
- 30 % aller befragten Jugendlichen haben schon einmal sexuelle Übergriffe ohne Körperkontakt erlebt
- Mädchen gaben signifikant häufiger als männliche Jugendliche an, schon einmal Opfer sexuellen Missbrauchs geworden zu sein
- Zwei Drittel derjenigen Jugendlichen, die schon einmal Opfer sexueller Übergriffe wurden, machten diese Erfahrung wiederholt.

Für den Vorschulbereich liegen kaum Zahlenangaben zum Bereich sexueller Missbrauch vor. Eine Institutionenbefragung in der Schweiz (UBS Optimus Foundation 2011) hat in Bezug auf die Beziehungen zwischen Opfern und Tätern bei sexuellem Missbrauch im Alter von 1–5 Jahren folgendes Bild ergeben: Täter waren: Väter (45 %), andere Erwachsene (26 %), Gleichaltrige (15 %), Geschwister (5 %), andere Betreuungspersonen (5 %), Mütter (3 %), Fremde (1 %).

Wer wird Opfer?

Alter und Geschlecht sind wesentliche individuelle Faktoren der Viktimisierung. Im Allgemeinen sind kleinere Kinder der körperlichen Misshandlung am stärksten ausgesetzt, während die höchsten Raten des sexuellen Missbrauchs unter Kindern in der Pubertät oder unter Jugendlichen zu finden sind. In den meisten Fällen werden Jungen häufiger geschlagen und eher körperlich bestraft als Mädchen, während letztere stärker der Gefahr ausgesetzt sind, Opfer von Kindestötung, sexuellem Missbrauch und Vernachlässigung zu werden. Die Gefahr, misshandelt zu werden, erhöht sich für ein Kind auch noch durch andere Faktoren, beispielsweise wenn es bei einem alleinerziehenden Elternteil aufwächst oder sehr junge Eltern hat, die keine Unterstützung im Familienverband finden. Beengte Wohnverhältnisse oder andere durch Gewalt geprägte familiäre Beziehungen (z.B. zwischen Eltern) sind ebenfalls Risikofaktoren.

Forschungsergebnisse deuten darauf hin, dass vielerorts Frauen ihre Kinder häufiger körperlich bestrafen als Männer. Doch wenn die physische Gewalt zu schweren oder tödlichen Verletzungen führt, sind die Täter häufiger Männer (vgl. WHO 2002).

Die Folgen

Die Folgen, insbesondere von schwerer Gewalt, sind kaum abzusehen, da sie oft mit schwerwiegenden Entwicklungsverzögerungen und Traumatisierungen verbunden sind, die sich erst langfristig zeigen und Kinder ein Leben lang begleiten können.

Die UN-Studie „Gewalt gegen Kinder" bilanziert die Folgen dieser Gewalt so: „Obwohl die Auswirkungen von Gewalt gegenüber Kindern abhängig von ihrer Art und Schwere variieren, sind die kurz- und langfristigen Folgen gravierend. Gewalt zieht Gewalt nach sich: So geraten die betroffenen Kinder als Erwachsene oft in eine Opferrolle oder üben selbst Gewalt gegen andere aus.

Frühe Gewalterfahrungen ziehen lebenslange soziale, emotionale und intellektuelle Beeinträchtigungen nach sich. Die betroffenen Kinder neigen später häufig zu Risikoverhalten wie Alkohol- und Drogenkonsum oder suchen frühzeitig sexuelle Beziehungen. Probleme wie Angst, Depression, Wahnvorstellungen, mangelnde Leistungsfähigkeit in der Schule und später im Beruf, Gedächtnisstörungen und aggressive Verhaltensweisen können die Folgen sein. Untersuchungen belegen Zusammenhänge mit späteren Lungen-, Herz- und Lebererkrankungen, Geschlechtskrankheiten, Totgeburten, gewalttätigen Beziehungen und Selbstmordversuchen." (Unicef 2006)

Folgen bei Kleinkindern

Für den Bereich der Kleinkinder fasst der 13. Kinder- und Jugendbericht der Bundesregierung (2009, S. 89) den Forschungsstand so zusammen:

„Bei vernachlässigten und misshandelten Kleinkindern fanden sich Entwicklungs- und Verhaltensprobleme insbesondere im sozial-emotionalen Bereich. Diese Kleinkinder

- waren gehäuft aggressiv und/oder zurückgezogen im Umgang mit Gleichaltrigen.
- zeigten keine Reaktionen auf Kummeräußerungen anderer Kinder bzw. reagierten darauf ängstlich oder aggressiv.
- waren häufig in ihrer Affektregulation weniger flexibel, weniger responsiv und aufgeschlossen und erschienen (vordergründig) bei Trennungen von ihrer Bindungsperson weniger belastet.
- zeigten des Weiteren gehäuft extreme negative Zustände wie Ärger, Wutanfälle, Traurigkeit.
- sprachen im Unterschied zu anderen Kindern auch weniger über sich selbst und über ihre eigenen Gefühle und ihre Befindlichkeit.
- zeigten häufiger neutrale oder negative Reaktionen im Umgang mit sich selbst.
- zeigten weniger Ausdauer und Frustrationstoleranz im Umgang mit kognitiv herausfordernden Aufgaben bzw. allgemeine kognitive Entwicklungsverzögerungen."

Verhaltensauffälligkeiten bei Kindern im Alter von 3–6 Jahren

- Symptome von Verhaltensauffälligkeiten zeigen mehr Jungen (15,8 %) als Mädchen (10 %). Bei Kindern mit Migrationshintergrund werden doppelt so häufig Verhaltensauffälligkeiten festgestellt.
- Bei Kindern aus Familien mit einem niedrigen sozialen Status werden viermal häufiger Verhaltensauffälligkeiten festgestellt als bei Kindern aus Familien mit einem hohen sozialen Status.

Bei diesen Zahlen muss jedoch beachtet werden, dass sie nicht auf Diagnosen von Fachleuten beruhen, sondern über standardisierte Elternfragebögen erfasst wurden.
(Bundesministerium für Familie, Senioren, Frauen und Jugend 2009, S. 89, 97)

GRUNDWISSEN

87

2.2 GEWALT GEGEN KINDER

Problembereich Übernahme von Gewalt

Körperstrafen (körperliche Züchtigung / Corporal Punishment) als erlebte Gewalt durch enge Bezugspersonen zerstören nicht nur das Vertrauen zwischen Eltern / Erziehern und Kindern, sondern stehen in einem engen Zusammenhang zur späteren eigenen Gewaltanwendung. Auch wenn kein Automatismus zwischen selbst erlebter und ausgeübter Gewalt besteht, so zeigt sich doch immer wieder, dass, wer Gewalt erfährt, eher dazu neigt, selbst Gewalt auszuüben (Bayer u.a. 2009).

Es gibt also einen engen Zusammenhang zwischen elterlicher Gewalt und selbst verübten Gewalttaten und zwar zwischen drei Deliktformen (Baier 2010; Deegener 2011, S. 171):

- Gewalt gegen andere Kinder (anderen wehgetan, verletzt, gedroht)
- Sachbeschädigungen (etwas in Brand gesteckt, Dinge beschädigt)
- Diebstahl (jemandem Sache/Geld gestohlen, in Geschäft gestohlen).

Als mögliche Erklärungszusammenhänge hierfür führen Baier u.a. (2009; Deegener 2011, S. 165) an:

- Das Opfer fühlt seine physische Integrität bedroht und versucht, über Gewalthandlungen weitere Schäden zu vermeiden.
- Rache nach Opfererfahrungen.
- Das Opfer möchte im Freundeskreis nicht aufgrund einer passiven Haltung nach Opfererfahrungen als Feigling betrachtet werden.
- Die Frustation über die erlittene Gewalt entlädt sich in Aggression gegenüber Schwächeren.

Gewalt bei Erwachsenen

In einer 2013 veröffentlichen repräsentativen Untersuchung des Robert-Koch-Instituts wurden Erfahrungen der erwachsenen Bevölkerung in Deutschland (18–79 Jahre) als Opfer bzw. Täter von Gewalt erhoben.

- Körperliche Gewalt widerfahren ist demnach in den letzten 12 Monaten 6,2 % der Männer und 3,3 % der Frauen. Besonders stark belastet ist dabei die Altersgruppe zwischen 18 und 29 Jahren. In dieser Altersgruppe ist 17 % der Männer und 7,7 % der Frauen Gewalt widerfahren. Gewalt ausgeübt haben in dieser Altersgruppe 10,6 % der Männer und 8,4 % der Frauen.
- Psychische Gewalt widerfahren ist in den letzten 12 Monaten 20,2 % der Frauen und 17,3 % der Männer. Psychische Gewalt ausgeübt haben 9,9 % der Frauen und 11,3 % der Männer.

(Schlack u.a. 2013, S. 758 f.)

Umsetzung konkret

Um Gewalt gegen Kinder richtig wahrnehmen zu können, ist es wichtig, sich zu vergegenwärtigen, wo und wie Kinder Gewalt erleben. Die Materialien ermöglichen eine vertiefte Auseinandersetzung und Klärung.

- **Übersicht Gewalt gegen Kinder**
  M1 zeigt in einem Schaubild überblickartig, was Gewalt gegen Kinder ist und welche Bereiche unterschieden werden müssen. Wo und wie Kinder Gewalt konkret erleben und wer dabei die Beteiligten sind, kann mit Hilfe von M2 erarbeitet werden. Wie die Deutsche Gesellschaft für Sozialpädiatrie und Jugendmedizin Kindesmisshandlung und Vernachlässigung definiert, zeigt ein Auszug aus dessen Leitlinie (M3).

- **Erziehungsgewalt**
  Gewalt als Erziehungsmaßnahme oder im Kontext von Erziehungsmaßnahmen ist, obwohl verboten, weit verbreitet. Die Daten der repräsentativen Umfrage von Forsa (M4) liefern hierzu konkrete Zahlen und Zusammenhänge. Über 20 % der Jugendlichen berichten von körperlicher Gewalt durch ihre Eltern (M5).

- **Belastungsfaktoren**
  Der Hessische Leitfaden für Arztpraxen „Gewalt gegen Kinder" benennt konkrete Belastungsfaktoren im Bereich des Kindes, der Eltern und der sozialen Rahmenbedingungen (M6). Um eine mögliche Stigmatisierung zu vermeiden, werden diese Belastungsfaktoren jedoch ausdrücklich noch nicht als Risikofaktoren für das Auftreten von Gewalt gesehen. (Zu den Risikofaktoren siehe Kap. 3.1)

- **Sexualisierte Gewalt**
  Über die Häufigkeit sexualisierter Gewalt bei Kindern gibt es nur wenige Daten. M7 stellt die Ergebnisse der 2011 in der Schweiz durchgeführten „Optimus-Studie" dar. Die Risikofaktoren für sexualisierte Gewalt hat das beim Deutschen Jugendinstitut durchgeführte Projekt „Sexuelle Gewalt gegen Mädchen und Jungen in Institutionen" erforscht. M8 stellt diese Risikofaktoren dar.

- **Ist Beschneidung Gewalt?**
  Was als Gewalt gegen Kinder gesehen und verfolgt wird, ist auch eine gesellschaftliche Übereinkunft. So hat in den letzten Jahren eine heftige gesellschaftliche Diskussion über die Beschneidung von männlichen Säuglingen und Kleinkindern stattgefunden. Der Deutsche Bundestag beschloss, dass unter bestimmten Bedingungen diese Beschneidung erlaubt sei. Kinderärzte sprechen dennoch von

einem Eingriff in die körperliche Unversehrtheit des Kindes, der schwere Folgen haben könne (M9).

- **Auswirkungen**
Gewalt hat vielfältige Folgen, die weit über das unmittelbare Erleben hinausgehen (M10). Insbesondere Verhaltensauffälligkeiten aber auch psychosomatische Reaktionen sind festzustellen. Dabei muss berücksichtigt werden, dass die Folgen für Mädchen und Jungen verschieden sein können.

Ärzte werten Ohrlochstechen bei Kindern als Körperverletzung

Der Berufsverband der Kinder- und Jugendärzte kritisiert das Ohrlochstechen bei kleinen Kindern.

Nach dem Streit über die Beschneidung von männlichen Säuglingen und Kindern wächst nun die Kritik am Stechen von Ohrlöchern. „Ohrlochstechen ist aus unserer Sicht eine Körperverletzung und ebenso ein Fingriff in die körperliche Unversehrtheit des Kindes wie die Beschneidung", sagte der Präsident des Berufsverbandes der Kinder- und Jugendärzte, Wolfram Hartmann.

Es sei „teilweise abenteuerlich", was Kindern schon im Säuglingsalter zugemutet werde, sagte Hartmann. Das Loch im Ohrläppchen sei eine irreversible Schädigung, da es nicht mehr zuwachse.

(www.stern.de/panorama/ debatte-nach-berliner-gerichtsurteil-aerzte-werten-ohrlochstechen-bei-kindern-als-koerperverletzung-1888044.html <6.8.2013>)

M1 Übersicht: Gewalt gegen Kinder

Selbst erlebte Gewalt

Bewusste oder unbewusste (also nicht zufällige) körperliche oder seelische Schädigung in der Familie, in Institutionen, durch Dritte

körperliche Gewalt (aktiv)	psychische Gewalt (aktiv)
• Schläge mit und ohne Gegenstände • gewaltsames Füttern • Kneifen, Beißen, Treten, Schütteln des Kindes • Verbrennen, Verbrühen, Unterkühlen • Würgen, Ersticken	• entwürdigende Behandlung • Ablehnung, Liebesentzug • Drohungen • Isolation, Alleinlassen • Beschimpfen, Bloßstellen • Ausgrenzen
Vernachlässigung (passiv) **physisch** • Unterernährung • keine Sorge um das körperliche Wohl • unzureichende Pflege • mangelnde medizinische Versorgung • unterlassene Aufsicht **psychisch** • mangelnde Zuwendung und Liebe • mangelnde Anregungen	**sexuelle Gewalt** **mit Körperkontakt** • ohne Penetration: Küssen, Streicheln intimer Körperstellen • mit Penetration: Einführen von Gegenständen oder Körperteilen in Vagina, Mund oder Anus des Opfers **ohne Körperkontakt** Exhibitionismus, Voyeurismus, verbale sexuelle Anspielungen oder Belästigungen

Beobachtete Gewalt

• reale Gewalt im häuslichen Bereich: Gewalt gegen Geschwister, zwischen Vater und Mutter (Partnern), gegen alte Menschen
• reale Gewalt im Umfeld und in Institutionen
• reale und fiktive Gewalt in Medien

Strukturelle Gewalt

• entwicklungshemmende und diskriminierende Lebensverhältnisse (u.a. Armut, Arbeitslosigkeit, ...)

Kulturelle Gewalt

• Legitimation von Gewalt gegen Kinder in Gesetzen, Überlieferungen, Gebräuchen, Religionen, ...

M2 Wo und wie Kinder Gewalt erfahren

	Opfer	Täter	Zuschauer
in der Familie			
im Freundes- und Bekanntenkreis			
in Kitas			
in den Medien			

Handbuch – Gewaltprävention III
©2014, Berghof Foundation/Friedenspädagogik Tübingen

M3 Formen intrafamiliärer Gewalt

Intrafamiliäre Gewalt gegen Kinder

Körperliche Misshandlung

Körperliche Misshandlung meint eine äußere Gewalteinwirkung wie Schläge, Stöße, Stiche, Schütteln, Verbrennungen, Verbrühungen, nichtakzidentelle Vergiftungen und anderes. Bestimmte Formen sind als spezifische Syndrome in die Literatur eingegangen, z.B. das „Battered-Child-Syndrome" als Kombination von Verletzungen der langen Röhrenknochen und subduralen Hämatomen, das „Shaking-Infant-Syndrome" d.h. Schütteltrauma des Säuglings mit subduralen Blutungen, axonalen Abscherverletzungen und retinalen Blutungen, das „Munchausen by proxy", d.h. Münchhausen-Stellvertreter-Syndrom als artizifiell beigebrachte Krankheitssymptome.

Seelische Misshandlung

Hierunter versteht man alle Handlungen oder aktive Unterlassungen von Eltern oder Betreuungspersonen, die Kinder ängstigen, überfordern, ihnen das Gefühl der eigenen Wertlosigkeit vermitteln und sie in ihrer seelischen Entwicklung beeinträchtigen können.

Sexuelle Misshandlung

Hierunter versteht man die aktive und/oder passive Beteiligung von Kindern und Jugendlichen an sexuellen Aktivitäten, denen sie aufgrund ihres Entwicklungsstandes oder anderen Gründen nicht frei oder verantwortlich zustimmen können. Dabei wird die Unterlegenheit und Abhängigkeit der Kinder und Jugendlichen zur Befriedigung der Bedürfnisse von Erwachsenen ausgenutzt.

Vernachlässigung

Vernachlässigung kommt ebenso als überwiegend körperliche oder überwiegend seelische Vernachlässigung vor, wobei insbesondere bei jungen Kindern beide Formen oft gemeinsam auftreten: Kinder werden vernachlässigt, wenn ihre grundlegenden Bedürfnisse nicht befriedigt werden, d.h. wenn sie von Eltern oder Betreuungspersonen unzureichend ernährt, gepflegt, gefördert, gesundheitlich versorgt, beaufsichtigt und/oder vor Gefahren geschützt werden oder zu wenig emotionale Zuwendung erhalten. Es kann sich um vermeidbare Gesundheitsschäden durch mangelnde Fürsorge, z.B. fehlende Impfungen, Vitamin-D-Mangel-Rachitis, unzureichende Unterkunft und Kleidung oder vermeidbare Unfälle durch mangelnde Aufsicht handeln. Bedeutsamste Form der körperlichen Vernachlässigung ist die alimentär bedingte Dystrophie („non organic failure of thrive") der seelischen Vernachlässigung, das frühkindliche Deprivationssyndrom. Beide kommen häufig gemeinsam mit einer Eltern-Kind-Interaktionsstörung vor. Deprivierende soziale Faktoren und psychische Belastungen oder Erkrankungen der Eltern können zur intrafamiliären Verwahrlosung oder zu psychosozialem Minderwuchs („psychosocial dwarfism") führen.

Arbeitsgemeinschaft der Wissenschaftlichen Medizinischen Fachgesellschaften (AWMF) (2010): Leitlinie der Deutschen Gesellschaft für Sozialpädiatrie und Jugendmedizin. Kindesmisshandlung und Vernachlässigung. AWMF-Leitlinien-Register Nr. 071/003, Entwicklungsstufe 2, Auszug.

M4 Gewalt in der Erziehung

1. Wie häufig haben Sie Ihr(e) Kind(er) mit folgenden Maßnahmen in den letzten 12 Monaten bestraft (in %)?

	Gesamt	West	Ost	Junge	Mädchen	bis 6 J.	selbst als Kind geschlagen worden
Klaps auf Po	40	42	32	38	30	50	47
Ohrfeige	10	9	14	7	9	9	15
Hintern versohlt	4	4	4	5	1	4	8

(4 % der Eltern geben an, dass dies alle paar Wochen und 1 %, dass dies alle paar Tage vorkomme.)

2. Welche Anlässe waren Grund dafür, dass Sie Ihr(e) Kind(er) bestraft haben?

	Gesamt	West	Ost	Junge	Mädchen	bis 6 J.	selbst als Kind geschlagen worden
war(en) frech	51	50	57	53	58	43	56
nicht gehorcht	40	39	44	40	40	46	35
aggressiv	40	42	40	45	49	38	43
hat/haben gelogen	17	17	18	23	22	11	21

3. Wie lange hat die „pädagogische Wirkung" dieser Bestrafung in der Regel angehalten?

	Gesamt	West	Ost	Junge	Mädchen	bis 6 J.	selbst als Kind geschlagen worden
paar Stunden	18	19	13	15	16	22	21
paar Tage	19	18	27	15	24	17	24
paar Wochen	16	15	18	16	21	17	15
paar Monate	17	17	20	22	21	15	22
keine Wirkung	17	18	12	11	11	17	14

4. Wie haben Sie sich gefühlt, wenn Sie Ihr(e) Kind(er) mit diesen Maßnahmen bestraft haben?

	Gesamt	West	Ost	Junge	Mädchen	bis 6 J.	selbst als Kind geschlagen worden
schlechtes Gewissen	75	77	64	66	74	76	75
über mich geärgert	74	73	76	76	64	74	73
froh, sich durchgesetzt zu haben	23	22	30	18	32	22	19

5. Was haben Sie getan, nachdem Sie Ihr(e) Kind(er) mit diesen Maßnahmen bestraft haben?

Ich habe ihm/ihnen erklärt, warum mir die Nerven durchgegangen sind (89 %).
Ich habe es/sie in den Arm genommen (86 %).
Ich habe mich entschuldigt und ihm/ihr gesagt, dass ich es/sie lieb habe (80 %).
Ich habe gesagt: „Das hast du nun davon, dass du nicht hörst!" (27 %).
Ich habe gar nichts daraus gemacht und die Sache auf sich beruhen lassen (20 %).

Repräsentative Umfrage in Deutschland. 1.003 Befragte, Untersuchungszeitraum 10.–24.11.2011. Forsa. Gesellschaft für Sozialforschung und statistische Analysen: Gewalt in der Erziehung. Tabellenband. Berlin 2011. Auszüge.

M5 Gewalterfahrungen von Kindern

Gewalt- und Missachtungserfahrungen von Kindern und Jugendlichen in Deutschland

Gewalterfahrungen

- Fast ein Viertel der Kinder und Jugendlichen (22,3 %) wird von Erwachsenen oft oder manchmal geschlagen; 28 % davon sind Kinder ab sechs Jahren, etwa 17 % sind Jugendliche.
- Insgesamt geben 32,5 % der sozial benachteiligten Kinder an, oft oder manchmal von Erwachsenen geschlagen worden zu sein – 17,1 % sogar so heftig, dass sie blaue Flecken hatten. Bei den durchschnittlich bis privilegiert gestellten Kindern kommt das weitaus weniger häufig vor (6,6 % und 1,4 %).

Missachtungserfahrungen

- Ein Viertel aller befragten Heranwachsenden (25,1 %) hat die Erfahrung gemacht, von Erwachsenen als „dumm" oder „faul" beschimpft zu werden (26,7 % Kinder, 23,9 % Jugendliche). Sozial benachteiligte Kinder sind häufiger betroffen.
- 45 % der Kinder aus sozial benachteiligten Lebenslagen berichten, dass Lehrkräfte bestimmte Schüler besser behandeln – bei den privilegierten Kindern empfinden das nur 22,6 % so. Jugendliche nehmen ihre Lehrkräfte als noch weniger fair wahr, die Unterschiede nach sozialer Lage sind jedoch weniger stark ausgeprägt: 55 % der sozial benachteiligten Jugendlichen geben an, dass bestimmte Schüler besser behandelt werden; in der Gruppe der privilegierten sind es 53 %.

Mobbing

- Sozial benachteiligte Kinder und Jugendliche machen stärkere Mobbingerfahrungen durch Peers als privilegierte. So berichten 70,6 % der Kinder davon, oft oder manchmal von anderen gehänselt oder beleidigt worden zu sein, im Vergleich zu knapp 60 % der privilegierten

Kinder. Bei den Jugendlichen sind es rund 16 % der sozial benachteiligten und nur 2,2 % der privilegierten, die diese Erfahrung machen.

Beziehung zu den Eltern

- Die Frage, ob Eltern gegebene Versprechen einhalten, verneinen etwa 40 % der sozial benachteiligten Kinder – im Gegensatz zu rund 20 % der privilegierten.
- 13 % der deutschen Eltern erziehen gewaltbelastet (vgl. UNICEF-Report 2011 „Kinder vor Gewalt schützen").
- Noch immer bestrafen 40 % der Eltern ihre Kinder mit einem Klaps auf den Po, 10 % verteilen Ohrfeigen und 4 % versohlen ihren Kindern den Hintern (Forsa-Umfrage zur Gewalt in der Erziehung im Auftrag der Zeitschrift „Eltern" 2011, vgl. Forsa 2011).

Bayer HealthCare (Hrsg.): Gewaltstudie 2013: Gewalt und Missachtungserfahrungen von Kindern und Jugendlichen in Deutschland. Fact Sheet. Leverkusen 2013.

M6 Belastungsfaktoren

Kind	Eltern	Rahmenbedingungen
• Unerwünschtheit • abweichendes und unerwartetes Verhalten • Entwicklungsstörungen • Fehlbildungen • niedriges Geburtsgewicht und daraus resultierende körperliche und geistige Schwächen • Stiefkinder	• Misshandlungen in der eigenen Vorgeschichte • Akzeptanz körperlicher Züchtigung • Mangel an erzieherischer Kompetenz • Unkenntnis über Pflege, Erziehung und Entwicklung von Kindern • eheliche Auseinandersetzungen • aggressives Verhalten • niedriger Bildungsstand • Suchtkrankheiten • bestimmte Persönlichkeitszüge, wie mangelnde Impulssteuerung, Sensitivität, Isolationstendenz oder ein hoher Angstpegel • Depressivität der Bezugsperson	• wirtschaftliche Notlage • Arbeitslosigkeit • mangelnde Strukturen sozialer Unterstützung und Entlastung • schlechte Wohnverhältnisse • Isolation • minderjährige Eltern

Der Begriff Risikofaktor verdeutlicht, dass die Wahrscheinlichkeit der Kindesmisshandlung größer ist, wenn mehrere Faktoren zusammen vorliegen. Dies birgt jedoch auch die Gefahr, dass Vorurteile geschürt werden und damit der Blick der helfenden Person eingeengt wird. Darum wurde der Begriff des Belastungsfaktors gewählt, der nicht automatisch zum Risikofaktor werden muss.

Hessischer Leitfaden für Arztpraxen: Gewalt gegen Kinder. Was ist zu tun bei „Gewalt gegen Mädchen und Jungen". Herausgeber: Berufsverband der Ärzte für Kinderheilkunde und Jugendmedizin Deutschlands e.V./Landesverband Hessen. Wiesbaden 1998, S. 9–19, Auszug.

FÜR PÄDAGOGEN UND ELTERN

97

2.2 GEWALT GEGEN KINDER

M7 Sexualisierte Gewalt

Eine 2012 veröffentlichte groß angelegte Studie in der Schweiz, in der 6.400 Jugendliche der 9. Klassen und 324 Einrichtungen des Kinderschutzes nach sexueller Gewalt bei Kindern und Jugendlichen befragt wurden, kam zu folgenden Ergebnissen:

- Bei den offiziellen Anlauf-, Beratungs- und Interventionsstellen im Bereich Kinderschutz gehen jährlich rund 4.000 Meldungen wegen sexuellen Missbrauchs ein.
- Die Opfererfahrungen verändern sich im Lebensverlauf: Von den gemeldeten Fällen werden Kinder im Vorschulalter eher im familiären Umfeld missbraucht, Jugendliche erleben dagegen häufiger Übergriffe durch Gleichaltrige.
- Von den gemeldeten Fällen werden Mädchen mehrheitlich im Alter zwischen 12 und 17 Jahren Opfer sexueller Übergriffe, Jungen sind im Schnitt zwischen 6 und 11 Jahre alt.
- Kinder im Vorschulalter werden häufiger vom eigenen Vater (45%), von der Mutter (3%),

von einer nahestehenden Bezugsperson (5%) oder einem anderen Erwachsenen (26%) missbraucht.

- Ab dem Schuleintritt spielen zunehmend auch Geschwister (15%), Gleichaltrige (20%) oder Fremde (8%) eine Rolle.
- Für Kinder im Vorschulalter empfiehlt sich gemäß diesen Daten eine weitgehende Konzentration auf die Familie.

USB Optimus Foundation (Hrsg.): Sexuelle Übergriffe an Kindern und Jugendlichen in der Schweiz. Formen, Verbreitung, Tatumstände. Zürich 2012, S. 58 f., Auszüge.

Beziehung zum Täter bei Opfern in verschiedenen Altersgruppen, gemäß Institutionenumfrage (in Prozent)

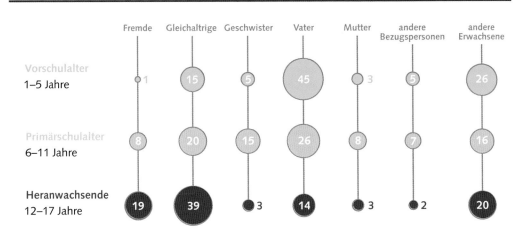

Quelle: Averdijk, M., / K. Müller-Johnson / M. Eisner (2012). Sexual Victimization of Children in Switzerland, Tabelle 6.10, zitiert nach: USB Optimus Foundation 2012.

M8 Risikofaktoren für sexuelle Gewalt

Risikofaktoren für sexuelle Gewalt gegen Kinder sind:

Kindfaktoren
- Alter, wobei das Risiko mit höherem Alter steigt
- weibliches Geschlecht
- Behinderungen (z.B. Blindheit, Taubheit)
- psychische Probleme
- niedrige verbale Intelligenz

Elternfaktoren
- Mutter wurde selbst sexuell missbraucht
- Alkoholabhängigkeit und/oder Drogenmissbrauch eines Elternteils
- psychische Probleme
- Krankheit
- Beziehungen in der Familie sind oft dysfunktional
- niedrige Qualität der Erziehung, z.B. unangemessene Strafen, Vernachlässigen der Aufsicht
- ernsthafte Eheprobleme

Soziale Umwelt
- Beeinträchtigung der Beziehung zwischen der Familie und ihrer unmittelbaren sozialen Umwelt (z.B. soziale Isolation und wenig erfahrene Unterstützung)

Weitere Faktoren
(nicht in allen Studien als Risikofaktor bestätigt)
- Aufwachsen mit alleinerziehenden Eltern oder in Stieffamilien
- niedriger sozioökonomischer Status
- niedriges Einkommen

Deutsches Jugendinstitut (Hrsg.): Sexuelle Gewalt gegen Mädchen und Jungen in Institutionen. Abschlussbericht des DJI-Projekts: „Sexuelle Gewalt gegen Mädchen und Jungen in Institutionen". München 2011, S. 111 f.

KEIN RAUM FÜR MISSBRAUCH

FRAGEN SIE NACH! MACHEN SIE MIT!
www.kein-raum-fuer-missbrauch.de / 0800 2255530

M9 Beschneidung von Jungen erlauben?

Das Kölner Landgericht hat 2012 entschieden, dass die Beschneidung eines Jungen aus religiösen Gründen, ohne medizinische Notwendigkeit, als Körperverletzung einzustufen ist.

Drei Rechtsgüter müssen hier gegeneinander abgewogen werden: (1) das Recht des Kindes auf körperliche Unversehrtheit, (2) die Religionsfreiheit und (3) das Erziehungsrecht der Eltern.

Argumente gegen ein Verbot der Beschneidung:
- Bei einem Beschneidungsverbot wird jüdisches Leben in Deutschland unmöglich.
- Die Verweigerung der Beschneidung ist ein eklatanter Eingriff in das Selbstbestimmungsrecht der Religionsgemeinschaften.
- Das Urteil beschränkt das Recht der Eltern auf religiöse Erziehung ihrer Kinder.
- Ohne Beschneidung können Kinder nicht als gleichberechtigte Mitglieder in die Religionsgemeinschaft aufgenommen werden.
- Beschneidung als religiöses Ritual ist ein Schutz religiöser Minderheiten.
- Beschneidung von Jungen kann in keiner Weise mit der Genitalverstümmelung bei Mädchen und Frauen verglichen werden.
- Beschneidung ist ein harmloser Eingriff, der keine Folgen hinterlässt.
- Beschneidung dient auch der Vorbeugung eventueller Geschlechskrankheiten.

Argumente für ein Verbot der Beschneidung:
- Das Recht des Kindes auf körperliche Unversehrtheit darf nicht eingeschränkt werden.
- Die Beschneidung der Vorhaut kann zu schweren Komplikationen, zu Verwachsungen bis zum Verlust des Penis oder gar zum Tod führen.
- Kinder haben das Recht, zu einem späteren Zeitpunkt selbst darüber zu entscheiden, ob sie beschnitten werden wollen oder nicht.
- Es gibt bei gesunden Jungen keine medizinische Notwendigkeit der Beschneidung.
- Die männliche Vorhaut ist äußerst empfindlich. Ihre Entfernung schränkt das Sexualempfinden ein.
- Religionen können sich nicht außerhalb des Rechtes stellen.

Kein Freibrief für Gewalt

„In diesem Zusammenhang kann die Religionsfreiheit kein Freibrief zur Anwendung von (sexueller) Gewalt gegenüber nicht einwilligungsfähigen Jungen sein. Dies ist für die Zufügung jeglicher Gewalt im Genitalbereich von Mädchen national und international schon lange Konsens. Hinsichtlich der Durchführung medizinisch nicht notwendiger irreversibler Genitalbeschneidungen von Jungen, verbunden mit einem hohen Risiko für bleibende genitale Beschädigungen sowie seelische und sexuelle Beeinträchtigungen, muss die öffentliche Debatte und Wahrnehmung offensichtlich noch weiterentwickelt werden.

Zusammenfassend kann man aus ärztlicher Sicht eindeutig sagen, dass es keine medizinischen Gründe für die Entfernung einer gesunden Vorhaut bei einem gesunden, nicht einwilligungsfähigen kleinen Jungen gibt. Sämtliche angeführten medizinisch-prophylaktischen Gründe (zum Beispiel Prävention sexuell übertragbarer Infektionen) lassen sich – wenn vom Betroffenen gewünscht – durch eine Beschneidung in einwilligungsfähigem Alter realisieren. (…) Es herrscht eine bemerkenswerte Verleugnungshaltung und Empathieverweigerung gegenüber kleinen Jungen, denen durch die genitale Beschneidung erhebliches Leid zugefügt wird. (...) Mit religiösen Traditionen oder dem Recht auf Religionsausübung lässt sich dies nicht wiederspruchsfrei begründen."

Offener Brief an die Abgeordneten des Deutschen Bundestages zur Beschneidung „Religionsfreiheit kann kein Freibrief für Gewalt sein". Prof. Dr. med Matthias Franz, Universität Düsseldorf und weitere Mitunterzeichner. In: Frankfurter Allgemeine Zeitung, 21.7.2012.

M10 Auswirkungen von Gewalt

Unmittelbare Reaktionen

- Schockreaktionen, Erstarrung, Nichtansprechbarkeit
- Angst, Panik, Schreien
- Rufen nach der Mutter oder dem Vater
- langes Weinen
- Anklammern
- Abwehr, Um-sich-Schlagen, Verstecken
- Verwirrtheit

Mittel- und langfristige Auswirkungen

- Rückzug, Isolation
- Verlust von Urvertrauen/innerer Zuversicht
- Verlust von Respekt und Achtung vor Mutter und Vater
- Antriebslosigkeit, Spielunlust
- depressive Verstimmung
- hochgradige Furcht
- Klammern bei der Mutter oder der Betreuungsperson
- Abwehr von Zuwendung
- Stagnation der Entwicklung
- Regression, d.h. Rückfall in eine frühere Entwicklungsstufe (z.B. Einnässen, Babysprache)
- Schlafstörungen, Schulversagen, Konzentrationsstörungen
- Schulschwänzen
- geringes Selbstwertgefühl/Selbstbewusstsein
- Gewaltverhalten, erhöhte Aggressivität
- besonders angepasstes und „braves" Verhalten
- selbstschädigendes Verhalten (Essstörungen, Drogenmissbrauch)
- Selbstverletzung, Suizidgefahr, Langzeitfolgen und dauerhafte Schädigung
- schwere psychosomatische Leiden
- Zerstörung des positiven Lebensgefühls
- Verachtung des eigenen Geschlechts
- Selbstverachtung
- Ablehnung sozialer Beziehungen
- Bindungsangst
- Wiederholung erlebter Beziehungsmuster
- Rechtfertigung und Leugnung des Geschehens
- Suizid

Geschlechtsspezifische Auswirkungen

häufiger bei Mädchen:

- Unsicherheit
- Rückzug
- Selbstschädigung, Selbstverletzung
- Angst
- Kontaktvermeidung

häufiger bei Jungen:

- Akzeptanz von Gewalt
- Dominanzverhalten
- Abwertung von und Verächtlichkeit gegenüber Mädchen und Frauen
- sexuelle Übergriffe (verbal und tätlich)
- erhöhte Aggressivität
- Gewaltverhalten und Bedrohungsrituale

Techniker Krankenkasse, Landesvertretung Mecklenburg-Vorpommern (Hrsg.): Gewalt gegen Kinder. Ein Leitfaden für Ärzte und Institutionen in Mecklenburg-Vorpommern. 4. Aufl., Schwerin 2007, S. 24.

2.3 Gewaltprävention in der Familie

Grundwissen

Materialien
Für Pädagogen und Eltern

Gewalt in der Familie überwinden

Gewalt in Familien verhindern

„Aus der Forschung wissen wir, dass ‚erlebte Gewalttätigkeit durch andere' der wesentliche Faktor dafür ist, später selbst Gewalt anzuwenden. Gewalttätigkeit in Familien wird gleichsam vererbt, Gewalt züchtet Gewalt. Kinder müssten besser als gegenwärtig davor geschützt werden, dass Eltern mit ihrem eigenen Leben nicht zurechtkommen und aus der Ohnmacht und Enttäuschung über ihr Versagen ihre Aggressionen gegen ihre Kinder wenden. Wenn wir aber Gewalt in der Familie vermindern wollen, dann ist das ein langwieriger Prozess, bei dem Gewalt vermutlich von Generation zu Generation um wenige Prozentpunkte vermindert wird."

(Sader 2007, S. 91)

Familie hat einen hohen Stellenwert in der Bevölkerung. Drei Viertel der Menschen in Deutschland geben an, dass man eine Familie braucht, um glücklich zu sein (Bundesministerium für Familie, Senioren, Frauen und Jugend 2013, S. 12). Dennoch ist die Familie sowohl für die Gewaltentstehung als auch für die Gewaltprävention ein zentraler Bereich. Die Familie ist der gesellschaftliche Ort, an dem die meiste Gewalt stattfindet und an dem auch (Klein-)Kinder ihre ersten Gewalterfahrungen gerade durch die Menschen machen, die sie am meisten lieben.

Die Familie steht im Schnittpunkt zwischen Gesellschaft und Individuum. Sie ist die Stelle, an der die gesellschaftlichen Verhältnisse die Interaktionsmuster der Individuen formen und deformieren. Sie vermittelt die ersten und grundlegenden sozialen Erfahrungen und ist der erste Sozialisationsbereich. Die Eltern (oder familienersetzende Einrichtungen) beeinflussen die Einstellungen und das Verhalten ihrer Kinder im Wesentlichen so:

- Sie bestimmen durch ihre Zuwendung oder Ablehnung die emotionale Grundorientierung ihres Kindes.
- Sie dienen als Modelle für die Nachahmung (Identifizierung), sodass die Kinder von ihnen Werte, Einstellungen und Verhaltensweisen übernehmen.
- Sie vermitteln den Kindern einen sozialen, kulturellen und ethischen Kontext für ihr Denken und Handeln.
- Sie prägen durch ihre Beziehungen zueinander und zu den Kindern deren weitere Persönlichkeit.

Die Bedeutung dieser familiären Erfahrungen zeigt sich u.a. auch daran, dass bei Untersuchungen über auffällige, delinquente, aggressive und gewalttätige Jugendliche immer schwierige Familienverhältnisse verbunden mit enormen emotionalen Defiziten zu finden sind. Familiäre Lebensformen sind heute sehr vielfältig und haben kulturspezifische Ausprägungen. Familien sind einem äußerst starken Wandel unterworfen. Mit dem Prozess der Modernisierung haben sie sich von traditionellen Großfamilien zu Klein- oder Kernfamilien gewandelt. Vielfach sind traditionelle Familienverbände in der Auflösung begriffen und oft äußerst brüchig geworden. Jedes dritte Kind in Deutschland wird inzwischen außerehelich geboren (im Osten sogar 61 % der Kinder, im Westen 27 %) (www.spiegel.de, 12.8.2011).

Risikolagen ergeben sich für Kinder vor allem dann, wenn sie in einer Familie leben (vgl. Brown/Winterton 2010),

- in der es häusliche Gewalt gibt.
- in der ein harter Erziehungsstil normal ist.
- in der ein Mangel an elterlicher Fürsorge festzustellen ist.
- in der anti-soziales Verhalten alltäglich ist.
- in der es Schwierigkeiten beim Umgang mit Problemen gibt.

Doch auch ganze Familien sind Risiken ausgesetzt, besonders dann, wenn die Eltern
- „nicht in das Erwerbsleben integriert sind (soziales Risiko),
- über ein geringes Einkommen verfügen (finanzielles Risiko) oder bzw. und
- über eine geringe Ausbildung verfügen (Risiko der Bildungsferne)" (Deutscher Bundestag 2013, S. 140).

Diese Risikolagen bestimmen nicht nur die aktuellen ungleichen Teilhabechancen, sondern haben auch Auswirkungen auf spätere Schulleistungen, auf Interessen und Zugehörigkeiten sowie auf die Bewältigung der alterstypischen Entwicklungsaufgaben. Dies hat zur Folge, dass die soziale Herkunft und die familiären Muster gerade in Deutschland in hohem Maße auch die ungleichen Teilhabechancen im späteren Erwachsenenalter prägen.

Auf der familiären Ebene werden Eltern durch Kinder mit neuen, bislang nicht gekannten Aufgaben und Anforderungen konfrontiert (vgl. Brock 2012): Elternsein bedeutet zunächst Verlust an Freiheit. Der Tagesablauf verändert sich. Die gewohnten Beziehungsmuster innerhalb der Paarbeziehung aber auch in den Außenkontakten sind so nicht mehr lebbar. Ein neues Rollenverständnis als Mutter bzw. Vater muss gefunden werden. Übernahme von Verantwortung für das Kind sowie Verlässlichkeit sind zentrale Erwartungen. Häufig sinkt die Zufriedenheit in der Partnerschaft und das Empfinden, kaum einen Raum mehr für sich selbst zu haben, nimmt zu. Diese neue Lebenssituation, in der die Kinder ihre Ansprüche anmelden, ist oft mit einem hohen Maß an Verunsicherung verbunden. Dabei können gerade Eltern die emotionale und soziale Entwicklung ihrer Kinder besonders gut fördern (vgl. Eisner u.a. 2009).

Erziehungsstile

Wärme, Zuneigung		
permissiv wenig Kontrolle/Forderungen hohe elterliche Wärme	**autoritativ – demokratisch** hohe Kontrolle/Forderungen hohe elterliche Wärme	Lenkung
vernachlässigend wenig Kontrolle/Forderungen geringe elterliche Wärme	**autoritär** hohe Kontrolle/Forderungen geringe elterliche Wärme	

(Vgl. Maccoby/Martin, zitiert nach Stein 2008, S. 105)

Das verstehe ich unter einer Familie

- ein verheiratetes Ehepaar mit Kindern _____(97 %)
- drei Generationen, die zusammenleben _____(82 %)
- ein unverheiratetes zusammenlebendes Paar mit Kindern _____(71 %)
- eine alleinerziehende Mutter/Vater mit Kindern _____(58 %)
- zwei Frauen oder Männer mit Kindern, die in einer festen
  Lebensgemeinschaft leben _____(42 %)
- ein verheiratetes Ehepaar ohne Kinder _____(34 %)
- ein unverheiratetes zusammenlebendes Paar ohne Kinder _____(17 %)
- zwei Frauen oder zwei Männer ohne Kinder, die in einer
  festen Lebensgemeinschaft leben _____(12 %)

Repräsentative Bevölkerungsumfrage Bundesrepublik Deutschland, ab 16 Jahren
(Bundesministerium für Familie, Senioren, Frauen und Jugend 2013, S. 13)

Was Kinder brauchen

Kinder brauchen in der Familie eine sichere Bindung, die Erfahrung eines guten familiären Zusammenhalts sowie ein Erziehungsverhalten, das sich sowohl durch Forderungen und Kontrolle als auch durch eine hohe elterliche Wärme auszeichnet (vgl. Kneise 2008, S. 122; Stein 2008, S. 101 ff.).

Eine positive Bindung zwischen Eltern und Kind beruht auf einer unbedingten Annahme des Kindes. Dies drückt sich u.a. durch Wertschätzung und Anerkennung, Wärme und Geborgenheit sowie Förderung und Unterstützung der Persönlichkeitsentwicklung aus. Das affektive Klima ist dabei die formende Kraft der kindlichen Entwicklung. Aktivitäten und Gefühle erhalten in der frühesten Kindheit ihre Grundrichtung. Störungen treten dann auf, wenn die Beziehungen der Interaktionspartner aus Gleichgültigkeit, beziehungslosem Nebeneinander oder gar Ablehnung bestehen.

Als positive Grundorientierung kann das Prinzip einer gewaltfreien Erziehung angesehen werden. Von besonderer Bedeutung ist die weitgehende Erfüllung der vier psychischen Grundbedürfnisse von Kindern (vgl. Klemenz 2009, S. 364 ff.): (1) Lustgewinn und Unlustvermeidung, (2) Orientierung und Kontrolle, (3) Selbstwertschutz und Selbstwerterhöhung, (4) Bindung (ausführlich in Kap. 3.1). Kinder müssen also als je eigene Person wahrgenommen und gesehen werden und sie benötigen Beachtung, Resonanz und Spiegelung auf ihr Dasein sowie ihre Äußerungen – nur dann können sie sich positiv entwickeln.

Strafen helfen nicht weiter

Von besonderer Bedeutung sind die Erziehungspraktiken, insbesondere die Reaktionen auf Regel- und Normüberschreitungen. Vor allem Strafen (besonders Körperstrafen) haben hier negative Effekte, da sie unliebsames Verhalten unterdrücken aber keine Alternativen anbieten. Solche Strafen werden von Eltern oft angewendet, wenn sie sich überfordert fühlen und keine alternativen Verhaltensmodelle zur Verfügung haben. Viele bedauern anschließend ihr Verhalten oder haben gar Schuldgefühle.

Das Ausmaß und die Art der Bestrafung von Kindern steht in engem Zusammenhang mit dem Erwerb aggressiver Verhaltensweisen. Viele Eltern betrachten körperliche Züchtigung immer noch als ein normales Erziehungsmittel, obwohl dies gesetzlich verboten ist und Kinder ein Recht auf gewaltfreie Erziehung haben. Körperstrafen und strenge Bestrafungsrituale durch Eltern bedeuten, dass Aggressionen oder Fehlverhalten des Kindes durch die Aggression der Eltern „beantwortet" werden.

Strafen werden oft damit begründet, dass Kinder nur so lernen würden, die gesetzten Normen einzuhalten. Doch was lernen sie wirklich?

- Sie lernen sich anzupassen, anstatt persönlich Verantwortung zu übernehmen und werden so in ihrer eigenständigen Entwicklung gehindert.
- Sie erfahren, dass Erwachsene die Macht haben, ihre Vorstellungen mit Gewalt durchzusetzen und dass Gewalt zum Ziel führt.
- Sie werden gegenüber Strafandrohungen zunehmend gleichgültiger und kalkulieren Strafen in ihr Verhalten ein.

Kinderfragen
- Wer bin ich für Dich?
- Existiere ich für Dich?
- Kennst Du mich?
- Glaubst Du an mich?
- Zeige mir, dass Du mir etwas zutraust.

(Joachim Bauer)

Gewalt und Gewaltprävention in der Familie

Problembereiche	Funktionen der Familie für Kinder	familienunterstützende Maßnahmen
• Bindungsunsicherheit • Erziehungsverhalten • Körperstrafen • fehlende emotionale Bindungen • negatives Familienklima • belastete Lebenswelt • mangelnde Ressourcen • veränderte Familienstrukturen	• Erwerb der emotionalen Grundorientierung • Verhaltensmodelle (Nachahmung) • Übernahme von Werten, Einstellungen, Verhaltensweisen • Entwicklung von sozialem Verhalten • Fürsorge, Betreuung	• Stärkung der Erziehungsfähigkeit • Hausbesuche • Elternbildung • Konfliktmanagement • Familienberatung • Nachbarschaftshilfe • Stärkung der ökonomischen Verhältnisse

Familien in Deutschland
- In Deutschland gibt es 8,1 Mio. Familien mit minderjährigen Kindern.
- 71 % der Eltern sind verheiratet.
- 9 % der Familien sind nichteheliche Lebensgemeinschaften.
- 20 % sind Alleinerziehende mit Kindern.
- 26 % der Kinder sind Einzelkinder.
- 47 % der Kinder haben ein Geschwisterkind.
- 19 % der Kinder haben zwei Geschwister.
- 8 % der Kinder haben drei und mehr Geschwister.
- 10–14 % aller Familien sind Patchworkfamilien.
- 2,3 Mio (29 %) aller Familien mit minderjährigen Kindern haben einen Migrationshintergrund.

(Bundesministerium für Familie, Senioren, Frauen und Jugend 2013, S. 14 ff.)

Strafe ist ihrem Wesen nach auf Diskriminierung gerichtet und wendet sich gegen das Selbstwertgefühl der Bestraften. Strafen zerstören so nicht nur die Beziehungen und das soziale Klima, sondern auch die Persönlichkeit. Dies gilt vor allem, wenn sie als hart und ungerecht empfunden werden. Eine strafende Erziehung zielt auf eine optimale Anpassung des Kindes an die sozialen Erfordernisse der Umgebung. Anders als Strafen ergeben sich aus spezifischen Situationen „natürliche" und „logische" Konsequenzen, die verdeutlichen, dass bestimmte Regeln einzuhalten sind (z.B. ohne Fahrradhelm wird nicht Fahrrad gefahren).

Der Zusammenhang zwischen in der Familie selbst erlebter (oder auch beobachteter) Gewalt und eigenem Gewaltverhalten ist empirisch gut belegt. Eltern, die ihre Kinder schlagen, müssen auch damit rechnen, dass die Kinder sich ihnen gegenüber ebenfalls aggressiv verhalten, d.h. sie verbal oder körperlich angreifen. Dabei sind starke Geschlechterunterschiede zu beachten. Mädchen erfahren mehr Zuwendung, aber auch mehr Kontrolle als Jungen.

Eltern sollten …

Eltern sollten in ihren eigenen Lebensvollzügen für ihre Kinder keine aggressiven Vorbilder (Modelle) sein. Sie sollten ihre Konflikte, auch die mit ihren Kindern, auf konstruktive Art und Weise lösen können und sich mit befürwortenden Äußerungen zur Androhung und Anwendung von Gewalt (bei anderen Personen oder auch staatlichen Aktionen) sehr zurückhalten. Ihr Erziehungsverhalten darf die emotionale Basis zu ihrem Kind, sein prinzipielles Angenommensein, nie in Frage stellen.

Neben den Strafmethoden ist die Nichtübereinstimmung des Erziehungsverhaltens von Vater und Mutter ein Moment, das bei Kindern zur Desorientierung führen kann. Hinzu kommt, dass das selbst angewendete Verhalten oft nicht den eigenen propagierten Grundsätzen entspricht. Eltern sind einerseits gegen Gewalt und drücken dies auch klar aus, wenden andererseits aber in bestimmten Situationen ihre Macht an, um gewünschtes Verhalten durch psychischen Druck oder gar körperliche Gewalt durchzusetzen. Erziehungsstile lassen sich nicht einfach verändern. Sie sind milieuabhängig und werden oft über Generationen hinweg angewendet (Brock 2012, S. 15).

Familienkonflikte konstruktiv austragen

Familien ohne Konflikte gibt es nicht. Dennoch werden unterschiedliche Interessen häufig als etwas Negatives gesehen, weil sie in „geordneten Verhältnissen" eigentlich nicht vorkommen dürfen. Konflikte zwischen den Eltern können das Familienklima stark beeinträchtigen und die Entwicklungsmöglichkeiten von Kindern behindern. Diese Gefahr ist besonders groß, wenn Eltern Kinder als Verbündete missbrauchen. Andererseits ist es auch möglich, dass die Eltern ihren Kindern beispielhaft zeigen, wie mit Konflikten produktiv umgegangen werden kann.

Gewaltpräventive Ansätze in der Altersgruppe 0–7 Jahre

0–2 Jahre

- **universell:**
  Breite Basisinformation über Gesundheits-
  verhalten; Elternbriefe; medizinische und
  nicht-medizinische Grundversorgung zur
  optimalen Förderung des Kindes.
- **selektiv:**
  Spezifische Angebote für bildungsferne
  und immigrierte Familien.
- **indiziert:**
  Intensive aufsuchende Hausbesuchs-
  programme für gefährdete, bildungsferne
  Familien.

3–7 Jahre

- **universell:**
  Elternbriefe; breites Angebot von Elternbildung.
- **selektiv:**
  Spezifische Angebote für bildungsferne
  und immigrierte Familien; evtl. Förderung
  durch Anreize; Integration von Elternbildung in Tagesstrukturen.
- **indiziert:**
  Systemische, kognitive und behavio-
  rale Therapien für Familien mit verhaltensauffälligen und aggressiven Kindern;
  Hilfsangebote für Eltern von Kindern mit
  Verhaltensproblemen.

(Eisner/Ribeaud/Locher 2009, S. 62)

Konflikte zwischen Eltern und Kindern sind von vornherein durch ein Machtgefälle geprägt. Partnerschaftliche Lösungen bedingen hier, dass Eltern (zumindest teilweise) auf die Anwendung von Machtmitteln verzichten und das Kind nicht in die unterlegene Position bringen. Auseinandersetzungen zwischen Kindern sollten von diesen so weit wie möglich selbständig gelöst werden. Eltern haben jedoch darauf zu achten, dass jüngere oder schwächere Kinder nicht permanent übervorteilt werden.

Nicht jeder Konflikt, der in der Familie aufbricht, ist auch dort entstanden. Die Arbeitslosigkeit eines Elternteils, mangelnder Wohnraum oder ein zu geringes Familieneinkommen sind Faktoren, die die betroffenen Familien stark belasten und sich sehr konfliktträchtig auswirken können. Es kann für die Familienmitglieder sehr entlastend sein, zu erkennen, dass nicht „böse Absichten" oder „zerstörerische Persönlichkeitsanteile" der anderen das Zusammenleben konflikthaft gestalten, sondern äußere Faktoren, selbst wenn diese nicht sofort oder nicht in absehbarer Zeit veränderbar sind. Solche Konflikte müssen zwar von der Familie ausgehalten werden, lösbar sind sie in diesem Rahmen jedoch nicht. Lernen, mit Konflikten gewaltfrei umzugehen, ist ein wichtiger Beitrag, um Gewalt in der Familie zu verhindern.

Prävention in der Familie

Logische Konsequenzen

„Wenn ein Kind mit Spielzeug im Zimmer herumschmeißt und die Mutter möchte das nicht, dann sollte sie dem Kind sagen: ‚Du sollst mit dem Spielzeug nicht werfen.‘ Wenn es nicht auf sie hört, soll die Mutter es maximal noch einmal wiederholen – dann muss sie handeln. Beispielsweise, indem sie dem Kind das Spielzeug wegnimmt, mit den erklärenden Worten: ‚Ich habe dir ja gesagt, du sollst das Spielzeug nicht werfen. Ich nehme es dir jetzt weg und gebe es dir in ein paar Minuten wieder. Dann gucken wir noch einmal, ob du dich daran hältst.‘ Ganz wichtig ist dabei, dass die Konsequenzen in einem logischen Zusammenhang mit dem Fehlverhalten stehen."
(Hirdes 2013, S. 67)

Gewaltprävention muss in der Familie beginnen, deshalb muss diese bei der Bewältigung ihrer Aufgaben und Funktionen unterstützt werden. „Bei der primären Prävention gegenüber familiärer Gewaltanwendung geht es vor allem um den Abbau gewaltfördernder Leitbilder und Lernprozesse sowie um die soziale Reintegration der Familie. Grundlage der Eindämmung von Gewalt in der Familie ist der Abbau wirtschaftlicher und sozialer Stressphänomene mit den Mitteln der allgemeinen Sozialpolitik. Denn ein günstiges Sozial- und Wirtschaftsklima ist gleichzeitig ein günstiges Präventionsklima. Sekundäre Prävention setzt regelmäßig ein ‚Umlernen‘ der einzelnen von Gewalt betroffenen Familien im Umgang mit Konflikten und ihre Einbindung in ein Netz gezielt stützender Sozialbeziehungen voraus. Das Opfer von Gewalt in der Familie ist in besonderem Maße schutzbedürftig." (Schwind u.a. 1989, S. 157) Damit umreißt die damalige Gewaltkommission der Bundesregierung bereits 1989 die Aufgaben von Gewaltprävention in Familien und spricht auch die verschiedenen Ebenen an: Gesetzliche Regelungen geben den rechtlichen Rahmen vor, wirtschaftliche Unterstützung entlastet den Alltag und sozialpädagogische Begleitung und Hilfe ermöglichen das Erlernen prosozialer Verhaltensweisen.

Die Leitlinien des Düsseldorfer Gutachtens präzisieren diese Aussagen vor dem Hintergrund von evaluierten Modellen: „In der Familie setzen alle wirksamen multisystematischen Behandlungen auch auf eine zwar strikt gewaltfreie, aber verstärkte Kontrolle über das Kind oder den Jugendlichen. Das Elternverhalten soll aggressives, inkonsistentes, aber auch zu nachlässiges Erziehungsverhalten vermeiden. Es sollen einerseits Grenzen gesetzt und andererseits erwünschtes Verhalten gefördert werden. Die elterliche Aufsicht über das Kind ist damit ein entscheidender Präventionsfaktor." (Landeshauptstadt Düsseldorf 2004, S. 26)

Familienunterstützende Maßnahmen

Von der Weltgesundheitsorganisation (2004) werden Ansätze der Familienunterstützung für Gewaltprävention als erfolgreich eingestuft. Insbesondere haben sich Hausbesuche bei belasteten Familien in den ersten beiden Lebensjahren der Kinder als äußert wirksam erwiesen.

Mit familienbildenden und familienunterstützenden Maßnahmen sind niedrigschwellige Betreuungs- und Beratungsangebote gemeint, die bei der Lösung von Aufgaben greifen, die in der Familie nicht oder nur unzureichend gemeistert werden können. Diese Maßnahmen umfassen direkte Hilfe im Haushalt und der Erziehung ebenso wie beratende Unterstützung bei Behördengängen, Schul- und Erziehungsfragen usw.

Sie dienen der besseren Bewältigung des Alltags und des Erwerbs von Wissen und Know-how. Als günstig haben sich dabei Angebote in einer Kombination von Geh- und Kommstruktur herausgestellt. Die vom Staatsinstitut für Familienforschung an der Universität Bamberg entwickelte Konzeption für die Unterstützung junger Mütter sieht u.a. folgende Aspekte vor:

- Die persönliche Kontaktaufnahme mit jungen Müttern im Klinikum durch eine erfahrene sozialpädagogische Fachkraft des Familientreffs (Geh-Struktur).
- Anreize für den Zugang zum Familientreff mit seinen vielfältigen Angeboten für Mütter und Väter durch Gutscheine (niedrigschwelliger Komm-Aspekt).
- Die Möglichkeit der schnellen Unterstützung vor Ort durch die Einrichtung eines Familienbüros im Familientreff und Kontaktvermittlung zu anderen Hilfsangeboten.

Auch Eisner u.a. (2009) empfehlen regelmäßige Besuche durch ausgebildete Hebammen oder Krankenschwestern bei Müttern mit einem erhöhten Risikoprofil wie z.B. niedriges Einkommen, erstes Kind oder Suchtprobleme. Darüber hinaus aber auch Beratung bezüglich Zugang zu Dienstleistungen, Ernährung, Umgang mit dem Säugling, Rolle als Eltern, Familienplanung, Arbeitssuche etc. Diese Erkenntnisse sind zwischenzeitlich in die Angebote der Frühen Hilfen eingeflossen (vgl. Kap. 3.6).

Vergewisserung

- Was mag ich an meinem Kind besonders?
- Was kann ich von meinem Kind lernen?
- Was braucht mein Kind?
- Was bewundere ich besonders an meinem Kind?
- Was weiß ich eigentlich von meinem Kind?
- Von wem fühlte ich mich als Kind gut verstanden?
- Wie gehe ich als Mutter / Vater mit Konflikten um?
- Was trage ich aus meiner eigenen Kindheit in mir?

(Schopp 2006, S. 22)

GRUNDWISSEN

111

2.3 GEWALTPRÄVENTION IN DER FAMILIE

Verbesserung des positiven Erziehungsverhaltens

Mit der Unterstützung des Erziehungsverhaltens wird versucht, die Qualität der Eltern-Kind-Interaktion positiv zu verändern, die Konfliktebene innerhalb der Familien zu reduzieren oder deren Konfliktmanagement zu verbessern.

„Ebenso wie Gewalt an gewalttätigen Modellen gelernt wird, kann eine gewaltlose Konfliktlösung am besten an konsequent gewaltlosen Vorbildern gelernt werden. Sie müssen dem Kind im Elternhaus und in der Schule vorgelebt werden. Die Gewaltlosigkeit der Erziehung ist wesentlicher Bestandteil der Erziehung zur Gewaltlosigkeit. Daher müssen in der Erziehung körperliche Strafen vermieden werden." (Schwind 1989, S. 159) Um ein konsequent gewaltfreies Verhalten, was nicht mit dem Verzicht auf Erziehung überhaupt verwechselt werden darf, leben zu können, sind Aufklärung und Unterstützung notwendig. Dies geschieht durch Informations- und Lernmaterialien aber auch durch gezielte Elternbildung und -schulung.

Elternkurse

Elternkurse stellen ein wichtiges Element einer umfassenden Gewaltprävention dar. Sie haben den Anspruch, Hilfen für den Erziehungsalltag zu bieten: Eltern und Kinder sollen wieder ohne Stress miteinander auskommen können, das Selbstwertgefühl der Kinder soll ebenso wie die Elternrolle gestärkt, Achtung und Respekt voreinander eingeübt werden und Kinder sollen sich ihrer Lebensphase angemessen entwickeln und entfalten können.

Das Angebot an Eltern- und Erziehungskursen ist groß. Sie unterscheiden sich jedoch stark in Bezug auf das ihnen zugrundeliegende Menschenbild, ihre Erziehungsempfehlungen, ihre Methoden und Arbeitsweisen.

Auf dem „Markt" sind standardisierte Kurse, die eine spezifische Trainerausbildung voraussetzen, ebenso zu finden, wie selbst entworfene Angebote im Rahmen der lokalen Erwachsenenbildung.

Ein Problem haben alle Kursangebote gemeinsam: Wie lässt sich erreichen, dass „Problemeltern" an solchen Kursen teilnehmen? Die festgestellte Notwendigkeit sowie das Angebot sagen noch nichts über das Erreichen von Problemgruppen aus. Wichtige Fragen sind ungeklärt: Sollten solche Basiskurse etwa bei der Feststellung von Vernachlässigung oder Misshandlung von Kindern verpflichtend gemacht werden? Oder ist es besser, mit einem Bonus- und Anreizsystem zur Teilnahme zu arbeiten? Der Schweizer Expertenbericht „Prävention von Jugendgewalt" (Eisner u.a. 2009, S. 51) weist darauf hin, dass Elterntrainings umso eher positive Wirkungen entfalten, „wenn sie nicht bloß Wissen vermitteln, sondern die Fähigkeiten konkret einüben und umsetzen". Etwa durch qualifizierte und motivierte Trainer und durch Begleitmaterial in Form von Videos.

Dennoch dürfen trotz positiver Befunde die Effekte solcher Maßnahmen nicht überschätzt werden (ebd.), denn:

- Die meisten Studien betrachten ausschließlich kurzfristige Effekte, während langfristige Wirkungen kaum beurteilt werden können.
- Viele positive Effekte stammen aus klinischen Versuchen mit kleinen Fallzahlen.
- Die meisten Programme sind universeller Art und wenden sich nicht an Eltern von bereits auffälligen Kindern.
- Elterntrainings erreichen Eltern mit einem erhöhten Risikoprofil oft nur unzureichend.

Aufklärungskampagnen

Häufig werden auf eine allgemeine und unspezifische Weise Informationen über „richtiges" Erziehungsverhalten einer breiten Öffentlichkeit angeboten. Hierzu werden unterschiedliche Medien eingesetzt: Plakate, Elternbriefe, Fernsehsendungen, Internetangebote. Solche Informationen können punktuell und einmalig oder kontinuierlich und über einen langen Zeitraum erfolgen. Das Düsseldorfer Gutachten (2002, S. 23 ff.) stuft alle Maßnahmen der Kriminalprävention, die auf eine Veränderung der öffentlichen Einstellung und des Verhaltens zielen, als wirkungslos ein. Hierzu gehören u.a. Plakat-, Film- oder Ausstellungsaktionen.

Erziehungsratgeber und Broschüren

Pädagogische Elternbriefe sind im Vorschulbereich weit verbreitet. Ratgeber füllen die Lücke der Unsicherheit und des Bedürfnisses nach Orientierungshilfen, sind jedoch in ihren Aussagen oft auch problematisch. Unterschieden werden muss zwischen seriösen Informationsbroschüren und PR-Materialien, die letztlich der Selbstdarstellung im Kontext von Imagekampagnen dienen.

In die Kritik geraten sind Erziehungsratgeber wegen ihrer Halb- oder Pseudowissenschaftlichkeit. Erzieherisches Handeln wird dabei oft auf die Anwendung von Regeln verkürzt, ohne deren Hintergrund, Bedingungen und Ableitungen deutlich zu machen und zu reflektieren.

Super-Nannies in Fernsehsendungen

Zu den Printmedien sind inzwischen vielfältige Internetangebote und Ratgebersendungen im Fernsehen gekommen. Sie können – entsprechend produziert – auf anschauliche Weise wichtige Informationen zur Verfügung stellen. Ein spezielles Format für den Erziehungsbereich stellte bis März 2013 die Sendung „Super-Nanni" von RTL dar. Hier griff die „Erziehungsexpertin" Katharina Saalfrank direkt und direktiv in das Familiengeschehen ein, indem sie über mehrere Wochen eine Familie begleitete und coachte. Sie bestimmte, was „falsches" und „richtiges" Erziehungsverhalten war. Obwohl als authentisches Format angeboten, handelte es sich um „Scripted Reality", also Handlungen, die einem Drehbuch folgten.

Elternpräsenz aus systemischer Sicht

Von „systemischer Präsenz" sprechen wir, wenn Eltern und Kinder die Erfahrung gemacht haben, dass die Umgebung die Eltern unterstützt und sie mit sozialer Bestätigung ausstattet. Eltern bewegen sich nicht in einem sozialen Vakuum, sondern stehen in Verbindung mit dem Ehepartner, Verwandten, Nachbarn und Freunden, Institutionen und der Gemeinschaft, in der sie leben. Elternteile, die nicht die Unterstützung eines Partners, von Verwandten oder Freunden haben, befinden sich in einer Position systemischer Schwäche in Beziehung zu dem aggressiven Kind. Elterliche Schwäche ist direkt gekoppelt an das Fehlen sozialer Unterstützung.
(Omer/Schlippe 2004, S. 175)

Der Deutsche Kinderschutzbund (2011) kritisierte das gezeigte Erziehungsverhalten als ein autoritäres Modell, das jeglichen Respekt vor dem Kind und seiner Familie vermissen lasse. Kinder würden in dieser Sendung entwürdigt und Eltern fürchteten sich vor Experten. Katharina Saalfrank (2013) hat sich nach der Absetzung des Formats inzwischen von ihrer eigenen Sendung distanziert.

Erziehungssendungen dürfen nicht auf Einschaltquoten und spektakuläre Aktionen zielen. Sind sie einfühlsam und unterstützend gemacht, können sie gerade „bildungsferne" Eltern ansprechen, die ansonsten kaum zu erreichen sind. Notwendig wäre es dann allerdings, solche Angebote auch mehrsprachig zu produzieren.

Das Umfeld einbeziehen

Gewalt erkennen

Viele Gewaltakte könnten verhindert werden, wenn frühe Anzeichen erkannt und entsprechend darauf reagiert werden würde. Dies bedeutet, dass zum einen die diagnostische Kompetenz von Fachkräften gefördert werden muss sowie zum anderen allgemein bei der Bevölkerung das Bewusstsein, Anzeichen von Gewalt richtig zu deuten und diese Informationen an die zuständigen Stellen weiterzugeben, unterstützt werden sollte (vgl. Kap. 3.6). Dies ist z.B. bei Ärzten oder medizinischem Personal von besonderer Bedeutung, da sie oft irrtümlich Kindesmisshandlungen als Unfallfolgen deuten. Gerade im familiären Bereich stößt eine notwendige couragierte Haltung bei Gewalt gegen Kinder häufig auf die Einstellung, dass es sich hier um die Privatsache der Eltern handeln würde, in die man sich besser nicht einmischen sollte.

Erziehungsberatung

Erziehungsberatung ist ein Angebot für Kinder und Eltern zur Unterstützung in schwierigen Situationen, bei emotionalen Problemen, bei sozialen Verhaltensauffälligkeiten, Problemen im Schul- und Leistungsbereich, Schwierigkeiten in der familiären Interaktion oder bei psychosomatischen Auffälligkeiten. Obwohl die Schwelle für solche Unterstützung gesunken ist, scheuen sich immer noch viele Eltern davor, sich Unterstützung zu holen.

Familienberatung, Partnerschaftsberatung, Familientherapie

Familienberatung bezeichnet alle Beratungsangebote, die sich auf Probleme und Aufgaben beziehen, die Familien zu bewältigen haben. Sie ist eine Beratung für Personen, die Hilfe in Krisen, Probleme oder Entscheidungen im familiären Lebenszyklus suchen. Bei systemischer Familientherapie stehen nicht die einzelnen Mitglieder der Familien im Vordergrund, sondern es wird die Familie als Beziehungssystem mit seinen spezifischen Interaktionsformen, Regeln und Beziehungsdefinitionen betrachtet.

Praktische Probleme

„Praktische Probleme bei der Einführung und Durchführung spezifischer Präventionsprogramme im Kontext von Familien:

- Wie können Eltern aus Unterschichten- und Migrantenfamilien durch Präventionsprogramme besser erreicht werden?
- Wie sollte eine valide und praktikable Risikodiagnose erfolgen? Wie lassen sich
  eventuelle Stigmatisierungen von Risikokindern vermeiden?
- Wie können Konflikte zwischen Elternrechten, staatlicher Fürsorgepflicht
  und Datenschutz so gelöst werden, dass es nicht erst zu gravierenden Fehlentwicklungen wie Kindesmisshandlungen oder Vernachlässigung kommt?
- Wie kann die Qualität von Maßnahmen in der alltäglichen Praxis gesichert
  werden?
- Welche Maßnahmen sind unter Kosten-Nutzen-Gesichtspunkten besonders
  erfolgversprechend?"

(Lösel 2004, S. 338)

Familienzentren

Eltern-Kind-Zentren oder Familienzentren verbinden Betreuungsange-
bote für Kinder mit Familienbildung und Familienhilfe. Sie bündeln also
familienorientierte Angebote. Diese wenden sich sowohl an „belastete" oder sozial benachteiligte Familien als auch universell an alle.
Häufig verstehen sie sich als familienunterstützende Dienstleistungs-
zentren, die oft aus dem Impuls der Selbsthilfe entstanden sind.

Gute Nachbarschaft

Stabile soziale Beziehungen im Nahbereich wirken sich sozial „kon-
trollierend" und vorbeugend gegen Misshandlungen und Gewalt aus.
Ein nachbarschaftliches Netzwerk bringt eine höhere Kommunika-
tionsdichte, Möglichkeiten der Unterstützung, Rückgriff auf kosten-
lose Dienstleistungen und damit auch vielfältige Entlastungen für die
Familie mit sich. Solche Netzwerke sind auch förderlich für die allgemeine Lebenszufriedenheit. Verschiedene Studien weisen auf den
engen Zusammenhang von solchen funktionierenden sozialen Netzwerken und der Entwicklung von positivem Sozialverhalten hin.
Der Aspekt der sozialen Kontrolle im Gemeinwesen hat darüber hinaus enorme Bedeutung für die Verhinderung von Kriminalität: „Aus
empirischer Sicht liegen also im Bereich der informellen sozialen Kontrolle die größten Chancen einer unmittelbaren und in der Kommune
zu erbringenden effektiven Reduktion von Kriminalität, insbesondere
von Aggressionsdelikten." (Landeshauptstadt Düsseldorf 2002, S. 31)

Gesellschaftliche Anerkennung der Erziehungsarbeit

Die Erziehungsarbeit von Eltern sowie von Erzieherinnen und Erziehern wird in vielen gesellschaftlichen Bereichen kaum anerkannt und gewürdigt. Erzieherische Berufe werden eher schlecht bezahlt und rangieren auf der gesellschaftlichen Werteskala weit unten. Dies ist u.a. ein Grund dafür, warum in diesem Bereich so wenige Männer tätig sind. Wenn Erziehungsarbeit geschätzt, gefördert und entsprechend finanziell honoriert wird, trägt dies auch zur Qualitätsverbesserung der Einrichtung und zur Entlastung von Familien bei.

Stärkung der ökonomischen Situation von Familien

Kinder und Familien, aber besonders Alleinerziehende, sind von Armut stärker als andere Bevölkerungsgruppen betroffen. Kindern positive Entwicklungsmöglichkeiten zu geben, bedeutet deshalb immer auch, die ökonomische Situation von bedürftigen Familien mit Kindern zu verbessern. Gewaltprävention ist immer auch Sozialpolitik.

Umsetzung konkret

- **Wünsche an die Familie**
  Wie sollte eine ideale Familie aussehen? Welche Vorstellungen und Wünsche verbinden Menschen mit einer (ihrer) Familie? Was meinen wir, wenn wir von Familie reden? Die Aussagen von M1 werden (ohne Prozentangaben) auf Einzelzettel übertragen. In Kleingruppen werden sie besprochen und in eine Rangliste gebracht. Dann werden sie mit den Umfragewerten verglichen. Warum sind diese Wünsche oft so schwer zu realisieren?

- **Familiäre Risikolagen kennen**
  Der Bundesbildungsbericht (M2) identifiziert drei zentrale Risikoarten für Familien und Kinder: finanzielle Risikolagen, soziale Risikolagen und Bildungsferne. Alle drei Bereiche würden miteinander zusammenhängen und die Rahmenbedingungen für Bildungs- und Entwicklungsprozesse von Kindern bestimmen. Diese Rahmenbedingungen zu kennen, ermöglicht auch, unterstützend einzugreifen.

- **Erziehungsverhalten reflektieren – Erziehungskompetenz fördern**
  Das eigene Erziehungsverhalten kritisch zu reflektieren und sich darüber auch mit anderen auszutauschen, ist ein wesentlicher Schritt, dieses zu verbessern. Mit Hilfe von M3 und M4 können die eigenen Reaktionsweisen auf Ärger oder unerwünschtes Verhalten betrachtet werden. In der jeweiligen Box finden sich die Ergebnisse einer Forsa-Umfrage über Verhaltensweisen von Eltern. (Beim Kopieren dieser Seiten ist es sinnvoll, die Box abzudecken, damit die Ergebnisse erst in einem zweiten Schritt eingeführt werden können.)

- **Strafen**
  Gehorsam und der Umgang mit unerwünschtem Verhalten (M4) sind wohl mit die größten Herausforderungen im Erziehungsalltag. Strafen scheinen da eine schnelle Lösung zu bieten. M5 zeigt verschiedene Einschätzungen von Strafen (Zahlen beim Kopieren abdecken). Wie lassen sich Strafen begründen, was bewirken sie und was bedeuten sie für die Eltern-Kind-Beziehung – sind hier zentrale Fragen. Die Alternative zu Strafen sind logische Verhaltenskonsequenzen bei Regelverletzungen.

- **Was ist eine gute Erziehung?**
  In unzähligen Erziehungsratgebern werden Tipps und Tricks für den Erziehungsalltag ausgebreitet. Die „fünf Säulen einer guten Erziehung" (M6) zeigen, was Entwicklung hemmt und was sie fördern kann und bieten somit grundlegende Orientierungen an.

- **Niemals Gewalt**

  Kinder haben ein Recht auf gewaltfreie Erziehung. Dies ist nicht nur als Rechsnorm in § 1631 des Bürgerlichen Gesetzbuches verankert, sondern muss gleichzeitig oberster Grundsatz jeden Erziehungshandelns sein. Astrid Lindgren veranschaulicht dies eindrücklich (M7).

- **Was Kinder – nicht – brauchen**

  Der Kinderbuchautor Peter Härtling hat in den UNICEF-Nachrichten einen aufrüttelnden Text veröffentlicht, der die Situation von Kindern und die Rolle der Familie verdeutlicht (M8). Es ist der Auftrag der Erwachsenen, Kindern Mut zu machen, mahnt er an.

M1 Idealbild der Familie heute

Die Familie hält auch in schwierigen Zeiten zusammen. ——————— 96 %

Man geht offen und ehrlich miteinander um. ——————— 93 %

Die Eltern legen viel Wert darauf, den Kindern bestimmte Werte zu vermitteln. ——— 89 %

Die Eltern verstehen sich sehr gut mit ihren Kindern. ——————— 82 %

Man geht freundlich miteinander um, schreit sich z.B. nicht an. ——————— 82 %

Abweichende Meinungen werden respektiert. ——————— 82 %

Man streitet sich auch mal. ——————— 80 %

Man hat viel Zeit füreinander. ——————— 80 %

Die Kinder helfen im Haushalt. ——————— 80 %

Alle wichtigen Entscheidungen werden gemeinsam getroffen. ——————— 78 %

Jeder kann so sein, wie er ist, muss sich nicht verstellen. ——————— 77 %

Beide Partner teilen sich die Arbeit im Haushalt gleichermaßen. ——————— 70 %

Man lässt den anderen viel Freiraum. ——————— 63 %

Die Partner sind verheiratet. ——————— 50 %

Die Familie hat genug Geld, kann sich viel leisten. ——————— 50 %

Es gibt so gut wie nie Streit. ——————— 33 %

Die Eltern lassen den Kindern viele Freiheiten, machen wenige Vorschriften. ——— 28 %

Die Frau ist nicht berufstätig, kümmert sich ganz um die Familie. ——————— 23 %

Wichtige Entscheidungen trifft der Vater. ——————— 10 %

Repräsentative Umfrage in der Bundesrepublik Deutschland. Bevölkerung ab 16 Jahren insgesamt.
Institut für Demoskopie Allensbach: Vorwerk Familienstudie 2012. Allensbach 201, S. 15, Auszüge.

M2 Familiäre Risikolagen

In Deutschland hängen familiäre Lebensverhältnisse, Bildungsbeteiligung und Kompetenzerwerb besonders eng zusammen. Einige Strukturmerkmale der Familien – Bildungsniveau, sozioökonomischer Status, Erwerbsbeteiligung – beschreiben Rahmenbedingungen für Bildungs- und Entwicklungsprozesse bei Kindern. Hieraus werden drei Risikoarten abgeleitet.

Bildungsferne

Von einem bildungsfernen Elternhaus wird gesprochen, wenn kein Elternteil einen Bildungsabschluss des Sekundarbereichs II oder einen entsprechenden beruflichen Abschluss (mindestens ISCED 3) vorweisen kann. Der Anteil der Kinder aus bildungsfernen Elternhäusern ist rückläufig und liegt bei knapp 12 %.

Alleinerziehende und Eltern mit Migrationshintergrund haben häufiger einen niedrigen Bildungsstand, wobei sich die Situation bei den Eltern mit Migrationshintergrund seit 2005 deutlich verbessert hat. Dabei ist die Lage hinsichtlich des Migrationshintergrundes differenziert: Eltern türkischer und außereuropäischer Herkunft sind zu 40 bis 50 % bildungsfern, während sich Eltern aus den meisten EU-Ländern im Bildungsstand nicht wesentlich vom Durchschnitt in Deutschland unterscheiden.

Soziale Risikolagen

Eine soziale Risikolage wird angenommen, wenn kein Elternteil erwerbstätig ist. Erwerbstätigkeit kann Familien durch ihre Teilhabe am Netz sozialer Beziehungen Zugang zu Ressourcen des gesellschaftlichen Lebens eröffnen, etwa zu Hilfeleistungen, Anerkennung, Verbindungen bis hin zum Finden von Ausbildungs- und Arbeitsplätzen.

Bei zwei Dritteln aller Kinder sind heute beide Eltern erwerbstätig, bei 10 % kein Elternteil. Insbesondere geht bei mehr als jedem dritten Kind von Alleinerziehenden der alleinerziehende Elternteil keiner Erwerbstätigkeit nach. Kinder von Familien mit Migrationshintergrund sind mit 15 % häufiger von einer sozialen Risikolage betroffen als der Durchschnitt in Deutschland.

Finanzielle Risikolagen

Familien befinden sich in einer finanziellen Risikolage, wenn ihr Einkommen unter der Armutsgefährdungsgrenze von 60 % des durchschnittlichen Äquivalenzeinkommens liegt. 2010 betrug der Anteil der Kinder, die einem finanziellen Risiko ausgesetzt sind, 18 %. Kinder von Alleinerziehenden sind mit 38 % besonders häufig dieser Risikolage ausgesetzt. Auch bei den Kindern mit Migrationshintergrund ist der Anteil mit 30 % sehr hoch, bei Eltern türkischer Herkunft und aus Nicht-EU-Staaten beträgt er sogar jeweils etwa 40 %.

Der Anteil der Kinder, die in von allen drei Risikolagen betroffenen Familien aufwachsen, hat sich seit 2005 kontinuierlich verringert und liegt 2010 bei 3 %. Bei Alleinerziehenden ist mit 11 zu 2 % ein sehr viel höherer Anteil von Kindern von allen drei Risikolagen betroffen. Auch in der Gruppe der Kinder mit Migrationshintergrund ist dieser Wert mit 7 % vergleichsweise hoch. Von mindestens einer Risikolage sind 29 % der Kinder betroffen – vier Prozentpunkte weniger als 2005. In der Gruppe der Personen mit Migrationshintergrund sind es mit 48 % deutlich mehr, wobei dieser Wert in den letzten fünf Jahren sogar um sechs Prozentpunkte gefallen ist.

Besonders stark sind Kinder mit türkischem Hintergrund von Risikolagen betroffen. 71 % dieser Kinder sind mindestens einer, 12 % allen drei Risikolagen ausgesetzt.

Autorengruppe Bildungsberichterstattung: Bildung in Deutschland. Berlin 2012, S. 26 f.

M3 Was tun, wenn Kinder ärgern?

Was tun Sie, um sich zu beherrschen, wenn Ihr(e) Kind(er) Sie sehr ärgert/ärgern? Schreiben Sie Ihre fünf wichtigsten Verhaltensweisen auf:

1. _____

_____

2. _____

_____

3. _____

_____

4. _____

_____

5. _____

_____

Wie würden Sie gern reagieren? _____

_____

Was tun Sie, um sich zu beherrschen, wenn Ihr(e) Kind(er) Sie sehr ärgert/ärgern?
- Ich sage mir: „Lass dich nicht provozieren." _____ 43 %
- Ich spreche mit jemandem darüber. _____ 33 %
- Ich sage mir: „Alles halb so schlimm." _____ 25 %
- Ich lenke mich irgendwie ab. _____ 23 %
- Ich konzentriere mich ganz auf das, was ich gerade tue. _____ 22 %
- Ich gehe irgendwohin, wo ich allein bin. _____ 21 %
- Ich denke: „Nur weg von hier!" _____ 5 %
- Ich greife zu Genuss- oder Arzneimitteln. _____ 2 %
- nichts davon/Sonstiges _____ 16 %
- weiß nicht _____ 1 %

Mehrfachnennungen möglich.

Repräsentative Umfrage in Deutschland. 1.003 Befragte, Untersuchungszeitraum 10.–24.11.2011. Forsa. Gesellschaft für Sozialforschung und statistische Analysen: Gewalt in der Erziehung. Tabellenband. Berlin 2011, S. 52.

M4 Wie reagieren?

Wie könnte man auf unerwünschtes Verhalten von Kindern reagieren?

Welche der aufgeführten Verhaltensweisen wenden Sie selbst an?	Für wie sinnvoll bzw. wirksam beurteilen Sie dieses Verhalten?
⭕ auf Gewaltanwendung bewusst verzichten	_____
⭕ laut werden	_____
⭕ Verbote aussprechen (z.B. Fernsehen, Süßigkeiten, Freunde treffen)	_____
⭕ eine Auszeit verordnen („Stiller Stuhl")	_____
⭕ auf den Tisch hauen	_____
⭕ Ihr Kind kräftig anfassen bzw. festhalten	_____
⭕ nicht mehr mit dem Kind/den Kindern reden und es/sie ignorieren	_____
⭕ ihr Kind/ihre Kinder niederbrüllen	_____

Welche der aufgeführten Verhaltensweisen wenden Sie selbst an? (häufig/gelegentlich)
- laut werden _____ 93 %
- Verbote aussprechen (z.B. Fernsehen, Süßigkeiten, Freunde treffen) _____ 85 %
- eine Auszeit verordnen („Stiller Stuhl") _____ 47 %
- auf den Tisch hauen _____ 43 %
- Ihr Kind kräftig anfassen bzw. festhalten _____ 38 %
- nicht mehr mit dem Kind/den Kindern reden und es/sie ignorieren _____ 26 %
- ihr Kind/ihre Kinder niederbrüllen _____ 19 %

Repräsentative Umfrage in Deutschland. 1.003 Befragte, Untersuchungszeitraum 10.–24.11.2011. Forsa. Gesellschaft für Sozialforschung und statistische Analysen: Gewalt in der Erziehung. Tabellenband. Berlin 2011, S. 55.

M5 Strafen

?

Wie sehr treffen die folgenden Aussagen Ihrer Meinung nach zu?
(Angaben in %)

	Gesamt	Männer	Frauen
Strafen sind okay, solang sie einen Bezug zum Vergehen haben.	79	82	75
Strafen bringen gar nichts. Lob und Ermutigung wirken viel besser.	72	72	73
Wenn Kind und Eltern sich lieben, kommt die Disziplin ganz allein.	46	44	54
Kinder müssen bereits im ersten Lebensjahr klare Grenzen spüren.	45	45	49
Strafen wirken immer dann, wenn sie hart sind und im Gedächtnis bleiben.	19	18	23

Repräsentative Umfrage in Deutschland. 1.003 Befragte, Untersuchungszeitraum 10.–24.11.2011. Forsa. Gesellschaft für Sozialforschung und statistische Analysen: Gewalt in der Erziehung. Tabellenband. Berlin 2011, S. 79 f., Auszüge.

Wie lassen sich Strafen begründen?

Was bewirken Strafen für das Kind?

Wir wirken sich Strafen auf das Eltern-Kind-Verhältnis aus?

M6 Fünf Säulen einer guten Erziehung

Entwicklungsförderndes Verhalten

Emotionale Wärme. Sie äußert sich darin, dass sich der Erwachsene dem Kind zuwendet, ihm das „Geschenk der einen Aufmerksamkeit" (Martin Buber) macht und es in einer wohlwollenden Atmosphäre anhört und wahrnimmt.

Achtung und Respekt. Der Erwachsene wendet sich dem Kind in voller Aufmerksamkeit zu, aber er erkennt an, dass das Kind anders ist als er selbst; auch die ihm fremden Anteile werden akzeptiert. Er traut dem Kind eigene Wege zu und hält es für fähig, selbst Lösungen zu finden.

Kooperation. Hier geht es um das Miteinander, um Gespräche und Erklärungen, wechselseitiges Verstehen und Um-Verständnis-Ringen in der Eltern-Kind-Beziehung. Erwachsene vertreten ihren eigenen Standpunkt und hören sich die Meinung des Kindes an. Es wird in Entscheidungen einbezogen. Dem Erziehenden kommt es auf Teilhabe und Teilnahme des Kindes an, er übernimmt Verantwortung und Begleitung.

Struktur und Verbindlichkeit. Verbindlichkeit bedeutet hier, dass Regeln befolgt werden, die allen bekannt und einleuchtend sind. Absprachen werden von beiden Seiten eingehalten. Werden abgesprochene und begründete Regeln nicht eingehalten, hat das erwartbare Konsequenzen, die durchgeführt und nicht nur angedroht werden.

Allseitige Förderung. Der Erwachsene sorgt für eine anregungsreiche Umgebung und macht das Kind mit Natur, Wissenschaft, Technik, Religion und Kosmos bekannt. Er antwortet auf Fragen, unterstützt das Neugierverhalten und ermöglicht dem Kind intellektuelle, sprachliche, motorische und sinnliche Erfahrungen.

Entwicklungshemmendes Verhalten

Emotionale Kälte oder emotionale Überhitzung. Emotionale Kälte herrscht, wenn der Erwachsene das Kind offen ablehnt, es ignoriert und Desinteresse an seiner Person und seinem Verhalten zeigt. Er ist wenig anteilnehmend und vermeidet Körperkontakt. Emotionale Überhitzung liegt vor, wenn der Erwachsene überbehütend agiert und Liebe und Körperkontakt einfordert. Er missbraucht das Kind zur Befriedigung seiner eigenen emotionalen Bedürfnisse.

Missachtung. Das Verhalten und die Person des Kindes werden gering geschätzt, abwertende Kommentare wirken entwürdigend und erniedrigend. Das Kind wird vor anderen bloßgestellt.

Dirigismus. Der Erwachsene bestimmt, was das Kind zu tun hat. Unternehmungen werden auch gegen den Widerstand des Kindes durchgezogen, weil sie „gut" für das Kind sind. Mittels Kontrolle, Liebesentzug und Verboten schränkt der Erwachsene die Autonomie des Kindes ein.

Chaos und Beliebigkeit. Der Erwachsene ist unsicher und inkonsequent. Aus vermeintlicher oder tatsächlicher Ohnmacht oder Überforderung neigt er einerseits zum Nichtstun und Geschehenlassen, ist aber im anderen Moment fordernd und bestimmend. Er gibt keine klare Orientierung, weder durch sich als Person noch durch eine geregelte Tages- und Alltagsstruktur.

Einseitige (Über-)Förderung und mangelnde Förderung. Während im Falle der Überförderung das Kind zur übertriebenen Leistung angehalten wird, werden ihm bei mangelnder Förderung bestimmte Welt- und Lebenszusammenhänge vorenthalten.

Sigrid Tschöpe-Scheffler: Fünf Säulen einer guten Erziehung. In: Psychologie heute, 5/2003, Auszüge.

M7 Niemals Gewalt

Blicken wir nun einmal zurück auf die Methoden der Kindererziehung früherer Zeiten. Ging es dabei nicht allzu häufig darum, den Willen des Kindes mit Gewalt, sei sie physischer oder psychischer Art, zu brechen? Wie viele Kinder haben ihren ersten Unterricht in Gewalt „von denen, die man liebt", nämlich von den eigenen Eltern, erhalten und dieses Wissen dann der nächsten Generation weitergegeben! Und so ging es fort. „Wer die Rute schont, verdirbt den Knaben", heißt es schon im Alten Testament, und daran haben durch die Jahrhunderte viele Väter und Mütter geglaubt. Sie haben fleißig die Rute geschwungen und das Liebe genannt. (…) Zum Glück hat es nicht nur diese Sorte von Erziehern gegeben, denn natürlich haben Eltern ihre Kinder auch schon von jeher mit Liebe und ohne Gewalt erzogen. Aber wohl erst in unserem Jahrhundert haben Eltern damit begonnen, ihre Kinder als ihresgleichen zu betrachten und ihnen das Recht einzuräumen, ihre Persönlichkeit in einer Familiendemokratie ohne Unterdrückung und ohne Gewalt frei zu entwickeln. (…)

Jenen aber, die jetzt so vernehmlich nach härterer Zucht und strafferen Zügeln rufen, möchte ich das erzählen, was mir einmal eine alte Dame berichtet hat. Sie war eine junge Mutter zu der Zeit, als man noch an den genannten Bibelspruch glaubte. Im Grunde ihres Herzens glaubte sie wohl gar nicht daran, aber eines Tages hatte ihr kleiner Sohn etwas getan, wofür er ihrer Meinung nach eine Tracht Prügel verdient hatte, die erste in seinem Leben. Sie trug ihm auf, in den Garten zu gehen und selber nach einem Stock zu suchen, den er ihr dann bringen sollte. Der kleine Junge ging und blieb lange fort. Schließlich kam er weinend zurück und sagte: „Ich habe keinen Stock finden können, aber hier hast du einen Stein, den kannst du ja nach mir werfen." Da aber fing auch die Mutter an zu weinen, denn plötzlich sah sie alles mit den Augen des Kindes. Das Kind musste gedacht haben: „Meine Mutter will mir wirklich weh tun, und das kann sie ja auch mit einem Stein." Sie nahm ihren kleinen Sohn in die Arme, und beide weinten eine Weile gemeinsam. Dann legte sie den Stein auf ein Bord in der Küche, und dort blieb er liegen als ständige Mahnung an das Versprechen, das sie sich selber in dieser Stunde gegeben hatte: NIEMALS GEWALT!

Ja, aber wenn wir unsere Kinder nun ohne Gewalt und ohne irgendwelche straffen Zügel erziehen, entsteht dadurch schon ein neues Menschengeschlecht, das in ewigem Frieden lebt? Etwas so Einfältiges kann sich nur eine Kinderbuchautorin erhoffen! Ich weiß, dass es eine Utopie ist. Und ganz gewiss gibt es in unserer armen, kranken Welt noch sehr viel anderes, das verändert werden muss, soll es Frieden geben. Aber in dieser unserer Gegenwart gibt es – selbst ohne Krieg – so unfassbar viel Grausamkeit, Gewalt und Unterdrückung auf Erden, und das bleibt den Kindern keineswegs verborgen. Sie sehen und hören und lesen es täglich, und schließlich glauben sie gar, Gewalt sei ein natürlicher Zustand. Müssen wir ihnen dann nicht wenigstens daheim durch unser Beispiel zeigen, dass es eine andere Art zu leben gibt? Vielleicht wäre es gut, wenn wir alle einen kleinen Stein auf das Küchenbord legten als Mahnung für uns und für die Kinder: NIEMALS GEWALT! Es könnte trotz allem mit der Zeit ein winziger Beitrag sein zum Frieden in der Welt!

Rede Astrid Lindgrens anlässlich der Verleihung des Friedenspreises des Deutschen Buchhandels 1978. In: www.zeit.de/online/2007/46/lindgren-friedenspreis (Auszüge).
„Niemals Gewalt" auf Youtube:
www.youtube.com/watch?v=A4zO1yVvL-JM&NR=1

M8 Was Kinder – nicht – brauchen

Wahrscheinlich hat sich noch nie eine Epoche so an Kindern vergangen wie die unsere. Noch nie wurden Kinder so verhätschelt und gefoltert zugleich. Noch nie wurden sie so gedrillt und missbraucht, haben so viel erfahren und lernen müssen wie in den letzten neunzig Jahren.

In meinem neuen Buch „Paul das Hauskind" geht es um einen elfjährigen Jungen, der von seinen viel beschäftigten Eltern allein gelassen wird. Die ganze Hausgemeinschaft fängt ihn auf – unterschreibt seine schlechten Noten, lernt mit ihm, feiert mit ihm Geburtstag – aber seine Familie kann dieses „Herumreichen" auf Dauer nicht ersetzen. Ich kenne selbst so eine tolle Hausgemeinschaft in Frankfurt. (…)

Das Zuhause bindet und verbindet Eltern und Kinder für ein paar Jahre ihres Lebens. Das Zuhause ist eine soziale Gemeinsamkeit, ein Spiel-Raum, in dem Erwachsene lernen, ihre Ansprüche an die Zukunft mit den Kindern zu teilen. Ungezählte Kinder, vor allem in den Industrienationen, erfahren diese sie schützende, wärmende, mit Zukunft versehene Phase nicht mehr. Sie kommen auf die Welt und werden ausgestoßen. Nicht wenige veröden und vereinsamen in einer opulenten Umgebung. Manche werden auf entsetzliche Weise zu Opfern ihrer überforderten Eltern, sie werden geschlagen und gequält. Sie werden, erwachsen geworden, selber schlagen und quälen. Je satter wir sind, um so mehr neigen wir zu Gewalt.

Dort, wo der Krieg die Kinder nicht umbringt, wo keine Seuchen oder Hungersnöte kleine Leichen häufen, wo ein friedloser Frieden herrscht und der Wohlstand uns umtreibt, auch dort werden Kinder geopfert. Durch Gleichgültigkeit, Hilflosigkeit und Gewalt. Die Zahl der von ihren Eltern zu Tode geprügelten Kinder nimmt zu. Auch sie sind Opfer auf einem Schlachtfeld – dem des Leistungsdenkens. Wer nicht mithalten kann, schlägt um sich.

Wir sehen zu, wie Kinder in Lagern dahinvegetieren, wie man sie in Uniformen steckt und an der Waffe drillt; wir hören zu, wie Erwachsene Kinder mit verbrecherischen Phrasen und Vorurteilen veröden und verderben; wir erfinden eine Werbung für unsere Kinder, die ihnen Freiheiten nimmt und Nasen vergoldet, wir treiben sie in den Schulstress und sitzen ihnen, von allen guten Geistern verlassen und dem Prestige ergeben, im Nacken; wir wundern uns über die jungen Wohlstandskrüppel, die vierzehnjährigen Alkoholiker und Rauschgiftsüchtigen, wir meditieren tiefsinnig in illustrierten Blättern über die Aussteiger, die Ausgeflippten, die Arbeitslosen, wir füllen die U-Bahnhöfe, die Wartesäle, die Krankenhäuser mit dem Müll unserer leistungsfähigen Gedankenlosigkeit – den Kindern. Sie säumen den Weg unseres Erfolgs und die Holzwege unserer Theorie.

Ich wünsche Kindern von heute, nicht das zu erfahren, was ich erfahren habe – Krieg, Verlust, den Tod von Angehörigen.

Kinder sind in allem Anfänger – sie sind arglos und haben einen unglaublichen schöpferischen Vorrat. Das sind wir Erwachsenen verpflichtet zu schützen. Es ist unser Auftrag, ihnen Mut zu machen und sie ihr Leben leben zu lassen.

Peter Härtling: Was Kinder „nicht" brauchen. In: UNICEF-Nachrichten 2/2011, Bonn 2011, S. 11.

2.4 Vorschulische Einrichtungen

Grundwissen

Materialien

Für Pädagogen und Eltern

Gewaltprävention in der Vorschule

Krippen, Kindergärten und Kindertageseinrichtungen sind die ersten Einrichtungen, die Kinder außerhalb der Familie besuchen. Sie verbringen mehr Zeit dort, als dies früher der Fall war. Diese Einrichtungen müssen für Kinder ein sicherer Ort sein, an dem sie sich wohlfühlen können und in ihren Bedürfnissen und Möglichkeiten wahrgenommen und gefördert werden. Für den Bereich der Gewaltprävention kommt vorschulischen Einrichtungen eine große Bedeutung zu. Denn die Qualität und die konkreten Angebote dieser Einrichtungen entscheiden mit über mögliche Entwicklungen von Kindern auf ihrem weiteren Lebensweg.

Der Vorschulbereich ist in den letzten Jahren zunehmend in den Blick und in die Diskussion geraten, dabei geht es zum einen um das Angebot von Betreuungsplätzen, zum anderen um die Qualität der pädagogischen Arbeit in diesen Einrichtungen. Seine Bedeutung für die Bildung und Entwicklung von Kindern wie auch für die Berufstätigkeit von Frauen ist inzwischen erkannt worden. Der Vorschulbereich steht jedoch auch in der Kritik, Entwicklungspotenziale von Kindern zu wenig aufzugreifen und neue Aufgaben wie Unterstützung des Spracherwerbs, interkulturelles Lernen oder die Vorbereitung auf die Schule nicht genügend zu fördern. Gefordert werden deshalb eine bessere Qualifizierung der Fachkräfte sowie längere Betreuungszeiten für Kinder.

Mit dem Ausbau der Kindertagesangebote (Kinderkrippen) wird das Eintrittsalter der Kinder in öffentlich oder privat betreuten Angeboten immer jünger und sie bleiben auch immer länger in den Einrichtungen (vgl. Sell 2012, S. 30). 2012 wurden 2,5 Mio Kinder unter sechs Jahren in Kindertageseinrichtungen oder einer Tagespflege betreut, davon 560.000 Kinder unter drei Jahren (Statistische Ämter des Bundes und der Länder 2012, S. 6).

Der Besuch dieser Einrichtungen ist mit vielfältigen Erwartungen verbunden. „Erwartet wird, dass der Kindergartenbesuch sich positiv auf

Aufgaben der Vorschuleinrichtungen

Bildung, u.a.	Betreuung, u.a.	Erziehung, u.a.
• Sprachförderung • Förderung der Motorik • naturwissenschaftliche Experimente	• Versorgung (Mahlzeiten, Ruhe) • Pflege • Gesundheit	• Einfluss auf Verhalten • soziale Kompetenzen • Regeln lernen

die Schulleistungen in der Grundschule auswirkt, vor allem bei sozial benachteiligten Kindern und bei Kindern mit Migrationshintergrund. (…) Neben der allgemein förderlichen Wirkung wird vom Besuch eines Kindergartens vor allem eine kompensatorische Wirkung für sozial benachteiligte Kinder erwartet." (Thiersch 2011, S. 743) Ob diese Erwartungen erfüllt werden können, hängt wesentlich von der Qualität der Einrichtungen ab.

Bereiche der Gewaltprävention

1. Orientierung geben

Regeln etablieren, Grenzen setzen

Die oberste Regel muss lauten: Die Kita ist ein Ort, an dem die körperliche Unversehrtheit aller garantiert ist und geachtet wird. Hier hat Gewalt in allen Ausformungen keinen Platz. Deshalb ist die Frage zu beantworten, wann und wie die Verantwortlichen bei Aggression, Gewalt und Diskriminierungen reagieren und eingreifen (die „Stopp-Norm" setzen)? Die Forderung muss sein: Von Erzieherinnen und Erziehern geht keine Gewalt aus, und sie greifen bei destruktiver Aggression von Kindern ein. Dies ist offensichtlich nicht selbstverständlich. Wegsehen unterstützt das Vorkommen von destruktiver Aggression und bringt für die Kinder eine Desorientierung mit sich.

Ein Eingreifen muss vorbereitet und abgestimmt werden. Es muss klar sein, welches Ausmaß an (verbaler) Aggression geduldet wird, wo die Grenzen sind und wie auf Übertretungen reagiert wird. Wichtig ist dabei: Alle Erzieherinnen (über die verschiedenen Gruppen hinweg) müssen an einem Strang ziehen. Sonst fühlen sich Einzelne im Stich gelassen. Es sollten deshalb Interventionsregeln aufgestellt werden, die auch allen bekannt sind. Diese Regeln müssen für alle gelten, für das Personal ebenso wie für die Kinder.

Zum Schutz der Kinder vor Gewalt gehört auch die institutionelle Vorsorge gegen Gewalt, die von Mitarbeiterinnen und Mitarbeitern ausgeübt wird. Die Träger müssen Maßnahmen treffen, um Fehlverhalten, Übergriffe, Diskriminierungen oder gar sexuellen Missbrauch und Gewaltanwendungen durch Mitarbeiter zu verhindern.

Etikettierungen vermeiden

Der Prozess der sozialen Etikettierungen (also der Zuschreibung von negativen oder positiven Eigenschaften) erweist sich als äußerst gewaltfördernd. Kinder, die in der (Gruppen-)Öffentlichkeit bloßgestellt oder gehänselt werden, werden leicht zu Außenseitern, die oft deutlich aggressiver als andere reagieren. Sie entsprechen sozusagen den an sie herangetragenen Erwartungen. Wer als aggressiv eingestuft wird, wird sich auch so verhalten.

Grundlegende Fragen zur Gewaltprävention

- Was wollen wir in unserer Einrichtung unter „Gewalthandlungen" verstehen?
- Wie sieht der Minimalkonsens aus, ab wann eingegriffen wird?
- Welches Instrumentarium für Reaktionen und Eingriffe haben wir zur Verfügung?
- Was schaffen wir allein, wo brauchen wir Hilfe von außen?

(vgl. Grüner o.J.)

GRUNDWISSEN

131

2.4 VORSCHULISCHE EINRICHTUNGEN

Neue Wege der Betreuung
Stellen Sie sich vor, es gibt einen 24-Stunden-Kindergarten, der auch Betreuung am Abend und am Wochenende anbietet. In dem im Garderobenraum ein Flachbildschirm hängt, auf dem die Höhepunkte des Tages als Diashow laufen: Kinder, die basteln; Kinder, die spielen; Kinder, die schlafen. Man kann sich das auch als App aufs Handy laden. Dazu gibt es ein Elterncafé, monatliche Informationsabende, regelmäßige Entwicklungsgespräche und Förderstunden für Kinder, die das brauchen.
In Schweden ist dies an einigen Orten Realität.
(Grüneberg 2013)

Meist verlaufen diese Etikettierungen unbewusst und werden anhand von sozialen Schlüsselreizen (Namen, Kleidung, Wohngebiete usw.) ausgelöst. Da Etikettierungen eine Eigendynamik entwickeln, muss mit sozialen Normierungen äußerst vorsichtig umgegangen werden.

Auch umgekehrt funktioniert dieser Mechanismus. Ernstgemeinte und formulierte Überzeugungen wie „Du bist doch ein hilfsbereiter Junge ..." haben langfristig positive Effekte, da sie an das Selbstwertgefühl appellieren und dieses durch Identifikationsangebote mit entwickeln helfen.

Sozialklima verbessern

Es gibt einen starken Zusammenhang zwischen dem Sozialklima in der Einrichtung bzw. in der Gruppe und auffälligen Verhaltensweisen von Kindern. Problematisch ist die fehlende Bindung (fehlendes Gefühl der Zugehörigkeit) an eine Gruppe und ein fehlender Gruppenzusammenhalt bei gleichzeitig konkurrenzorientiertem Klima.

Positiv wirkt sich aus, wenn Kinder und Betreuungspersonen gut miteinander auskommen, wenn sie ernst genommen werden und wenn Akzeptanz und Wertschätzung das Verhalten bestimmen.

Es geht folglich darum, die sozialen Bindungen zu stärken, stabile Beziehungen zu entwickeln und das Gefühl zu vermitteln, mit den jeweiligen Eigenarten auch akzeptiert zu sein.

Handlungsrahmen

Orientierung geben
- Achtung der Um- und Mitwelt
- Verantwortungsübernahme
- Regeln und Rituale
- Etikettierungen vermeiden
- Sozialklima verbessern

Handeln in schwierigen Situationen
- Kindeswohlgefährdung
- Umgang mit kindlicher Aggression
- Konflikte konstruktiv bearbeiten

Problembereiche kennen
- Inklusion leben
- Übergänge gestalten
- Jungen und Mädchen
- spezifischer Förderbedarf

Klärungen
- Wo liegen die Schwierigkeiten?
- Was ist für uns Gewalt?
- Welche Ressourcen haben wir?
- Was fehlt uns?

Guter Kindergarten
- Qualitätskontrolle
- Räume und Freigelände
- Qualifizierung der Fachkräfte

Umfeld einbeziehen
- Eltern als Partner / Unterstützung der Eltern
- in Netzwerken arbeiten
- Verankerung im lokalen Umfeld

Programme und Projekte
- standardisierte Programme anwenden
- eigene Projekte entwickeln

Achtung der Mit- und Umwelt

Die Entwicklung von Ehrfurcht vor dem Leben (Albert Schweitzer 2009) als oberstes Lebens- und Bildungsprinzip bezieht auch die Um- und Mitwelt (Natur) mit ein. Hierzu gehört auch, die individuelle und gemeinschaftliche Verantwortlichkeit im Umgang mit Ressourcen im konkreten Alltagshandeln zu zeigen, um so auch die Auswirkungen des eigenen Handelns auf die Natur (wenigstens) im Nahbereich ansatzweise erfahrbar zu machen. Dies kann sich z.B. darin ausdrücken, einen Garten anzulegen und zu betreuen, Blumen und Gemüse zu pflanzen und zu ernten usw.

Einübung von Mit- und Selbstbestimmung

Kinder sind eigenständige Subjekte, die ein eigenes Wollen, eigene Empfindungen und Meinungen haben und diese auch ausdrücken wollen. Die (altersentsprechende) Teilhabe an Entscheidungen ist ein Kinderrecht. Die Einübung demokratischer Verhaltensweisen steht jedoch immer wieder in Konkurrenz zur Forderung nach Gehorsam und Unterordnung. Unbedingter und permanenter Gehorsam hat für die Kinder negative Folgen, denn sie können keine selbständigen Entscheidungsprozesse erlernen und auch keine Verantwortung für ihr Handeln übernehmen.

Zwei Konzepte

„Der Kindergarten steht gegenwärtig unter großen gesellschaftlichem und fachlichem Erwartungsdruck. In der Praxis der Fachkräfte in den Kindergärten überlagern sich gegenwärtig tradierte Konzepte mit aktuellen methodischen Ansätzen. Während die einen vor allem die eigenaktiven Lernprozesse der Kinder wertschätzen und fördern, betonen andere die Bedeutung von Vorgaben und Fördermaßnahmen der Erwachsenen; bisweilen werden beide Positionen als Gegensätze aufgefasst."
(Thiersch 2011, S. 742)

GRUNDWISSEN

133

2.4 VORSCHULISCHE EINRICHTUNGEN

Übergänge bewältigen lernen
- Grundschulen als Kooperationspartner
- gemeinsame Veranstaltungen und wöchentliche Vorschul-Nachmittage
- gemeinsame Fortbildungen von Erzieherinnen und Lehrkräften
- gemeinsame Elternarbeit
- regelmäßige gezielte Beobachtungen der Kinder
- Kinderärzte als Partner

(Halder 2007, S. 28)

2. Handeln in schwierigen Situationen

Handeln bei Kindeswohlgefährdung

Eine besondere Herausforderungen stellt vermutete oder tatsächliche Kindeswohlgefährdung dar. Hier gibt es einen staatlichen, festgeschriebenen Schutzauftrag, dem Mitarbeiterinnen und Mitarbeiter nachkommen müssen. Doch obwohl die Vorgehensweisen in solchen Situationen festgelegt sind, bleiben im Alltag vielfältige Unsicherheiten (ausführlich in Kap. 3.6).

Umgang mit kindlicher Aggression und Gewalt

Beim Umgang mit „alltäglicher" Aggression sollte zwischen alters- und entwicklungsbedingtem spielerischen Erprobungsverhalten (Kräfte messen, „Auskämpfen" der Gruppenrangfolge usw.) und chronisch-destruktiven Aggressionshandlungen, die bereits den Charakter von Störungen angenommen haben, unterschieden werden. Während auf das Erprobungsverhalten mit dem Anbieten adäquater Möglichkeiten der Auseinandersetzung bzw. von Freiraum zum „Austoben" reagiert werden kann, geht es bei destruktiver Aggression um Angebote zur Ichstärkung und Hilfestellung beim Zusammenleben in der Gruppe. In beiden Fällen ist das Ziel letztlich die Kultivierung der „Aggression" bzw. zu erkennen, welche Botschaften mit diesem Verhalten verbunden sind.
Eine Abstimmung über Vorgehensweisen in akuten Problemfällen ist wichtig und hilfreich. Gute Rahmenbedingungen können destruktive Aggression zwar nicht grundsätzlich verhindern, wohl aber ihr Vorkommen reduzieren. Hierzu gehören u.a. ein niedriger Lärmpegel, ein gutes Verhältnis zwischen strukturierten Angeboten und Freispiel, klare Absprachen und Regeln sowie die Unterstützung der Kinder, ihren Platz in der Gruppe zu finden.

Konflikte konstruktiv bearbeiten

Weder Konflikte noch Aggressionen können und sollen aus dem Kindergarten verbannt werden. Sie stellen notwendige Lernfelder dar, um einzuüben, wie durch kommunikative Prozesse gemeinsames Leben gestaltet werden kann. Kinder sollten Konflikte möglichst selbst regulieren, dabei müssen die Schwächeren geschützt werden. Wichtige Instrumente beim Umgang mit Konflikten sind die gewaltfreie Kommunikation sowie die Einführung von Lösungsritualen (ausführlich in Kap. 3.2).

3. Besondere Herausforderungen

Inklusion leben

Ausgrenzung ist eine Form von Gewalt, die nicht nur seelische Schmerzen verursacht, sondern auch langfristig ihre Spuren hinterlässt.
Inklusion bedeutet Umgang mit Heterogenität. Sie beruht auf Wert-

schätzung, Rücksichtnahme und Förderung aller Kinder – gerade auch der Kinder, die ein Handicap mitbringen. Inklusion möchte Einrichtungen der Vorschule zu einem Ort des gemeinsamen Erlebens und Lernens für alle Kinder machen.

Übergänge gestalten

Besonders die Übergänge, also die Aufnahme in eine Einrichtung im Elementarbereich, die heute immer jüngere Kinder betrifft, sowie der Übergang in die Grundschule, können sich für Kinder, aber auch für Eltern und die beteiligten Fachkräfte als schwierig und problembehaftet erweisen. Es geht um Trennung und Ablösung sowie die Aufnahme neuer Beziehungen. Deshalb ist es wichtig, hier erprobte Modelle und Rituale anbieten zu können. Dabei spielen Fragen der Sprachentwicklung sowie des sozialen Verhaltens eine zentrale Rolle. Bei Nichtgelingen dieser Übergänge sind häufig soziale Verhaltensauffälligkeiten bis hin zu aggressivem Verhalten festzustellen. Für die Eltern bedeutet dies, loslassen zu können, Zutrauen in ihr Kind und die Erzieherinnen bzw. Lehrkräfte zu entwickeln, dass diese die neue Situation bewältigen können. Die vielfältigen Erfahrungen mit Übergängen wurden inzwischen in vielen Einrichtungen zu sog. „Eingewöhnungsmodellen" weiterentwickelt.

Jungen und Mädchen

Der Elementarbereich ist ebenso wie der Primarbereich ein Berufsfeld vorwiegend für Frauen. Die (weitgehende) Abwesenheit von Männern (als Mitarbeiter, aber auch als Väter) in diesem Bereich muss als eines der Schlüsselprobleme, nicht nur im Kontext von Gewaltprävention, angesehen werden (vgl. Bienek/Stoklossa 2007, S. 115), zumal es häufig Jungen sind, die Verhaltensprobleme haben und Probleme machen. Geschlechtsspezifische Verhaltensweisen sollten produktiv aufgegriffen werden. Körperlichkeit und Erproben der eigenen physischen Kraft sind für Jungen ebenso wichtig wie positive männliche Vorbilder.

Spezifischer Förderbedarf

Prävention darf sich nicht nur unspezifisch im Sinne einer Primärprävention an alle Kinder wenden. Sie braucht auch Angebote für Kinder mit besonderen Problemlagen. Dies kann die gezielte Sprachförderung ebenso umfassen, wie Hilfen bei der Entwicklung der Motorik und des Sozialverhaltens. Für Kinder mit starken Auffälligkeiten im Bereich Aggression haben sich spezifische Trainingsangebote bewährt (vgl. Petermann/Petermann 2012).

Ein Schweizer Expertenbericht zur Gewaltprävention stellt fest: „Ein erster Typus von Interventionen mit guten Belegen für eine positive Wirkung sind qualitativ hochwertige vorschulische Unterrichtsangebote für gefährdete Kinder im Alter von 2–5 Jahren. Zentrales Ziel ist hier eine gezielte Förderung der kognitiven, sprachlichen und sozialen

Kitas: Kinder pro Vollzeitkraft

Bremen	7,3
Baden-Württemberg	8,1
Niedersachsen	8,1
Schleswig-Holstein	8,2
Hamburg	8,2
Bayern	8,8
Nordrhein-Westfalen	8,8
Rheinland-Pfalz	9,0
Hessen	9,1
Saarland	9,2
Thüringen	10,5
Brandenburg	10,9
Sachsen-Anhalt	11,7
Sachsen	12,3
Mecklenburg-Vorpommern	13,6
Berlin	keine Angaben
Neue Bundesländer	11,8
Alte Bundesländer	8,6
Deutschland gesamt	9,1

Dreijährige bis Schuleintritt, 6.11.2012
(www.spiegel.de/politik/ deutschland/kita-studie-in- ostdeutschland-fehlen- erzieherinnen-a-909250. html)

Die 21 Qualitätsbereiche
- Raum für Kinder
- Tagesgestaltung
- Mahlzeiten und Ernährung
- Gesundheit und Körperpflege
- Ruhen und Schlafen
- Sicherheit
- Sprache und Kommunikation
- kognitive Entwicklung
- soziale und emotionale Entwicklung
- Bewegung
- Fantasie- und Rollenspiel
- Bauen und Konstruieren
- Bildende Kunst, Musik und Tanz
- Natur-, Umgebungs- und Sachwissen
- kulturelle Vielfalt
- Integration von Kindern mit Behinderungen
- Eingewöhnung
- Begrüßung und Verabschiedung
- Zusammenarbeit mit Familien
- Übergang Kindergarten – Schule
- Leitung

(Dittrich u.a. 2007)

Entwicklung der Kinder durch qualitativ hochwertigen Frühunterricht in kleinen Gruppen über mehrere Jahre hinweg. Soziale und kognitive Kompetenzen gehören zu den wichtigsten Schutzmechanismen gegen die spätere Entstehung von Verhaltensproblemen." (Eisner u.a. 2009, S. 67)

4. Guter Kindergarten

Qualität entwickeln

Unter Präventionsgesichtspunkten ist die Qualität einer Einrichtung ein zentraler Indikator für eine präventive Wirkung und das Gelingen von Prävention. Pädagogische Qualität hat mit Professionalität, mit Ausstattung, Personalschlüssel, Qualifizierung der Mitarbeiter usw. zu tun. Vor allem aber mit der Realisierung pädagogischer Beziehungen mit den Kindern und deren Förderung (vgl. Hafeneger 2011, S. 136). In der Forschung werden vier Qualitätsbereiche unterschieden (Kluczniok u.a. 2012, S. 33 ff.):

- **Orientierungsqualität** schließt Werte und Überzeugungen der für die pädagogischen Prozesse verantwortlichen Erwachsenen ein.
- **Strukturqualität** beschreibt Rahmenbedingungen (z.B. die Gruppengröße und die Fachkraft-Kind-Relation).
- **Unter Prozessqualität** wird die Gesamtheit der Interaktionen von Kindern mit den pädagogischen Fachkräften, mit anderen Kindern und mit dem Raum sowie den darin befindlichen Materialien, zum Beispiel dem Spielzeug, zusammengefasst.

  Die allgemeine Prozessqualität bezieht sich unter anderem auf Pflege- und Betreuungsaspekte, räumlich-materiale Umgebung, Supervision des Geschehens oder allgemeine Förderaspekte. Die bereichsspezifische Prozessqualität thematisiert die Qualität der Förderung spezifischer Bereiche wie frühe schriftsprachliche oder mathematische Kompetenzen. Zudem kann Prozessqualität auf Gruppenebene und auf der Ebene des einzelnen Kindes erfasst werden.

- **Die Qualität des Familienbezugs** und der Vernetzung bezieht sich auf die Zusammenarbeit mit den Eltern oder auf Hilfen bei besonderen Herausforderungen, zum Beispiel durch die Vernetzung mit sozialen Diensten.

Nach dem strukturell-prozessualen Qualitätsmodell ist Qualität dann gegeben, „wenn Kinder in ihrer körperlichen, emotionalen, sozialen und intellektuellen Entwicklung gefördert, ihr Wohlbefinden sowie ihre gegenwärtige und zukünftige Bildung in den Blick genommen und auch die Familien in ihrer Bildungs-, Betreuungs- und Erziehungsverantwortung unterstützt werden" (Tietze u.a. 2007, zitiert nach Kluczniok u.a. 2012, S. 34).

Pädagogische Qualität ist nicht einfach vorhanden, sie muss permanent erhalten oder neu hergestellt werden. Dabei spielen die Grundkonzeption der Einrichtung und die damit verbundene pädagogische Haltung der Mitarbeiterinnen und Mitarbeiter eine wichtige Rolle.

Gestaltung der Räume und des Freigeländes

Die Gestaltung der Räume und Freiflächen hat unmittelbare Auswirkung auf das Wohlbefinden und Verhalten der Kinder und auf deren Persönlichkeitsentwicklung. Wenn Kinder sich in Räumen ohne entsprechende Bewegungsmöglichkeiten aufhalten müssen, ist es nicht verwunderlich, dass sie ihrem Bewegungsdrang Ausdruck verleihen. Eine Kindereinrichtung muss über eine angenehme Atmosphäre verfügen. Kinder benötigen sowohl Räume für Bewegung als auch für Ruhe und Entspannung. Licht, Farben und Akustik nehmen wesentlichen Einfluss auf Aktivität und Entspannung. Verschiedene natürliche Materialien wie Holz, Stoffe, Taue, Kork, Metall usw. spiegeln die unterschiedlichsten Bedürfnisse der Kinder wider. Gegliederte Außenräume und vielfältige Materialien wie z.B. Pflanzen, Holz, Rinde, Sand und Kies ermöglichen verschiedene Sinneserfahrungen und schaffen Nischen, Versteckmöglichkeiten und Rückzugsorte (vgl. Schreckenberger/Brodbeck o.J.)

Qualität

„Wir wissen heute, dass Qualität auch abhängig ist von den Bedürfnissen und Wünschen der Familien, für die sie gedacht ist. Herausragende Qualität in einem innerstädtischen Bezirk einer Großstadt in England unterscheidet sich wesentlich von besonders guter Qualität in einer ländlichen Gegend in Griechenland. Der Versuch, universale Qualitätskriterien zu definieren, hat bisher eher dazu beigetragen, in unseren westlichen Gesellschaften bereits privilegierte Gruppen noch weiter zu privilegieren."
(Vandenbroeck 2007, S. 5)

Erhebliche Qualitätsunterschiede

Die pädagogische Qualität in deutschen Kindergärten ist zum größten Teil nur mittelmäßig. Dieses Fazit zieht der Zwischenbericht der ersten „Nationalen Untersuchung zur Bildung, Betreuung und Erziehung in der frühen Kindheit" (NUBBEK). Innerhalb jeder Betreuungsform – ob Krippe, Kita, Kindergarten oder Tagesmütter – klaffen erhebliche Qualitätsunterschiede. Nach wie vor schneiden ostdeutsche Einrichtungen dabei im Durchschnitt schlechter ab als westdeutsche. Vor allem für Betreuungseinrichtungen mit hohem Migrantenanteil fordern die Autoren der Studie mehr und besser ausgebildetes Personal.

Bei einem gezielt auf die Bildungsbereiche Lesen, Mathematik, Naturwissenschaft und interkulturelles Lernen ausgerichteten Qualitätstest schnitt jede zweite Betreuungseinrichtung „unzureichend" ab. In der Gesamtwertung erreichten 80 Prozent der Betreuungseinrichtungen auf einer pädagogischen Qualitätsskala mittlere Werte. Gute Qualität bescheinigten die Forscher weniger als zehn Prozent der Einrichtungen, schlechte Qualität hingegen mehr als zehn Prozent.

(www.zeit.de/gesellschaft/zeitgeschehen/2012-04/nubbek-kinder-bildung)

Kinder abholen

„Den Müttern wurde signalisiert: Je früher ihr euer Kind aus dem Kindergarten holt, umso rücksichtsvoller seid ihr. Da gab es Mütter von der schlechten Art, so deutete die Erzieherin an, die holten ihr Kind grundsätzlich erst im letzten Moment … oder sie schickten das Kind unausgeschlafen schon früh in den Kindergarten … Je früher sie das Kind abholte, desto rücksichtsvoller also die Mutter. Aber wie kann ein Kind ein Haus als einen Ort erleben, in dem vor allem seine Abwesenheit mit Dank und Lob bedacht wird? Welche Haltung zur Öffentlichkeit wird da aufgebaut – mein positiver Beitrag ist es, dort nicht bemerkbar zu sein, abwesend?"

(Elschenbroich 2001, S. 168)

Weiterbildung der Mitarbeiterinnen und Mitarbeiter

Erzieherinnen und Erzieher brauchen eine gewisse „Diagnosekompetenz" und einen „systemischen Blick", um Kinder und die durch ihr Verhalten kommunizierten Botschaften wahrnehmen zu können. Sie dürfen keine Angst vor Konflikten haben, müssen über grundlegende Kenntnisse der Konfliktbearbeitung verfügen und dabei auch das eigene Team und die Eltern im Blick haben. Sie müssen wissen, dass es bei Gewaltprävention nicht um einzelne isolierte Maßnahmen, sondern letztlich immer auch um Organisationsentwicklung auf vielen Ebenen geht, die die Ursachen von Aggression und Gewalt reduziert. Kooperation und Networking mit anderen Einrichtungen sind dabei ebenso unabdingbar wie eigene Weiterqualifizierung und wissenschaftliche Fundierung. Vor allem aber müssen sie sich stets im Klaren sein, dass sie selbst in ihren Einstellungen und Handeln Vorbild und Verhaltensmodell für die Kinder sind. Fallbesprechungen sowie Supervision in schwierigen Situationen sollten selbstverständlich sein.

5. Das Umfeld einbeziehen

Eltern als Partner

Vorschulische Arbeit ist ohne die intensive Einbeziehung der Eltern nicht möglich. Dies trifft umso mehr für den Bereich der Gewaltprävention zu. Eltern werden von den Erzieherinnen und Erziehern oft nicht als gleichwertige Partner oder gar als Experten für ihre Kinder, sondern eher als defizitär und unterstützungsbedürftig gesehen (vgl. Brock 2012). Im Sinne einer Erziehungspartnerschaft muss es von einem Nebeneinander (oder gar Gegeneinander) zu einem Miteinander kommen. Die gegenseitige Anerkennung ist Grundlage einer gelingenden Zusammenarbeit.

Eltern haben in Kindergärten und Kindertagesstätten ein verbrieftes Informations- und Mitspracherecht, das durch die Elternversammlung und die Wahl und Arbeit von Elternvertretern (Elternbeirat) wahrgenommen wird. Auf kommunaler Ebene gibt es häufig Gesamtelternbeiräte, die die Interessen der Eltern gegenüber den Trägern vertreten. Immer wieder kommt es zu Konflikten über die Frage, wie stark und in welchen Fragen Eltern bei der Konzeption und Gestaltung von Abläufen beteiligt werden sollen/müssen. Wer die (altersangemessene) Partizipation von Kindern als Ziel hat, kann Eltern eine Partizipation nicht verweigern.

Die Frage, wie mit (alltäglichen oder grundsätzlichen) Konflikten zwischen dem pädagogischen Personal und den Eltern (oder dem Träger und den Eltern) umgegangen wird, hat auch Auswirkungen auf die Kinder.

Elternarbeit im Sinne von Unterstützung der Erziehungskompetenzen von Eltern (insbesondere von „Problemfamilien") ist ein wichtiges und oft vernachlässigtes Feld. Eltern suchen nach Orientierung und Aus-

Eltern und Kitas

(Vgl. Brock 2012, S. 15 ff.)

tausch über Erziehungsfragen. Hier können wichtige Grundlagen für eine gewaltfreie Erziehung gelegt werden. Gerade in diesem Bereich bescheinigt jedoch eine bundesweite Befragung von Lehrkräften an Fachschulen für Sozialpädagogik den Absolventen dieser Fachschulen besonders niedrige Kompetenzen (Kleeberger/Stadler 2011, S. 39).

In Netzwerken arbeiten

Auffälliges Verhalten wird von Kindern oft von der Familie in die Kita mitgebracht. Eine wirksame Präventionsarbeit ist deshalb nur möglich, wenn es zu einer Zusammenarbeit der verschiedenen Einrichtungen kommt, die in Kontakt zu Familien stehen und darüber hinaus auch stadtteilbezogene Angebote (Stadtteilkonferenzen, runde Tische usw.) einbezogen werden. Hierzu gehören Kinderärzte, Gesundheitsamt, Jugendhilfeeinrichtungen, Familienberatungsstellen, Polizei, Vereine, Schulen usw. Netzwerke bedürfen bestimmter Strukturen und sollten sich regelmäßig treffen und austauschen. Solche Treffen dienen dem Kennenlernen, aber vor allem auch dem fachlichen Austausch bis hin zu Fallbesprechungen.

Die Öffnung der Einrichtung und Einbindung von Kitas in das Gemeinwesen sowie die Beteiligung und Übernahme von Verantwortung in diesem Bereich haben sich als außerordentlich positiv im Sinne einer Gewaltprävention ausgewirkt. So wird deutlich, dass Kitas auch Teil der Kommune sind.

Eltern
Der Umgang mit Konflikten zwischen Eltern wird bislang in der Fachliteratur kaum thematisiert. Die vergleichende Interaktion und bewertende Kommunikation unter Müttern – aber auch unter Vätern – kann verletzend sein und kränkend wirken.
Wird die Einrichtung durch solche Konflikte der Eltern unmittelbar betroffen, ist die pädagogische Fachkraft gefordert, gleichzeitig aber auch überfordert, denn dafür fehlen ihr meist die entsprechende Ausbildung bzw. Kompetenz, Konflikte unter Erwachsenen zu schlichten oder Formen des Mobbings unter Müttern wahrzunehmen.
(Brock 2012, S. 21)

GRUNDWISSEN

139

2.4 VORSCHULISCHE EINRICHTUNGEN

Faustregeln für Alltagshandeln in Problemsituationen

Problemsituationen sind oft unübersichtlich und komplex. Sie sind emotional aufgeladen und erfordern schnelles Handeln. Die Reaktionen sind mit der Gefahr behaftet, dass sich die Betroffenen ungerecht behandelt fühlen und niemand mit der Entscheidung einverstanden ist.

Faustregeln für solche Entscheidungen könnten sein:

• Handle so, wie du auch behandelt werden möchtest!
• Handle so, dass du andere nicht instrumentalisierst (zum Mittel für bestimmte Zwecke machst)!

Zur Selbstvergewisserung und Reflexion:

• Im Konflikt gibt es immer drei Wahrheiten: deine, meine und eine dritte.
• Die Überlegung, „Was würde meine Mutter (meine Freundin, mein Mann ...) dazu sagen?", kann zu einer schnellen Einsicht führen, was gerade richtig ist.
• Wenn andere mich so sehen würden?
• Würde ich mich auch in der Öffentlichkeit so verhalten?

Programme und Projekte

Standardisierte Programme anwenden

Inzwischen sind eine Vielzahl spezifischer Präventionsprogramme für den Vorschulbereich verfügbar. Diese können den oben beschriebenen Rahmen für Gewaltprävention nicht ersetzen, aber sinnvoll ergänzen. Experten stimmen darin überein, dass nun Programme, die auf ihre Wirkung hin überprüft wurden und die Wirkung zeigen, angewendet werden sollten. Des Weiteren sollten die ausgewählten Programme auf die jeweilige vorfindbare Situation passen. Besonders wichtig ist, dass Programme entsprechend den Vorgaben der Entwickler auch implementiert werden. Viele Programme setzen eine spezielle Qualifikation der Mitarbeiterinnen und Mitarbeiter, die mit ihnen arbeiten, voraus oder sie werden von externen Expertinnen und Experten durchgeführt. Nur so ist ihre „richtige" Anwendung gewährleistet. Programme sollten auf mehreren Ebenen ansetzen und im Vorschulbereich immer auch die Eltern einbeziehen (ausführlich in Kap. 2.5).

Eigene Projekte entwickeln

Oft ist es sinnvoll, ein eigenes einrichtungsspezifisches Projekt zur Gewaltprävention zu entwickeln, das durchaus auch standardisierte Präventionsprogramme beinhalten kann. Darüber hinaus verdeutlichen solche Projekte aber auch eine Positionierung der Einrichtung und machen auf Probleme aufmerksam. Werden eigenentwickelte Projekte zur Gewaltprävention durchgeführt, sollte man sich an vorhandenen Erfahrungen orientieren und auch Qualitätsstandards beachten.

Der Landespräventionsrat Niedersachsen und das Niedersächsische Justizministerium haben das Beccaria-Programm „Qualität durch Kompetenz" entwickelt (www.beccaria.de), mit dem Ziel, systematisch Kenntnisse aus der Kriminal- und Gewaltpräventionsforschung zu vermitteln. Dies geschieht u.a. auch durch praxisorientierte Ratgeber und Leitfäden. Zur Entwicklung von Präventionsprojekten werden sieben Schritte vorgeschlagen (vgl. www.beccaria.de):

- Problembeschreibung
- Analyse der Entstehungsbedingungen des Problems
- Festlegung der Präventionsziele, Projektziele und Zielgruppen
- Festlegung der Maßnahmen für die Zielerreichung
- Projektkonzeption und Projektdurchführung
- Überprüfung von Umsetzung und Zielerreichung des Projekts (Evaluation)
- Schlussfolgerungen und Dokumentation.

Umsetzung konkret

Neue Zusammensetzungen
Deshalb empfiehlt es sich, neue Gruppenzusammensetzungen zu initiieren, wie man es überall in Europa tut. Man öffnet die Gruppen nach oben, nach unten und verändert damit die vertikale Dimension. Was sich nicht verändert, ist die horizontale Dimension. Angebote für Eltern, Angebote von anderen Gruppen und für andere Gruppen müssen in den Kindergarten hineinkommen, Angebote für Kleinstkinder und Schulkinder, für die ältere Generation, Angebote für die Gemeinde, Bibliotheken, Kinos, kulturelle Veranstaltungen – darin liegt eine große Chance für den Kindergarten.
Der demografischen Entwicklung wegen werden wir mehr denn je darauf angewiesen sein, die vertikale Dimension im generativen Ansatz zu verstärken. Aber unsere Institutionen sind genau auf dem anderen Weg, auf dem Weg der Separierung und Isolierung von Generationen. Die Mehrgenerationshäuser und die Bildungshäuser für Kinder versuchen hier, dem entgegen zu wirken.
(Fthenakis 2007, S. 15)

Kinder lernen in Kitas, wie mit Aggression konstruktiv umgegangen werden kann, dass Konflikte gewaltfrei gelöst werden können und dass sie Unterstützung beim Umgang mit Problemen erhalten. Dabei wirken die Erwachsenen stets als Vorbilder. Damit dies gelingen kann, sind Rahmenbedingungen, spezielle Kenntnisse und Instrumente notwendig. Spezifische Programme (vgl. Kap. 2.5) können das Erlernen von sozialen Fähigkeiten unterstützen. Eigene Projekte verdeutlichen, dass einzelne Gruppen oder die gesamte Einrichtung an dem Thema arbeitet und dies auch nach außen kenntlich macht.

- **Probleme erkennen und anerkennen**
  Welche Themenfelder und Herausforderungen werden wie aufgegriffen? Mit Hilfe von M1 (Wo machen wir was?) kann eine differenzierte Matrix erstellt werden, in der deutlich wird, was in zentralen Handlungsbereichen in Bezug auf die Kinder, das Team, die Eltern sowie die gesamte Einrichtung bereits geschieht und wo weiterer Handlungsbedarf besteht. Dabei erscheint auch eine Auseinandersetzung mit kindlicher Aggression und Gewalt, insbesondere eine Verständigung über nicht tolerierbares Verhalten, wichtig. Vor diesem Hintergrund können weitere Maßnahmen konzipiert werden.

- **Eine Steuerungsgruppe etablieren**
  Soll Gewaltprävention nicht nur einmalig und punktuell, sondern langfristig und kontinuierlich aufgegriffen werden, ist es sinnvoll, eine Steuerungsgruppe einzurichten. Diese Steuerungsgruppe sollte im Kern aus Erzieherinnen und Erziehern und aus Elternvertretern bestehen. Des Weiteren ist die Qualifizierung dieser Gruppe durch entsprechende Fortbildungen und/oder Einbeziehung externer Fachleute notwendig. Dann steht die Entscheidung an, aus welchen Maßnahmen das Vorhaben bestehen soll, womit zunächst begonnen wird und was später folgen kann.

- **Ein Präventionsprojekt planen und durchführen**
  Auch selbst konzipierte Präventionsprojekte sollten bestimmten Qualitätsansprüchen genügen. Unter dem Motto „Qualität durch Kompetenz" hat der Landespräventionsrat Niedersachsen Kriterien für die Durchführung von Präventionsprojekten entwickelt (M2), die als Leitfaden dienen können.
  Wie ein Gewaltpräventionsprojekt konkret aussehen kann, wird am Beispiel des Projekts „Ich find' mich gut – ich habe Mut" (M3) gezeigt.

- **Fachliche Begleitung und Kooperationen**

  Die Kooperation und Vernetzung mit Kinderschutzeinrichtungen, Jugendämtern, Kinderärzten usw. sollte von Anfang an selbstverständlich sein.

  Dabei muss auch deutlich werden, wer eine fachliche Begleitung leisten kann, denn Maßnahmen der Gewaltprävention sind dann besonders erfolgreich, wenn sie von Expertinnen und Experten beraten und begleitet werden.

- **Umgang mit Alltagssituationen**

  Bei allem Bemühen um eine langfristig vorbeugende Arbeit kann und darf der Umgang mit alltäglichen Problemen und Herausforderungen nicht vergessen werden. M4 fordert auf, in Entscheidungssituationen zu reagieren. Diese Reaktionsweisen müssen jedoch mit den langfristig angestrebten Präventionsvorhaben in Einklang stehen.

- **Kenntnisse der Fachkräfte**

  Professionelles Handeln setzt spezifische Kenntnisse und Fähigkeiten voraus. Anhand von M5 kann diskutiert, ausgewählt, ergänzt und in eine Rangfolge gebracht werden, was eine „gute" Fachkraft auszeichnet.

- **Partizipation in Kindergärten**

  Frühe Beteiligungsformen zu entwickeln, ist Teil einer Erziehung zur Demokratie und Ausdruck eines reifen Demokratieverständnisses. Partizipation stärkt die Kooperation, unterstützt das Einhalten von Regeln und fördert die Selbstwirksamkeit. Alle diese Bereiche sind Teil von Prävention. M6 zeigt mögliche Formen der Beteiligung von Kindern und M7 verdeutlicht beispielhaft, wie dies in einer „Verfassung" einer Kita formuliert werden kann.

- **Demokratie leben: Die Geislinger Weiberschlacht**

  Demokratisches Bewusstsein bewährt sich in Extremsituationen. Die sog. „Geislinger Weiberschlacht" stellt hier ein historisches Vorbild dar (M8). Denn etwas Ungewöhnliches geschah am 1.12.1941 in Geislingen: Mütter protestierten offen gegen die nationalsozialistische Übernahme ihres Kindergartens und nahmen dabei auch Konsequenzen in Kauf.

- **Ein friedenspädagogisches Profil**

  Die evangelischen Fachschulen für Sozialpädagogik in Württemberg haben für ihr Selbstverständnis und ihre Ausbildungskonzeption ein friedenspädagogisches Profil entwickelt (Auszüge in M9). Dieses kann als Selbstvergewisserung über die Grundlagen und Ziele des eigenen Handelns dienen.

M1 Wo machen wir was?

	Kinder	Team	Einrichtung/ Träger	Eltern
Umgang mit Aggression				
Umgang mit Konflikten				
Partizipation/Teilhabe ermöglichen				
ökologisches Lernen				
Inklusion leben				
Übergänge gestalten				
genderspezifisches Vorgehen				
„Problemkinder" fördern				
Eltern einbeziehen				
in Netzwerken arbeiten				

?

- Wo sind wir stark? Was können wir gut?
- Wo haben wir unsere Probleme? Wo könnten wir Hilfe gebrauchen?
- Was machen wir schon? Was könnten wir aufgreifen?
- Wo brauchen wir Unterstützung von außen:
  Auf der konzeptionellen Ebene? Auf der Qualifizierungsebene? Auf der praktischen Ebene?
- Für wen sollen die Angebote sein?
  Für alle Kinder oder für spezielle Kinder? Für alle Eltern oder für bestimmte Eltern?

M2 Schritte zu einem Präventionsprojekt – 1

1. Problem beschreiben
Zentrale Fragen
- Worin besteht das Problem?
- Wo genau tritt das Problem auf, zu welcher Zeit und in welchem Maße?
- Welche Auswirkungen hat das Problem vor Ort?
- Wer ist von dem Problem betroffen?
- Wie lange existiert das Problem bereits? Hat sich das Problem verändert?

Zentrale Arbeitsschritte
- mögliche Arbeitsbereiche sammeln und ggf. nach Dringlichkeit sortieren
- ein Thema auswählen
- Zahlen und Fakten zum gewählten Problembereich recherchieren und sammeln
- die Situation vor Ort genau beschreiben

Arbeitsmethoden
- Ideensammlung (Flip-Chart)
- runder Tisch mit Beteiligten
- Recherche: Statistiken, Studien etc.
- Befragungen/Beobachtungen

2. Ursachen ermitteln
Zentrale Fragen
- Was sind mögliche Ursachen des Problems?
- Welche Erklärungen passen am besten zur Situation vor Ort?

Zentrale Arbeitsschritte
- mögliche Ursachen aus der Literatur, Internetrecherche und eigenen Erfahrungen sammeln
- die Ursachenbeschreibung für das konkrete Problem vor Ort auswählen

Arbeitsmethoden
- Recherche: Literatur, andere Präventionsgremien, Internet

3. Ziele festlegen
Zentrale Fragen
- Welche allgemeinen Ziele sollen erreicht werden?
- Was sind konkrete Ziele auf dem Weg dorthin?
- Welche Zielgruppe soll erreicht werden?

- Lässt sich messen, ob ein Ziel erreicht ist/wird?
- Bis wann sollen die Ziele erreicht sein?

Zentrale Arbeitsschritte
- allgemeine Ziele benennen
- Zielgruppe(n) bestimmen
- konkrete Ziele mit Zeitpunkten festlegen
- Kriterien zur Überprüfung der Ziele benennen

Arbeitsmethoden
- Notwendigkeit einer fachlich methodischen Beratung prüfen
- festlegen, ob eine Selbstevaluation oder Fremdevaluation vorgesehen ist

4. Maßnahmen festlegen
Zentrale Fragen
- Wie erreiche ich die Ziele?
- Welche Maßnahmen sind geeignet, um die Ziele bzw. Zielgruppen zu erreichen?
- Verfüge ich über die zeitlichen, personellen, finanziellen und/oder fachlichen Ressourcen?
- Wie lässt sich überprüfen, ob und in welchem Maße die Ziele bzw. Zielgruppen erreicht werden?

Zentrale Arbeitsschritte
- alle Ideen zur Erreichung der Ziele sammeln und bewerten
- die besten Ideen auswählen oder aus verschiedenen Ideen einen Lösungsweg entwickeln
- für jedes Ziel einen Lösungsweg bzw. eine Maßnahme festlegen

Arbeitsmethoden
- Suche nach geeigneten Präventionsprogrammen, z.B. Grüne Liste Prävention: www.grüne-liste-prävention.de.

5. Projekt konzipieren und durchführen
Zentrale Fragen
- Wie können die Maßnahmen umgesetzt werden?
- Wer ist für die einzelnen Maßnahmen zuständig?
- Welche zeitlichen, personellen, finanziellen und fachlichen Ressourcen benötige ich für die einzelnen Maßnahmen?

FÜR PÄDAGOGEN UND ELTERN

145

2.4 VORSCHULISCHE EINRICHTUNGEN

M2 Schritte zu einem Präventionsprojekt – 2

- Wer arbeitet bereits zu dem Thema? Welche Möglichkeiten der Zusammenarbeit gibt es?

Zentrale Arbeitsschritte

- Arbeitsplan mit einzelnen Arbeitsschritten und Zeitabläufen erstellen
- Möglichkeiten der Zusammenarbeit klären (Partnerorganisationen)
- Zuständigkeiten festlegen
- Ressourcenplan erstellen
- Laufzeit des Projekts festlegen
- regelmäßig den Verlauf des Projekts dokumentieren

Arbeitsmethoden

- Projektverlauf und Umsetzung von Beginn an dokumentieren: alle Schritte der Durchführung sowie Abweichungen gegenüber der ursprünglichen Planung darlegen und begründen; ggf. Veränderungen vornehmen

6. Umsetzung und Zielerreichung überprüfen

Zentrale Fragen

- In welchem Ausmaß sind die Ziele und Zielgruppen erreicht worden? Inwieweit hat sich die Situation in Richtung der angestrebten Ziele verändert?
- Worauf lässt sich das Erreichen bzw. Nichterreichen der Ziele und Zielgruppen zurückführen?

Zentrale Arbeitsschritte

- Überprüfung der Umsetzung des Projekts
- Überprüfung der Ziel- und Zielgruppenerreichung anhand der festgelegten Kriterien (siehe Schritt 3)
- Vergleich zwischen Ist- und Soll-Situation

Arbeitsmethoden

- Überprüfung der Umsetzung (Prozessevaluation)
- Durchführung einer Selbstevaluation und/oder Fremdevaluation

7. Schlussfolgerungen und Dokumentation

Zentrale Fragen

- Was sind die zentralen Erkenntnisse aus dem Projekt?
- Was bedeuten die Ergebnisse für das Projekt?
- Welche Schwierigkeiten bei der Planung und Umsetzung traten auf? Was hat sich bewährt?
- Welche Verbesserungsvorschläge, Handlungsempfehlungen lassen sich ableiten?

Zentrale Arbeitsschritte

- Projekt nachbereiten
- Schlussfolgerungen ziehen
- Endbericht erstellen
- Projektergebnisse und Dokumentation verbreiten

Arbeitsmethoden

- Endbericht erstellen: Projektkonzeption, Umsetzung, Projektergebnisse, Evaluationsergebnisse, Schlussfolgerungen

Beccaria: Qualitätssicherung in der Kriminalprävention: 7 Schritte zum erfolgreichen Präventionsprojekt
www.beccaria.de/nano.cms/de/Beccaria_Standards1/Page/1/

M3 Ich find' mich gut – ich habe Mut

Ein Projekt zur Gewaltprävention im Kindergarten

Untersuchungen haben gezeigt, dass nicht zuerst Aggressionen da sind und zu Konfliktsituationen führen, sondern umgekehrt: Konflikte, Frustration, Verletzungen, Demütigungen, Unterdrückungen oder Vernachlässigung führen zu Aggression. Wenn im Kindergarten die Bauklötze fliegen, es zu brodeln beginnt und Kinder handgreiflich werden, heißt es für die ErzieherInnen: Handeln und die Kinder beruhigen!

Kinder müssen insbesondere den Umgang mit negativen Gefühlen erlernen. Unterdrückt man die zornigen Impulse durch Ablehnung, Bestrafung oder Zurechtweisung, reagieren sie oft mit Rückzug oder neuen Aggressionen. (…)

Das Projekt gliedert sich in vier Bausteine:

1. *„Ich find' mich gut" – Stärkung des Selbstbewusstseins*
   Kinder, die sich selbst annehmen können, haben ein gesundes Selbstwertgefühl und fühlen sich sicher. Dagegen neigen Kinder mit einem schwachen Selbstbild dazu, auch positive Kontaktversuche ihrer Mitmenschen auf aggressive Weise abzuwehren. Um mit ihrer Umwelt Frieden schließen zu können, sollen die Kinder lernen, eine positive Einstellung zu sich zu finden.
2. *„Ich habe Freunde" – sich und andere erleben, Beziehungen aufbauen*
   Kinder mit ausgeprägtem Selbstbewusstsein sind eher in der Lage, Beziehungen zu anderen aufzunehmen und Streitigkeiten im Gruppengeschehen zu schlichten. Im Spiel entdecken Kinder Ähnlichkeiten zwischen sich und anderen und erfahren so ein Gefühl der Nähe und Vertrautheit.
3. *„Ich kann Gefühle zeigen" – was hilft mir, wenn ich wütend bin?*
   Je besser sich Kinder ihrer Gefühle bewusst

werden, umso eher können sie diese akzeptieren lernen. Insbesondere der Umgang mit negativen Gefühlen muss geübt werden. Je früher wir ihnen dies vermitteln, desto leichter fällt es ihnen später, schwierige Situationen zu meistern und Probleme zu lösen.

4. *„Räume schaffen" – Räume machen ruhig, Raumgestaltung gegen die Wut*
   Auch Räume machen ruhig. Muße für das Auge. Entspannung für das Ohr. Geborgenheit für Hände und Füße. Wohlbehagen für die Nase.

Enge Zusammenarbeit mit den Eltern
Elternabende, Elternbriefe, Elterngespräche, Darstellung der Arbeit im Kindergarten nach außen.

Weiterführende Gewaltprävention
Kooperation mit den Grundschulen, Kooperation mit weiterführenden Schulen, Jugendgruppen, Jugendzentren, usw.; Aufklärungsplakate, Informationsbroschüren.

Projektumfang
Das Projekt ist als Ganzjahresprojekt angelegt.

Städtischer Kindergarten „Seepferdchen", Rauenberg, Auszüge.
www.kigas-rauenberg.de/index.php?id=46

M4 Umgang mit Alltagssituationen

Das ist geschehen:	Was geht Ihnen durch den Kopf? Was würden Sie tun?
Ein langjähriger freier Mitarbeiter im Werkstattbereich der Kindertagesstätte arbeitet sehr selbständig. Da eine Mitarbeiterin krank ist, verzichtet er für sein Angebot an die Kinder auf die Anwesenheit einer zweiten Kraft. „Das schaffe ich allein" meint er, das war schon öfter so. Immer wieder hängt ein Zettel an der Tür zum Werkbereich „Bitte nicht stören".	
Kevin kommt montags immer sehr aufgekratzt in den Kindergarten und muss erst mal „herumballern".	
Sie sind gesundheitlich angeschlagen. Heute können Sie das Toben und Geschrei der Kinder beim „freien Spiel" kaum ertragen. Sie denken, „Wenn jetzt nicht etwas passiert, raste ich aus ..."	
Lisas Mutter ist schon wieder nicht pünktlich. Schon zum dritten Mal in den letzten beiden Wochen ist sie zur vereinbarten Abholzeit nicht gekommen. Sie haben eigentlich noch etwas vor und wollten pünktlich gehen.	
Sie beobachten, dass Ihre Kollegin in letzter Zeit sehr angespannt ist und sich gegenüber den Kindern zunehmend ungeduldig verhält.	

M5 Was sollen Fachkräfte können?

Was ist wichtig für eine gute Fachkraft in Kindertageseinrichtungen?

O die Entwicklung von Kindern kennen

O sich für Kinder einsetzen

O auf Pünktlichkeit achten

O Beziehungen zu Kinder aufbauen können

O guten Kontakt zu Eltern haben

O sich laufend fortbilden

O Verantwortung übernehmen

O Konflikte gut lösen können

O mit Eltern gut umgehen und sie unterstützen können

O Kindern vielfältige Anregungen geben können

O Kinder fördern können

O die gesamte Gruppe im Blick haben

O gut im Team zusammenarbeiten können

O sich für eine gute Ausstattung der Einrichtung einsetzen

O darauf achten, dass es ihr selbst auch gut geht

O sich durchsetzen können

O Jungen und Mädchen im Blick haben

O Geschichten erzählen können

O sehen, was Kindern fehlt

Sind Ihnen weitere Punkte wichtig?

O _____

O _____

O _____

M6 Partizipation in Kindergärten

Stefan Danner identifiziert fünf Varianten der Teilhabe in Kindergärten:

- Der Kindergarten wird als „Kinderstube der Demokratie" verstanden. Entsprechend umfangreich und detailliert sind die einschlägigen Ausführungen; es wird unterstrichen, dass die Partizipationsrechte der Kinder institutionell verankert sein müssen.
- Das Prinzip der demokratischen Teilhabe wird nachdrücklich unterstützt. Offen bleibt, wann genau und in welcher Form Teilhabe ermöglicht werden soll und inwiefern eine institutionelle Verankerung der Mitbestimmungsrechte erforderlich ist.
- Das Prinzip der Beteiligung wird benannt und bejaht. Unbestimmt ist, in welchem Umfang, wann genau und in welcher Form die Kinder bei Entscheidungen mitbestimmen können und wie verbindlich die Idee der Partizipation im Alltag verankert wird.
- Den Kindern wird zugestanden, dass sie ihre Meinung äußern können. Welchen Stellenwert diese Meinungsäußerungen im Kindergartenalltag haben, ist offen.
- Partizipation wird nicht explizit thematisiert.

Formen der Beteiligung

- **Projektbezogene Beteiligung**
  Bei der projektbezogenen Beteiligung befassen sich die Kinder in einem zeitlich überschaubaren Rahmen mit einem klar abgesteckten Thema. Der Impuls zur Bearbeitung des Themas kann von den Kindern oder von den Erwachsenen ausgehen. Projektartig behandelte Themen, bei denen die Kinder mitbestimmen können, sind zum Beispiel die Vorbereitung eines Ausflugs, die Umgestaltung eines Raums oder der Entwurf einer Kita-Zeitung.
- **Offene Formen der Beteiligung**
  Zu den offenen Formen der Beteiligung zählen Kinderkonferenzen, Erzähl- und Morgenkreise und Kinderversammlungen. Hier können die Kinder ihre Anliegen einbringen, diskutieren und damit Einfluss auf den Kita-Alltag nehmen. Kinderkonferenzen und Erzähl- und Morgenkreise betreffen die Kinder einer Stammgruppe; Kinderversammlungen betreffen alle Kinder einer Kita. Die Zusammenkünfte können sowohl von den Fachkräften als auch von den Kindern moderiert werden.
- **Repräsentative Formen der Beteiligung**
  Repräsentative Beteiligungsformen sind der Kinderrat und das Kinderparlament. In den Kinderrat werden Delegierte der Kindergruppen gewählt. Die Gewählten sind in der Regel älter und besonders kompetente Kinder. Sie treffen sich regelmäßig in Dienstbesprechungen mit Mitgliedern des pädagogischen Teams, der Einrichtungsleitung und eventuell mit einer Elternvertretung, um aktuelle Anliegen zu besprechen.

Unterscheidungen

Unterschieden wird häufig in Angelegenheiten, bei denen die Kinder

- selbst entscheiden dürfen (z.B. was sie in der Kita wo und mit wem machen …).
- in bestimmten Grenzen mitentscheiden dürfen (z.B. die Gestaltung des Tagesablaufs).
- nicht mitentscheiden dürfen (z.B. Personalfragen, Maßnahmen der Gesundheitsfürsorge …).

Stefan Danner: Partizipation von Kindern in Kindergärten. In: APuZ 22–24/2012. Bonn 2012, S. 40–45, Auszüge.

M7 Kita-Verfassung Berlebeck

Verfassung der Ev. Kindertagesstätte Berlebeck

Präambel
(2) Die Beteiligung der Kinder an allen sie betreffenden Entscheidungen wird damit als Grundrecht anerkannt. Die pädagogische Arbeit soll an diesem Grundrecht ausgerichtet werden.

Abschnitt 1: Verfassungsorgane
§ 1 Verfassungsorgane
Verfassungsorgane der Ev. Kindertagesstätte Berlebeck sind die Gruppenkonferenzen und das Kita-Parlament.

§ 2 Gruppenkonferenzen
(1) Die Gruppenkonferenzen finden täglich außer dienstags in der grünen, roten und gelben Gruppe statt.
(2) Die Gruppenkonferenzen setzen sich aus allen Kindern und den pädagogischen Mitarbeiterinnen und Mitarbeitern der jeweiligen Gruppe zusammen.

Abschnitt 2: Zuständigkeitsbereiche
§ 4 Selbstbestimmung
(1) Die Kinder sollen selbst entscheiden, was sie im Kita-Alltag wo und mit wem machen.
(2) Die Kita-Gruppen haben das Recht, ihre Gruppentüren vorübergehend zu schließen und anderen den Zutritt zu ihren Gruppenräumen zu verwehren.
(3) Die pädagogischen Mitarbeiterinnen und Mitarbeiter behalten sich das Recht vor zu bestimmen,
- dass die Kinder zu einem bestimmten Zeitpunkt nach draußen gehen müssen, (…)
- dass unterdreijährige Kinder zu bestimmten Räumen oder Gegenständen keinen Zugang erhalten,
- dass bestimmte Kinder zu bestimmten Zeiten an besonderen Fördermaßnahmen sowie an der Sprachstandserhebung teilnehmen müssen.

§ 5 Wahrung eines persönlichen Intimbereichs
(1) Die Kinder haben das Recht, dass ihr persönlicher Intimbereich respektiert und ihre persönlichen Grenzen geachtet werden. Dazu gehören u.a. die Rechte der Kinder zu entscheiden,
- dass bestimmte Personen sie nicht wickeln oder nicht dabei sein dürfen, wenn sie gewickelt werden,
- wer ihre persönlichen Fächer öffnen darf.

§ 9 Sicherheitsfragen
Die Kinder sollen nicht mitentscheiden, wenn aus Sicht der pädagogischen Mitarbeiterinnen und Mitarbeiter Gefahr im Verzug ist.

§ 10 Mahlzeiten
(1) Die Kinder sollen selbst entscheiden, ob, was und wie viel sie essen und trinken, sofern gewährleistet ist, dass jedes Kind seinen Anteil erhalten kann. Dieses Recht kann eingeschränkt werden, wenn eine entsprechende ärztliche Verordnung vorliegt.

§ 12 Regeln und Grenzen
(1) Die Kinder sollen mitentscheiden über die Regeln des Zusammenlebens in der Kita.
(2) Die pädagogischen Mitarbeiterinnen und Mitarbeiter behalten sich jedoch das Recht vor, dass in folgenden Bereichen festgelegte Regeln herrschen:
- Umgang mit den anderen und Umgang mit Materialien
- bei den Mahlzeiten
- in der Turnhalle
- auf dem Spielplatz

Verfassung der Ev. Kindertagesstätte Berlebeck, Auszüge.
www.kita-berlebeck.de/fileadmin/user_upload/Bilder/Verfassung.pdf

FÜR PÄDAGOGEN UND ELTERN

151

2.4 VORSCHULISCHE EINRICHTUNGEN

M8 Geislinger Weiberschlacht

Der Mut, mit dem sich die Geislinger Frauen gegen die Übernahme des katholischen Kindergartens durch das nationalsozialistische Regime aufgelehnt haben, ist auch 70 Jahre später noch äußerst beachtlich: Als sie am 1. Dezember 1941 ihre Kinder in die Einrichtung bringen wollten, die zu diesem Zeitpunkt von etwa 120 Kindern besucht wurde, war von den vertrauten Ordensschwestern keine einzige mehr anwesend. Deren Platz hatten stattdessen Schwestern der Nationalsozialistischen Volkswohlfahrt (NSV) eingenommen.

Was das für das Erziehungskonzept zu bedeuten hatte, war den Müttern offenbar sofort klar: Weg von christlichen Werten hin zum Drill der Nationalsozialisten. Kurzentschlossen nahmen sie ihre Kinder kehrtwendend wieder mit nach Hause und formierten sich zum Widerstand. Geschlossen machten sie sich auf den Weg zum Geislinger Rathaus und protestierten lautstark gegen die Übernahme des Kindergartens. Am dritten Tag wurde der Protest durch die Gestapo niedergeschlagen, gut zwei Dutzend der Frauen wurden verhaftet und teilweise öffentlich in Balingen vorgeführt.

Dadurch ließen sich die mutigen Mütter jedoch nicht beugen. Sie boykottierten die Kindertageseinrichtung noch vier weitere Jahre, bis mit dem Zweiten Weltkrieg auch die Nazi-Herrschaft endete. Lediglich eine Handvoll Kinder haben in diesen vier Jahren den Geislinger Kindergarten besucht.

Schwarzwälder Bote,
vom 30.11.2011.
vgl. Annegret Hägele: Die
„Geislinger Weiberschlacht"
1941. Talheim 2011.

Aus der Geislinger Pfarrchronik 1941

„Am Dienstag früh standen die Frauen, wohl über 200 sollen es gewesen sein, vor dem Rathaus. Dasselbe war aber geschlossen. Die Frauen verlangten, gehört zu werden. Der Hauptwachtmeister Gulde mahnte die Frauen heimzugehen. Sie warteten.

Da fuhr plötzlich ein Auto und danach ein zweites vor, die Gestapo und Überfallkommando des Landjägerkorps. Etliche Frauen wurden tätlich gefasst, die Frauen auseinander getrieben und zerstreut. Etliche hatten sogar Männerfäuste zu spüren bekommen.

Nun begannen Verhöre etc. durch die Gestapo, die Frauen wurden einzeln vernommen, drei Frauen wurden acht Tage in Gewahrsam genommen, wegen Gebrauch beleidigender Ausdrücke, die anderen mussten unterschreiben, nie mehr an so einer „Demonstration" teilzunehmen. (…) Die N.S.-Schwestern aber bleiben hier, freilich statt vier nur zwei. Sie hatten anfangs nur ein Kind zum Betreuen. Trotz aller Versuche und aller möglicher Beeinflussung auch seitens der Männer, Sperrung der Kinderbeihilfe, ist der Zuwachs nur gering. Zur Jahreswende vielleicht ca. 8 Kinder gegenüber 140 zuvor."

Auszug aus der Geislinger Pfarrchronik 1941. In: Annegret Hägele: Die „Geislinger Weiberschlacht" 1941. Talheim 2011, S. 51 f.

Frauen im Aufstand
gegen die
NS-Kindergartenpolitik

M9 Ein friedenspädagogisches Profil

Zur Stärkung des friedenspädagogischen Profils und im Sinne einer Selbstverpflichtung für die Evang. Fachschulen in Herbrechtingen, Reutlingen, Schwäbisch Hall und Stuttgart hat der Verein Evang. Ausbildungsstätten für Sozialpädagogik e.V. folgende Grundsätze formuliert und in seinen Gremien beschlossen (Auszüge):

(3) Frieden als Herausforderung

Erziehung und Bildung, insbesondere aber Friedenserziehung, leisten bei der Entwicklung einer Friedenskultur einen wichtigen Beitrag. Frieden zu lernen ist deshalb die notwendige und aktuelle Aufgabe von Kirche und Gesellschaft und so ein selbstverständlicher Teil der Ausbildung an unseren Evangelischen Fachschulen für Sozialpädagogik.

(4) Gute Erziehung ist Friedenserziehung

Frieden ist Voraussetzung für das Überleben des Einzelnen und der ganzen Menschheit. Frieden ermöglicht ein Leben in Würde. Deshalb ist Frieden sowohl Voraussetzung als auch Ziel für Erziehung und Bildung. Gute Erziehung, die zu verantwortlichem und gelingendem Miteinander befähigt, ist ohne Friedenserziehung nicht möglich. Friedenspädagogisches Denken und Handeln ist dabei kein Teilbereich von Erziehung und Bildung, sondern ein durchgehendes Prinzip, das in alle Bereiche hineinwirkt. In diesem Grundverständnis arbeiten unsere Schulen und vermitteln in allen Bereichen der Ausbildung zentrale friedenspädagogische Inhalte.

(6) Konflikte und Gewalt sind zentrale Themen

Leben gibt es nicht ohne Auseinandersetzungen und Konflikte. Ein konstruktiver Umgang mit Konflikten ist daher als grundlegende menschliche Kompetenz unverzichtbar. Dies bedeutet zuallererst, die eigenen Grundbedürfnisse und die der anderen wahrzunehmen und anzuerkennen, um darauf aufbauend faire Lösungen für ein gelingendes Miteinander zu finden.

Zum Menschsein gehört auch die Auseinandersetzung mit der Möglichkeit und der Fähigkeit zur Gewaltanwendung. Für Gewaltverhältnisse zu sensibilisieren, gewaltfreie Handlungsoptionen zu entwickeln und anzubieten und strukturelle Gewalteinflüsse zu reduzieren, sind zentrale Aufgaben der Friedenspädagogik. Friedenserziehung an unseren Fachschulen heißt, zur Konfliktfähigkeit zu erziehen und die Achtsamkeit vor dem Leben und den gewaltfreien Umgang miteinander im Blick zu haben.

(9) Zwei Dimensionen der Friedenserziehung

Friedenserziehung geschieht in zwei wesentlichen Dimensionen: in der Beschäftigung mit dem Frieden und in der Ermutigung und Befähigung zum Frieden. Dies bedeutet zum einen, dass zentrale Erkenntnisse der Friedens- und Konfliktforschung im Unterricht behandelt werden. Dabei lässt sich Friedenserziehung nicht auf einzelne Themenfelder oder Unterrichtseinheiten begrenzen. Friedensrelevante Themen werden in allen Bereichen systematisch aufgegriffen und in Handlungsfeldern übergreifend und problemorientiert bearbeitet. Zum andern wird Friedenserziehung als allgemeinbildendes Prinzip des Lehrens und Lernens verstanden. Friedenserziehung zielt auf die Entwicklung und Gestaltung einer Schulkultur, die Frieden fördert. Gewaltfreiheit, Toleranz, Wertschätzung, Anerkennung und Respekt bilden dafür die Grundlage.

Verein Evang. Ausbildungsstätten für Sozialpädagogik e.V., Stuttgart 2010.

2.5 Präventionsprogramme

Grundwissen

Materialien

Für Pädagogen und Eltern

An der Auswahl und Beschreibung der Programme von M4, M6 und M7 hat Diane Dumbrava mitgearbeitet.

Präventionsprogramme

Gesunde Entwicklung
„Natürlich kann Prävention nicht allein durch spezielle Programme erfolgen. Erforderlich ist auch eine tiefergehende Beschäftigung mit der Frage, inwieweit Familien, Schulen, Nachbarschaften, Medien und Gesellschaft als Ganzes den zentralen Bedürfnissen für eine gesunde Entwicklung unserer Kinder gerecht werden."
(Lösel 2012, S. 14)

Für den Vorschulbereich sind eine Vielzahl spezifischer Gewaltpräventionsprogramme verfügbar. Expertinnen und Experten stimmen darin überein, dass nur Programme, die auf ihre Auswirkungen hin überprüft wurden und die Wirkung zeigen, angewendet werden sollten. Des Weiteren sollten die ausgewählten Programme für die jeweilige Zielgruppe und die vorfindbare Situation passen. Besonders wichtig ist, dass Programme entsprechend den Vorgaben der Entwickler implementiert werden. Viele Programme setzen eine spezielle Qualifikation der Mitarbeiterinnen und Mitarbeiter, die mit ihnen arbeiten, voraus. Raabe und Beelmann (2011, S. 101) weisen darauf hin, dass Programme vor allem dann Wirksamkeit zeigen, wenn sie konkretes Sozialverhalten fördern: „Bei kindzentrierten Förderansätzen sollten neben sozial-kognitiven Fertigkeiten der sozialen Informationsverarbeitung wie etwa die Emotionserkennung, die Generierung sozial kompetenter Handlungsalternativen und die Abschätzung von Handlungsfolgen auch konkrete verhaltensbezogene Fertigkeiten z.B. in Rollenspielen geübt werden."

Programme wirken nicht für sich allein. Sie sind keine Techniken, die automatisch Erfolg hervorbringen. Vielmehr ist es wichtig, dass die notwendigen Rahmenbedingungen für ihre Wirkung geschaffen werden. Hierzu müssen sich auch die jeweiligen Einrichtungen mit entwickeln. Die Arbeitsstelle Kinder- und Jugendgewaltprävention stellt fest (2007, S. 293): „Nur wenn Gewaltprävention zu einem integralen Bestandteil der jeweiligen Organisationsentwicklung geworden ist, haben Fachkräfte die Chance, eine nachhaltige pädagogisch ausgerichtete Grundhaltung in ihrem Umgang mit gewaltbereiten bzw. gewalttätigen Kindern und Jugendlichen einzunehmen, durchzuhalten und umzusetzen." Programme zur Gewaltprävention können ihr Potenzial nur entfalten, wenn sie nicht einzeln und isoliert angewendet, sondern in eine Gesamtausrichtung der Einrichtung eingebettet werden. Sie können also einen institutionellen Rahmen für Gewaltprävention nicht ersetzen, aber sinnvoll ergänzen.

Wirksamkeit

Zur Frage nach der Wirksamkeit einzelner Programme liegen immer noch nur unzureichende Forschungsergebnisse vor. Raabe und Beelmann (2011, S. 101) bilanzieren ihre Forschung über vorfindbare Programme so: „Eine umfangreiche Evidenzbasierung dieser Maßnahmen steht noch aus. Die teilweise ernüchternden Ergebnisse machen aber zugleich klar, dass durchschlagende Erfolge oder eine maximal erfolgreiche Prävention in diesem Bereich nur sehr schwer zu erreichen sind, selbst wenn die Maßnahmen konsequent vor dem Hintergrund empirisch fundierter Entwicklungsmodelle konstruiert wurden."

Andreas Schick (2010, S.135 ff.) beantwortet vor dem Hintergrund seiner Studie über evaluierte und praxiserprobte Konzepte für Schulen die Frage nach der Effektivität so: „Für das Gros der deutschsprachigen Gewaltpräventionsprogramme für Schulklassen liegen bislang allerdings nur Pilotstudien, meist von den Programmentwicklern, vor oder sie wurden noch gar nicht evaluiert. (…) Im Schnitt sind die gefundenen Effekte allerdings eher klein bis moderat. (…) Ungeklärt ist allerdings, ob die gefundenen positiven Effekte der beschriebenen Präventionsansätze auch langfristig erhalten bleiben und generalisiert werden." Dies dürfte auch für den vorschulischen Bereich gelten.

Die Forschung würde zeigen, so Friedrich Lösel (2012, S. 13) und Winfried Schubarth (2010, S. 182 ff.), dass entwicklungsbezogene Prävention insgesamt wirksam sei. Die Effekte gegenüber Kontrollgruppen seien jedoch überwiegend moderat.

Verschiedene Studien zeigen auch, dass die durch Programme erreichten Verhaltensänderungen oft nicht lange anhalten; sie sind häufig nach einigen Monaten nicht mehr nachweisbar. Programme allein können also – so wichtig sie sind – keine überdauernden Effekte bewirken. Friedrich Lösel (2012, S.14) folgert deshalb, dass kein dringlicher Bedarf an neuen Präventionsprogrammen bestehe, sondern die empirisch am besten fundierten in- und ausländischen Programme systematisch weiterentwickelt werden sollten, und Winfried Schubarth (2010, S.197) ergänzt mit Blick auf die Schule: „Die beste Gewaltprävention ist noch immer ein aktiver Schulentwicklungsprozess oder umgekehrt: Eine ‚gute, demokratische Schule' ist die beste Gewaltprävention."

Präventionsansatz	Kurzbeschreibung
soziale Trainingsprogramme	Programme, die der Förderung sozialer Kompetenzen von Kindern und Jugendlichen dienen. Gefördert werden z.B. soziale Problemlösefertigkeiten, Emotionsregulation, Sozialverhalten.
Elterntrainingsprogramme	Programme, die an der Erziehungskompetenz der Eltern, insbesondere im Hinblick auf das Umsetzen eines konsistenten Erziehungsstils, ausgerichtet sind. Gefördert werden z.B. Formen der nicht-aggressiven Grenzsetzung und positives Elternverhalten (Unterstützung, Supervision).
familienorientierte Frühinterventionen	Zumeist Maßnahmen, die unterschiedliche Zielsetzungen (z.B. allgemeine Entwicklungsförderung der Kinder, elterliche Erziehungsberatung, Hilfe bei Bildungsübergängen) verfolgen und über längere Phasen der vorschulischen Entwicklung, vor allem bei Risikofamilien, angeboten werden.
schulbezogene Maßnahmen	Maßnahmen, die sich auf das soziale Lernen im schulischen Kontext beziehen und neben individuellen Förderelementen auch strukturelle Maßnahmen im Klassen- und Schulkontext beinhalten (z.B. Etablierung von Schulregeln gegen Gewalt).

(DFK 2013, S. 30)

Grüne Liste Prävention

Um mehr Transparenz und Sicherheit im Umgang mit Gewaltpräventionsprogrammen zu ermöglichen, hat der Landespräventionsrat Niedersachsen eine webbasierte und laufend ergänzte „Grüne Liste Prävention" erstellt. Dort werden die verfügbaren Präventionsprogramme entspechend dem in Evaluationsstudien festgestellten Grad ihrer Wirksamkeit in drei Kategorien eingeteilt (zum Folgenden: www.gruene-liste-praevention.de):

- In Stufe 3 „**Effektivität nachgewiesen**" werden nur die Programme eingeordnet, deren Evaluationsstudien den höchsten Standards einer Wirksamkeitsmessung entsprechen und dementsprechend eine hinreichende bis sehr starke Beweiskraft haben.

Die vorliegenden Studien haben eine Zuweisung der Teilnehmer in die Kontroll- oder Interventionsbedingung nach dem Zufallsprinzip vorgenommen, oder es handelt sich um gut kontrollierte „Quasi-Experimente". Eine ausreichend große Anzahl an Interventions- und Vergleichsgruppen und Teilnehmern wurde gewählt. Eine „follow-up"-Messung mit positiven Ergebnissen wurde mindestens sechs Monate nach dem Ende der Maßnahme durchgeführt.

- In Stufe 2 „**Effektivität wahrscheinlich**" wird ein Programm eingeordnet, dessen Evaluationsstudie(n) positive Ergebnisse gezeigt haben und die so angelegt sind, dass sie mehr als bloße Hinweise auf die Wirksamkeit geben.

Eine in diesem Sinne „vorläufige" oder „schwache" Beweiskraft haben Studien, die mit Kontrollgruppen arbeiten (dies können auch vor der Untersuchung bekannte Vergleichswerte im Sinne einer „Benchmark-Studie" sein).

Was die Studien in dieser zweiten Stufe nicht haben, ist eine Messung, ob die Effekte auch nach Abschluss der Maßnahme anhalten („follow-up"). Auch eine Kontrollgruppenuntersuchung mit sehr wenigen Teilnehmern, die wenig Aufschluss über die Verallgemeinerbarkeit gibt, wird hier eingeordnet.

- In Stufe 1 „**Effektivität theoretisch gut begründet**" wird ein Programm eingeordnet, dessen Konzept bestimmte Kriterien erfüllt, dessen Evaluationsstudie(n) aber noch keine Beweiskraft über die Wirksamkeit haben.

Es handelt sich z.B. um Prozessevaluationen, die allein die Qualität der Umsetzung betrachten oder um Ergebnismessungen ohne die Untersuchung von vergleichbaren Personen, die an der Maßnahme nicht teilnehmen. Ohne solche Vergleichs- oder Kontrollgruppen bleibt aber unklar, ob die Veränderungen nicht auch ohne die Maßnahme eingetreten wären.

Anforderungen an Programme

Programme sollten …

- klare Ziele und Vorgehensweisen haben.
- auf einer wissenschaflichen Grundlage beruhen. Das Vorgehen und die erwarteten Ergebnisse sollten begründet sein.
- sich am Modell der Risiko- und Schutzfaktoren orientieren.
- auf mehreren Ebenen ansetzen.
- nicht isoliert und einmalig durchgeführt werden, sondern im Verbund und mit wiederkehrenden Maßnahmen arbeiten.
- über längere Zeiträume eingesetzt werden.
- klar strukturiert sein und Verhaltenskompetenzen trainieren.
- zielgruppenspezifisch ausgerichtet sein.
- die Eltern aktiv einbeziehen.
- entsprechend den Vorgaben der Entwickler umgesetzt werden.
- wenn möglich, wissenschaftlich begleitet werden.
- mit anderen Angeboten vernetzt sein.
- evaluiert und schriftlich dokumentiert sein.

(Vgl. Raabe/Beelmann 2011, S. 101 ff.; Scheithauer/Rosenbach 2012, S. 103 f.)

Implementierung von Programmen

Damit ein Programm gelingen kann, muss es auch richtig, d.h. entsprechend den Vorgaben der Entwickler, umgesetzt werden. Ungenügende Umsetzung kann ein entscheidender Faktor für die fehlende Wirksamkeit einer Präventionsmaßnahme sein (Fingerle/Grumm 2012). Dusenbury u.a. (2003) unterscheiden fünf Aspekte der Umsetzungsqualität (zitiert nach Eisner u.a. 2009, S.9):

- **Programmtreue:** Dies bedeutet, dass die Inhalte entsprechend der Vorgaben der Entwickler vermittelt werden. Die Chancen auf Wirkungen sind höher, wenn eine hohe Umsetzungstreue erreicht wird.
- **Dosis:** Das Programm sollte nicht in Teilbereichen, sondern vollständig implementiert werden.
- **Vermittlungsqualität:** Die Inhalte sollten mit Engagement und Professionalität vermittelt werden. Erfolgreiche Programme werden in der Regel von gut ausgebildeten, motivierten und hinreichend betreuten Fachpersonen vermittelt.
- **Aufnahmebereitschaft**: Die Teilnehmenden fühlen sich von dem Programm angesprochen. Sie werden zu einer aktiven Teilnahme motiviert und machen sich dessen Inhalte zu eigen.
- **Programmdifferenzierung:** Dieser Bereich bezeichnet den Grad, in dem sich ein Programm von anderen Maßnahmen abgrenzt und unverwässert vermittelt wird. Programme, die klar strukturiert sind und spezifische Ziele haben, zeigen mit einer größeren Wahrscheinlichkeit messbare Effekte.

Lockerer Zusammenhang

„Der Zusammenhang zwischen praktischem Handeln bzw. Setting einerseits und dem Ziel der Verhinderung von Gewalt und Delinquenz andererseits ist eher locker geknüpft, wobei die Ziele eher allgemeiner, häufig programmatischer Art sind und nicht selten sehr hoch gehängt werden. Die Erfolgsmessung auf der Basis der formulierten Zielvorstellung empfiehlt sich üblicherweise nicht, weil erstens die meisten Projekte angesichts der selbst formulierten, sehr weitgehenden Ansprüche schlicht durchfallen würden und weil zweitens – und das ist gravierender – niemand in der Lage ist, die beobachteten Effekte auf ein einigermaßen identifizierbares und nachvollziehbares Arbeitsprogramm zuzurechnen."
(Lüders 2010, S.129)

GRUNDWISSEN

159

2.5 PRÄVENTIONSPROGRAMME

Mit ein Grund für mangelnde Effekte kann auch eine eher technologische Implementation von Programmen sein. Bei der Suche nach schnell wirksamen Maßnahmen in akuten Problemsituationen ist immer wieder zu beobachten, dass Programme und Projekte eher technologisch um- und eingesetzt werden, ohne dass die entsprechenden Rahmenbedingungen oder die notwendige pädagogische Grundhaltung vorhanden wären. Wenn grundlegende Voraussetzungen des pädagogischen Umgangs, der Gesprächsführung, der Gruppenführung und des Umgangs mit Konflikten nicht vorhanden sind, können auch Gewaltpräventionsprogramme nur wenig bewirken.

Ergebnisse der Präventionsforschung weisen ferner darauf hin, dass für die gelingende Umsetzung von Programmen und deren Erfolg stark das Engagement des Fachpersonals, aber auch die Rahmenbedingungen entscheidend sind. Zu dem „Was" der Inhalte muss also das „Wie" der Umsetzung hinzukommen (vgl. Raabe/Beelmann 2011, S. 103).

Experten schätzen für den Vorschulbereich folgende Maßnahmen als besonders wirkungsvoll ein:
- Programme zur Frühintervention (frühe Unterstützung gefährdeter Familien, „Frühe Hilfen")
- Gewaltpräventionsprogramme, um soziale und emotionale Kompetenzen zu fördern
- Programme zur Förderung elterlicher Kompetenzen
- Programme, die die sozialräumliche Entwicklung im Blick haben.

Als ungeeignet und unwirksam werden folgende Maßnahmen benannt:
- kurzfristige Maßnahmen als Reaktion auf besondere Ereignisse
- Maßnahmen ohne eine ausreichende konzeptionelle Basis
- Maßnahmen einzelner Einrichtungen ohne systemische, kooperative Perspektive
- Medienkampagnen, die skandalisieren und das Einhalten von Normen einfordern
- Maßnahmen, die auf Abschreckung und Bestrafung ausgerichtet sind.

(Görgen 2013, S. 24 f.)

Problembereiche

Nicht nur die Inhalte
„Auch wenn Programme erwünschte Wirkungen zeigen – kann man dies nicht einfach generalisieren. Denn ein wesentlicher Befund der Präventionsforschung lautet, dass auch ähnliche oder gar identische Programme nicht immer einheitliche Ergebnisse zeitigen. (…) Die Effekte hängen nicht nur von den Inhalten der Programme ab, sondern auch von zahlreichen anderen Fakoren. Dazu gehören die Qualität der Implementierung, das Klima in der jeweiligen Institution, Charakteristika der Zielgruppen, die Größe der Stichprobe.
(Lösel 2012, S. 11)

Evidenzbasierung als Grundlage für eine bessere Praxis von Prävention zielt zunächst darauf ab, mehr Informationen über die Wirkung einzelner Maßnahmen und Programme zu erhalten und diese wiederum in praktischer Arbeit einfließen zu lassen. Da Wirkungsstudien sich an strengen wissenschaftlichen Kriterien messen lassen müssen, kommen nur Kontrollgruppendesigns mit mehreren Messzeitpunkten in Frage. Kritiker der Evidenzbasierung weisen auf grundlegende Probleme von standardisierten Programmen hin: Standardisierte Programme sind für standardisierte Situationen konzipiert und entfalten dort ihre Wirkung. Solche Situationen sind in der pädagogischen Praxis aber kaum zu finden.

Verhalten von Kindern ist immer überdeterminiert. Es beruht also auf einer Vielfalt von Einflüssen, die nicht gänzlich kontrolliert und ausgeschlossen werden können.

Die Wirkung von Programmen ist oft von der Beziehungsgestaltung bestimmt. Die erzielte Wirkung kommt dann weniger durch das Programm als durch die Person, die das Programm vermittelt, zustande (vgl. Ziegler 2012, S. 17 ff.).

Trotz aller Fortschritte in der Präventionsforschung und der Identifizierung von Kriterien erfolgreicher Programme stellen Daniel Eisner u.a. (2009, S. 10) drei wichtige Problembereiche fest:

- Es gebe nur wenige Evaluationsstudien außerhalb der USA: In Europa und besonders im deutschsprachigen Raum würden noch enorme Lücken bestehen. Das sei problematisch, weil nur wenig darüber bekannt sei, wie gut Präventionsprogramme über Kulturen und Gesellschaften hinweg übertragbar seien.
- Mangel an großen Feldstudien: Viele Evaluationen zur Wirksamkeit von Gewaltprävention seien im Rahmen von Modellprojekten mit einer vergleichsweise kleinen Teilnehmerzahl durchgeführt worden. Solche Studien seien zwar wichtig, weil sie erste Belege für den praktischen Nutzen einer Maßnahme liefern würden. Deutlich weniger sei jedoch darüber bekannt, wie gut sich Maßnahmen bewähren würden, wenn sie in großem Umfang in der Praxis umgesetzt würden.
- Begrenztes Wissen über langfristige Wirkungen: Viele Studien würden sich darauf beschränken, kurzfristige Effekte unmittelbar nach einer Intervention zu untersuchen. Für die Praxis sei es aber meistens wichtig zu wissen, ob Maßnahmen auch über Monate oder Jahre hinweg Wirkungen erzielen würden. Weil jedoch solche Studien einen großen organisatorischen und finanziellen Aufwand erfordern würden, würden sie nur selten realisiert. Daher müsse der Forschungsstand über die langfristige Wirksamkeit von Maßnahmen gegenwärtig als lückenhaft eingestuft werden.

Eine strikte Evidenzbasierung, die ausschließlich auf standardisierte Programme setzt, bringt also auch Probleme mit sich. Die geforderten hohen fachlichen Standards können in der Forschungspraxis oft nicht umgesetzt werden. Evaluierte, erprobte Programme stehen für eine vielgestaltige Praxis nicht oder nur unzureichend zur Verfügung. Denn ein Merkmal der pädagogischen Praxis ist nicht die Standardisierung, sondern die Lebensweltorientierung, verbunden mit methodischer Vielfalt und flexiblen Reaktionen auf sich ändernde Situationen. Aushandlungs- und Beteiligungsprozesse sind für die Arbeit mit Kindern konstitutiv (vgl. Arbeitsstelle Kinder- und Jugendkriminalitätsprävention o.J.).

Umsetzung konkret

Die hier vorgestellten Materialien sollen eine erste Orientierung bei vorhandenen Gewaltpräventionsprogrammen ermöglichen und hierfür auch Entscheidungskriterien anbieten.

- **Ein Programm auswählen**
  Viele Vorschuleinrichtungen wollen ein wirksames Programm in ihrer Einrichtung anwenden. Häufig verlässt man sich auf Empfehlungen anderer oder auf Hinweise in Publikationen bzw. der Fachpresse. In M1 (Ein Programm einführen) werden wichtige Entscheidungskriterien für die Auswahl benannt. Dabei wird deutlich, wo noch Informationen fehlen (vgl. auch M2 und M3).

- **Kriterien für effektive Programme**
  Der Landespräventionsrat Niedersachsen hat vor dem Hintergrund der Ergebnisse der Evaluationsforschung neun Kriterien effektiver Programme identifiziert, die Leitlinen für die Auswahl sein können (M2). Zu diesen Leitlinien gehören u.a. Methodenvielfalt, ausreichende Intensität und ein gut ausgebildetes Personal. Gleichzeitig wird aber auch betont, dass dies alles noch keine Garantie für Wirksamkeit sei.

- **Sich kundig machen: Grüne Liste Prävention**
  Die Grüne Liste Prävention bietet eine differenzierte Übersicht über wirksame, weniger wirksame und unwirksame Programme. Dabei werden auch die Kriterien genannt, nach denen die Programme beurteilt wurden. M3 zeigt den momentanen Stand (Dezember 2013) dieser Liste. Die genaue Beschreibung dieser Programme findet sich auf www.gruene-liste-praevention.de.

- **Programme für Kinder**
  M4 bietet eine Beschreibung von fünf ausgewählen Gewaltpräventionsprogrammen für den Vorschulbereich, die dort häufig angewendet werden: „Papilio", „Kindergarten plus", „Faustlos", „Pfade", „Verhaltenstraining im Kindergarten". Eine vertiefende Beschreibung dieser Programme findet sich wiederum auf www.gruene-liste-praevention.de.

- **Qualitätsanfragen an Elternkurse**
  Sigrid Tschöpe-Scheffler hat zehn qualitative Bewertungskriterien für Elternkurse formuliert. Diese ermöglichen eine erste Einschätzung der Qualität dieser Angebote (M5). Sie fragt dabei nach der Transparenz der theoretischen Grundlagen des Kurses, seinen Zielen, Inhalten und Methoden, nach vorhandenen Evaluationsergebnissen, nach Methoden und Inhalten, durch die Alltagskonzepte von

Eltern erweitert und verändert werden können. Die Fragen nach der Ausbildung der Kursleiterinnen und Kursleiter, nach der Niederschwelligkeit und den Kosten der Angebote sowie ihrer Lebensraumorientierung ermöglichen eine differenzierte (Selbst-)Einschätzung und Qualitätsbeurteilung.

- **Programme für Eltern**
  M6 beschreibt fünf ausgewählte Präventionsprogramme für Eltern. Diese sind: „KES", „KESS", „Starke Eltern – Starke Kinder", „Step" und das „Gordon-Familien-Training". Diese Programme werden nicht nur über Vorschuleinrichtungen angeboten, sondern auch durch andere Bildungsträger wie Volkshochschulen oder den Deutschen Kinderschutzbund.

- **Programme für Kinder und Eltern**
  Die Forderung der Präventionsforschung lautet: Präventionsprogramme im Vor- und Grundschulbereich sollten immer die Eltern mit einbeziehen. Dies ist jedoch nur selten der Fall. M7 zeigt mit „Triple P" und „EFFEKT" zwei Beispiele für solche Programme, die dies tun.

- **Wichtige Ressourcen für Information und Qualifikation**
  Unter den folgenden Internetlinks finden Sie umfassende Informationen zu Themen der Gewaltprävention, zu Präventionsprogrammen, Qualitätskriterien und zu Fragen der Wirkungsforschung:
  – Deutscher Präventionstag:
    www.praeventionstag.de
  – Beccaria Programm: Qualität durch Kompetenz:
    www.beccaria.de
  – Datenbank empfohlener Präventionsprogramme:
    www.gruene-liste-praevention.de
  – Online-Familienhandbuch:
    www.familienhandbuch.de
  – Online-Handbuch Kindergartenpädagogik:
    www.kindergartenpaedagogik.de
  – Handbuch Gewaltprävention
    www.schulische-gewaltpraevention.de

M1 Ein Programm einführen

Gesichtspunkte zur Auswahl eines Programms

- Warum soll ein Gewaltpräventionsprogramm durchgeführt/eingeführt werden?
- Was soll mit dem Programm genau erreicht werden?
- An wen richtet sich das Programm?
  - Kinder (spezifische Problem- und Altersgruppen)?
  - Eltern?
  - Kinder und Eltern?
- Welche Progamme stehen zur Auswahl?
- Wer kann beraten?
- Wer hat konkrete Erfahrungen mit dem Programm?
- Was sind die genauen Programminhalte, die Methoden und Ziele?
- Ist das Programm evaluiert?
- Welche anderen Programme wurden/werden bereits durchgeführt? Mit welchen Erfahrungen?
- Kann das Programm von eigenen Mitarbeiterinnen und Mitarbeitern durchgeführt werden oder werden externe Fachkräfte benötigt?
- Wird eine spezielle Qualifizierung für die Durchführung des Programms benötigt?
- Wie viel Zeit wird für die Vorbereitung, Durchführung und Auswertung benötigt?
- Soll das Programm durch externe Expertinnen oder Experten begleitet werden?
- Handelt es sich um eine einmalige Maßnahmen oder um etwas Wiederkehrendes?
- Wie lassen sich die Wirkung (Effekte) wahrnehmen oder gar messen?
- Wie werden die Durchführung des Programms und die Ergebnisse dokumentiert?
- Wie kann ein Erfahrungsaustausch über das Programm mit anderen Einrichtungen initiiert werden?
- Welche Kosten sind mit dem Programm verbunden? Wie können diese finanziert werden?
- Stehen alle Fachkräfte (und die Leitung) hinter der Durchführung des Programms?
- Ist das Programm Teil eines umfassenderen Präventionskonzeptes?

M2 Leitlinien effektiver Programme

Übergreifender Ansatz
Risiko- und Schutzfaktoren werden in mehreren sozialen Bereichen zugleich angegangen (Familie, Schule, Nachbarschaft etc.) und mehrere Aktivitäten werden in ein Programm integriert (bspw. direkte Verhaltensprävention auf der individuellen Ebene und Verhältnisprävention durch Veränderung des Umfelds, z.B. Verbesserung des Schulklimas).

Methodenvielfalt
Mehr als eine Lern-, Lehr- oder Interventionsmethode wird verwendet. Interaktive Bestandteile, Übungen und praktische Anwendungen im Alltag werden verwendet, reine Informations- und Wissensvermittlung reicht nicht aus.

Ausreichende Intensität
Mehr als ein einmaliges Ereignis ist nötig, die Aktivität umfasst eine gewisse zeitliche Dauer und inhaltliche Intensität.
Das Niveau der Intensität passt zum Risiko-Niveau der Teilnehmer (je mehr Risiko vorliegt, umso intensiver ist die Maßnahme).
Nach dem Ende der Maßnahme werden später Auffrischungen vorgenommen („Booster-Sessions").

Theoriegesteuert
Eine wissenschaftliche Untermauerung und logische Begründung (Wirkmodell) ist vorhanden in Bezug auf
- Ursachen für das angegangene Problem (Risiko- und Schutzfaktoren).
- Methoden, die bestehende Risiken senken oder Schutz erhöhen können.

Positiver Beziehungsaufbau
Das Programm fördert starke, stabile und positive Beziehungen zwischen Kindern bzw. Jugendlichen und (erwachsenen) Rollenvorbildern aus dem sozialen Umfeld (also nicht nur zu externen Professionellen).

Passender Zeitpunkt
Das Programm startet, bevor das Problemverhalten begonnen hat (aber nicht zu früh, wenn der Inhalt noch keine Bedeutung für die Zielgruppe hat). Das Programm arbeitet zu einem (entwicklungstheoretisch) günstigen Zeitpunkt. Der Inhalt des Programms ist dem jeweiligen Entwicklungsstand der Altersgruppe angemessen.

Soziokulturell zutreffend
Das Programm passt zu den kulturellen Normen und Einstellungen der Zielgruppe(n).
Das Programm berücksichtigt auch individuelle Unterschiede in der Zielgruppe.

Wirkungsevaluation
Das Programm ist mit einem geeigneten Design auf seine Wirkungen hin untersucht. Das Programm besitzt ein internes Feedback- und Monitorings-System über die Umsetzung.

Gut ausgebildetes Personal
Das Programm arbeitet mit gut qualifiziertem und motiviertem Personal. Das Personal wird mit Qualifizierungen, Trainings, Fortbildungen, Supervision und Coaching unterstützt. Die Motivation und das Engagement des eingesetzten Personals werden gezielt gefördert.

Diese Eigenschaften effektiver Programme kommen nicht immer bei allen Programmen gleichzeitig vor, können aber als eine generelle Richtschnur für die Beurteilung und Weiterentwicklung von Präventionsangeboten verwendet werden. Allerdings bieten sie allein keine Gewähr dafür, dass ein Programm wirksam ist. Dies kann nur durch eine geeignete Evaluationsstudie herausgefunden werden.

www.gruene-liste-praevention.de/nano.cms/ datenbank/leitlinien

M3 Grüne Liste Prävention – 1

Hier sind nicht nur Programme, die sich auf den Vorschulbereich beziehen, sondern alle von der Grünen Liste Prävention aufgenommenen Programme aufgeführt.

Einstufungen von Präventionsprogrammen durch die Grüne Liste Prävention

Stufe 3: Effektivität nachgewiesen

In Stufe 3 „Effektivität nachgewiesen" werden nur die Programme eingeordnet, deren Evaluationsstudien den höchsten Standards einer Wirksamkeitsmessung entsprechen und demzufolge eine hinreichende bis sehr starke Beweiskraft haben.

Die vorliegenden Studien haben eine Zuweisung der Teilnehmer in die Kontroll- oder Interventionsbedingung nach dem Zufallsprinzip vorgenommen, oder es handelt sich um gut kontrollierte „Quasi-Experimente". Eine ausreichend große Anzahl an Interventions- und Vergleichsgruppen und Teilnehmern wurde gewählt. Eine „follow-up"-Messung mit positiven Ergebnissen wurde mindestens sechs Monate nach dem Ende der Maßnahme durchgeführt.

- Aktion Glasklar
- ALF: Allgemeine Lebenskompetenzen und -fertigkeiten
- Be smart – don't start: Der Wettbewerb für rauchfreie Schulklassen
- EFFEKT: Entwicklungsförderung in Familien: Eltern- und Kinder-Training
- ELTERN-AG: ein Präventionsprogramm für sozial benachteiligte Eltern
- fairplayer.manual
- GO! Gesundheit und Optimismus
- IPSY: Information und psychosoziale Kompetenz
- JobFit-Training: Training zum Aufbau sozialer und emotionaler Kompetenzen zur Vorbereitung auf Ausbildung und Berufstart

- KlasseKinderSpiel: Spielerisch Verhaltensregeln lernen
- MEDIENHELDEN
- Opstapje: Schritt für Schritt
- Papilio: Programm für Kindergärten zur Primärprävention von Verhaltensproblemen und zur Förderung sozial-emotionaler Kompetenz. Ein Beitrag zur Sucht- und Gewaltprävention
- PFADE: Programm zur Förderung Alternativer Denkstrategien
- Triple P: Positives Erziehungsprogramm für alle Eltern
- Unplugged: Suchtprävention im Schulunterricht.

Stufe 2: Effektivität wahrscheinlich

In Stufe 2 „Effektivität wahrscheinlich" wird ein Programm eingeordnet, dessen Evaluationsstudie(n) positive Ergebnisse gezeigt haben und die so angelegt sind, dass sie mehr als bloße Hinweise auf die Wirksamkeit geben.

Eine in diesem Sinne „vorläufige" oder „schwache" Beweiskraft haben Studien, die mit Kontrollgruppen arbeiten (dies können auch vor der Untersuchung bekannte Vergleichswerte im Sinne einer „Benchmark-Studie" sein). Im besseren Fall ist die Zuweisung der Teilnehmer in die Kontroll- und die Interventionsgruppe(n) nach dem Zufallsprinzip durchgeführt worden (ein „Zufalls-Experiment", bzw. ein „Randomized Controlled Trial", kurz RCT), um zu verhindern, dass die Interventionsgruppe deshalb ausgewählt wurde, weil sie z.B. eine höhere Bereitschaft für die Mitarbeit hatte. Eine genaue Messung der Unterschiede und eine kontrollierte Verteilung der Teilnehmer auf die Vergleichs- oder Interventionsgruppe(n) (ein sogenanntes „Quasi-Experiment") führt ebenfalls zu dieser Einstufung. Was die Studien in dieser zweiten Stufe nicht haben, ist eine Messung, ob die Effekte auch nach Abschluss der Maßnahme anhalten ("follow-up"). Auch eine Kontrollgruppenuntersuchung mit sehr wenigen Teilnehmern, die wenig

M3 Grüne Liste Prävention – 2

Aufschluss über die Verallgemeinerbarkeit gibt, wird hier eingeordnet.

- Balu und Du
- Big Brothers – Big Sisters Deutschland: Mentoren für Kinder
- buddY
- Eigenständig werden
- fairplayer.sport
- Faustlos: Curriculum zur Förderung sozial-emotionaler Kompetenzen und zur Gewaltprävention
- Fit for Life: Training sozialer Kompetenz für Jugendliche
- Gordon-Familien-Training (GFT)
- Klasse2000: Gesundheitsförderung in der Grundschule – Gewaltvorbeugung und Suchtvorbeugung
- Lions-Quest: Erwachsen werden
- Lubo aus dem All – 1. und 2. Klasse
- Mobbingfreie Schule: Gemeinsam Klasse sein!
- Olweus: Bullying Prevention Programm
- PaC Prävention als Chance: Gewaltprävention und soziales Lernen im Verbund
- Starke Eltern – starke Kinder
- STEEP: Steps toward effective and enjoyable parenting
- STEP: Systematisches Training für Eltern und Pädagogen
- Training mit Jugendlichen: Förderung von Arbeits- und Sozialverhalten
- wellcome: Praktische Hilfe für Familien nach der Geburt

Maßnahme nicht teilnehmen. Ohne solche Vergleichs- oder Kontrollgruppen bleibt aber unklar, ob die Veränderungen nicht auch ohne die Maßnahme eingetreten wären.

- Familienhebammen – eine Chance für Kinder
- FREUNDE: starke Kinder, gute FREUNDE – Ein Programm zur Lebenskompetenzförderung in Kindertageseinrichtungen
- FuN: Familie und Nachbarschaft – ein Modell zur Kooperation und Vernetzung familienbezogener Arbeit im Stadtteil
- HaLT: Hart am Limit
- HIPPY: Home Instruction for Parents of Preschool Youngsters (Hausbesuchsprogramm für Eltern mit Vorschulkindern)
- KESS erziehen: Weniger Stress – mehr Freude
- Konflikt-KULTUR
- Rucksack KiTa: Ein Konzept zur Sprachförderung und Elternbildung in der Kindertageseinrichtung
- Selbstwert stärken – Gesundheit fördern: Gesundheitsförderung durch Selbstwertstärkung in Grundschulen
- Wir kümmern uns selbst

Grüne Liste Prävention
Stand: 2.12.2013
www.gruene-liste-praevention.de/nano.cms/datenbank/alle

Die Liste wird laufend ergänzt.

Stufe 1: Effektivität theoretisch gut begründet
In Stufe 1 „Effektivität theoretisch gut begründet" wird ein Programm eingeordnet, dessen Konzept bestimmte Kriterien erfüllt, dessen Evaluationsstudie(n) aber noch keine Beweiskraft über die Wirksamkeit haben.
Es handelt sich z.B. um Prozessevaluationen, die allein die Qualität der Umsetzung betrachten, oder um Ergebnismessungen ohne die Untersuchung von vergleichbaren Personen, die an der

FÜR PÄDAGOGEN UND ELTERN

169

2.5 PRÄVENTIONSPROGRAMME

M4 Programme für Kinder – 1

Papilio

Papilio ist ein für Kindergärten konzipiertes Programm, das Verhaltensprobleme mindern und sozial-emotionale Kompetenzen fördern will. Als entwicklungsorientiertes Präventionsprogramm zielt Papilio darauf ab, Risikofaktoren wie Gewalt- und Suchtverhalten vorzubeugen, Schutz- und Resilienzfaktoren zu steigern und eine altersgemäße Entwicklung von Kindern zu fördern. Im Vordergrund steht das Loben von erwünschtem Verhalten, die Verbalisierung von Handlungsabfolgen und Aufforderungen sowie der Umgang mit Gruppenregeln und unerwünschten Verhalten.

Erzieher und Eltern werden mit einbezogen. Das Programm wird von Erziehern durchgeführt, die zur Qualifizierung ein einwöchiges Basisseminar, gefolgt von einem zweitägigem Vertiefungsseminar, absolviert haben.

Das Kinderprogramm richtet sich an Kinder zwischen 3–6 Jahren und umfasst drei sogenannte „Papilio-Maßnahmen". An dem Spielzeug-macht-Ferien-Tag, der einmal wöchentlich stattfindet, sollen die Kinder Wege finden, ohne die herkömmlichen Spielmaterialien miteinander zu spielen. Mit „Paula und die Kistenkobolde" sollen Kinder im Rahmen einer interaktiven Geschichte lernen, die Gefühle anderer und die eigenen wahrzunehmen und nachzuvollziehen. Die dritte Papilio-Maßnahme ist das „Meins-deins-deins-unser-Spiel". Hier sollen die Kinder in der Gruppe spielerisch den sozialen Umgang miteinander erlernen. Parallel dazu nehmen Eltern an Elternabenden teil, an denen sie Näheres zu dem Papilio-Programm erfahren und die Möglichkeit erhalten, über eigene entwicklungsfördernde Erziehungsmaßnahmen zu reflektieren. In der Grünen Liste Prävention wird das Programm unter „Effektivität nachgewiesen" geführt.

www.papilio.de

Kindergarten plus

„Kindergarten plus" ist sowohl ein primärpräventives als auch ein Bildungsprogramm, das darauf abzielt, das Selbstbewusstsein von Kindern und ihre sozialen und emotionalen Kompetenzen zu fördern. Im Mittelpunkt steht die Persönlichkeitsentwicklung des Kindes. Kinder sollen die Fähigkeiten erlernen, Emotionen zu erkennen, sie nachzuvollziehen, sich in der Gruppe behaupten zu können, zu kooperieren und Konflikte konstruktiv zu lösen. Hierzu werden auch Eltern sensibilisiert, Fachkräfte qualifiziert und die Beziehungen zwischen Eltern und Fachkräften gestärkt.

„Kindergarten plus" beinhaltet neun verschiedene Module, die sowohl vormittags als auch nachmittags angeboten werden und jeweils ca. eineinhalb bis zwei Stunden andauern. Die Gruppen bestehen aus 8–12 Kindern im Alter von 4–5 Jahren.

Das Programm richtet sich an alle Kinder einer Tageseinrichtung und kann somit parallel oder nacheinander durchgeführt werden. Es ist auch für Kinder mit besonderen Bedürfnissen geeignet und beinhaltet verschiedene pädagogische Handlungskonzepte und Ansätze.

Zu „Kindergarten plus" gehören Materialien für Eltern, Kinder und Fachkräfte. Die Kindermaterialien beinhalten Gefühlsbilder und -gesichter, ein Gefühlsbarometer, Wutkissen, Fingerpuppen, Lerngeschichten, Liederhefte und eine CD mit Kinderliedern.

Die vorhandenen Evaluationsergebnisse zeigen, dass das Programm Problemverhalten der Kinder verringern und prosoziales Verhalten fördern kann. In der Grünen Liste Prävention ist „Kindergarten plus" noch nicht bewertet.

www.kindergartenplus.de/index.htm

M4 Programme für Kinder – 2

Faustlos

Faustlos ist ein für Kindergärten entwickeltes Gewaltpräventionsprogramm, das darauf abzielt, aggressivem Verhalten bei Kindern präventiv entgegenzuwirken. Dabei stehen die Entwicklung von sozial-emotionalen Kompetenzen und der Umgang mit Ärger und Wut im Mittelpunkt. Die Hauptbereiche des Faustlos-Curriculums, Empathie, Impulskontrolle und der Umgang mit Ärger und Wut werden in insgesamt 28 Lektionen unterteilt, die aufeinander aufbauend spielerisch erarbeitet werden. Inhalte der Lektionen werden durch zwei Handpuppen, dem „Wilden Willi" und dem „Ruhigen Schneck" vermittelt. So können die Kinder schrittweise lernen, Emotionen zu erkennen, sie nachzuvollziehen, mit eigenen Emotionen umzugehen und Probleme friedlich zu lösen. Lob und Belohnungen sollen den Lernprozess der Kinder begleiten.

Voraussetzung für die Umsetzung der Faustlos-Curricula an Kindergärten ist die vorherige Teilnahme der pädagogischen Fachkräfte an einem eintägigen Fortbildungsprogramm und der Erwerb der Curriculumsmaterialien.

Das Heidelberger Präventionszentrum (HPZ) bietet auch ein Elternseminar an, das zeitlich an den Wünschen und Möglichkeiten der Eltern angepasst ist und in weiteren sieben Modulen (Elternabenden) Vertiefungen umfasst.

Faustlos wird deutschlandweit in über 10.000 Institutionen angewendet. In der Grünen Liste Prävention wird „Faustlos" in der Kategorie „Effektivität wahrscheinlich" geführt.

Heidelberger PräventionsZentrum (HPZ),
www.h-p-z.de
www.faustlos.de

Pfade

Pfade ist ein Programm zur Förderung alternativer Denkstrategien. Ziel ist es, die Entwicklung sozial-kognitiver und sozialer Kompetenzen zu unterstützen und insbesondere auch aggressives Problemverhalten zu vermindern.

Pfade arbeitet anhand klar strukturierter Einheiten. Im Zentrum stehen die Bereiche: Gefühle, gesundes Selbstwertgefühl, Selbstkontrolle, soziale Problemlösefähigkeiten, soziales Zusammenleben, Freundschaften und Regeln des Zusammenlebens. Dabei geht es um die Entwicklung von Schutzfaktoren.

Die Eltern werden laufend informiert und auch einbezogen sowie angeleitet, ihr Erziehungsverhalten positiv zu verändern. Die Einrichtung wird auf die Durchführung des Programms durch Beratungsgespräche und Informationen vorbereitet. Die Fachkräfte der Einrichtungen werden geschult, durch Pfade-Fachteams begleitet und unterstützt. Von besonderer Bedeutung ist die Umsetzung der Lernbereiche in der alltäglichen Arbeit vorschulischer Einrichtungen.

Das Programm wurde in den USA unter dem Namen „Paths" entwickelt und von der Universität Zürich für den deutschsprachigen Raum angepasst. Pfade wurde positiv evaluiert. In Deutschland wird Pfade bislang noch nicht angeboten.

www.gewaltprävention-an-schulen.ch

M4 Programme für Kinder – 3

Verhaltenstraining im Kindergarten

Dieses entwicklungsorientierte Präventionsprogramm zielt darauf ab, frühzeitig sozial-emotionale Kompetenzen von Kindern zu fördern und Entwicklungsrisiken zu mindern. Kinder sollen einen kompetenten Umgang mit ihren Mitmenschen, mit den Gefühlen dieser und mit allgemeinen Alltagsproblemen erlernen und in verschiedenen Lebensbereichen gefördert werden.

Im Vordergrund steht das Verhaltenstraining. Emotionswissen, Emotionsverständnis und Emotionsvokabular der Kinder sollen erweitert werden. Soziale Situationen sollen differenziert wahrgenommen und interpretiert sowie Handlungsmöglichkeiten geboten werden.

Das Programm umfasst insgesamt 25 Lerneinheiten, die innerhalb eines Kindergartenjahres durchgeführt werden können. Die Methoden sind altersgemäß angepasst. Die Kinder werden durch Rollenspiele, Phantasieübungen u.a. in die Themen eingeführt. Zu den Materialien gehören ein Trainingsmanual und eine Spielkiste für Kinder.

Das Verhaltenstraining wurde positiv evaluiert. In der Grünen Liste Prävention ist das Programm noch nicht bearbeitet.

Bremer Präventionsforum (BPF) der Universität Bremen/Zentrum für Klinische Psychologie und Rehabilitation, Universität Bremen
www.zrf.uni-bremen.de/zkpr/BPF/index.html

Franz Petermann/Ulrike Petermann: Training mit aggressiven Kindern. 13. überarb. Aufl., Weinheim/Basel 2012.

<aside>FÜR PÄDAGOGEN UND ELTERN

172

2.5 PRÄVENTIONSPROGRAMME</aside>

M5 Qualitätsanfragen an Elternkurse

1. Transparenz der theoretischen Grundlagen

Die Bezugstheorie muss bereits im Programm transparent gemacht werden, damit die theoretischen Grundlagen und die daraus resultierenden Methoden, Ziele und Inhalte nachvollziehbar sind.

2. Evaluationsergebnisse

Die Erfolge eines Kurses im Hinblick auf das veränderte Elternverhalten, die Interaktion zwischen Eltern und Kindern, das veränderte Verhalten des Kindes oder andere Variablen sollten durch empirische Untersuchungen von unabhängigen Forschungsgruppen belegt sein.

3. Methoden und Inhalte

In Elternkursen können Möglichkeiten zur Veränderung rigider Alltags- und Erziehungstheorien vor allem durch folgende Punkte gegeben sein:

- Die Teilnehmerinnen und Teilnehmer kommen freiwillig und haben einen (gewissen) Leidensdruck und/oder Veränderungswunsch.
- Die Teilnehmerinnen und Teilnehmer haben die Möglichkeit, ihr eigenes Verhalten zu reflektieren. Das setzt eine angstfreie Atmosphäre des emotionalen Lernens voraus.
- Die Kursleiterin/der Kursleiter ist ein positives Modell für ein neues Kommunikations- und Interaktionsverhalten.
- Fallbeispiele aus dem eigenen Erziehungsalltag werden besprochen, gespielt und durch erweiterte Handlungsoptionen neu bewertet und im Familienalltag erprobt.
- Neue Theorien über Erziehung und kindliche Entwicklung erweitern das vorhandene Wissen und werden auf das eigene Verhalten hin reflektiert.
- Der Erfahrungsaustausch mit anderen Eltern ermöglicht neue Perspektiven und relativiert die eigene Sicht.

4. Förderung von positiven Selbstwirksamkeitserwartungen

Die Selbstwirksamkeitserwartung beeinflusst das Verhalten und die jeweilige Zielsetzung. Durch die Erfahrung, dass neue Haltungen, Verhaltensweisen und Handlungsalternativen im familiären Alltag umsetzbar sind und diesen entspannen, führt zu der Erfahrung, dass die Eltern in ihren Rollen als Vater und Mutter etwas bewirken können (Erziehungsautorität).

5. Empowermentpotenziale

Ist das Konzept

- ermutigend und ressourcenorientiert statt defizit- und problemorientiert?
- unterstützend statt belehrend?
- selbstreflektierend statt rezeptorientiert?
- Werden durch praktische Übungen neue Erfahrungen ermöglicht?
- Werden eigene Handlungsalternativen im Umgang mit den Kindern unterstützt?

6. Orientierung an der Subjektstellung des Kindes

Ist auf der Basis der UN-Konventionen die Subjektstellung und Würde des Kindes der Ausgangspunkt für die Überlegungen von Interventionen und erzieherischen Konsequenzen und steht damit das Recht des Kindes auf eine gewaltfreie Erziehung im Mittelpunkt?

7. Ausbildung der Kursleiterinnen und Kursleiter

Sie müssen neben einer pädagogischen Grundausbildung in den Methoden dieses speziellen Konzeptes geschult sein und darüber hinaus über didaktische Kompetenz verfügen. Eine regelmäßige Supervision wäre sinnvoll.

Sigrid Tschöpe-Scheffler: Qualitätsanfragen an Elternkurse. Wie man Konzepte leichter beurteilen kann. In: TPS. Theorie und Praxis der Sozialpädagogik. 8/2004, S. 4–7, Auszüge.

M6 Programme für Eltern – 1

KES

Das Kompetenztraining für Eltern sozial auffälliger Kinder

KES ist ein Gruppentrainingsprogramm für Eltern sozial auffälliger Kinder, welches in seinem Trainingsprogramm vorrangig mit Verhaltensübungen arbeitet. Ziel ist es, Erziehungsschwierigkeiten in der Familie zu verbessern, familiäre Belastungen und Stresssituationen zu vermindern, eine positive Eltern-Kind-Interaktion aufzubauen und eine generelle Verbesserung des familiären Umfeldes zu gewährleisten.

Das Training ist auf Kinder zwischen 5–11 Jahren ausgerichtet und umfasst sieben wöchentliche Trainingseinheiten. Die Elterngruppen bestehen aus vier bis zehn Müttern und Vätern. Anhand alltäglicher Situationen, die in Rollenspielen aufgearbeitet werden, sollen Eltern lernen, ihr Kind konstruktiver zu einem erwünschten Verhalten anzuleiten. Im Vordergrund stehen die Stärken des Kindes und die der Eltern, sowie die positiven Aspekte der Eltern-Kind-Interaktion.

Das Programm wurde positiv evaluiert. Für die Grüne Liste Prävention wird geprüft, ob das Programm hierfür infrage kommt.

Humanwissenschaftliche Fakultät der Universität zu Köln: http://www.hf.uni-koeln.de/669

Gerhard W. Lauth / Bernd Heubeck: Kompetenztraining für Eltern sozial auffälliger Kinder (KES). Göttingen 2006.

KESS

kooperativ, ermutigend, sozial, situationsorientiert

Durch Elternkurse sollen praktische Anleitungen für den Erziehungsalltag gegeben werden. Familien sollen lernen, kooperativ miteinander umzugehen, individuelle Stärken zu erkennen, Eigenverantwortung zu übernehmen, emotionalen Bedürfnissen entgegenzukommen sowie situationsorientiert und gewaltfrei zu handeln.

Ziel ist es, Eltern zu helfen, die Grundbedürfnisse ihrer Kinder wahrzunehmen, einen respektvollen Umgang zu pflegen, Handlungskompetenzen im Umgang mit Konflikten zu erlernen und selbst Freude an der Erziehung ihrer Kinder zu entwickeln.

KESS bietet verschiedene Elternkurse an. So richtet sich der Kurs „Von Anfang an" an Eltern mit Kindern zwischen 1–3 Jahren, die in fünf Kurseinheiten lernen sollen, ihr Kind in seiner Entwicklung richtig zu fördern.

Für Eltern mit Kindern von 3–10 Jahren wurde „KESS-erziehen" entwickelt. Das Programm ist in fünf Lerneinheiten strukturiert. Während der Kurseinheiten sollen die Eltern praktische Handlungsoptionen erlernen, die einen demokratisch-respektvollen Erziehungsstil unterstützen. Mittels verschiedener Übungen, Impulsvorträgen und Reflexionsanleitungen sollen diese ihren Erziehungsstil weiterentwickeln.

KESS wurde von der Arbeitsgemeinschaft für katholische Familienbildung e.V. entwickelt. In der Grünen Liste Prävention wird das Programm in der Rubrik „Effektivität nachgewiesen" geführt.

www.kess-erziehen.de

M6 Programme für Eltern – 2

Starke Eltern – Starke Kinder
DKSB

Starke Eltern – Starke Kinder zielt darauf ab, Eltern in ihrer Erzieherrolle zu stärken, Kommunikation in der Familie zu fördern und Möglichkeiten gewaltfreier Konfliktlösung anzubieten. Eltern sollen in ihrem Familienalltag entlastet werden und eigene Freiräume schaffen. Im Rahmen des Kurses können Erfahrungen ausgetauscht und alternative Erziehungsmethoden erarbeitet werden.

Meist sind sich vor allem junge Eltern über Anforderungen und ihre eigene Erziehungsrolle nicht im Klaren, so dass auch Elternkurse angeboten werden, die speziell für Familien mit Kindern im Alter zwischen 0 bis 3 Jahren ausgerichtet sind. Der Kurs umfasst 8–12 Kurseinheiten die jeweils 2–3 Stunden dauern. Um Erlerntes leichter im familiären Alltag anzuwenden, ist es erwünscht, dass beide Elternteile an dem Kurs teilnehmen. Jede Kurseinheit befasst sich mit einer spezifischen Fragestellung, die zu Beginn der Einheit eingeführt wird. Danach sollen die Eltern durch Gruppenarbeit und Diskussionen diese Themen mit dem persönlichen familiären Alltag verknüpfen. Anleitungen und Vorgehensweisen für jedes Erziehungsalter sind in den Kursinhalten vorhanden. Starke Eltern – Starke Kinder wird auch als Fortbildungskurs angeboten, sodass Fachleute entweder selbst als Leiter eines Elternkurses agieren oder Gelerntes in ihrem beruflichen Alltag anwenden können.

Das Programm wurde vom Deutschen Kinderschutzbund Bundesverband e.V. entwickelt und wird deutschlandweit durchgeführt. In der Grünen Liste Prävention wird das Programm in der Stufe 2 „Effektivität wahrscheinlich" geführt.

Deutscher Kinderschutzbund Bundesverband e.V.
www.sesk.de

Step
Systematic Training for Effective Parenting

Step, auch Systematisches Training für Eltern genannt, wurde von amerikanischen Familientherapeuten entwickelt und möchte eine verantwortungsbewusste Erziehung des Kindes unterstützen. Dies bedeutet, dass Kinder innerhalb gewisser Grenzen selbst entscheiden dürfen, dafür aber auch selbst die Konsequenzen ihrer Entscheidungen tragen müssen. Eltern sollen lernen, wie diese Grenzen zu setzen sind und wie mit Eltern-Kind-Konflikten umzugehen ist, sodass Streit und Stress in der Erziehung vermieden werden können. Ziel ist es, eine von Respekt geprägte Eltern-Kind-Beziehung zu schaffen, in der familiäre Werte und die Persönlichkeit des Kindes berücksichtigt werden.

Die Kurse richten sich an Eltern von Kindern im Alter bis zu sechs Jahren und finden in zehn wöchentlichen Treffen statt. Bei diesen Treffen wird den Eltern gezeigt, wie sie die Stärken ihres Kindes erkennen und seine Beweggründe für sein Handeln verstehen können. Eltern erlernen so, in Konfliktsituationen die eigenen Emotionen sowie die des Kindes zu verstehen und angemessen zu handeln. Es werden klare Regeln des gegenseitigen Umgangs formuliert.

Der Kurs beinhaltet themenspezifische Übungen, an der Praxis orientierte Videobeispiele, Gruppendiskussionen, Rollenspiele sowie einen laufenden Erfahrungsaustausch.

Das Programm wurde positiv evaluiert. STEP wird bundesweit von verschiedenen staatlichen, städtischen oder kirchlichen Organisationen angeboten. In der Grünen Liste Prävention wird das Programm in der Stufe 2 „Effektivität wahrscheinlich" geführt.

www.instep-online.de

Gordon-Familien-Training

Das Gordon-Familien-Training ist ein präventiv verhaltenstherapeutisch orientiertes Training. Ziel ist es, Eltern Einsichten und Kompetenzen zu vermitteln, um ihre Kinder verantwortlich erziehen zu können und eine friedliche und verständnisvolle Familienstruktur aufzubauen. Eltern sollen sich ihrer eigenen Rolle besser bewusst werden, dem Kind Offenheit, Ehrlichkeit und Sicherheit vermitteln und dem Kind helfen, Probleme und Konflikte zu lösen.

Das Programm umfasst zehn Sitzungen mit je drei Stunden und kann an Abenden oder Wochenenden durchgeführt werden. Durch Rollenspiele, Familienübungen, Gruppenarbeiten und Demonstrationen sollen die Eltern praktische Ansätze erlernen, die dann individuell vertieft werden. Zu den erlernten Methoden gehören u.a.: Ich-Botschaften, aktives/empathisches Zuhören sowie Kommunikations- und Konfrontationstechniken.

Das Familientraining wird von verschiedenen Veranstaltern angeboten. In der Grünen Liste Prävention wird das Programm in der Stufe 2 „Effektivität wahrscheinlich" geführt.

www.gordonmodell.de

M7 Programme für Eltern und Kinder

Triple P
Positive Parenting Program

Das Programm Triple P steht für positive Erziehungsmaßnahmen, die individuell auf die Stärken einzelner Familien aufgebaut werden. Ziel ist es, die Entwicklung und die sozialen Kompetenzen von Kindern zu fördern, Verhaltens- oder Entwicklungsstörungen vorzubeugen und eine gewaltfreie und schützende Umgebung für Kinder zu schaffen, indem Erziehungs- und Problembewältigungskompetenzen der Eltern verbessert werden.

Das Programm kann sowohl von Eltern als auch von Fachleuten und Institutionen genutzt werden. Triple P für Eltern beinhaltet eine Reihe von Inputs, Kurzberatungen, Gruppen- und Einzeltrainings. Es ist für Eltern mit Kindern bis zu 12 Jahren geeignet und umfasst fünf Interventionsebenen mit steigendem Intensitätsgrad. Eltern sollen so bestmöglich individuell zugeschnittene Hilfeleistungen im Erziehungsalltag geboten bekommen. Zu den erlernten Methoden gehören u.a.: das Time-Out („Stiller Stuhl"/Auszeit), das Chaining (Fragen-Sagen-Tun), ein Kommunikationstraining, sowie die Erstellung von Tages- und Familienplänen.

Beratungs-, Trainings- und Kurskonzepte von Triple P werden in zahlreichen Kindertagesstätten, Schulen, Beratungsstellen und Familienbildungshäusern angeboten. In der Grünen Liste Prävention wird das Programm in der Rubrik „Effektivität nachgewiesen" geführt.

www.triplep.de

EFFEKT
Entwicklungsförderung in der Familie

Das Präventionsprogramm EFFEKT wurde im Rahmen der Erlangen-Nürnberger Studie „Soziale Kompetenz für Kinder und Familien" entwickelt und besteht aus verschiedenen Eltern- und Kinderkursen, die sowohl einzeln als auch in Kombination angewendet werden können. Es zielt einerseits darauf, Kindern ein gesundes soziales Verhalten zu vermitteln und somit Verhaltensstörungen zu mindern, andererseits, Eltern konstruktive und positive Erziehungsregeln nahe zu legen und ihnen zu helfen, mit Erziehungsproblemen umzugehen.

„EFFEKT-Interkulturell" ist eine abgewandelte Form des Kurses EFFEKT und richtet sich ausschließlich an Kinder und Eltern mit Migrationshintergrund.

Die Kinderkurse richten sich an Kinder zwischen 4–7 Jahren und werden von ausgebildeten Kursleiterinnen und -leitern zwischen 10–15 Kurseinheiten spielerisch durch Handpuppen, Sing- und Bewegungsspiele, Bildvorlagen, Rollenspiele, Fragespiele, dem Ausmalen von Bildvorlagen usw. durchgeführt. Zu den Kinderkursen gehören: „Ich kann Probleme lösen." (IKPL), „Ich kann Probleme lösen 1. Klasse Weltreise." (IKPL 1. Klasse) und das Grundschultraining , „Training im Problemlösen" (TIP).

Die Elternkurse richten sich an Eltern mit Kindern im Alter von 3 bis 10 Jahren und finden in der Regel in sechs Kurseinheiten statt. Das Programm umfasst einen Elternkurs wie auch den Mutter-Kind-Kurs EFFEKT-E. In der Grünen Liste Prävention wird das Programm in der Rubrik „Effektivität nachgewiesen" geführt.

Universität Erlangen-Nürnberg, Institut für Psychologie I
www.effekt-training.de

3.1 Resilienzorientierung

Grundwissen

Materialien
Für Pädagogen und Eltern

Risiko- und Schutzfaktoren

Als Schlüssel zur Gewaltprävention wird das Konzept der Risiko- und Schutzfaktoren gesehen. Wissenschaftliche Untersuchungen haben in den letzten Jahren eine Fülle von Einflussfaktoren auf die Entwicklung und das Verhalten von Kindern sowohl im persönlichen Bereich als auch im Umfeld von Kindern identifiziert. Aggressives und gewalttätiges Verhalten ist von vielen Risikofaktoren abhängig, die sich gegenseitig verstärken können und nicht auf einzelne Ursachen zurückzuführen sind.

Die Risikofaktoren für Gewalttätigkeit verändern sich je nach Lebensalter und Entwicklungsstand und hängen vom sozialen und gesellschaftlichen Kontext ab. Was für das eine Kind ein Risikofaktor darstellt, muss für das andere noch keiner sein.

Resiliente Verhaltensweisen haben sich als wirksame Schutzfaktoren gegen gewalttätiges Verhalten erwiesen. Sie bewusst und gezielt zu fördern, ist deshalb ein zentraler Ansatz jeder Gewaltprävention im vorschulischen Bereich.

Resilientes Verhalten kann nicht einfach als soziale Kompetenz verstanden werden. Soziale Kompetenz, so das Online-Lexikon Wikipedia, bezeichnet die persönlichen Fähigkeiten und Einstellungen, die dazu beitragen, das eigene Verhalten von einer individuellen auf eine gemeinschaftliche Handlungsorientierung hin auszurichten. Sozial kompetentes Verhalten verknüpft die individuellen Handlungsziele von Personen mit den Einstellungen und Werten einer Gruppe.

Resilientes Verhalten meint mehr: Es geht um die Frage, warum bestimmte Menschen oder Menschengruppen besser mit Schwierigkeiten und belastenden Situationen umgehen können als andere und warum sie „Schicksalsschläge" und traumatische Erlebnisse so verarbeiten können, dass sie daran wachsen und nicht zerbrechen. Resilienz, verstanden als psychische Widerstandskraft, ist das Ergebnis des langfristigen Aufbaus von Ressourcen (Wustmann 2011, S. 357).

Die Resilienzforschung hat förderliche Faktoren benannt und Hinweise zum Erwerb und der Förderung resilienter Verhaltensweisen erarbeitet.

„Resilienz sollte als unerlässliches Erziehungsziel angesehen werden, welches für alle Kinder anwendbar ist. Resiliente Kinder und Jugendliche sind optimistisch und haben ein hoch entwickeltes Selbstwertgefühl im Gegensatz zum herrschenden Zeitgeist. Wir denken oft, wenn Kinder nicht mit Problemen in Kontakt kommen, ist es gut. Das ist falsch. Fehler bringen junge Menschen weiter und machen sie stark."
(Friederichs 2007, S. 16)

Risikofaktoren

Risikofaktoren sind als Einflussfaktoren zu verstehen, die in der Kombination von biologischen und sozialen Prozessen zu Gewaltverhalten führen können. Der Einfluss der Risikofaktoren verändert sich mit der Entwicklung und dem Lebensalter von Kindern. Neue Risikofaktoren kommen hinzu. So ist z.B. der Einfluss der Familie in der frühen Kindheit groß, während in der Adoleszenz die Peergruppe wichtiger wird. Risikofaktoren können kumulieren. Doch nicht nur die zahlenmäßige Kumulation einzelner Risiken, sondern auch deren Zusammenwirken und die gegenseitige Verstärkung ist von Bedeutung (vgl. Scheithauer 2012, S.52).

Eine solche Häufung von Risiken findet man z.B. bei Kindern, die misshandelt oder vernachlässigt werden, die in armen Verhältnissen aufwachsen mit alleinerziehenden Elternteilen, in einer ungünstigen Nachbarschaft mit Gewalt, Drogenkonsum oder Kriminalität.

Eine Häufung von Risikofaktoren vergrößert die (statistische) Wahrscheinlichkeit des Auftretens von Gewalt. Sie ist jedoch nie eine Vorhersage für den Einzelfall. Dies macht eine sehr differenzierte Betrachtung des Themas notwendig. Risikofaktoren begleiten und beeinflussen das Aufwachsen von Kindern. Von besonderer Bedeutung sind die Risikofaktoren, die in der frühen Kindheit auftreten.

Das Konzept der Risikofaktoren reicht für ein gewaltpräventives Vorgehen nicht aus. Für sich genommen fördert es eine Defizitorientierung und ist mit der Gefahr der Etikettierung und Stigmatisierung verbunden.

Grenzen des Konzepts

- Kein einzelner Risikofaktor ist so einflussreich, dass er Aggression und Gewalt bei einem Kind verursachen kann.
- Risikofaktoren können dazu dienen, die Wahrscheinlichkeit von Gewalt in bestimmten Gruppen von Kindern vorauszusagen, nicht jedoch bei einzelnen Kindern.
- Die Aussagen und Schlüsse aufgrund von Risikofaktoren müssen sehr vorsichtig und behutsam getroffen werden.
- Manche Risikofaktoren können durch pädagogische Maßnahmen nicht verändert werden. Ihre Beeinflussung kann deshalb auch nicht das Ziel pädagogischer Programme sein.
- Situative Faktoren, die einen erheblichen Einfluss auf die Eskalation und Dynamik von Konflikten haben, können durch Risikofaktoren nicht erfasst werden.
- Als Risikofaktoren werden oft Abweichungen von der als „normalem Verhalten" bezeichneten Norm angenommen. Dabei müsste jedoch gefragt werden, wer diese Norm setzt und wodurch sie sich legitimiert.

Fehlentwicklungen

Langfristige Fehlentwicklungen sind umso wahrscheinlicher,
- je mehr Risikofaktoren vorliegen und kumulieren.
- je weniger Ressourcen zur Verfügung stehen.
- je früher ein Problemverhalten gezeigt wird.
- je häufiger ein Problemverhalten auftritt.
- je länger ein Problemverhalten bereits gezeigt wurde.
- je vielfältiger das Problemverhalten ist (z.B. Hyperaktivität, Impulsivität, oppositionelles und aggressives Verhalten, Delinquenz und Kriminalität).
- je verschiedener die Kontexte (Familie, Kindergarten, Schule usw.) sind, in denen das Problemverhalten gleichzeitig auftritt.

(DFK 2013, S.18)

Ressourcenorientierung

Ressourcen

„Die psychische Wider-
standsfähigkeit von Kindern
und Jugendlichen ist vor
allem darauf zurückzufüh-
ren, dass es den Betrof-
fenen gelingt, internale
und externale Ressour-
cen erfolgreich zu nutzen,
um anstehende Entwick-
lungsaufgaben zu bewäl-
tigen. Deshalb geraten die
Potentiale und Ressourcen,
die die kindliche Entwicklung schützen und stärken,
zunehmend in das Zentrum
der Resilienzforschung."
(Klemenz 2003, S. 28)

Schutzfaktoren sind mehr als die Abwesenheit von Risikofaktoren. Kein Missbrauch und keine Misshandlung zu erleben, bedeutet nicht, dass eine gute elterliche Beziehung zum Kind vorhanden ist. Der Blick auf Schutzfaktoren ermöglicht ein entwicklungsförderndes, ressourcenorientiertes Handeln. Schutzfaktoren hängen mit psychischen Grundbedürfnissen von Kindern zusammen. Denn als Schutzfaktor wirkt, was diese Grundbedürfnisse befriedigen kann (Klemenz 2009, S. 360 ff.). Ressourcenorientiertes Handeln unterstützt die Bewältigung von Entwicklungsprozessen und stellt Mittel zur Bedürfnisbefriedigung bereit. Eine ressourcenorientierte Vorgehensweise ermöglicht es, Kinder in ihren positiven Möglichkeiten und individuellen Stärken wahrzunehmen und zu fördern (vgl. Kneise 2008, S. 91 ff., S. 259).

Psychische Grundbedürfnisse von Kindern

Was Menschen antreibt und motiviert, wird wesentlich von ihren körperlichen und psychischen Grundbedürfnissen bestimmt. Neben den körperlichen Grundbedürfnissen, wie z.B. Nahrung und Bewegung, wurden in den letzten Jahren auch psychische Grundbedürfnisse von Kindern identifiziert, die (über-)lebensnotwendig sind. Diese sind: (1) Lustgewinn und Unlustvermeidung, (2) Orientierung und Kontrolle, (3) Selbstwertschutz und Selbstwerterhöhung und (4) eine sichere Bindung (vgl. zum Folgenden Klemenz 2009, S. 364; Borg-Laufs / Dittrich 2010, S. 7 ff.).

- **Lustgewinn und Unlustvermeidung:** Menschen bewerten Situationen (bewusst oder unbewusst) nach den Kategorien „gut" und „schlecht". Sie streben danach, Unlust zu vermeiden und angenehme Zustände (Lust) zu erleben. Dieses Motiv ist bereits bei Kleinkindern wirksam. Es sind jedoch nicht die Dinge an sich, die Lust oder Unlust bereiten, sondern deren kognitiv-emotionale Bewertung. Was Lust und Unlust verursacht, ist also sehr individuell.

- **Orientierung und Kontrolle:** Menschen streben danach, die Welt, in der sie leben, zu verstehen und auf wichtige Bereiche Einfluss nehmen zu können (Selbstwirksamkeitserwartung). Ein angenommener oder tatsächlicher Verlust über die Kontrolle der Umwelt verursacht Angst. Deshalb sind Strukturen und Regeln sowie entwicklungsangepasste Möglichkeiten der Beteiligung an Entscheidungen wichtig.

- **Selbstwertschutz und Selbstwerterhöhung:** Menschen wollen sich selbst als „gut" und wertvoll sehen können und auch von anderen so wahrgenommen und anerkannt werden. Selbstwertdienliche Erfahrungen sind deshalb von großer Wichtigkeit, da sie das eigene Selbstbewusstein stabilisieren. Kinder benötigen hierzu von ihren wichtigsten Bezugspersonen Lob und Unterstützung. Permanente Kritik und Abwertung sind hinderlich. Sich selbst abzuwerten (oder gar abzulehnen) sind Hinweise auf psychische Problemlagen. Menschen neigen

dazu, sich in Situationen zu begeben, in denen sie selbstwertdienliche Erfahrungen machen können und andere Situationen meiden.
- **Bindung:** Für eine psychisch gesunde Entwicklung ist ein befriedigtes Bindungsbedürfnis wesentlich. Bindungsrelevante Erfahrungen können das gesamte Leben über gemacht werden (jedoch mit abnehmendem Wirkungsgrad).

Diese vier Bedürfnisbereiche stehen in enger Beziehung zueinander und ergänzen sich gegenseitig. Menschen streben danach, Verhaltenstendenzen und psychische Bestrebungen widerspruchsfrei und sinnhaft zu organisieren, abzustimmen und miteinander zu verknüpfen, sodass die eigene Person und die Welt als stimmig erlebt werden können. Sie handeln nach dem sog. Konsistenzprinzip (vgl. Klemenz 2009, S. 369).

Einflüsse auf die Befriedigung psychischer Grundbedürfnisse

	positive Einflüsse	negative Einflüsse
Bindung	• Zugehörigkeit • tragfähige Beziehungen zu Menschen	• Ausschluss • keine tragfähigen Beziehungen zu Menschen
Orientierung	• die Welt verstehen können • Strukturen, Regeln, Rituale und Bräuche	• die Welt nicht verstehen • Kontrollverlust, Abhängigkeit • keine Orientierungsmöglichkeit
Selbstwertschutz	• Werte, Orientierung • mitentscheiden können • Achtung • Wertschätzung • Respekt • Selbstwirksamkeit	• Missachtung • nicht mitentscheiden können • Gleichgültigkeit, Abwertung • Respektlosigkeit • keine Selbstwirksamkeit erleben können
Lustgewinn	• Lust erleben • angenehme Gefühle und Empfindungen • etwas als „gut" empfinden • Erfolge/etwas zustande bringen	• Unlust erleben • unangenehme Gefühle • etwas als „schlecht" empfinden • Misserfolge

Die Befriedigung eines Bedürfnisses kann ein anderes Bedürfnis verletzen. Eine Grundaufgabe ist deshalb, Bedürfnisse und deren Befriedigung miteinander zu verbinden bzw. diese psychisch zu integrieren. Ressourcenförderung ist besonders dann effektiv, wenn sie Kinder entsprechend ihrem Entwicklungstand ermöglicht,

- „sich sicher zu orientieren,
- ein Stück weit Kontrolle über ihren Alltag (zurück) zu gewinnen,
- eine längerfristig positive Lust-Unlust-Balance herzustellen,
- Bindungen aufzubauen und zu sichern sowie
- selbstwertdienliche und -stabilisierende Erfahrungen machen zu können" (Kneise 2008, S. 92; vgl. auch Klemenz 2003, S. 43–120).

Präventionsmaßnahmen müssen deshalb im Einklang mit der Befriedigung dieser psychischen Grundbedürfnisse stehen.

Sichere Bindung als Schutzfaktor

„In den ersten Lebensjahren geht das Kind Bindungen zu den Personen ein, die seine körperlichen und psychischen Bedürfnisse regelmäßig befriedigen. Diese Bindungen sichern das Überleben und stellen Erfahrungen dar, die das zukünftige Bindungsverhalten und den Umgang mit anderen Menschen mitbestimmen." (Werner 2006, S. 13–2)

Die Entwicklung einer sicheren Bindung zu einer konstanten Bezugsperson (die oft auch als „sichere Basis" oder „sicherer Hafen" bezeichnet wird) wird heute allgemein als Grundlage für eine gelingende Ichentwicklung angesehen. Das Bindungskonzept geht auf den britischen Kinderarzt und Psychoanalytiker John Bowlby zurück. Er untersuchte die Auswirkungen von Trennungserfahrungen bei verhaltensauffälligen Kindern in den 1950er Jahren und erkannte die Bedeutung einer sicheren Mutter-Kind-Bindung.

Nach Bowlby haben sich „gegen Ende des ersten Lebensjahres bei allen normal entwickelten Kindern klar identifizierbare Bindungsmuster herausgebildet" (vgl. Suess 2011, S. 10). Mit etwa drei Jahren treten Kinder in eine weitere Phase ein. Kinder sind nun in der Lage, ihre Bindungsbedürfnisse mit ihren Bindungspartnern zu verhandeln, da sie deren Absichten und Pläne stärker erkennen und einbeziehen können. Suess weist darauf hin, dass die Forschungslage verdeutlicht, dass in der Bindungsentwicklung besonders die Zeit zwischen dem 6. und 24. Lebensmonat entscheidend sei. „Verfügt ein Kind in dieser Lebensphase nicht über die Möglichkeit für eine spezielle Bindungsbeziehung, sind die schädigenden Einflüsse bis in die körperliche Entwicklung hinein bemerkbar." (Ebd.)

Wenn Kinder sicher gebunden sind, können sie sich auch von der jeweiligen Bezugsperson (vorübergehend) wieder lösen, um die Welt zu erkunden. Zur sicheren Bindung gehören deshalb nicht nur das Trösten und Unterstützen, sondern ebenso die Förderung des Erkundungs- und Explorationsdranges.

Sichere Bindungen können eine gesunde seelische Entwicklung ermöglichen, von Mangel geprägte und belastete Bindungserfahrungen dagegen verursachen seelische Notlagen und beeinträchtigen die Entwicklung. Für ein Kind sind das vor allem der Verlust der Eltern oder naher Familienangehöriger und Verhaltensweisen der Eltern dem Kind gegenüber, die es verunsichern, vernachlässigen oder ihm Schaden zufügen. Körperliche und seelische Misshandlungen gehören auch dazu (Alberti 2010, S. 59).

Bindungsqualitäten

In der Bindungstheorie werden verschiedene Bindungsqualitäten innerhalb der Eltern-Kind-Bindung unterschieden:

- **Sichere Bindung:** Hier werden Nähe- und Distanzierungsbedürfnisse überwiegend feinfühlig beantwortet und das Kind erfährt eine stimmige Resonanz auf seine Signale. Später wird es selbst auf gute Weise Nähe und Distanz regulieren können und in der Lage sein, empathisch auf andere einzugehen.
- **Unsichere Bindung:** Das Kind bekommt zu wenig stimmige Resonanz auf seine Signale, es wird vernachlässigt und zurückgewiesen. Der zeitlich begrenzte oder dauerhafte Verlust von Mutter oder Vater oder schwere körperliche und psychische Erkrankungen der Eltern können zu einer unsicheren Bindungsqualität führen. Später wird ein Kind mit einer unsicheren Bindungserfahrung eventuell übermäßig nach Sicherheit suchen oder aber Nähe vermeiden.
- **Ambivalent-unsichere Bindung:** Das Kind erlebt keine Zuverlässigkeit und Vorhersehbarkeit im Verhalten der Eltern: Es wird mit Liebe „überschüttet" und im nächsten Moment abgelehnt. So wird es später eher ambivalent auf Beziehungsangebote reagieren.
- **Emotional-missbräuchliche Bindung:** Das Kind hat die Aufgabe einer emotionalen Versorgung der Eltern übernommen. Erfüllt es diese Rolle, wird es seinerseits geliebt. Die Familienordnung zwischen Eltern und Kindern wird aufgehoben beziehungsweise umgedreht. Das Kind gibt den Eltern Zuwendung, hört ihre Sorgen an, tröstet sie und liebt sie, weil sie Liebe brauchen. Emotional missbrauchte Kinder können in späteren Bindungsbeziehungen oft nur schwer ihre Interessen vertreten, sie haben früh gelernt, dass die Bedürfnisse der anderen immer Vorrang haben.
- **Desorganisierte Bindung:** Das Kind erfährt körperliche und seelische Gewalt. Kinder, die mit häuslicher Gewalt, Vernachlässigung oder gravierenden psychischen Störungen eines Elternteils aufwachsen, sind hiervon betroffen. Orientierungslosigkeit, mangelndes Vertrauen und Angst vor anderen Menschen können daraus entstehen. Spätere Bindungen/Beziehungen können dadurch immer wieder belastet werden.

(Alberti 2010, S. 58 ff., Auszüge)

Soziale Anerkennung als Schutzfaktor

Joachim Bauer (2008, S. 19 ff.) zeigt vor dem Hintergrund neurobiologischer Forschungen, dass unsere Motivationssysteme dann im Gehirn verankert werden, wenn Interesse, soziale Anerkennung und persönliche Wertschätzung erlebt werden. Dabei ist die Qualität der Interaktion wichtig. Kinder erhalten diese notwendige Wertschätzung im Rahmen zuverlässiger persönlicher Beziehungen zu ihren Bezugspersonen. Nur dort, wo sich Bezugspersonen für das einzelne Kind persönlich interessieren, kommt es in diesem zu einem Gefühl, dass ihm eine Bedeutung zukommt, dass das Leben einen Sinn hat und dass es sich deshalb lohnt, sich für Ziele anzustrengen. Kinder haben ein biologisch begründetes Bedürfnis, Bedeutung zu erlangen. Ohne Beachtung können sie nicht nur keine Motivation aufbauen, sondern sich auch insgesamt nicht gesund entwickeln. Gerade weil Kinder diese Anerkennung suchen, wollen sie auch eine klare Auskunft darüber haben, was ihre Bezugspersonen von ihnen erwartet.

Bauer weist noch auf einen anderen bedeutsamen Zuammenhang hin: An der Art und Weise, wie Kinder von ihren Eltern und Lehrern wahrgenommen werden, erkennen sie, wer sie selbst sind und wer sie sein könnten, das heißt, worin ihre Potenziale und Entwicklungsmöglichkeiten bestehen (ebd, S. 26 f.). Kinder und Jugendliche verwerten dabei Informationen der unmittelbaren erwachsenen Vorbilder sowie die Spiegelung (ihres eigenen Bildes), die sie von ihren Bezugspersonen erhalten.

Kommunikative Kompetenzen als Schutzfaktoren

Sprachfähigkeiten sind wichtig, da sie der Schlüssel zur sozialen Interaktion und Lernfähigkeit darstellen. Sprachliche Ausdrucksfähigkeit, Sprach- und Kommunikationsfähigkeit ermöglichen es Gefühle, Bedürfnisse und Meinungen mitteilen zu können. Mangelnde Wertschätzung anderer gegenüber sowie aggressives und dissoziales Verhalten sind häufig verbunden mit verbalen Kommunikationsschwierigkeiten (vgl. Gross 2008, S. 29).

Familien und Kindertageseinrichtungen, die Sprach- und Kommunikationsprobleme bei Kindern vor dem fünften Lebensjahr im Blick haben und Fördermaßnahmen rechtzeitig beginnen, können negative Entwicklungen verhindern, die später nur schwer zu beeinflussen sind.

Die erfolgreichste Strategie, dissoziales Verhalten, verbunden mit späteren Benachteiligungen und ungünstigen Entwicklungen, zu verhindern ist, den Spracherwerb und darauf aufbauend die Schreib- und Lesefähigkeit zu fördern. Denn mangelnde Fähigkeiten in diesen Bereichen sind eng mit ungünstigen oder gar dissozialen Entwicklungen verbunden. Zahlreiche Untersuchungen haben drei zentrale Schutzfaktoren für den Vorschulbereich identifiziert, die die Wahrscheinlichkeit positiver Entwicklungen erhöhen (vgl. Gross 2008, S. 21):

- Sprachverständnis und sprachliche Ausdrucksfähigkeit (und damit verbunden spätere Lese- und Schreibfähigkeit)
- soziale und emotionale Kompetenzen
- Unterstützung der Erziehungskompetenzen der Eltern.

Sprache

„Wir müssen den Sprachentwicklungsprozess in den Mittelpunkt stellen, so früh wie möglich damit beginnen, und zwar nicht allein im Kindergarten, sondern mit der Familie. Wir müssen der Familie die Zuversicht vermitteln, dass wir die Muttersprache schätzen und nach Möglichkeit fördern. Deshalb sollten die Familien nicht nur Angebote zum Erwerb der deutschen Sprache bekommen, sondern ebenso Angebote zur Weiterentwicklung der Muttersprache. Letztlich sind wir gut beraten, den Sprachentwicklungsprozess von Migrantenkindern mit einer positiven Thematisierung ihrer Kultur in der Kindergruppe zu begleiten." (Fthenakis 2007, S. 13)

GRUNDWISSEN

187

3.1 RESILIENZORIENTIERUNG

Resilienzorientierung

Das Resilienzkonzept nimmt den Ansatz von Schutzfaktoren auf und integriert ihn in eine eigene umfassendere Sichtweise, die auf der von Aaron Antonovsky entwickelten Salutogenese fußt. Salutogenese hat den gesamten Menschen im Blick und fördert die eigene Entwicklung und Selbstregulation im Sinne einer anzustrebenden „Gesundheit". Resilienzforschung ist ein relativ neuer und zunehmend beachteter Ansatz zur Förderung und Unterstützung kindlicher Entwicklung in schwierigen Situationen (vgl. Zander 2011; Brisch/Hellbrügge 2012; Opp u.a. 1999).

Der Begriff Resilienz stammt aus der Baukunde und beschreibt dort die Biegsamkeit von Material. Er lässt sich am Besten mit „biegen statt brechen" umschreiben. Unter Resilienz wird die Fähigkeit von Menschen verstanden, Krisen unter Rückgriff auf persönliche und sozial vermittelte Ressourcen zu meistern und als Anlass für Entwicklung zu nutzen, wobei dieser Prozess das ganze Leben hindurch andauert.

selbstverstärkende Faktoren

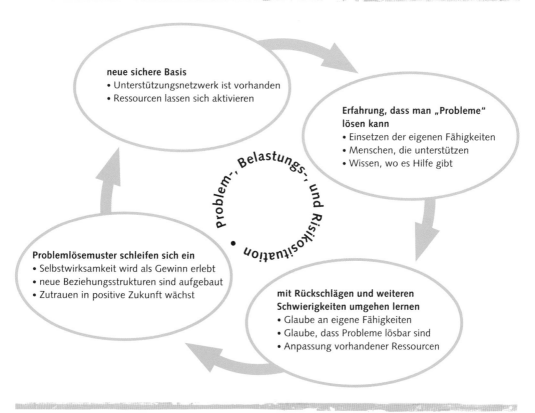

neue sichere Basis
- Unterstützungsnetzwerk ist vorhanden
- Ressourcen lassen sich aktivieren

Erfahrung, dass man „Probleme" lösen kann
- Einsetzen der eigenen Fähigkeiten
- Menschen, die unterstützen
- Wissen, wo es Hilfe gibt

Problemlösemuster schleifen sich ein
- Selbstwirksamkeit wird als Gewinn erlebt
- neue Beziehungsstrukturen sind aufgebaut
- Zutrauen in positive Zukunft wächst

mit Rückschlägen und weiteren Schwierigkeiten umgehen lernen
- Glaube an eigene Fähigkeiten
- Glaube, dass Probleme lösbar sind
- Anpassung vorhandener Ressourcen

Problem-, Belastungs- und Risikosituation

Resilienzforschung untersucht schwerpunktmäßig drei Bereiche (Nuber 2004, S. 21 f.):

- Wie ist bei Kindern eine gesunde Entwicklung möglich, obwohl sie mehrfach vorhandenen Risikofaktoren wie Armut, Vernachlässigung, Misshandlung oder alkoholkranken Eltern ausgesetzt sind?
- Warum zerbrechen Menschen nicht an extremen Stressbedingungen?
- Warum und wie sind Menschen in der Lage, sich von traumatischen Erlebnissen (Gewalterfahrungen, Naturkatastrophen, Kriegserlebnissen, Tod eines nahe stehenden Menschen) relativ schnell zu erholen?

Dabei ist das Ziel, protektive Faktoren zu identifizieren und entwickeln zu können. Im Mittelpunkt einer Resilienzorientierung in der pädagogischen Praxis steht, vorhandene Fähigkeiten und Kompetenzen weiter zu fördern und zu stärken, die Selbstheilungskräfte und sozialen Netzwerke zu aktivieren und somit „schützende" Faktoren und Beziehungen zu entwickeln und stabilisieren zu können.

Dieser Ansatz der Entwicklung „seelischer Stärke" geht davon aus, dass Menschen nicht einfach Produkt ihrer Umstände oder ihrer Sozialisation sind, sondern sich auch aus eigener Kraft entwickeln können. Schwerwiegende frühkindliche Beeinträchtigungen wie Vernachlässigung oder Misshandlung müssen nicht zwangsläufig zu späteren gesundheitlichen und psychischen Problemen führen. Allerdings darf dabei nicht übersehen werden, dass solche Kinder in ihrem Leben hierfür auch einen Preis bezahlen müssen, z.B. als Kind die eigene, schwer belastete Familie zu verlassen (vgl. Grossmann 2012, S. 31).

Resiliente Kinder verfügen also über Schutzfaktoren, welche die negativen Auswirkungen widriger Umstände abmildern:

- Sie finden Halt in einer stabilen emotionalen Beziehung zu Vertrauenspersonen außerhalb der zerrütteten Familie. Großeltern, ein Nachbar, ein Lieblingslehrer, der Pfarrer oder auch Geschwister bieten vernachlässigten oder misshandelten Kindern einen Zufluchtsort und geben ihnen die Bestätigung, etwas wert zu sein. Diese Menschen fungieren als soziale Modelle, die dem Kind zeigen, wie es Probleme konstruktiv lösen kann.
- Wichtig ist auch, dass einem Kind, das im Elternhaus Vernachlässigung und Gewalt erlebt, früh Leistungsanforderungen gestellt werden und es Verantwortung entwickeln kann. Zum Beispiel indem es für kleine Geschwister sorgt oder ein Amt in der Schule übernimmt.
- Auch individuelle Eigenschaften spielen eine Rolle: Resiliente Kinder verfügen meist über ein „ruhiges" Temperament, sie sind weniger leicht erregbar als andere. Zudem haben sie die Fähigkeit, offen auf andere zuzugehen und sich damit Quellen der Unterstützung selbst zu erschließen. Und sie besitzen oft ein spezielles Talent, für das sie die Anerkennung von Gleichaltrigen bekommen.

Resilienz ist nicht Schicksal, sie ist nicht angeboren und sie entwickelt sich nicht ohne das Zutun anderer. Sie steht am Ende eines (oft

---

Zusammenhänge von Resilienz

Emmy Werner verwendet den Begriff Resilienz in drei verschiedenen Zusammenhängen:

„1. Gute Entwicklungsergebnisse bei Kindern mit hohem Risiko, die große Widrigkeiten überwunden haben, z.B. ökonomische Belastungen und Vernachlässigung (…),

2. Kompetenz unter großen Belastungen, vor allem eheliche Auseinandersetzungen und Scheidung der Eltern und

3. Personen, die sich erfolgreich von gravierenden traumatischen Erfahrungen in der Kindheit wie Krieg, politischer Gewalt, Konzentrationslager und Gefängnisaufenthalten der Mütter (…) erholt haben. In jedem Fall konnten oft bestimmte Schutzfaktoren den vorgezeichneten pathologischen Entwicklungsweg abmildern oder sogar ganz verhindern."

(Grossmann 2012, S. 29)

Kohärenzgefühl als Zentrum der Widerstandsfähigkeit

Die drei Komponenten des Kohärenzgefühls sind:

- **Verstehbarkeit:** Das Kind hat das Vertrauen darauf, dass die Probleme und Belastungen einschätzbare und erklärbare Phänomene sind.
- **Handhabbarkeit:** Das Kind hat das Vertrauen darauf, dass die Situationen und Aufgaben mit Hilfe der zur Verfügung stehenden Möglichkeiten und Hilfsmittel (Ressourcen) zu handhaben und zu lösen sind.
- **Bedeutsamkeit:** Das Kind hat das Vertrauen darauf, dass die Anforderungen des Lebens als sinnvoll angenommen werden können und dass das Engagement sich lohnt.

(Krause o.J.)

langen) Interaktionsprozesses mit einer Vielzahl von schützenden Faktoren im Umfeld (vgl. Werner 2011, S. 47). Dabei spielen der Glaube an sich selbst sowie die Erfahrung von Selbstwirksamkeit eine wichtige Rolle. Eine unbedingte Voraussetzung und Grundlage für die Herausbildung von Resilienz ist die Zugehörigkeit zu einem größeren Verbund von Menschen, der über die Familien hinausgeht. Diese wird jedoch zunehmend durch den Prozess der Modernisierung und Individualisierung in Frage gestellt. Um günstige Bedingungen für Resilienz schaffen zu können, ist die Entwicklung von Gemeinwesen, Freundeskreisen, Nachbarschaft oder religiösen Gemeinschaften und konstruktiven Gruppen notwendig.

Es gibt inzwischen auch mahnende Stimmen, die vor einem unkritischen Umgang mit dem Resilienzbegriff warnen, da dieser inflationär gebraucht zunehmend bedeutungslos werde (Freiberg 2011, S. 219 ff.; Grossmann 2012, S. 30). Das Resilienzkonzept sei kein Allheilmittel für alle Problembereiche kindlicher Entwicklung. Es müsse genau geprüft werden, wann und wie es seine Wirkung entfalten könne.

Was Kinder resilient werden lässt

Die Resilienzforschung benennt drei wichtige Kategorien von Schutzfaktoren:
- **persönliche Merkmale**
  - eine freundliche, aufgeschlossene, positive und herzliche Grundstimmung, die bei Bezugspersonen eine ähnlich positive Reaktion auslöst
  - ein sicheres Bindungsverhalten zumindest zu einem Familienmitglied
  - eine hohe „Effizienzerwartung", die Menschen mit Behinderung zur Bewältigung von Aufgabenstellungen motiviert
  - ein realistischer Umgang mit Situationen und deren Problematik, verbunden mit gut handhabbaren Gefühlen von Verantwortung und Schuld
  - durchschnittliche bis überdurchschnittliche Fähigkeiten und hohe soziale Kompetenzen, insbesondere Empathie und Fähigkeiten zum Lösen von Konflikten, aber auch zum Auslösen von sozialer Unterstützung durch die Bereitschaft der „Selbstenthüllung"
  - ein hohes Maß an Selbstwertgefühl und Selbstvertrauen
- **schützende Faktoren in der Familie**
  - eine verlässliche primäre Bezugsperson
  - ein Erziehungsstil, der Risikoübernahme und Unabhängigkeit möglich macht bzw. zum Ziel hat
  - die Ermutigung, Gefühle auszudrücken, verbunden mit einer positiven Identifikationsfigur
- **schützende Faktoren außerhalb der Familie**
  - stabile Freundschaften
  - unterstützende Erwachsene, z.B. Erzieherinnen und Erzieher, Lehrerinnen und Lehrer, Betreuerinnen und Betreuer etc.
  - eine erfreuliche und unterstützende Situation in Kindertageseinrichtungen und Schule mit angemessenen Leistungsanforderungen, klaren und gerechten Regeln, der Übernahme von Verantwortung und vielfacher positiver Verstärkung von Leistung und Verhalten
  - eine sensible Öffentlichkeit

(Kobelt-Neuhau 2004, S. 7)

Schützendes Umfeld

Das Resilienzkonzept darf nicht als Freibrief für die Politik im Sinne von „die individuellen Stärken werden sich schon durchsetzen" verstanden werden. Bei realistischer Betrachtung geht es darum, neben den individuellen Schutzfaktoren auch einen Rahmen für effektive Präventionsarbeit und ein schützendes und stützendes Umfeld zu entwickeln, das Hilfestrukturen ebenso wie gute Lebensbedingungen im familiären Umfeld umfasst. Resilienzorientierung ist also kein individuell ausgerichtetes Handlungskonzept, sondern auch eine gesellschaftliche Orientierung an der Förderung des „Lebendigen".

Dies bedeutet für Kindertagesstätten zunächst, die eigenen Ressourcen zu kennen und aktivieren zu können, resiliente Netzwerke aufzubauen, Partizipation und Teilhabe der Kinder und Eltern zu ermöglichen, über konstruktive Möglichkeiten der Konfliktbearbeitung auf allen Ebenen zu verfügen und den Alltag so zu organisieren und zu strukturieren, dass Stress für alle reduziert wird.

Mitbestimmung und Resilienz

„Es wurde deutlich, dass Kinder umso stärker und somit resilienter werden, je mehr sie an Entscheidungen, Planungen und Abläufen der Kindergärten beteiligt werden: Mitbestimmung ermöglicht Resilienz. Je intensiver Einrichtungen Kinder im Sinne einer realen Mitbestimmung beteiligen, desto klarer erkennbar wird deren Wirksamkeit hinsichtlich der Ermöglichung von Resilienz."
(Kamp 2012)

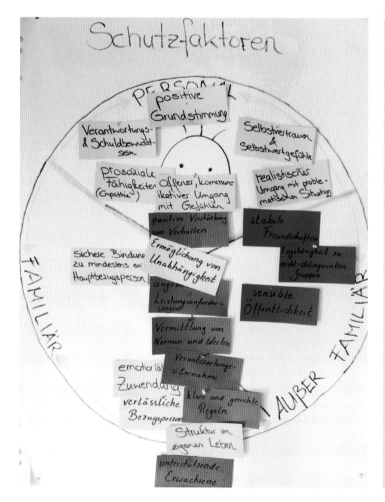

Dabei dürfen die persönlichen Befindlichkeiten und Ressourcen der Mitarbeiterinnen und Mitarbeiter nicht vergessen werden. Viele von ihnen leiden unter der Zeit- und Personalsituation, der Raumgestaltung und der Raumatmosphäre, der Gruppengröße sowie der fehlenden Anerkennung durch die Öffentlichkeit (Bundeszentrale für gesundheitliche Aufklärung 2002, S. 58). Nur wenn sie es schaffen, dass sie in ihrem Arbeitsalltag Ausgeglichenheit, Zufriedenheit und Anerkennung erleben können, können sie auch mit den Kindern, Eltern und den Kolleginnen und Kollegen so umgehen, dass sie auch schwierige und komplexe Situationen angemessen bewältigen können.

Resilienzförderung verstanden als langfristiger Aufbau von Ressourcen lässt sich nicht mit punktuellen Trainingsprogrammen herstellen. Sie ist vielmehr lebensbegleitend und bietet auch Schutz und Fürsorge. Sie ist langfristig, kontinuierlich und verlässlich im direkten Umfeld des Kindes verankert und schafft im Alltag Erfahrungsräume, die selbstwirksames Handeln ermöglichen. Kindertagesstätten können dabei bei belasteten Kindern ein entscheidender Ort von Sicherheit und Struktur sein (vgl. Wustmann 2011, S. 352 ff.).

Umsetzung konkret

Die Ergebnisse der Resilienzforschung sind in der pädagogischen Praxis angekommen. Auch wenn noch viele Fragen offen sind, ist das Konzept vielversprechend und gibt dem Präventionsbereich wichtige Impulse und Orientierungen. Eine Garantie für positive Entwicklungen kann allerdings auch der Resilienzansatz nicht geben.

- **Was bedeutet Resilienzorientierung?**
  Günther Opp macht in M1 deutlich, warum Resilienzforschung für die Pädagogik so bedeutsam ist. Er weist aber darauf hin, dass Resilienz in komplexen sozialen Prozessen entsteht und nicht durch einfache schematische Übungen erlangt werden kann.

- **Ressourcen**
  Resilienzpädagogik trägt dazu bei, vielfältige soziale Ressourcen zu aktivieren. Um welche Ressourcen es dabei im persönlichen und innerfamiliären Bereich sowie in der Kommune geht, zeigt M2.
  Damit die pädagogischen Fachkräfte diesen Prozess unterstützen und begleiten können, müssen sie selbst vielfältigen Anforderungen, die bis zum Stress reichen können, standhalten. M3 zeigt, welche Faktoren sich auf das Wohlbefinden der Mitarbeiterinnen und Mitarbeiter auswirken und gibt gleichzeitig Anlass, darüber nachzudenken, welche Faktoren bereits positiv genutzt werden und welche noch zu aktivieren sind.
  Edith H. Grotberg hat in ihrer „Anleitung zur Förderung der Resilienz von Kindern" einfache Indikatoren entwickelt, die mit den Aussagen „Ich habe …", „Ich bin …", „Ich kann …" verbunden sind und so eine erste Einschätzung für förderliches Handeln bieten (M4).

- **Kindliche Bedürfnisse kennen**
  Resilienzförderung baut auf Kenntnissen kindlicher (psychischer) Bedürfnisse auf. Ein Prüfbogen des Deutschen Jugendinstituts, zur Einschätzung der Realisierung dieser Bedürfnisse, findet sich in M5.

- **Seelische Grundnahrungsmittel**
  Eva Maringer und Reiner Steinweg stellen die Frage, was Menschen (Kinder) brauchen, damit sie nicht auf Gewalt zurückgreifen müssen. Sie identifizieren sog. „seelische Grundnahrungsmittel", die sie fünf Bereichen zuordnen: Anerkennung, Mitgefühl, Wahrnehmen, Widerstand und Verlässlichkeit (M6). Dabei stellt sich die Frage, wo Kinder und Erwachsene diese Grundnahrungsmittel erhalten und was geschieht, wenn diese nicht zur Verfügung stehen.

Sechs übergeordnete Faktoren der Resilienz
- eine positive Selbstwahrnehmung
- eine angemessene Selbststeuerungsfähigkeit
- Selbstwirksamkeitsüberzeugung
- Soziale Kompetenzen
- angemessener Umgang mit Stress
- Problemlösekompetenz
(Fröhlich-Gildhoff/Rönnau-Böse 2007, S. 43 ff.)

GRUNDWISSEN

193

3.1 RESILIENZORIENTIERUNG

- **Risikoerhöhende und risikomindernde Bedingungen**
Inzwischen sind umfangreiche Listen mit Risikofaktoren, die kindliche Entwicklungen negativ beeinflussen können, verfügbar. M7 verdeutlicht diese risikoerhöhenden Bedingungen. Dem werden risikomindernde Bedingungen oder auch sog. Schutzfaktoren gegenübergestellt, die in großen Bereichen mit Resilienzfaktoren identisch sind (M8).

- **Das Weltwissen der Siebenjährigen**
Auch Donata Elschenbroich ist der Frage nachgegangen, was Kinder brauchen bzw. für eine gute Entwicklung erlebt haben sollten. Sie hat in ihren weltweiten Studien und Expertengesprächen eine andere Art von unterstützenden Erfahrungen identifiziert (M9).

Resilienzorientierte Pädagogik vermittelt keine Rezepte, aber sie kann Hinweise geben, was Kinder wirklich brauchen.

M1 Resilienzforschung

Was halten Sie persönlich für richtig? Wie soll man seine Kinder erziehen?

Zuviel Aktivismus schadet eher. Kinder brauchen nicht in erster Linie jemanden, der sie dauernd zu irgendetwas erziehen will. Kinder brauchen eigene Erfahrungen, vor allem aber feste Bezugspersonen, die einfach da sind, wenn es nötig ist. Das heißt: Kinder brauchen das Gefühl, nicht allein zu sein. Nicht allein zu sein, heißt aber auch, Verantwortung für sich und andere zu übernehmen, die eigenen Lebensansprüche mit den Ansprüchen anderer abzugleichen.

Warum sind gerade diese beiden Aspekte wichtig?

Es sind Erkenntnisse, die wir unter anderem aus der pädagogischen Resilienzforschung gewinnen können. Dieses Forschungsgebiet beschäftigt sich mit dem Phänomen, dass sich etwa ein Drittel aller Kinder, die unter Hochrisikobedingungen aufwachsen, dennoch zu erfolgreichen Erwachsenen entwickeln, die ihren Platz in der Gesellschaft finden und optimistisch in die Zukunft blicken.

Was sind Hochrisikobedingungen?

Das sind elterliche Armut, Arbeitslosigkeit, Delinquenz, psychische Störungen, Drogenkonsum und eventuell Risiken vor und mit der Geburt und vor allem die Kumulation solcher Risikofaktoren. Die erste Studie, die darauf aufmerksam gemacht hat, dass selbst im Rahmen hoch kumulierter Risikofaktoren kindliche Entwicklung gelingen kann, stammt von Emmy Werner & Ruth Smith (Kauai-Studie). Diese Forscherinnen konnten zeigen, dass zwei Drittel der Risikokinder auffällig wurden. Interessanter war das Ergebnis, dass sich ein Drittel dieser Kinder unauffällig entwickelten. Dieses Forschungsergebnis fand in einer Vielfalt von Studien international und kulturübergreifend Bestätigung und wurde unter dem Begriff der Resilienz diskutiert.

Warum interessieren Sie sich für die Resilienzforschung?

Sie ist aus pädagogischer Sicht interessant, weil man hofft, daraus Schlüsse ziehen zu können, unter welchen Bedingungen Erziehung auch unter Risikobedingungen erfolgreich verläuft. Wenn man wüsste, welche Faktoren dafür verantwortlich sind, dass Kinder und Jugendliche trotz erschwerter Ausgangsbedingungen resilient werden, könnten wir daraus wertvolle Implikationen für die pädagogische Praxis für alle Kinder ableiten.

Aber man weiß noch nicht, was zu Resilienz führt?

Resilienz entsteht in komplexen sozialen Prozessen. Da gibt es natürlich keine Stellschrauben, die eindeutige Wirkungen hervorrufen. Resilienz wird immer probabilistisch bleiben, sichere Prognosen über den Verlauf einer individuellen Biografie wird es auch künftig nicht geben. Aber wir können gewisse Muster erkennen.

Welche Muster sind das?

Wir wissen zum Beispiel, dass Kinder und Jugendliche, die in ihrem Leben unterstützende Erfahrungen machen und bestimmte Kompetenzen erwerben, die sie zur Bewältigung ihres Alltags benötigen, mit großer Wahrscheinlichkeit auch ihr Leben besser meistern werden. (…) Eine Garantie dafür, dass sich Kinder und Jugendliche positiv entwickeln, gibt es nicht und ein Patentrezept leider auch nicht.

Günther Opp: „Kinder und Jugendliche wollen eine harmonische Welt". In: Kolping-Bildungswerk im Erzbistum Bamberg e.V., Geschäftsbericht 2010. Bamberg 2010, S. 19–23, Auszüge.

FÜR PÄDAGOGEN UND ELTERN

195

3.1 RESILIENZORIENTIERUNG

M2 Ressourcen

Personale Ressourcen

Zu den zentralen personalen Ressourcen gehören Persönlichkeitsmerkmale bzw. individuelle Sinnstrukturen, die eine positive Wahrnehmung von sich selbst und der Umwelt umfassen. Wichtige Konzepte hierzu sind:

- ein hohes und zugleich realistisches, stabiles Selbstwertgefühl
- internale Kontrollüberzeugungen
- positive Selbstwirksamkeitserwartungen
- ein hohes Ausmaß an Kohärenzgefühl
- eine optimistische Lebenseinstellung
- kognitive und soziale Fähigkeiten
- Temperamentsmerkmale, die den Umgang mit anderen erleichtern, wie z.B. psychische Flexibilität
- Fähigkeiten zur Selbstregulation

Innerfamiliäre Ressourcen

- enge Beziehungen zu fürsorglichen Erwachsenen
- ein konsistent wohlwollender, autoritätsgetragener Erziehungsstil, der durch ein hohes Maß an Wärme, Strukturiertheit und Aufsicht einerseits sowie durch hohe Erwartungen an den Heranwachsenden andererseits charakterisiert ist
- Eltern, die an der Erziehung ihrer Kinder interessiert und engagiert sind
- eine organisierte häusliche Umgebung
- ein gutes Familienklima mit wenigen Konflikten der Eltern untereinander
- Merkmale bzw. Qualitäten der Eltern, die den personalen Ressourcen des Kindes entsprechen
- sozio-ökonomische Vorteile

Ressourcen innerhalb der Gemeinde

- effektive Schulen
- Verbindungen zu prosozialen Organisationen, die auch Schulen oder Clubs umfassen
- ein gutes Gesundheitssystem und verfügbare Leistungen der Gesundheitsförderung
- verfügbare soziale Hilfen bei Bedarf
- ein hohes Ausmaß öffentlicher Sicherheit
- Nachbarschaften, die durch einen hohen sozialen Zusammenhalt gekennzeichnet sind

Zu den bedeutsamsten sozialen Ressourcen für die Bewältigung von Störungen gehören die Qualität der sozialen Beziehungen und die soziale Unterstützung.

Eva Kneise: Ressourcenorientierte Aggressionsprävention. Zu den Chancen ressourcenorientierter Ansätze bei Aggression und Dissozialität von Jugendlichen aus pädagogischer Sicht. Inauguraldissertation, Universität zu Köln. Köln 2008, S. 99, 117 f.

M3 Gesundheitsressourcen aktivieren

Was sich positiv auf das Wohlbefinden der Mitarbeiterinnen und Mitarbeiter auswirkt:

Pflege, Schutz und Fürsorge
Körperpflege, Instandhaltung der Räume, Qualität der Nahrung und Kleidung, Schutz vor Erkrankungen und Verletzungen.

Umgebung und Mitwelt
Gute Lichtverhältnisse, Qualität der Luft, Lärmreduktion, Schutz vor Schadstoffen, gutes Raumklima, angemessene Ausstattung.

Aktivierung, innere und äußere Beweglichkeit
Bedürfnisgerechte Bewegungsangebote, Beachtung ergonomischer Gesichtspunkte, Rhythmisierung des Alltags, Kräfte sammeln und in das Veränderbare investieren.

Seelische und geistige Stimulation
Identitätsbildung, Persönlichkeitsstärkung, Förderung der Fähigkeit sinnlicher Wahrnehmung, Pflege der Unternehmenskultur, Lern- und Arbeitszufriedenheit.

Kommunikation und Kooperation
Bereitschaft zur Teamarbeit, zu Öffnung und Austausch, Akzeptanz von Fremdheit, Gruppendruck und Widersprüche aushalten, Konflikte bewältigen, Probleme lösen, Organisation entwickeln, Selbstorganisation stärken.

Ulrich Barkholz u.a.: Gesundheitsförderung in der Schule. Institut für Schule und Weiterbildung, Soest o.J., S. 82.

? Welche Faktoren wirken sich Ihrer Meinung nach besonders negativ auf Ihr Wohlbefinden aus? Kreuzen Sie an:

O fehlende Rückzugsmöglichkeiten

O Kommunikation mit Eltern

O enger Kontakt zu Kindern

O zu wenig Zeit für Vor- und Nachbereitung

O Raumgröße, Raumgestaltung

O Gruppengröße

O fehlende Unterstützung durch Eltern

O Abholsituation

O viele Aufgaben gleichzeitig erfüllen müssen

O zu wenige Fortbildungen

O knapper Personalschlüssel

O Kommunikation im Team

O fehlende Aufstiegsmöglichkeiten

O Lautstärke in der Gruppe

O fehlende erwachsenengerechte Möblierung

M4 Ich habe…, ich bin…, ich kann …

Resilienzstärkende Faktoren

Ich habe …
- vertrauensvolle Beziehungen.
- zu Hause Struktur und Regeln.
- Vorbilder.
- Ermutigung zu Autonomie und Unabhängigkeit.
- Versorgung mit Erziehungshilfen, Gesundheits-, Sozial- und Sicherheitsdiensten.

Ich bin …
- liebenswert und mein Verhalten ist ansprechend.
- liebevoll, empathisch und altruistisch.
- stolz auf mich.
- zunehmend autonom und verantwortungsvoll.
- voller Hoffnung, Glauben, Vertrauen.

Ich kann …
- kommunizieren.
- Probleme lösen und kreativ sein.
- mit meinen Gefühlen und Impulsen umgehen, sodass sich mein Ärger in Grenzen hält.
- vertrauensvolle Beziehungen aufbauen.

Aufgaben der Betreuungsperson sind …
- mit dem Kind mitfühlen und ihm zeigen, dass seine Gefühle verstanden werden
- dem Kind helfen, seine Gefühle auszudrücken
- über Alternativen reden, wie es seine Aufgabe bewerkstelligen kann
- zu Unabhängigkeit und Autonomie ermutigen
- liebevolle Hilfe zeigen

Lernbereiche für Kinder sind …
- zu lernen, wie man sich beruhigt
- zu lernen, wie man Gefühle erkennt und ausdrückt
- alternative Möglichkeiten zu erwerben, ein Problem zu lösen
- Erfahrungen zu machen, wie es ist, wenn man mehr Initiative entwickeln möchte
- Zutrauen zu sich selbst

Edith H. Grotberg: Anleitung zur Förderung der Resilienz von Kindern. In: Margherita Zander (Hrsg.): Handbuch Resilienzförderung. Wiesbaden 2011, S. 79 f.

M5 Prüfbogen für kindliche Bedürfnisse

kindliche Bedürfnisse	Qualität der elterlichen Fürsorge oder der Fürsorge Dritter					
	deutlich unzureichend	unzureichend	grenzwertig	ausreichend	gut	sehr gut
physiologische Bedürfnisse Schlaf, Essen, Trinken, Wach- und Ruhe-Rhythmus, Körperpflege, Gesundheitsfürsorge, Körperkontakt						
Schutz und Sicherheit Aufsicht, wetterangemessene Kleidung, Schutz vor Krankheiten, Schutz vor Bedrohungen innerhalb und außerhalb des Hauses						
soziale Bindungen konstante Bezugspersonen, einfühlendes Verständnis, Zuwendung, emotionale Verlässlichkeit, Zugehörigkeit zu sozialen Gruppen						
Wertschätzung Respekt vor der physischen, psychischen und sexuellen Unversehrtheit, Respekt vor der Person und ihrer Individualität, Anerkennug der (altersabhängigen) Eigenständigkeit						
soziale, kognitive, emotionale, und ethische Erfahrungen altersentsprechende Anregungen, Spiel und Leistungen, Vermittlung von Werten und Normen, Gestaltung sozialer Beziehungen, Umwelterfahrungen, Förderung von Motivation, Sprachanregungen, Grenzziehung						

Deutsches Jugendinstitut: Prüfbogen kindlicher Bedürfnisse. In: Heinz Kindler u.a. (Hrsg.): Handbuch Kindeswohlgefährdung nach § 1666 BGB und Allgemeiner Sozialer Dienst (ASD). München 2006, S. A–9.

M6 Seelische Grundnahrungsmittel

? Was benötigen Menschen, damit sie nicht auf Gewalt zurückgreifen müssen?

Diskutieren Sie ...
- Wie wichtig sind für Sie die einzelnen Bereiche?
- Wo erhalten Sie selbst, wo erhalten Kinder diese seelischen Grundnahrungsmittel?
- Wie wirkt es sich aus, wenn diese Bereiche im Zusammenleben nicht vorhanden sind?

Anerkennung
- Ich werde geschätzt.
- Mein Tun wird anerkannt.
- Mein Wort gilt etwas.

Mitgefühl
- Jemand fühlt mit mir.
- Jemand hört mich.
- Ich bin nicht allein in meinem Schmerz.

Wahrnehmen
- Ich werde gesehen.
- Ich bekomme Aufmerksamkeit.
- Andere interessieren sich für mich.

Widerstand
- Ich bekomme Widerspruch.
- Du stellst dich.
- Ich erhalte wohlwollende Kritik.

Verlässlichkeit
- Ich kann mich auf andere verlassen.
- Ich weiß, woran ich bin.
- Ich übernehme Verantwortung.

Vgl. Eva Maringer / Reiner Steinweg: Gewalt AuswegeSehen. Anregungen für den Abbau von Gewalt. Tübingen/Oberwart 2002, S. 52 f.

M7 Risikofaktoren im Lebenslauf

Säugling bis Kleinkindalter

Individuum
- Ruhelosigkeit, Aufmerksamkeitsschwäche, Impulsivität
- mangelnde Frustrationstoleranz
- feindliche Wahrnehmungsmuster

Familie
- Suchtmittelmissbrauch während der Schwangerschaft
- Geburtskomplikationen
- geringe elterliche emotionale Wärme
- Misshandlung, Vernachlässigung
- Überforderung, Depression der Mutter
- schlechte sozio-ökonomische Lage

Primarschulalter

Individuum
- Ruhelosigkeit, Aufmerksamkeitsschwäche, Impulsivität
- hohe Risikobereitschaft
- mangelnde Frustrationstoleranz
- geringe soziale Kompetenzen
- gewaltbefürwortende Einstellungen in der Familie
- geringe elterliche emotionale Wärme
- mangelnde elterliche Aufsicht
- inkonsistenter und ineffizienter Erziehungsstil
- Desinteresse der Eltern an kindlichen Aktivitäten
- elterliche Gewalt, Missbrauch, Vernachlässigung
- Streit zwischen den Elternteilen

Schule und Freizeit
- schulische Probleme und geringe schulische Motivation
- Unbeliebtheit bei Gleichaltrigen
- unklare Regeldurchsetzung im Schulhaus
- negatives Schulhausklima

Jugendalter

Individuum
- geringe Selbstkontrolle, hohe Risikobereitschaft
- geringe soziale Kompetenzen
- gewaltlegitimierende Männlichkeitsnormen
- Alkohol- und Suchtmittelkonsum, Delinquenz

Familie
- inkonsistenter und ineffizienter Erziehungsstil
- elterliches Desinteresse

Schule
- schulischer Misserfolg
- unklare Regeldurchsetzung im Schulhaus
- negatives Schulhausklima

Gleichaltrige und Lebensstil
- gewaltbefürwortende Normen unter Freunden
- Delinquenz / Gewalt in der Clique
- aktionsorientierter Lebensstil
- Konsum von aggressionsfördernden Medieninhalten

Nachbarschaft und soziales Umfeld
- soziale Benachteiligung
- geringer Zusammenhalt im Quartier
- hohe Mobilität (Weg-/Zuzüge)
- Kriminalität / Drogenprobleme im Quartier
- geringes Engagement für gemeinsame Anliegen

Daniel Eisner u.a.: Prävention von Jugendgewalt. Wege zu einer evidenzbasierten Präventionspolitik. Bern-Wabern 2006, S. 21.

M8 Risikomindernde Bedingungen

Kindbezogene Faktoren sowie Resilienzfaktoren

Kindbezogene Faktoren
- weibliches Geschlecht
- erstgeborenes Kind
- positives Temperament (flexibel, aktiv, offen)
- niedrige Emotionalität, hohe Impulskontrolle
- überdurchschnittliche Intelligenz
- spezielle Talente und Interesse an Hobby

Resilienzfaktoren
- positives Sozialverhalten
- hohe Sprachfertigkeiten
- positives Selbstwertgefühl und positive Selbstwirksamkeitsüberzeugung
- aktives Bewältigungsverhalten
- Fähigkeit, sich zu distanzieren
- internale Kontrollattribuierung
- vorausplanendes Verhalten

Schutzfaktoren bzw. umgebungsbezogene Faktoren

Schutzfaktoren innerhalb der Familie
- stabile emotionale Beziehung zu einer Bezugsperson
- offenes, unterstützendes Erziehungsklima
- familiärer Zusammenhalt, unterstützende Geschwister
- Kleinfamilie
- „gute" Ausbildung und Kompetenzen der Mutter
- Modelle positiven Bewältigungsverhaltens
- Mädchen: Unterstützung der Autonomie mit emotionaler Unterstützung
- Jungen: Struktur und Regeln in häuslicher Umgebung
- Übernahme von Aufgaben im Haus und Förderung eigenverantwortlichen Handelns

Schutzfaktoren innerhalb des sozialen Umfeldes
- soziale Unterstützung
- positive Freundschaftsbeziehungen
- positive Gleichaltrigenbeziehungen
- positive Schulerfahrungen

Herbert Scheithauer / Franz Petermann 2002, S. 134, zitiert nach Herbert Scheithauer / Charlotte Rosenbach / Kay Niebank: Gelingensbedingungen für die Prävention von interpersonaler Gewalt im Kindes- und Jugendalter. Stiftung Deutsches Forum für Kriminalprävention. Bonn 2008, S. 46.

M9 Das Weltwissen der Kinder

Was Siebenjährige können bzw. erfahren haben sollten:

- Die eigene Anwesenheit als positiven Beitrag erlebt haben: „Wenn du nicht wärst …"
- Wissen, was „schlecht drauf sein" bedeutet (Theory of mind).
- Die Erfahrung machen können, dass Wasser den Körper trägt.
- Eine Kissenschlacht gemacht haben.
- Butter machen. Sahne schlagen.
- In einer anderen Familie übernachten. Einen Familienbrauch kennen.
- Spenden. Dem Bettler in den Hut …
- Den Unterschied zwischen Essen und Mahl wahrnehmen …
- Die Erinnerung an ein gehaltenes Versprechen.
- Eine Methode des Konservierens gegen Verfall kennen.
- Etwas repariert haben.
- Auf einen Baum geklettert, in einen Bach gefallen sein.
- In einem Streit vermittelt haben. Einem Streit aus dem Weg gegangen sein.
- Obstsorten und wie sie sich im Duft unterscheiden.
- Flüche, Schimpfwörter kennen (in zwei Sprachen).
- Sich bücken, wenn einem anderen etwas runtergefallen ist.
- Warten können: die Warteschlange.
- Wissen, dass nicht alle Wünsche gleich in Erfüllung gehen.
- Die Natur als Freund und als Feind erlebt haben.
- Über Regeln verhandelt haben.
- Mengen in Maßeinheiten erlebt haben, z.B. drei Liter = drei Milchflaschen.
- Den eigenen Pulsschlag gefühlt haben und den von Freund und Tier.

Donata Elschenbroich: Weltwissen der Siebenjährigen. Wie Kinder die Welt entdecken können. München 2001, S. 30 ff., Auszüge.

3.2 Konflikte lösen

Konflikte

Was sind Konflikte?

- In Wörterbüchern wird Konflikt mit „Zusammenstoß, Zwiespalt und Widerstreit" beschrieben.
- Im Alltag werden Konflikte häufig gleichgesetzt mit Streit, mit Interessensgegensätzen, mit Macht- oder Gewaltanwendung.
- In der Konfliktforschung werden Konflikte als Unvereinbarkeiten im Denken, Fühlen und Wollen bezeichnet.
- Was als Konflikt bezeichnet wird, hängt von den gesellschaftlichen und kulturellen Rahmenbedingungen ab.

Wer Gewalt vermeiden will, muss gut mit Konflikten umgehen können. Konstruktive Konfliktbearbeitung ist einer der wirksamsten Ansätze, um gewaltpräventiv tätig zu sein.

Kinder brauchen Konflikte, um sich entwickeln zu können. Sie streiten um ihren Platz in der Gruppe, sie streiten, um Grenzen zu verteidigen oder um Spielgeräte nutzen zu können. Konflikte lassen sich nicht vermeiden und dies wäre auch gar nicht sinnvoll. Denn durch Konflikte werden Probleme sichtbar und können so angegangen werden. Konflikte verdeutlichen, welche Positionen es gibt. Man lernt in Konflikten sich und andere besser kennen und man kann lernen, nach gemeinsamen Lösungen zu suchen und Regeln zu formulieren. Konflikte sind so häufig Antrieb für Veränderungen. Doch Lernen durch Konflikte ist nur möglich, wenn diese konstruktiv ausgetragen werden. Ein guter Umgang mit Konflikten ist dabei nicht nur für Kinder wichtig, sondern ebenso für die Mitarbeiterinnen und Mitarbeiter und die gesamte Einrichtung. „Konflikt" kommt vom lateinischen Wort „confligere", was so viel wie „zusammenprallen" bedeutet. Bei einem Konflikt geht es also um Unvereinbarkeiten nicht nur von Zielen oder Interessen, sondern auch von „Denken, Fühlen und Wollen", wie Friedrich Glasl (2011, S. 24) ausführt.

Konflikteskalation kennen und beenden

Konflikte kann man spüren, z.B. durch ein einengendes Körpergefühl oder gar Verkrampfungen. Konflikte kann man sehen, z.B. an der Körperhaltung der Beteiligten. Konflikte kann man hören, z.B. durch Lautstärke oder plötzliche Stille. Werden Konflikte bagatellisiert, verleugnet, mit Drohungen oder gar mit Gewalt ausgetragen, können sie eine eigene Dynamik entwickeln. Solche Konflikte eskalieren leicht und zeigen dann ihr zerstörerisches Potenzial.

„Konflikte beeinträchtigen unsere Wahrnehmungsfähigkeit und unser Denk- und Vorstellungsleben so sehr", schreibt der Konfliktmanager Friedrich Glasl (2011), „dass wir im Laufe der Ereignisse die Dinge in uns und um uns herum nicht mehr richtig sehen. Es ist so, als würde sich unser Auge immer mehr trüben; unsere Sicht auf uns und die gegnerischen Menschen im Konflikt, auf die Probleme und Geschehnisse wird geschmälert, verzerrt und völlig einseitig. Unser Denk- und Vorstellungsleben folgt Zwängen, deren wir uns nicht hinreichend bewusst sind."

Das eigentliche Problem von Konflikten liegt also in der permanenten Gefahr ihrer Eskalation, wenn bei ihrer Austragung immer mehr auf Macht- und Gewaltstrategien gesetzt wird. Der Konflikt wird so immer schwieriger zu steuern, bis er schließlich außer Kontrolle gerät, die Schwelle zur Gewalt überschreitet und damit Zerstörung und Leiden verursacht. Ein weiteres Zusammenleben wird so erschwert oder auf lange Zeit unmöglich gemacht.

Dies geschieht vor allem dann, wenn statt gemeinsam nach Lösungen zu suchen, der Konflikt als Kampf gesehen wird, bei dem es um Gewinnen oder Verlieren geht. Ein Konflikt wird so zu einem Nullsummenspiel, bei dem es nur Sieger oder Verlierer gibt. Bei diesem Eskalationsprozess spielen Emotionen wie Ärger und Ängste eine große Rolle. Der Gegner wird nicht mehr als Mensch gesehen, sondern als Feind, den es zu bekämpfen gilt. Die Lösung der eigentlichen Streitfrage gerät immer mehr aus dem eigenen Blickfeld. Um dies zu vermeiden, ist es wichtig,

Der Konfliktbogen

Vorphase	Eskalationsphase	Klärungsphase
• Widersprüche sind vorhanden, aber noch nicht bewusst • das Problem wird zunehmend deutlich • unterschiedliche Sichtweisen sind erkennbar	• der Konflikt ist sichtbar • der Konflikt spitzt sich zu • die Standpunkte verhärten sich • ohne Lösungen besteht die Gefahr eines zerstörerischen Verlaufs	• Einsicht, dass Regelungen notwendig sind • Lösungen werden gesucht • das Zusammenleben muss neu organisiert werden

Handlungsmöglichkeit
Prävention
- Wahrnehmung des Geschehens
- Förderung von Kommunikation und Kooperation

notwendig
- Selbstwertgefühl stärken
- Entwicklungs- und Entfaltungsmöglichkeiten bieten
- Regeln vereinbaren
- mit Belastungen umgehen lernen

Handlungsmöglichkeit
Deeskalation
- Deeskalation
- Moderation
- Mediation
- Schiedsverfahren
- Gerichtsverfahren

Gewalt-schwelle

notwendig
- Bereitschaft zur friedlichen Streitbeilegung
- Person und Sache trennen
- Perspektivenwechsel
- rechtzeitig Hilfe von außen holen

Handlungsmöglichkeit
beenden und klären
- Lösungen finden
- Aushandeln eines Kompromisses
- Versöhnung
- weiteres Zusammenleben ermöglichen

notwendig
- Gewaltverzicht
- Konflikt beenden wollen
- Übernahme der Verantwortung
- Entschuldigung
- Wiedergutmachung/Schadensausgleich
- Versöhnung

latenter Konflikt   manifester Konflikt

GRUNDWISSEN

207

3.2 KONFLIKTE LÖSEN

Konflikte zu verstehen und Möglichkeiten des konstruktiven Umgangs mit Konflikten zu kennen.

Werden Konflikte nicht als Bedrohung, sondern als Chance wahrgenommen, so wird der Gegner als Person akzeptiert und in seinen Interessen zunächst anerkannt. Es werden gemeinsame Lösungen gesucht. Verzicht auf Gewalt ist selbstverständlich, und die Wahrung von Würde und Identität aller Beteiligten ist die Basis für das weitere Zusammenleben.

Konstruktive Konfliktbearbeitung im Vorschulbereich stellt eine wirksame Gewaltprävention dar, da sie die Eskalationsdynamik von Konflikten beendet.

Gewaltprävention	Konfliktbearbeitung
• Gewalt ist vermeidbar, die Anwendung von Gewalt soll verhindert werden	• Konflikte sind Teil des Lebens, ein konstruktiver Umgang soll ermöglicht werden
• Gewalt ist moralisch nicht akzeptabel	• Konflikte sind wichtig
• Gewalt hat viele Ursachen und viele Ausdrucksformen	• Konflikte können eskalieren und zu Gewalt führen
• Gewalt wird als ultima ratio im politischen Bereich akzeptiert	• Konflikte können grundsätzlich ohne Gewalt bearbeitet werden
• Gewalt führt zu Verletzungen und Traumatisierungen	• Konflikte beinhalten Chancen für Veränderungen

Wie verhalten sich Menschen in einem Konflikt?

Es gibt zwei angeborene Verhaltensweisen für das Verhalten in bedrohlichen Situationen, die man bei allen Säugetieren und auch dem Menschen findet: Das sind Kampf oder Flucht. Manche suchen die direkte Auseinandersetzung, die bis zur Gewalt gehen kann. Andere versuchen wegzulaufen, wenn es zu einem ernsten Konflikt kommt. Welche dieser Verhaltensweisen ausgewählt wird, hängt davon ab, wie stark man den Gegner einschätzt. Und noch eine dritte Verhaltensweise ist bekannt: Sich „tot zu stellen", also so zu tun, als ob man nicht da wäre, um damit die Aufmerksamkeit des anderen nicht zu erregen.

Neben diesen prinzipiellen Verhaltensweisen sind noch weitere typisch für einen Streit (vgl. Deutsch 1976):

• Typisch ist zum Beispiel, dass nicht mehr offen und ehrlich miteinander gesprochen wird, sondern dass stattdessen übereinander geredet wird. Man hat Geheimnisse vor dem anderen, will nicht, dass er alles weiß.

- Es gibt immer weniger Vertrauen zwischen den Streitenden. Man unterstellt dem anderen, dass er Böses im Schilde führt und sieht deshalb nur noch das Negative bei ihm.
- Man beharrt auf seiner Meinung. Selbst wenn es gute Gründe gibt, diese zu überdenken, hält man an seinem Standpunkt fest.
- Und: Man versucht, Unterstützer für die eigene Sache zu gewinnen. Man wirbt also um Mitstreiter für die eigene Position.

Konflikte in Kindergruppen

Es gibt in jeder Gruppe nicht nur das Miteinander, sondern auch das Neben- oder Gegeneinander. Konkurrenz und Schadenfreude sind oft mit dabei. Immer wieder geht es auch darum, den eigenen Platz in der Gruppe zu finden. Also wer in der Rangordnung ganz oben steht, wer bewundert wird und wer was zu sagen hat oder wer eher am Rande steht. Manche Kinder wollen sich auch Aufmerksamkeit verschaffen, indem sie laut sind und andere stören. Die Gruppe ist für sie wie eine große Bühne, auf der sie sich darstellen können und um Beachtung bemüht sind. Es gibt auch Kinder, die abgestempelt und in eine Schublade gesteckt werden, aus der sie nur noch schwer herauskommen. Sie sind z.B. immer der Störenfried, der schuld ist, wenn etwas schiefläuft. Streit entsteht auch, wenn eine Gruppe wenig Zusammenhalt hat. Wenn wenige Gemeinsamkeiten und wenig gegenseitiges Interesse vorhanden ist, ist es auch schwierig, mit Konflikten in einer Gruppe umzugehen. Und Streit entsteht auch dann eher, wenn keine klaren Regeln vorhanden sind.

Streit als Aufbau des sozialen Miteinanders

Die Streitthemen können Hinweise auf die Interessen der Kinder geben, müssen aber nicht zwangsläufig die Ursachen der Konflikte sein. Dittrich u.a. nennen folgende Schlüsselthemen, die Kinder im sozialen Miteinander beschäftigen: Einander kennen lernen, Besitzklärung, Positionen finden, festigen oder ändern wollen, Gruppen und Freundschaften bilden, Territorien erobern, Regeln testen, einfordern, erfinden oder verändern, Grenzen bei anderen testen, andere herausfordern. (…)

Alle diese Themen konzentrieren sich um den Aufbau des sozialen Umgangs miteinander. Die Kinder verfolgen damit indirekt das Ziel, Orientierung zu bekommen, um ihren eigenen Platz in der Gruppe zu finden. Die Entwicklungspsychologie benennt als eine zentrale Entwicklungsaufgabe von Kindern in dieser Altersphase den Aufbau von Kommunikationsfähigkeit und sozialem Bindungsverhalten. Die Kinder haben ein gemeinsames Interesse daran, dass letztlich eine harmonische Beziehung untereinander entsteht, da sie wissen, dass sie eine lange Zeit gemeinsam in der Gruppe verbringen werden. Streitereien sind deshalb für die soziale Orientierung im Gruppengefüge außerordentlich wichtig und wenn Erwachsene nicht sofort eingreifen, stellt sich meist heraus, dass die Kinder selbstständig integrative Lösungswege finden können. Dabei nutzen sie zur Kommunikation ein breiteres Verhaltensrepertoire als Erwachsene.

Körpersprache und metaphorische Symbolik spielen vor allem bei Kindern, deren Sprachfertigkeit noch nicht differenziert ausgebildet ist, eine große Rolle. Zudem bildet sich bei langem Zusammensein in einer Gruppe eine ganz eigene Form der Verständigung heraus. Die Gruppe verfügt über ein gemeinsames Wissen und eine Kommunikationskultur, die Außenstehenden nicht sofort und unmittelbar zugänglich ist.

Christian Büttner / Anna Buhde: Kinderkonflikte und die Einmischung Erwachsener. Ein Plädoyer für die Kompetenz der Kinder. In TPS 3/2006, S. 51 f.

Konfliktmotive bei Kindern

Als typische und immer wiederkehrende Situationen, die Konflikte zwischen Kindern veranlassen, gelten nach den Untersuchungen des Deutschen Jugendinstituts (Stadt Frankfurt 2002, S. 14):

• einander kennenlernen;
• Regeln erfinden, festigen, verändern, sicherstellen;
• Streit um Platz, Material, Spielgerät;
• andere ärgern, provozieren;
• Streit um Positionen, Rollen oder die Rangfolge;
• spielimmanente Störungen (z.B. beim Aushandeln der Spielidee oder -rollen);
• territoriale Übergriffe bzw. Androhung eines Übergriffs;
• aus Spaß oder Versehen wird Ernst;
• sich einmischen, Grenzen bei anderen testen.

Konfliktmotive bei Kleinkindern

Schweizer Entwicklungsforscher (Simoni u.a. 2008) kommen nach Gabriele Haug-Schnabel (2009, S. 53 ff.) zu dem Ergebnis, dass die Gründe und Motive für Konflikte bei Kleinkindern (mit 22 Monaten) sehr differenziert sind:

• Erweckte Bedürfnisse: Das Verhalten eines Kindes weckt ein eigenes Bedürfnis.
• Etwas bewirken wollen: Der Wunsch, etwas zu bewirken und Einfluss zu nehmen, kommt auf.
• Unterbrechung einer Handlung: Die Kinder protestieren gegen eine Unterbrechung oder Störung ihrer Tätigkeit und wollen ihr Handlungsobjekt wieder zurückbekommen bzw. bei sich behalten.
• Neugier/Exploration: Die Kinder zeigen Interesse an einem Objekt, mit dem sich ein anderes Kind beschäftigt und versuchen, es ihm wegzunehmen.
• Hierarchie: Ein Kind kämpft hier um die alleinige Entscheidung über den Gebrauch eines Gegenstandes. Es geht darum, möglichst viel zu sagen zu haben.
• Kontakt- und Erregungssuche: Unkoordinierte aggressive Strategien werden verwendet, um Kontakte mit anderen Kindern herzustellen und Auswege aus Langeweile und Einsamkeit zu finden.

Konflikte haben also auch im frühkindlichen Bereich mit nicht oder unzureichend befriedigten körperlichen und psychischen Bedürfnissen zu tun.

Worüber streiten Eltern mit ihren Kindern?

Umfragen zeigen, dass Eltern mit ihren Kindern am häufigsten darüber streiten, wann und wie das Zimmer aufgeräumt werden soll. Außerdem geht es darum, wie die Mithilfe im Haushalt auszusehen hat, z.B. wer den Abwasch macht, den Tisch deckt oder den Müll wegbringt. In Familien kommt es auch immer wieder zum Streit um die Frage, wie lang Kinder wach bleiben dürfen, welches Fernsehprogramm geschaut

Konfliktdimensionen aus der Sicht des pädagogischen Personals

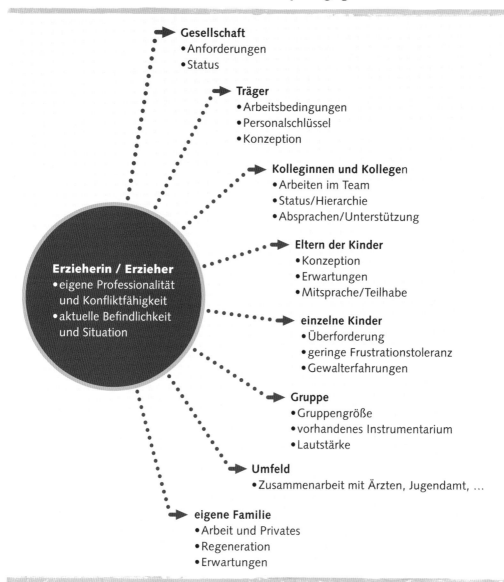

Gesellschaft
- Anforderungen
- Status

Träger
- Arbeitsbedingungen
- Personalschlüssel
- Konzeption

Kolleginnen und Kollegen
- Arbeiten im Team
- Status/Hierarchie
- Absprachen/Unterstützung

Eltern der Kinder
- Konzeption
- Erwartungen
- Mitsprache/Teilhabe

einzelne Kinder
- Überforderung
- geringe Frustrationstoleranz
- Gewalterfahrungen

Gruppe
- Gruppengröße
- vorhandenes Instrumentarium
- Lautstärke

Umfeld
- Zusammenarbeit mit Ärzten, Jugendamt, ...

eigene Familie
- Arbeit und Privates
- Regeneration
- Erwartungen

Erzieherin / Erzieher
- eigene Professionalität und Konfliktfähigkeit
- aktuelle Befindlichkeit und Situation

wird und wie lang überhaupt fernsehen oder Computer spielen erlaubt sind. Manchmal geht es aber auch darum, dass die Musik im Zimmer zu laut ist oder welche Kleider man anzieht.

Kinder wollen mit zunehmendem Alter mitreden dürfen und Vieles selbständig erledigen. Für Eltern ist es oft nicht leicht zu wissen, was ihre Kinder wirklich schon alles allein erledigen können. Immer wieder geht es deshalb um die Frage, was Kinder selbst entscheiden können und was die Eltern bestimmen wollen und müssen.

Mit Konflikten umgehen

Was Kinder erwarten

Kinder erwarten von Erzieherinnen und Erziehern,

- dass sie Konflikte in der Gruppe ernst nehmen, eingreifen, um Schwächere zu schützen und nach gemeinsamen Lösungen suchen.
- dass Kinder nicht bloßgestellt oder ausgeschlossen werden.
- dass sie Wege finden, gut zusammenzuarbeiten und gemeinsame Lösungen für Probleme zu finden.

Konstruktive Konfliktbearbeitung basiert auf folgenden zentralen Annahmen (Fisher et al. 2009): Konflikte werden effektiver gelöst, wenn die Interessen und Bedürfnisse und nicht die Rechts- bzw. Machtposition herausgestellt werden. Konflikte sollten nicht unter dem Aspekt von eigenem Gewinn und gegnerischem Verlust, sondern unter dem des anzustrebenden gemeinsamen Gewinns betrachtet werden. Die herkömmlichen Kommunikationsmuster der Drohung und Beschuldigung müssen durch kooperative Muster des Verstehens und Erklärens abgelöst werden. Die Drohung mit und die Anwendung von Gewalt wird ausgeschlossen. Die eigene Wahrnehmung und Interpretation der Ereignisse wird nicht absolut gesetzt, sondern einer Überprüfung und Korrektur unterzogen. Eine dritte Partei kann als Vertrauensinstanz für beide Seiten dazu beitragen, eine gemeinsame Sicht der Dinge zu erreichen, dabei muss jedoch der Wille zu einer kooperativen Lösung gegeben sein.

Wenn man mit einem Konflikt gut umgehen will, sind zwei Voraussetzungen wichtig: Die Konfliktparteien müssen eine Lösung auch wollen und: Drohungen und Gewalt dürfen keinen Platz haben. Es gibt eine Reihe von Grundsätzen, die hierbei helfen können:

- Die Sachen klären, die Personen achten: Es ist in Konflikten wichtig, dass man die Sache, also das, worum es geht, von der Person trennt. Damit ist gemeint, dass man sich über den Streitpunkt zwar sehr aufregen kann, man aber nie den Respekt vor dem anderen verlieren darf.
- Grundbedürfnisse anerkennen: Grundbedürfnisse sind das, was Menschen wirklich zum Leben brauchen. Hierzu gehören nicht nur Essen, Trinken und Schlafen, sondern z.B. auch Sicherheit, Wertschätzung und Respekt. Konflikte können dann gut bearbeitet werden, wenn die Grundbedürfnisse aller anerkannt und bei der Lösung berücksichtigt werden.
- Regeln vereinbaren: Nur darauf loszureden, kann leicht zu gegenseitigen Vorwürfen und Anschuldigungen führen. Deshalb ist es sinnvoll, Umgangsregeln zu vereinbaren, wie z.B. den anderen ausreden lassen und zuzuhören.
- Die Perspektive wechseln: Es gibt in einem Konflikt immer mehrere Wahrheiten: deine, meine und noch eine andere. Und jeder hat dabei aus seiner Sicht sogar recht. Probleme können also immer aus unterschiedlichen Blickwinkeln betrachtet werden und sehen dabei immer verschieden aus. Durch die Brille des anderen zu schauen, also seinen Blickwinkel einzunehmen, ermöglicht es den anderen, eher zu verstehen und sich in ihn einzufühlen.
- Den eigenen Standpunkt überdenken: Wenn man unbedingt auf seinem Standpunkt beharrt, wird es zu keiner Lösung kommen können. Die Bereitschaft, den eigenen Standpunkt zu überdenken, ist bereits

der erste Schritt für eine gemeinsame Lösung. Diese Bereitschaft ist keine Unsicherheit oder Schwäche, sondern zeigt den Willen zur Verständigung.

- Eine neutrale Umgebung suchen: Es ist nicht nur wichtig, dass man miteinander spricht, sondern manchmal auch, wo ein Gespräch stattfindet. Ein anderer Raum kann eine neue Begegnung ermöglichen. Oft gibt es auch eine feste Ecke oder eine Decke, die nur für Konfliktgespräche genutzt werden.
- Eine dritte Partei einschalten: Manchmal kommen die Streitenden allein nicht weiter. Hier kann es helfen, wenn eine andere Person dazu kommt. Diese Person kann Streitpunkte deutlich machen, die Gefühle der Streitenden benennen und mithelfen, nach gemeinsamen Lösungen zu suchen. Solche Personen werden auch als Mediatoren oder Streitschlichter bezeichnet.

Damit Kinder lernen können, mit Konflikten zu Hause oder im Kindergarten gut umzugehen, bedarf es einer positiven Beziehung zu den Erwachsenen. Kinder müssen die Erfahrung machen, dass sie mit ihren Anliegen willkommen sind und akzeptiert werden. Kinder brauchen des Weiteren Vorbilder, die vorleben, wie Konflikte konstruktiv ausgetragen werden. Von besonderer Bedeutung ist die Bearbeitung von Konflikten, die an die psychischen Grundbedürfnisse der Kinder anknüpfen.

Grundbedürfnisorientierte Konfliktbearbeitung

Im Kontext der Konfliktbearbeitung hat sich in den letzten Jahren zunehmend ein bedürfnisorientierter Ansatz entwickelt. Konfliktbearbeitung und Konfliktlösungen sollen sich demnach an den Grundbedürfnissen der Konfliktpartner orientieren. Nicht das, was vordergründig gefordert wird, sondern das, was eigentlich gebraucht wird, ist für eine tragfähige Lösung und Bearbeitung entscheidend.

Dieses Grundbedürfnismodell zählt neben den physischen Grundbedürfnissen vier psychische Bedürfnisse: Das Bedürfnis nach Bindung, Kontrolle und Orientierung, Selbstwerterhöhung und Selbstwertschutz sowie nach Lustgewinn (vgl. Klemenz 2011, S. 266).

Wendet man das Modell der psychischen Grundbedürfnisse auf den Bereich der Konfliktbearbeitung an, so ergibt sich folgendes Bild:

- Befriedigung des Kontrollbedürfnisses: Konflikte werden durch die Konfliktpartner selbst gelöst. Eingeübte Abläufe und Rituale vermitteln Sicherheit.
- Befriedigung des Bedürfnisses nach Lustgewinn: Vielfältige Problemlösungen zu finden, kann etwas Lustvolles sein. Hier sind Kreativität und Phantasie gefragt. Einen Konflikt zu beenden und beiseite zu legen, hat etwas Erleichterndes.
- Befriedigung des Bedürfnisses nach Selbstwerterhöhung: Das Gefühl, so wichtig und ernst genommen zu werden, dass Lösungen nicht vorgegeben, sondern gemeinsam gesucht und verhandelt werden, stärkt das Selbstbewusstsein und den Selbstwert.
- Befriedigung des Bindungsbedürfnisses: Erzieherinnen, die in schwierigen Situationen präsent sind und Konfliktbearbeitungsprozesse begleiten stärken Bindungen. Auch unter Kindern kann die Erfahrung, etwas gemeinsam gemeistert zu haben, Bindungen stärken. Gerade auch Rituale haben Bindungskraft.

Stufen der Konfliktbearbeitung bei Kindern

- Kinder regeln das Geschehen im Wesentlichen mit Körpersprache. Die Körpersprache ist die erste „Muttersprache" aller Kinder, das heißt auch, Auseinandersetzungen finden (nur) auf dieser Handlungsebene statt!
- Auseinandersetzungen verlaufen hauptsächlich körperlich, aber verbunden mit ausdrucksstarker Sprache (Worte können auch gewalttätig sein).
- Der Konflikt wird auf sprachlicher Ebene angegangen, die Austragung verlagert sich dann jedoch auf die körperliche Ebene.
- Kinder tragen einen Konflikt stark sprachlich aus, Argumente werden von den Beteiligten verstanden und akzeptiert. Aus dem nicht direkt involvierten Umfeld werden Lösungsvorschläge vorgebracht und eine erneute Diskussion aller Beteiligten bringt eine Klärung.

Welche Rolle der Beobachter in Konfliktsituationen spielt, hängt davon ab, wie er von den Kindern einbezogen wird oder ob und wann er von sich aus eingreift.

Stadt Frankfurt a.M., Dezernat für Bildung, Umwelt und Frauen (Hrsg.): Umgang mit Konflikten in Kita und Elternhaus. Frankfurt a.M. 2003, S. 14.

Konfliktfähigkeit fördern

Sensibilisierung der Wahrnehmung

Konfliktfähigkeit beginnt bei der differenzierten Wahrnehmung des Geschehens. Für Erzieherinnen und Erzieher bedeutet dies, einen Konflikt als solchen zu erkennen und gleichzeitig abzuschätzen, ob ein Eingreifen notwendig ist oder die Kinder die Situation selbst meistern können. Auf Seiten der Kinder ist es notwendig, absichtliche Handlungen von Zufällen unterscheiden zu lernen und Handlungsabläufe differenziert zu erfassen. Wahrnehmung bedeutet immer auch, die eigenen Empfindungen und Gefühle in der Situation und die damit verbundenen Handlungsimpulse zu erkennen. Dabei ist stets zu beachten, dass jede Wahrnehmung interessengeleitet ist und Verzerrungen und Täuschungen unterliegt.

Verbesserung der Kommunikationsfähigkeit

Gelungene Kommunikation ist der Schlüssel zur Konfliktbearbeitung. Kinder kommunizieren vor allem nonverbal. Handeln kommt in den meisten Fällen vor dem verbalen Aushandeln. Körpersprache ist direkter und eindeutiger als Worte, wenngleich sie immer wieder von neuem entschlüsselt werden muss. Kommunikationsfähigkeit zu verbessern, heißt zunächst, die nonverbalen Interaktionsformen der Kinder zu verstehen, aber auch, die verbalen Möglichkeiten auszuweiten. Dabei spielt im Kontext von Konflikten die Perspektivenübernahme, also das Hineinversetzen in die Situation des anderen, eine wichtige Rolle.

Anerkennung, Wertschätzung und das Bemühen um ein Verstehen des Gegenüberers sind die Grundlagen des Konfliktgesprächs. Ein Streit kann für beide Seiten gut ausgehen, wenn offen und ehrlich miteinander geredet wird. Wenn man nachfragt, wenn man etwas nicht verstanden hat und dabei auch der anderen Seite aufmerksam zuhört.

Gewaltfreie Kommunikation

Gewaltfreie Kommunikation geschieht in vier Stufen:

1. **Beobachtungen:** Wir beobachten, was geschieht und beschreiben dies, ohne zu bewerten und zu beurteilen.
2. **Gefühle:** Wir drücken aus, was wir fühlen, wenn wir dies beobachten.
3. **Bedürfnisse:** Wir sagen, welche Bedürfnisse hinter diesen Gefühlen stehen.
4. **Bitten:** Wir drücken das, was wir von anderen wollen und diese konkret tun können, als Bitte aus.

(Rosenberg 2002, S. 21)

GRUNDWISSEN

215

3.2 KONFLIKTE LÖSEN

Zur Kommunikationsfähigkeit gehört auch eine differenzierte Beschreibung des Geschehens, beziehungsweise die Darstellung der eigenen Sichtweise. Was ist geschehen? Wer war wie beteiligt? Warum ist es genau so abgelaufen? Was waren meine Anteile dabei? Solche und ähnliche Fragen ermöglichen eine differenzierte, nicht wertende Beschreibung von Handlungsabläufen. Im Rahmen eines Konfliktgesprächs können solche Klärungen vorgenommen werden. Ein solches Konfliktgespräch kann gelingen, wenn man z.B. folgende Regeln beachtet:

- Höflich sein, auch wenn es schwer fällt. Hierzu gehören auch, sich zu begrüßen und zu verabschieden.
- Den anderen beim Reden anschauen.
- Von sich selbst reden, in Ich-Form reden.
- Die eigenen Gefühle beschreiben.
- Sachlich bleiben, den anderen nicht beleidigen, verletzen oder provozieren.
- Am Thema bleiben, nicht abschweifen.
- Den anderen zu Wort kommen lassen.
- Den anderen ausreden lassen und zuhören.
- Sich bemühen, den anderen zu verstehen.
- Die Meinung des anderen respektieren.
- Bitten und Wünsche formulieren.
- Nach Gemeinsamkeiten suchen.

Darüber zu sprechen, wie man spricht, also die bewusste Auseinandersetzung darüber, wie Streitende miteinander umgehen und welche Gefühle sie beim anderen auslösen (Metakommunikation), ist ein wichtiger Beitrag zur Konfliktlösung und kann mit zunehmendem Alter auch bei Kindern einbezogen werden.

Mit Emotionen umgehen können

In einem Konflikt spielen Gefühle eine zentrale Rolle. Man fühlt sich provoziert, missverstanden und ungerecht behandelt. Gefühle sind bedürfnisspezifische Empfindungen. Starke Gefühlsregungen treten dann auf, wenn Grundbedürfnisse nicht befriedigt oder verletzt werden. Der gekonnte Umgang mit eigenen und fremden Gefühlen stellt einen hohen Schutzfaktor gegen Gewalt dar (Haug-Schnabel 2005). Konflikt- und Gewaltsituationen sind oft äußerst emotionale Auseinandersetzungen, in denen negative Gefühlsäußerungen zum Durchbruch kommen. Eigene und fremde Gefühle richtig zu erkennen und sie bewerten zu können, sind zentrale Aspekte des konstruktiven Umgangs mit Konflikten. Dies betrifft die Kinder gleichermaßen wie Eltern und Erzieherinnen und Erzieher. „Die Fähigkeit, Mitgefühl und Empathie zu empfinden, beruht darauf, dass unsere eigenen neuronalen Systeme – spontan und unwillkürlich – in uns jene Gefühle rekonstruieren, die wir bei einem Mitmenschen wahrnehmen." (Haug-Schnabel 2005) Diese Spiegelneuronen gehören zwar zur Grundausstattung des Menschen, werden jedoch nur durch zwischenmenschliche Beziehungen aktiviert. Nur wenn ein Kind eigene Wertschätzung erfährt, kann es auch andere wertschätzend behandeln.

Zum Umgang mit eigenen und fremden Emotionen gehört, auch zu wissen, was mich selbst (in Konfliktsituationen) provoziert, wie ich andere provoziere und vor allem auch, wie ich wieder „abkühlen" kann. Hier sog. Copingstrategien für Stresssituationen zur Verfügung zu haben, ist für einen guten Umgang mit Konflikten unentbehrlich. Dabei muss man auch lernen, mit schwierigen Gefühlen wie Wut, Ärger, Trauer, Hass oder Angst umzugehen.

Wie sollen Erzieherinnen und Erzieher auf Konflikte zwischen Kindern reagieren?

Sollen sie …
- sich raushalten?
- die Streitenden trennen?
- selbst die Lösung bestimmen?
- die Kinder zur eigenen Lösung ermutigen?
- den Schwächeren unterstützen?
- Lösungsrituale einsetzen?
- „Der Klügere gibt nach." sagen?

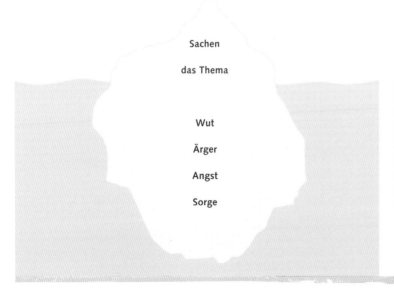

Sachen

das Thema

Wut

Ärger

Angst

Sorge

Wie ein Eisberg
Konflikte werden oft mit einem Eisberg verglichen. Bei einem Eisberg ist nur ein kleiner Teil sichtbar. Der Rest (die wirklichen Bedürfnisse und Emotionen) ist unter der Wasseroberfläche.

GRUNDWISSEN

217

3.2 KONFLIKTE LÖSEN

Regeln

- von sich selbst reden, in Ich-Form reden („Ich möchte dir erzählen, dass ...")
- sachlich bleiben, den anderen nicht beleidigen, verletzen oder provozieren („Wenn du so laut redest, verstehe ich dich schlecht ...")
- die Bedürfnisse des anderen anerkennen („Ich verstehe, dass du traurig bist.")
- am Thema bleiben, nicht abschweifen („Das ist jetzt etwas anderes.")
- den anderen ausreden lassen, zuhören („Bitte nicht dazwischen reden ...")
- nach einer gemeinsamen Lösung suchen („Was könnten wir alle dazu beitragen, das Problem zu lösen?")
- sich an die vereinbarten Regeln halten („Jeder sollte sich an die Regeln halten.")

Lösungsschritte kennen

Bei der Lösung von Konflikten hilft es, wie bei einer Leiter, die man besteigt, aufeinanderfolgende Schritte zu beachten. Die Amerikanerin Susan Fountain (1996, S.156) hat sechs solcher Schritte zur Lösung von Konflikten formuliert:

1. Was wollen die Streitenden? Jede Person, die an dem Konflikt beteiligt ist, sollte für sich klären, was sie wirklich erreichen will und was ihre eigentlichen Bedürfnisse sind.
2. Was ist das Problem? Gemeinsam soll herausgefunden werden, was in diesem Fall das eigentliche Problem ist.
3. Welche Lösungsmöglichkeiten gibt es? Für Konflikte gibt es nicht nur eine Lösung, sondern viele Lösungen. Gemeinsam sollten diese gefunden und zunächst auf einem Blatt Papier notiert werden.
4. Welche Lösungen kommen in Frage? Jetzt werden die vorgeschlagenen Lösungen bewertet. Jede Seite geht die Liste der Vorschläge durch und sagt, welche Lösungen für sie denkbar wären.
5. Welches ist die gemeinsame Lösung? Wenn beide Seiten einer Lösung zustimmen können, ist das Problem gelöst.
6. Funktioniert die Lösung? Die Lösung sollte nach einiger Zeit überprüft werden, damit das Problem nicht von Neuem auftaucht.

Eine gute Lösung finden

Eine gute Lösung berücksichtigt die Interessen und Bedürfnisse aller und bringt deshalb auch Vorteile für alle. Man bezeichnet dies häufig auch als „Win-Win-Situation", um damit auszudrücken, dass dabei beide Seiten gewinnen.

Selbstverständlich sollte eine gute Lösung fair sein. Sie darf niemanden bevorzugen oder benachteiligen, und sie darf auch nicht vom Stärkeren bestimmt werden. Alle müssen der Lösung zustimmen können.

Wichtig ist, dass eine Lösung sich auch in der Zukunft bewährt. Schlechte Lösungen sind oft Anlass für neue Konflikte. Gute Lösungen verhindern neue Konflikte.

Was Kinder beim Streiten lernen können
- Eine Sache kann von verschiedenen Gesichtspunkten aus betrachtet werden.
- Andere Kinder fühlen anders, reagieren anders, müssen anders behandelt werden, um mit ihnen spielen zu können.
- Spielregeln müssen eingehalten werden.
- Die eigene Meinung kann auch gegen Widerstände durchgesetzt werden.
- Die eigenen Fähigkeiten können ausprobiert werden, und die eigene Rolle muss innerhalb der Gruppe gefunden und verteidigt werden.
- Man kann sich als Verursacher von Streit erleben.
- Man kann Misserfolge erleben und mit Ängsten zurechtkommen.
- Um situationsangepasste Lösungen muss manchmal gestritten werden.
- Man muss auch verlieren lernen.

Margarete Blank-Mathieu: Die Bedeutung von Kinderfreundschaft und Kinderstreit für die Identitätsentwicklung. Theorie und Praxis der Sozialpädagogik (TPS) 1996, Heft 4. www.kindergartenpaedagogik.de/1266.html

Ob dies mit der gefundenen Lösung möglich ist, kann man z.B. daran erkennen, wenn man überlegt und prüft, wie es wäre, wenn alle so handeln würden, wie man es selbst tut.

Mediation in Kindertagesstätten

Bereits im Vorschulbereich wird Mediation in verschiedenen Einrichtungen eingesetzt. Um diesen Prozess zu fundieren und zu fördern, hat die Fachgruppe Mediation in Bildung und Erziehung des Bundesverbandes für Mediation Standards für Kindertagesstätten sowie Rahmenrichtlinien und Inhalte der Ausbildung von Erzieherinnen und Erziehern erarbeitet.

Es hat sich als günstig erwiesen, wenn zunächst Programme sozialen Lernens und darauf aufbauend Elemente der Mediation eingeführt werden (vgl. Bundesverband Mediation 2010). Als Grundlage ist es u.a. hilfreich, wenn Kinder Gefühle wahrnehmen und äußern, Mitgefühl mit anderen (Empathie) empfinden können sowie ein Perspektivenwechsel möglich ist.

Die Fachgruppe Mediation (2010, S. 8) formuliert vier Ebenen, die bei der Einführung von Mediation im Elementarbereich beachtet werden sollten:

- **Die Ebene aller Beteiligten:** Information und Vorbereitung aller Beteiligten einer Kindertagesstätte (insbesonders die Leitungsebene und Träger, die pädagogischen Fachkräfte, Eltern und das Hauspersonal).
- **Die Ebene des pädagogischen Fachpersonals:** Auf Dienstbesprechungen bzw. eintägigen Fortbildungen werden die Mitarbeiterinnen und Mitarbeiter mit den Zielen, Inhalten und Methoden der Mediation vertraut gemacht, um die Umsetzung in der Einrichtung und die Vorteile besser abschätzen zu können.
- **Die Ebene der Kinder:** Die Kinder sollten Rituale kennen, wie z.B. einen täglichen Morgenkreis bzw. Abschlussrunden im Stuhlkreis, wo sie sich über freudige und traurige Erlebnisse austauschen können. Das erleichtert die Einführung mediativer Elemente, wie z.B. über Gefühle sprechen oder die Wertevermittlung.
- **Ebene des „Systems frühkindliche Förderung":** Die Bildungspläne der Bundesländer für den Elementarbereich beinhalten ausdrücklich auch die Förderung des Sozialverhaltens. Eine Verankerung der Mediation im System Kindertagesstätte wird das Profil der Einrichtungen erweitern. Im Konzept der Einrichtung sollte das ihren Niederschlag finden.

Von besonderer Bedeutung ist dabei die pädagogische Grundhaltung. Diese sollte durch Selbstverantwortung, Gewaltlosigkeit, Empathie und Veränderungsbereitschaft geprägt sein.

Konfliktbearbeitung als Ritual

Feste Rituale führen zu konstruktiven Verhaltensweisen und ermöglichen eine Langsamkeit im Prozess des Konfliktgesprächs. Das bedeutet für den Verlauf:

- drei feste Regeln: zuhören, nicht beschimpfen, ausreden lassen
- Gefühle zum Ausdruck bringen
- Anteile am Streit zugeben
- Empathie verstärken, in einem Rollenwechsel „in den Schuhen des anderen laufen", um dabei den anderen besser verstehen zu lernen. Der Rollenwechsel kann auf besondere Weise zum Umdenken, zur Umkehr bewegen
- bei den Lösungen Eigenständigkeit und Selbstverantwortlichkeit zulassen.

(Braun u.a. 2005, S. 17)

Das Abholproblem
Da Eltern ihre Kinder manchmal zu spät abholen, müssen Erzieherinnen so lange dableiben, bis die Eltern kommen. Kindergärten in Israel legten eine Geldbuße für verspätetes Abholen fest. Die Erwartung war, dass Eltern sich nun vermehrt an die vereinbarten Zeiten halten würden.
Das Ergebnis war jedoch, dass Verspätungen von Eltern nun häufiger vorkamen.
Wie ist das zu erklären? Michael Sandel meint: „Mit der Einführung einer Strafgebühr wurden die Normen geändert. Vorher mussten verspätete Eltern ein schlechtes Gewissen haben – sie bereiteten den Erziehern ja schließlich Unannehmlichkeiten. Jetzt aber sahen die Eltern eine verspätete Abholung als Service an, für den sie bezahlen konnten. Sie betrachteten die Geldbuße als Gebühr. Anstatt dem Erzieher etwas aufzuzwingen, bezahlten sie ihn einfach für seine längere Arbeitszeit."
(Sandel 2012, S. 83)

Die Einführung von Mediation in einer Einrichtung bedarf der entsprechenden Qualifizierung von Mitarbeiterinnen und Mitarbeitern sowie der entsprechenden Rahmenbedingungen.

Orte und Zeit

Um Konflikte gut bearbeiten zu können, bedarf es auch der „richtigen" Orte, genügend Zeit und klarer Abläufe. Nicht jede Ecke und jeder Raum ist für ein Konfliktgespräch geeignet. Ein kleiner Tisch, eine Decke oder ein Baldachin, die nur für Konfliktgespräche genutzt werden, haben sich als hilfreich erwiesen. Konflikte können nicht im Vorübergehen „erledigt" werden. Zeit hierfür zu haben oder sich zu nehmen, ist wichtig. So wird ein Rahmen für Rituale und klare Abläufe geschaffen, die Orientierung geben.

Regeln und Rituale

Nicht jeder Konflikt kann und muss gründlich bearbeitet werden. Es bedarf deshalb klarer akzeptierter Regeln, mit deren Hilfe viele kleine Alltagsstreitigkeiten zufriedenstellend beigelegt werden können, etwa wenn es darum geht, wer in welcher Reihenfolge ein Spielgerät benutzen darf oder was geschieht, wenn etwas kaputt gegangen ist. Und es bedarf auch eingeführter Rituale der Konfliktbearbeitung, die den Kindern Sicherheit geben können.

Umsetzung konkret

Mit Konflikten gut umzugehen, betrifft nicht nur das Verhältnis zwischen den Kindern, sondern bezieht die pädagogischen Kräfte, die Eltern und die Träger mit ein. Auch strukturelle Gegebenheiten, wie z.B. mangelnde personelle Ausstattung, können Konflikte begünstigen. Oft ist es sinnvoll, sich zu vergewissern, wie bislang Konflikte wahrgenommen und ausgetragen wurden, welches Instrumentarium hierfür angewendet wurde und wie den Kindern Konfliktkompetenz vermittelt wird.

- **Sich selbst und das Konfliktgeschehen kennen**
  Um in Problem-, Stress- und Konfliktsituationen gut agieren zu können, ist eine gewisse Selbstkompetenz wichtig. Hierzu gehört auch, die eigene Rolle in einem Konflikt sehen zu können. Wichtig ist auch, sich klarzumachen, wann man selbst unter Stress kommt und was einem hilft, sich wieder zu beruhigen. Mit Hilfe von M1 können zentrale Aspekte und Sichtweisen hierzu ausgetauscht werden.

- **Kommunikation als Schlüssel zur Konfliktbearbeitung**
  Eine gute, verstehende und akzeptierende Kommunikation (ob verbal oder nonverbal) ist der Schlüssel zur Konfliktbearbeitung. M2 zeigt, was Kommunikation gelingen lässt und M3 vermittelt die Grundbegriffe der Gewaltfreien Kommunikation nach Marshall Rosenberg.
  Ein zweiter zentraler Bereich ist das Wissen darüber, was Konflikte anheizt, also eskalieren lässt und was zu ihrer Abkühlung beiträgt. Aus den Auflistungen von M4 können gemeinsam (in Gruppenarbeit) die besonders wichtigen Punkte identifiziert werden. Dabei ist es auch wichtig, sog. „Points of no return" bei Konflikten zu kennen. Hierzu zählen z.B. das Bloßstellen (der Gesichtsverlust) des anderen sowie der Einsatz von Ultimaten („Wenn Du nicht sofort …, dann …). Beides sind zentrale „Anheizer" des Konfliktgeschehens.

- **Umgangsweisen und Lösungen**
  Um Konflikte bearbeiten zu können, sollte man die Motive der Kinder für Konflikte kennen (M5). Mit Hilfe von M6 können Möglichkeiten erarbeitet werden, wie Alltagskonflikte schnell zu lösen sind. Hierbei spielen Regeln, die gemeinsam erarbeitet werden, eine wichtige Rolle. Ebenso wichtig ist es, Vorgehensweisen und Rituale für schwierigere Konflikte zu kennen und anwenden zu können. M7 (Das Palaverzelt) zeigt eine Adaption für Kinder aus dem Bereich der Mediation. Immer bleibt die Frage zu beantworten, „Wem der Konflikt eigentlich gehört" (sog. Ownership), wer ihn also auch bearbeiten sollte.

- **Konfliktkompetenz vermitteln**
  Neben der Intervention und Bearbeitung von Konflikten geht es im Kindergarten auch wesentlich darum, bei Erwachsenen und Kindern Konfliktkompetenz aufzubauen, also präventiv zu arbeiten.
  Ein zentraler Lernbereich für Kinder ist dabei, eigene und fremde Gefühle (zunehmend) richtig erkennen und ausdrücken zu können. M10 (Gefühle lesen) und M11 (Wetterscheibe) bieten hier einen ersten Zugang. Ein unerschöpflicher Schatz von Konfliktgeschichten bieten Kinderbücher. Auf eine kleine Auswahl verweist M9. Diese Geschichten können nicht nur vorgelesen und besprochen, sondern auch unterbrochen und weitergespielt werden. Selbst nach Lösungen für die dargestellten Probleme zu suchen, fördert Lösungskompetenzen. Die Identifikation mit oder Einfühlung in die Protagonisten („Wie würde es Dir in dieser Situation gehen? Was würdest Du jetzt machen?") unterstützt die Empathiefähigkeit.
  Die Bildergeschichten von M12 und M13 bieten hierfür exemplarische Beispiele. Diese Geschichten können in vielfältiger Weise unterstützt und ergänzt werden. Die Verwendung von Handpuppen, die schwierige Fragen stellen oder auch stellvertretend Antworten geben und Stimmungen benennen können, ist ein wichtiges Instrument. Aber auch die Verwendung von Objekten wie Seilen, Gefühlskarten oder Tüchern sind zur Veranschaulichung wichtig. In einem Seil können so z.B. ein oder mehrere Knoten sein und bei jedem akzeptierten Lösungsvorschlag im Rahmen eines Konfliktgesprächs wird ein Knoten geöffnet. Diese Elemente müssen durch feste Regeln wie zuhören, nicht beschimpfen, ausreden lassen ergänzt werden. Sie dienen letztlich dazu, eine schrittweise aufbauende Einführung von Lösungsritualen, die auf dem Vorgehen der Mediation basieren, einzuführen. Zeit und Raum für Konfliktbearbeitung anzubieten, gehört hier ebenfalls dazu.

- **Qualifizierung und Austausch**
  Konfliktbearbeitung bedarf spezifischer Kenntnisse und Qualifikationen. Diese sollten in entsprechenden Fortbildungen ebenso wie in Fallbesprechungen, Intervisions- und Supervisionsgruppen erworben werden.

- **Auch hier: Die Eltern nicht vergessen**
  Wenn Kinder einen guten Umgang mit Konflikten lernen sollen, ist es wichtig, dass die Eltern zumindest Verständnis für dieses Vorhaben mitbringen oder sogar Elemente davon auch zu Hause im Alltag übernehmen. Eltern sollten also über die Grundzüge konstruktiver Konfliktbearbeitung informiert oder in speziellen Elternabenden in Form von Elterntrainings einbezogen werden.

M1 Rund um den Konflikt

1. Konflikt bedeutet für mich:

_____

_____

_____

2. Konflikte sollten ohne Gewalt ausgetragen werden, weil …

_____

_____

_____

3. Das bringt mich oft auf die Palme …

_____

_____

_____

4. So kann ich mich beruhigen …

_____

_____

_____

5. Konflikte machen mir Angst/keine Angst, weil …

_____

_____

_____

6. Ein Konflikt, der mich bewegt, ist …

_____

_____

_____

7. Der wichtigste Konflikt in unserer Einrichtung ist für mich …

_____

_____

_____

8. Bei Konfliktlösungen ist es wichtig, dass …

_____

_____

_____

Mein Symbol für einen Konflikt:

M2 Gelingende Kommunikation

Gelungene Kommunikation in Konflikten

Die Grundlagen

Anerkennung, Wertschätzung und das Bemühen um ein Verstehen des Gegenübers sind die Grundlagen für Konfliktgespräche. Dies bedeutet auch, Menschen nicht mit den Problemen gleichzusetzen.

„Das Wesentliche ist unsichtbar"

Wie bei einem Eisberg ist auch im Konfliktgeschehen nur ein Teil der Dynamik (die Sachebene) unmittelbar zugänglich. Die anderen Teile (z.B. Gefühle und Wünsche) müssen erschlossen werden. Dies macht das Sprechen über Konflikte oft schwierig.

Subjektive Sichtweisen im Konflikt in Rechnung stellen

Konflikte werden von den Konfliktparteien jeweils in ihrer eigenen subjektiven Sichtweise und Logik wahrgenommen und interpretiert.

Den richtigen Sprachgebrauch finden

Der persönliche Sprachgebrauch sollte sensibel mit Bezeichnungen und Begriffen umgehen. Deshalb sollten diskriminierende Wörter und gewaltförmige Ausdrücke vermieden werden. Auch Killerphrasen sind fehl am Platz.

Zuhören lernen

Ausreden lassen und einander einfühlsam zuhören ermöglicht es, die Anliegen des anderen zu verstehen.

Ich-Botschaften verwenden

In Ich-Form zu sprechen, bedeutet, Verantwortung für das Gesagte zu übernehmen, direkt und konkret zu sein. Der (Konflikt-)Partner wird nicht beschuldigt („Du ..."), sondern die Wirkung seines Handelns auf mich selbst steht im Zentrum der eigenen Aussagen.

Körpersprache wahrnehmen und beachten

Körpersprache ist oft eindeutiger als Wörter, wenngleich sie immer von Neuem entschlüsselt werden muss. Konflikt- und Krisensituationen sind meistens am Gesichtsausdruck, unwillkürlichen Gesten und der gesamten Haltung ablesbar. Demonstration von Überlegenheit und Stärke kann hier ebenso dazugehören wie Unsicherheiten oder Demutsgesten.

Mit Fragen sparsam umgehen

Fragen sind ein wichtiges Hilfsmittel, um Interessen zu klären und verschiedene Sichtweisen eines Konflikts zu erhellen. Mit Fragen muss jedoch sehr sensibel umgegangen werden. Nicht „Ausfragen" darf das Ziel sein, sondern ein besseres gegenseitiges Verstehen.

Feedback ermöglichen

Feedback soll beschreiben, nicht interpretieren. Es soll sich auf konkrete Einzelheiten beziehen. Moralische Bewertungen und Interpretationen sollen vermieden werden.

Metakommunikation

Darüber zu sprechen, wie man spricht, die bewusste Auseinandersetzung darüber, wie Streitende miteinander umgehen, welche Gefühle die Äußerungen ihres Konfliktpartners bei ihnen auslösen und wie die Botschaften des Gesprächspartners bei ihnen ankommen, kann zur Konfliktlösung beitragen.

M3 Gewaltfreie Kommunikation

Gewaltfreie Kommunikation ist keine Technik, sondern eine Kommunikationsform, die auf Wertschätzung und Anerkennung des anderen beruht.

Die vier Komponenten der gewaltfreien Kommunikation	Das Modell der gewaltfreien Kommunikation umfasst:
1. Beobachtung oder Bewertung? Genau beobachten, was geschieht. Die Beobachtung dem anderen ohne Bewertung mitteilen.	• konkrete Handlungen, die wir beobachten können und die unser Wohlbefinden beeinträchtigen
2. Gefühle ausdrücken Was fühlen wir, wenn wir diese Handlung beobachten?	• wie wir uns fühlen, in Verbindung mit dem, was wir beobachten
3. Bedürfnisse erkennen und akzeptieren Welche Bedürfnisse stecken hinter diesen Gefühlen?	• unsere Bedürfnisse, Werte, Wünsche usw., aus denen diese Gefühle entstehen
4. Bitten aussprechen Was wollen wir vom anderen?	• die konkrete Handlung, um die wir bitten möchten, damit unser aller Leben reicher wird

Vgl. Marshall B. Rosenberg: Gewaltfreie Kommunikation. Paderborn 2002, S. 21, f.

M4 Was eskaliert – was deeskaliert

Ordne die einzelnen Aussagen zu:

⊕⊕ trägt zur Eskalation bei
⊕⊖ weiß nicht
⊖⊖ trägt zur Deeskalation bei

Im Konflikt

○○ Tatsachen schaffen
○○ beleidigende Sprache verwenden
○○ vorwurfsvoll statt einfühlsam kommunizieren
○○ Interessen als gleichwertig anerkennen
○○ nur eigene Interessen berücksichtigen
○○ Grundbedürfnisse anerkennen
○○ mangelndes Rechtsbewusstsein
○○ Garantie von Sicherheit
○○ Gesicht nicht wahren können
○○ Zusammenarbeit anbieten
○○ Machtkampf
○○ Lagerbildung
○○ Fair-Play-Regeln
○○ bloßstellen
○○ nach Ausgleich suchen
○○ keinen Ausweg lassen
○○ Gesicht wahren können
○○ nicht zwischen Sache und Personen trennen
○○ Person und Sache trennen
○○ ungeschriebene Regeln verletzen

Im Gespräch

○○ bewusstes Begrüßen und Verabschieden
○○ Blickkontakt
○○ persönliche Angriffe
○○ rechtfertigen
○○ argumentieren und begründen
○○ humorlos, verbittert sein
○○ auf den anderen eingehen
○○ überzeugen können
○○ kein Blickkontakt
○○ um Zustimmung werben
○○ kein Interesse zeigen
○○ keine Zeit haben
○○ nachfragen
○○ ins Wort fallen
○○ eigene Betroffenheit deutlich machen
○○ abwiegeln
○○ Humor
○○ ausreden lassen
○○ überreden wollen
○○ zusammenfassen
○○ Reizwörter gebrauchen
○○ am anderen vorbeireden
○○ nur die eigene Seite sehen
○○ keine Begrüßung, keine Verabschiedung
○○ anschuldigen/beschuldigen
○○ abgewandte, geschlossene Körperhaltung
○○ falsche Behauptungen
○○ Reizwörter vermeiden
○○ zugewandte, offene Körperhaltung
○○ Zeit haben
○○ Gegenargumente ernst nehmen

M5 Konfliktmotive bei Kindern

	Beispiele	Umgang damit
einander kennenlernen		
Regeln kennenlernen und verändern		
Besitz von Material und Spielgeräten		
den eigenen Platz / die Position finden		
Grenzen austesten		
aus Spaß wird ernst		
territoriale Übergriffe		

M6 Lösungen für Alltagsprobleme

Alltagsprobleme	Handlungsvorschläge
Wenn mehrere Kinder „erster" sein wollen …	
Wenn etwas im Streit kaputt gegangen ist …	
Wenn jemand in einer Rangelei verletzt wurde …	
Wenn jemand gemein behandelt wurde …	

Vorschläge zum Zuordnen:

- Münze werfen
- knobeln
- Abzählreime
- abwechseln
- reparieren
- jemanden bitten, bei der Reparatur zu helfen
- Ersatz anbieten
- neu kaufen
- ehrlich zugeben
- Bedauern ausdrücken und helfen
- nach Hause bringen
- besuchen

- sich schriftlich entschuldigen
- Wiedergutmachung anbieten
- Brief „schreiben"
- sich auf keine Rangelei einlassen
- die Situation erklären lassen
- …

Vgl. Karin Jefferys-Duden: Das Streitschlichter-Programm. Mediatorenausbildung für Schülerinnen und Schüler der Klassen 3 bis 6. Weinheim und Basel 1999, S. 51.

M7 Das Palaverzelt

Ohne den Kindern den Konflikt aus der Hand zu nehmen, spielt die Erzieherin mit den Kindern die fünf Phasen des Rituals durch. Das Ritual nimmt ca. 10–15 Min. in Anspruch.

Das „Palaverzelt" ist eine spielerische Umsetzung der Mediationsmethode und besteht aus fünf Phasen.

Vorbereitung: Die Erzieherin erläutert kurz den Anlass für das Konfliktritual, erklärt den Weg bis zur Einigung und macht die Kinder mit den Gesprächsregeln vertraut.

1. **Streitgeschichten erzählen**
   Jedes Kind darf aus seiner Sicht erzählen, wie es zu dem Streit gekommen ist. Hier wird der Sprechball eingesetzt.
2. **Gefühle beschreiben**
   Die Kinder erhalten Bildkarten, die Gefühle/Emotionen ausdrücken. Sie suchen sich die Karten aus, die zu ihren Emotionen passen. Mit Hilfe der Erzieherin bzw. des Erziehers beschreiben die Kinder ihre Gefühle.
3. **Wünsche äußern**
   In dieser Phase lenkt die Erzieherin auf die Bedürfnisebene. Nun werden die Kinder gefragt, welche Wünsche sie haben, um den Streit zu beenden. Die Wunschsymbole kommen zum Einsatz.
4. **Lösungen sammeln**
   Hier wird ein kreativer Prozess der Ideenfindung angeregt und die Kinder werden nach Lösungsvorschlägen gefragt. Für jede Idee erhält das Kind eine Ideenkarte.
5. **Sich einigen**
   Am Schluss steht der Einigungsprozess. Wenn die Kinder eine Einigung erreicht haben, können sie sich eine Friedenstaube aussuchen und als Symbol ihrer Versöhnung ihre Namen darauf schreiben.

Ansgar Marx: Konstruktive Konfliktlösung mit Kindern. In: Kindergarten heute, 4/2011, S. 8–14, Auszüge.
Ansgar Marx: Eine positive Konfliktkultur entwickeln – am Beispiel Palaverzelt. In: KiTa aktuell recht 4/2012, S. 129–134.

Erfahrungsbericht

Nach der Einführungszeit können die Kinder nun aktuelle Konflikte im Zelt lösen, aber auch an festen Tagen die Methode im Rollenspiel üben. Das gibt ihnen Sicherheit und wird zur Selbstverständlichkeit.
Zusammenfassend haben wir erkannt, dass die Kinder im Umgang miteinander toleranter geworden sind. Sie können jetzt besser über ihre Gefühle sprechen und die Gefühle des anderen Kindes ernst nehmen. Unser Hauptaugenmerk liegt auf den Gefühlen und Bedürfnissen des Einzelnen. Dafür nehmen wir uns Zeit. Genau diese Tatsache wird als so wertschätzend empfunden, dass Konflikte immer mehr den Charakter des „Negativen" verlieren und Konflikte als Chance ihren Platz einnehmen.
Erika Stark-Messerschmidt in: Kindergarten heute, 4/2011, S. 14.

M8 Streitgeschichten

Zur Anbahnung eines anderes Streitverhaltens wird im Bensberger Mediationsmodell folgende Geschichte erzählt:

„Heute habe ich eine Streitgeschichte, in der Anna und Marcel eine Rolle spielen. Passiert ist das nicht bei uns:

Anna (5 J.) spielt mit Marcel (6 J.) auf dem Bauteppich. Marchel baut einen wunderschönen Turm aus Bauklötzen. Anna tritt mit Absicht dagegen. Da schubst Marcel Anna. Sie stolpert über die Klötze und fällt hin.

Anna kommt zur Erzieherin gelaufen und weint."

1. Streitgeschichte

Die Streitgeschichte wird erzählt und mit Handpuppen nachgespielt. Eventuell vorgelesen und von Kindern nacherzählt. Damit die weitere Besprechung möglich ist, ist es notwendig, sich die Geschichte gründlich einzuprägen. Skizzen und Situationsbilder verstärken dies optisch.

2. Anteile

In der folgenden Gesprächsrunde sagen die Kinder, was jeder im Streit getan hat. Die Kinder sagen es hier der Erzieherin. Aber die Anteile müssen klar und deutlich für den Streitenden genannt werden. In unserer Geschichte:

Anna tritt mit Absicht gegen den Turm. Marcel schubst Anna. Zunächst neigen viele Kinder dazu, auch Gefühle oder andere Inhalte mit zu erzählen. Da gilt es, zu klären und Wert darauf zu leben, dass nur das gesagt wird, was wirklich im Streit getan wurde.

Unterstreichen können Erzieherinnen und Erzieher buchstäblich, indem sie die kurze Geschichte auf eine Wandzeitung schreiben und die Anteile bunt unterstreichen. Die Kinder können das nicht lesen, aber sie sehen, Anna ist rot eingekreist und ihr Anteil ist rot unterstrichen. Bei Marcel ist das grün.

3. Rollen

„Ihr sitzt zu zweit." (Kinder anfangs einteilen) „Einer von Euch ist Anna, der andere Marcel." (Wenn ein Kind übrig bleibt, gibt es eine Dreiergruppe. Dort sind entweder zwei Annas oder zwei Marcels. Oder ein Kind erhält eine Beobachtungsaufgabe.)

4. Ich-Form

Einzelne Kinder werden gebeten, der Erzieherin bzw. dem Erzieher zu erzählen, was sie als Anna bzw. Marcel alles erlebt haben, was ihnen passiert ist. Fangt an mit „Ich …" Hier prägt sich jeder die Geschichte in seiner Rolle ein.

Ein konsequentes Einhalten dieser vier Schritte führt zum Auftakt eines anderen Streitverhaltens: Es werden die Anteile, die jeder hat, klar beim Namen genannt. „Ich habe nichts gemacht", gilt nicht.

Rituale üben

Wenn die Kinder in der Gruppe ohne Schwierigkeiten mit den vier Schritten bei der Einführung von fiktiven kurzen Geschichten folgen können, werden zu zweit einige Rituale eingeübt:

• Gut zuhören, ausreden lassen, nicht beschimpfen;
• Was ist passiert? – Spiegeln – War das so?
• Sage der/dem …, wie es dir geht, worüber du dich geärgert hast. „Ich ärgere mich, dass Du …"
• Sage der/dem …, was du getan hast! „Ich habe …"
• Plätze tauschen: Sage, was dir als … alles passiert ist. Sage, worüber du dich als … geärgert hast.
• Sucht Vorschläge, damit euer Streit aufhört. Was kann … für dich tun, damit es dir wieder gut geht? „Ich wünsche mir …" Was kannst du für … tun? „Ich bin bereit …"

Günther Braun / Ulla Püttmann: Kinder bauen Brücken zueinander. Das Bensberger Mediations-Modell in Kindertagesstätten. Bensberg 2005, S. 26, 76 ff., Auszüge.

M9 Ausgewählte Kinderbücher (3–6 Jahre)

- **Ei, Ei, Ei!** Aus drei verschiedenen Eiern schlüpfen drei verschiedene Vögel. Wie kommen sie wohl miteinander aus?
- **Varenka.** In den weiten Wäldern in Russland lebt Varenka. Ihr kleines Haus steht im Wald, wo selten jemand hinkommt. Sie hat alles, was sie braucht und ist zufrieden. Eines Tages kommen Leute und erzählten ihr von dem schrecklichen Krieg.
- **Die Kinderbrücke.** Ein Fluss, links und rechts zwei zankende Bauernfamilien: der Ausgangspunkt für eine spannende Geschichte.
- **Dicke Freunde.** Zu „dicken Freunden" werden zwei benachbarte Nilpferdfamilien, zwischen denen zunächst eine Mauer aus Vorurteilen wächst.
- **Irgendwie Anders.** „Irgendwie Anders" ist ein kleines Fabelwesen, mit dem niemand spielen will, weil es anders ist. Es bemüht sich sehr, aber die anderen wollen nicht.
- **Ein kleiner König weint doch nicht.** Nach dem Tod des Vaters muss der kleine Prinz den Thron übernehmen, und es kommen Aufgaben auf ihn zu, die er verabscheut.
- **Leander.** Dies ist die Geschichte eines Außenseiters: Erst bewundert, beliebt und geachtet, dann plötzlich gefürchtet, verleumdet und ausgestoßen.
- **Der Zottelbär.** Am Lieblingsplatz des kleinen Bären, da wo es die süßesten Himbeeren gibt, erscheint eines Tages ein fremder, zotteliger Bär.
- **Der dritte Bär.** Drei Plüschbären auf dem Dachboden – das könnte so schön und friedlich sein.
- **Kinder aus aller Welt.** Alle Kinder dieser Welt lieben Geschichten. Ihre verschiedenen Religionen, Kulturen und die Geschichte ihrer Länder sind eine Fundgrube.
- **Freunde.** Die Geschichte einer Freundschaft dreier ganz unterschiedlicher Tiere.
- **Krone sucht König.** „Krone sucht König" – da sie nicht länger auf ihrem Podest im Museum liegen will, macht sich die Krone auf die Suche nach einem würdigen König.

- **Freundschaft ist blau – oder?** Der kleine Pinguin fühlt sich einsam neben seinen schwarzweißen Artgenossen. Sie wollen nichts mit ihm zu tun haben, denn er sieht anders aus als sie – er ist blau.
- **Du hast angefangen! – Nein, du!** Zwei Kerle leben an einem Berg, der blaue an der Westseite, der rote an der Ostseite. Gesehen haben die beiden sich noch nie.
- **Vom General, der singen lernte.** Diese Bildergeschichte erzählt von den Soldaten einer großen Armee, die als Eroberer in ein kleines Land kommen. Durch den freundlichen Empfang und die Menschlichkeit der Bewohner werden sie so verändert, dass sie den Krieg vergessen.
- **Es klopft bei Wanja in der Nacht.** Das Haus des Jägers Wanja am Waldrand wird für eine Winternacht zum Unterschlupf für den Hasen, den Fuchs und den Bär.
- **Rotgelbschwarzweiß.** Eine Geschichte über das Zusammenspiel der Farben, oder was passiert, wenn eine Farbe zu dominant wird.
- **Herr Meier und Herr Müller.** Herr Meier und Herr Müller sind gute Freunde, bis plötzlich eine seltsame rote Linie auftaucht. Schnurgerade zieht sie sich durch Haus, Wiese und Wald.
- **Sophie macht Musik.** Sophie hat eine wunderbare Stimme. Ihr Traum ist es, mit einem großen Orchester zu singen. Allerdings ist Sophie eine Kuh.
- **Hey! Ja?** Diese wahrscheinlich kürzeste Geschichte einer Freundschaft braucht nicht mehr als vierzig Worte.
- **Wollen wir Freunde sein?** Igel Max sucht verzweifelt einen Ort zum Bleiben, einen Ort, wo Freunde sind, die ihn gern haben und mit ihm spielen.

Ausführliche Besprechungen und weitere Bücher: www.frieden-fragen.de/fuer-eltern-und-erzieher/kinder-und-jugendbuecher-zu-krieg-und-frieden/altersgruppe-ab-3-jahre.html

M10 Gefühle lesen

M11 Die Wetterscheibe

Die Kinder gestalten ihre Wetterscheibe, auf der ihre momentane Befindlichkeit sichtbar gemacht werden kann. Sie können dabei die Symbole unten verwenden oder eigene Symbole gestalten.

Vorgehen: Wenn möglich, die Vorlage beim Kopieren vergrößern. Scheibe, Pfeil, evtl. Symbole ausschneiden, Bilder aufkleben. Pfeil mit einer Klammer in der Mitte befestigen, sodass er beweglich ist.

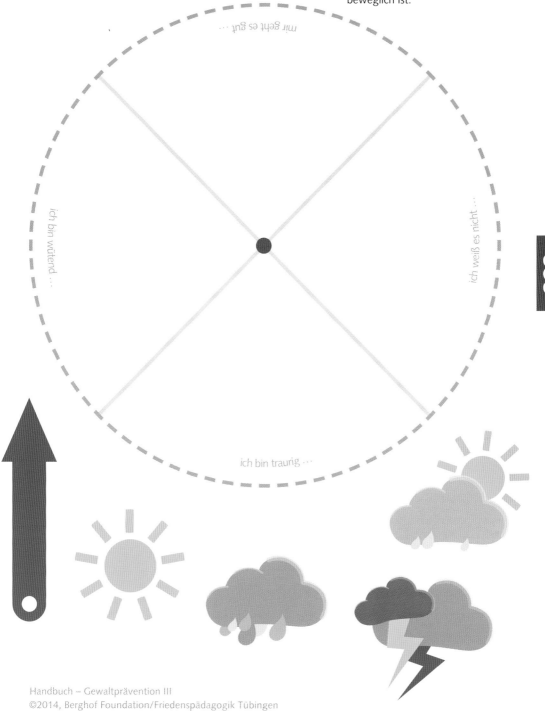

M12 Im Sandkasten

Eine Konfliktgeschichte besprechen

Die Kinder erzählen zu den Bildern eine Geschichte.

?
- Die Geschichte genau anschauen:
  – Was geschieht?
- Welchen Namen könnte man der Geschichte geben?
- Wer ist beteiligt?
- Wie geht es den Personen?
- Was würdest Du an ihrer Stelle tun?
- Wie könnte die Geschichte weitergehen?
- Wie könnte eine Lösung aussehen?
- Ein Schlussbild malen.

M13 Lösungen finden

?

- Was geschieht?
- Wie geht es den Eseln?
- Wie könnte die Geschichte weitergehen?

SCHULE Dienstags ab 8⁰⁰ Uhr

ROHIED	MESTAN
BÜSRA	BILJANA
AYSE	DANIEL
SOULA	THOMAS
MELIHA	ZEHRA
IBRAHIM	MIKE
AYTAC	STEFAN
BÜSRA-N.	MELANIE
ADNAN	EDINA
ALI	NHU
SYLVIA	ALESSIA
	THAO
	HALE
	ARZU

Schlittschuh fahren Montags ab 9⁰⁰ Uhr

SOULA	MESTAN
AYTAC	DANIEL
ALI	THOMAS
IBRAHIM	ZEHRA
ROHIED	MIKE
MELIHA	STEFAN
SYLVIA	MELANIE
AYSE	EDINA
BÜSRA-N.	NHU
BÜSRA	ALESSIA
	THAO
	HALE
	AGNEZA
	ARZU

B
Schl

MO	
AD	
RO	
BÜ	
ME	
DA	
ZE	
ALE	
HA	

3.3 Interkulturelles Lernen

Grundwissen

Materialien

Für Pädagogen und Eltern

Interkulturelles Lernen

Umgang mit Diversität ist eine der großen Herausforderungen unserer Zeit. Denn moderne Gesellschaften sind interkulturelle und heterogene Gesellschaften. Ca. 20 % der deutschen Bevölkerung hat heute einen Migrationshintergrund. Bei Kindern von 0–5 Jahren beträgt der Anteil ca. 30 % (vgl. Statistisches Bundesamt 2012, S. 32). Dabei geht es um Fragen von Toleranz und Integration aber auch darum, was eine Gesellschaft zusammenhält. Im internationalen Vergleich habe Deutschland vor allem Schwächen bei der Akzeptanz von Diversität, stellt die Bertelsmann-Studie „Gesellschaftlicher Zusammenhang im internationalen Vergleich" (2013, S. 3) fest. Viele Länder seien offener für gesellschaftliche Vielfalt als Deutschland. Dabei ist Deutschland angesichts der demografischen Situation stark auf Einwanderung angewiesen. Aber es gibt neben den Arbeitsmigranten auch Menschen, die den Schutz Deutschlands vor Verfolgung brauchen. Die Bertelsmann-Studie weist auch darauf hin, dass Einwanderung und gesellschaftliche Vielfalt kein Hindernis für gesellschaftlichen Zusammenhalt seien.

Interkulturellem Lernen kommt im Vorschulbereich große Bedeutung zu. Die UNESCO sieht in diesem Lernen den Kern einer Erziehung zum Frieden und zur Demokratie. Voraussetzung hierzu ist die offene Begegnung mit anderen Kulturen. Kleinkinder kümmern sich nicht um Hautfarbe, Herkunft oder Sprache. Abwertungen und Diskriminierungen kommen aus der Erwachsenenwelt, sie werden jedoch von Kindern schnell übernommen.

Interkulturelles Lernen hat die Aufgabe, die Achtung der kulturellen Vielfalt und das gegenseitige Verständnis für unterschiedliche Lebensweisen zu fördern und dabei den Schutz und die Verwirklichung der Menschenrechte stets im Blick zu haben. Dies bedeutet für unsere Gesellschaft konkret:

- Ausländischen Bürgerinnen und Bürgern Schutz vor Übergriffen garantieren: Ihnen die physische und psychische Unversehrtheit in allen Lebensbereichen gewährleisten.
- Diskriminierungen (auch verdeckte) zu erkennen, um sie dann abzubauen: Benachteiligungen und Diskriminierungen in Gesetzen und Verordnungen ebenso wie im realen Zusammenleben beseitigen.
- Solidarisch sein: Im alltäglichen Lebensvollzug Unterstützung und Hilfe für die Schwächeren geben.
- Partizipation ermöglichen: Beteiligungsrechte für kulturelle Minderheiten im politischen, gesellschaftlichen und wirtschaftlichen Bereich schaffen.
- Gleichheit verwirklichen: Auf allen gesellschaftlichen Ebenen nicht nur Toleranz üben, sondern Chancen- und Beteiligungsgleichheit (Barrierefreiheit und Inklusion) verankern.

Kultur verstehen

Kulturen sind keine feststehenden, in sich abgeschlossenen, unveränderlichen Gebilde. Sie sind auch nicht auf Staaten oder Nationen bezogen, sondern äußerst variabel und flexibel. Kultur ist in einem weiten Begriff alles, was Menschen hervorbringen und gestalten und wird häufig im Gegensatz zu Natur verstanden. Doch diese ist heute in meisten Fällen nur noch in durch Menschen veränderter Form, also als Kulturlandschaft anzutreffen.

Kultur kann auch als Hervorbringen von und Interagieren mit Symbolen und Zeichen verstanden werden. Kultur, so Hall (1976), besteht nur zu einem geringen Teil aus sichtbaren, wahrnehmbaren Elementen wie Schrift, Sprache, Kunst, Musik, Technik, Gebräuchen und Tradition. Das Wichtigste an einer Kultur ist unsichtbar und muss erschlossen werden, wie z. B. die Werte und Normen und das Zeitverständnis, die die jeweilige Identität prägen. Dies macht den interkulturellen Umgang miteinander oft schwierig.

(Teil-)Kulturen entwickeln dabei ihre je spezifischen Umgangs- und Verständigungsweisen, die innerhalb dieser Kultur als selbstverständlich und „normal" erscheinen. Von außen wahrgenommen wirken sie aber oft seltsam und fremd.

Hofstede (2010; www.transkulturelles-portal.com) unterscheidet fünf Dimensionen von Kultur, durch die sich Gemeinsamkeiten und Unterschiede beschreiben lassen:

- **Distanz oder Nähe zur Macht:** Wie wird in einer Kultur mit Macht und mit Ungleichheit umgegangen?
- **Kollektivismus oder Individualismus:** Wird Individualismus oder Kollektivismus in einer Kultur bevorzugt?
- **Maskulinität oder Femininität:** Ist die Kultur eher maskulin oder eher feminin geprägt?
- **Unsicherheitsvermeidung**: Wie wird mit Unsicherheiten umgegangen?
- **Langzeitorientierung versus Kurzzeitorientierung:** Gibt es eine kurzfristige oder eine langfristige Orientierung?

Kultur
Der Begriff Kultur stammt aus dem Lateinischen „colere" und hat vier verschiedene Bedeutungen:
1. (be-)wohnen, ansässig sein
2. pflegen, schmücken, ausbilden, bewahren, veredeln
3. bebauen, Ackerbau treiben
4. verehren, anbeten, feiern.
(InWent 2006, S. 12)

GRUNDWISSEN

239

3.3 INTERKULTURELLES LERNEN

| sichtbar (eher bewusst) | Kunst, Sprache, Musik, Technik, Tradition, ... |

KULTUR

| unsichtbar (eher unbewusst) | Werte, Normen, Zeitverständnis, Raumaneignung, Tabus, ... |

**Menschen mit Migrations-
hintergrund**
In Deutschland leben 15,9
Mio. Menschen mit aus-
ländischen Wurzeln. Davon
haben 8,8 Mio. die deut-
sche Staatsbürgerschaft.

Herkunftsländer:
Türkei _____18,5%
Polen _____9,2%
Russische Föderation 7,7%
Kasachstan _____5,8%
Italien _____4,9%
Rumänien _____3,0%
Griechenland _____2,5%
Kroatien _____2,3%
Serbien _____1,8%
Ukraine _____1,7%
sonstige Herkunfts-
länder bzw. ohne
Angabe_____42,7%

*(Bundesamt für Migration
und Flüchtlinge 2013, S. 10)*

Wohl in den meisten Gesellschaften existieren mehrere (Teil-)Kulturen, zunächst neben- und miteinander, um sich dann zunehmend zu vermischen. Wobei die Mehrheitsgesellschaft in der Regel aufgrund einer quantitativen Überlegenheit (und ihrer Machtmittel) die kulturelle Norm eines Gemeinwesens definiert und repräsentiert (Dominanzkultur). Die soziale Wahrnehmung, die Art der verbalen und nonverbalen Kommunikation sind ebenso kulturabhängig wie Lebens- und Verhaltensweisen oder Selbstkonzepte spezifischer Gruppen. Sie können deshalb nur selten intuitiv entschlüsselt werden, sind immer auch interpretationsbedürftig und führen nicht selten zu Missverständnissen oder auch zu Konflikten.

Der Umgang mit dem Fremden

Das Verhalten der „Fremden", ihre Weltanschauungen, ihre Umgangsformen, ihre Bräuche und Sitten sind eine ständige Anfrage an das, was vertraut ist, und an das, was für „normal" gehalten wird. Fremd sein heißt, dass bisherige kulturelle Gewohnheiten nicht mehr selbstverständlich sind und nicht mehr ohne Weiteres angewendet werden können. Ein „Denken wie üblich" ist nicht mehr möglich (Neckel, 2010, S. 57).
Diese permanente Konfrontation verunsichert und wird als Infragestellen der eigenen Werte und Lebensweise empfunden. Anstatt sich damit auseinanderzusetzen, wird diese Provokation jedoch häufig abgewehrt, abgewertet und abgedrängt. Dabei bleibt das Gefühl der Überlegenheit und Stärke erhalten, das in Wirklichkeit Unsicherheit und mangelndes Selbstbewusstsein kaschiert. Durch die Herabsetzung des Fremden wird versucht, eigene Schwäche in ein Überlegenheitsgefühl umzukehren.

Personen mit Migrationshintergrund

• **Personen mit eigener Migrationserfahrung**
  (Zugewanderte/1. Generation)
    – Ausländer
    – Deutsche (darunter „Spät"-Aussiedler, Eingebürgerte)
• **Personen ohne eigene Migrationserfahrung**
  (in Deutschland geboren/2. und 3. Generation)
    – Ausländer
    – Deutsche (darunter: Eingebürgerte, Deutsche mit mindestens einem
      zugewanderten oder als Ausländer in Deutschland geborenen Elternteil)

(Statistisches Bundesamt 2012, S. 7)

Die Auseinandersetzung mit „dem Fremden" ist deshalb zunächst eine Auseinandersetzung mit eigenen verdrängten oder verleugneten Anteilen. Das Verhältnis zum Fremden außerhalb von uns ist abhängig von dem, was uns an uns selbst fremd ist. Das „innere Ausland" bestimmt entscheidend, wie andere erfahren werden (vgl. Freud 1991, S. 60–71).

Werden interkulturelle Kontakte unter dem Aspekt der Zugehörigkeit, als Ingroup-Outgroup-Beziehungen verstanden, sind immer Fremdbilder im Spiel (vgl. Auernheimer 2010). Diese Bilder von anderen steuern unsere Erwartungen und damit unsere Aktionen und Reaktionen. Unsere Stereotype und Vorurteile sind dabei nicht nur individueller Natur, sondern gesellschaftlich überliefert und vermittelt.

In den Auseinandersetzungen mit dem Fremden spiegeln sich bei Vorschulkindern die Einstellungen und Vorurteile der Erwachsenen, vor allem der Eltern, aber auch Erwartungshaltungen der Erzieherinnen und Erzieher wider. Obwohl ein immer größerer Anteil von Kindern mit Migrationshintergrund Vorschuleinrichtungen besucht, fehlt ein entsprechender Anteil bei den Fachkräften.

Vorurteile und Diskriminierungen

Der Umgang mit Vorurteilen ist Teil interkulturellen Lernens. Unter Vorurteilen werden vorschnelle Urteile über andere verstanden, die stark verallgemeinernd sind, ständig wiederholt werden und andere abstempeln. Der Begriff Vorurteil wird hier als negative Einstellung gegenüber Gruppen oder Personen allein aufgrund ihrer Gruppenzugehörigkeit verwendet. Personen werden also nicht aufgrund ihrer persönlichen Eigenschaften abgewertet, sondern aufgrund ihrer Zugehörigkeit zu einer Fremdgruppe (Zick u. a. 2011, S. 31). Vorurteile und Feindbilder gegenüber ausländischen Mitbürgern bedingen, dass diese als minderwertig und die eigene Gruppe als höherwertig eingestuft werden. Bestimmte Gruppen gelten aufgrund dieser Einstufungen als kriminell, dreckig, arbeitsscheu und geldgierig. Ihnen wird die Verantwortung für gesellschaftliche Probleme oder Defizite zugeschrieben (Überfremdung, Wohnraumnot, Ausnutzung von Sozialsystemen usw.). Als unterlegen eingestufte Gruppen werden diskriminiert, unterdrückt oder gar „eliminiert".

Solche Diskriminierungen finden nicht nur im Alltag durch Beschimpfungen, Belästigungen, Erniedrigungen, tätliche Angriffe u. ä. statt, sondern auch in Betrieben und Verwaltungen sowie in Gesetzen und Verordnungen. Wilhelm Heitmeyer und seine Forschungsgruppe, die die feindseligen Einstellungen gegenüber anderen Menschengruppen untersuchen, beschreiben dies als gruppenbezogene Menschenfeindlichkeit (vgl. Heitmeyer 2011).

Islamische und christliche Welt
„Der Kontrast besteht nicht zwischen der islamischen und der christlichen Welt, der Kontrast besteht zwischen unterschiedlichen Standpunkten innerhalb der christlichen Welt und innerhalb der muslimischen, der hinduistischen oder der buddhistischen Welt. Anzunehmen, dass die einzelnen Kulturen homogen sind, ist ein großer Fehler. Einen ‚Kampf der Kulturen' zu sehen, ist ein ebenso großer Fehler."
(Sen 2007, S. 31)

GRUNDWISSEN

241

3.3 INTERKULTURELLES LERNEN

Wahrnehmung und Kommunikation

Mehrsprachigkeit
Wenn Kinder zweisprachig mit einer „Weltsprache" wie Englisch oder Französisch aufwachsen, löst das allgemein Bewunderung aus. Sprechen sie zu Hause „nur" Persisch oder Kurdisch, wird das eher als Mangel gesehen. Diese geringe Wertschätzung erfahren Migrantenkinder immer wieder. „Neben dem ‚neutralen' Aspekt, dass sie mit ihrer Erstsprache nicht verstanden werden, erleben Migrantenkinder auch, dass ‚ihre' Sprache in vielen Situationen in der deutschen Öffentlichkeit nicht geschätzt wird."
(Jampert 2002, S. 74; www.handbuch-kindheit. uni-bremen.de/teil3_3. html)

Sprache ist der Schlüssel zur Welt. Dies gilt insbesondere für Kinder. Sie ist mit Wahrnehmung und Verstehen verbunden. Soziale Wahrnehmung ist kulturell geprägt. Ob wir etwas als vertraut oder als fremd wahrnehmen, hängt von unserem kulturellen Hintergrund ab. Die Interpretation des Wahrgenommenen entscheidet über die Bewertung, dabei spielt der nonverbale Bereich neben den Sprachkenntnissen eine zentrale Rolle.

Sprachschwierigkeiten sind als integraler Bestandteil von interkulturellem Lernen zu betrachten. Das subjektive Empfinden einer Sprachbarriere hängt dabei nicht von der Fähigkeit ab, die jeweils andere Sprache zu sprechen (Haumersen/Liebe 1990).

Das Nichtverstehen der anderen wird selbst oft als Hilflosigkeit und Ohnmacht erlebt. Denn es besteht keine Möglichkeit, das eigene Bild anderen differenziert mitzuteilen oder sich selbst sprachlich zu verteidigen. Man ist der Situation ausgeliefert. Dabei ist ein solches Erleben oft mit der Annahme verbunden, die anderen würden über einen selbst sprechen oder sich über eine Situation lustig machen.

Zu interkulturellen und internationalen Begegnungen gehört auch das Nichtverstehen. Das Nichtverstehen der Worte ist gewöhnlich verbunden mit einem Nichtverstehen der dahinterliegenden Zusammenhänge, Sitten und Gebräuche. Die Reaktion auf Nichtverstehen kann Rückzug, aber auch Anlass zur Auseinandersetzung sein.

Ein Rückzug bedeutet, dass nur noch mit Gleichsprachigen kommuniziert wird und alle weitergehenden Bemühungen um gegenseitiges Verstehen und Kommunikation aufgegeben werden.

Sprache ist mehr als ein Verständigungsinstrument. Umgang mit Sprache ist auch Umgang mit Kultur. Gute Deutschkenntnisse sind für Kinder und Jugendliche, aber auch für Erwachsene mit Migrationshintergrund die Voraussetzung für bessere Bildung und Teilhabe. Spracherwerb kann jedoch nur auf freiwilliger Basis, nicht als Zwangsmaßnahme geschehen. Der frühe parallele Erwerb von zwei Sprachen, der Herkunftssprache und der deutschen Sprache, ist wichtig. Der Elementar- und Primarbereich sind hierzu als Startpunkte gefordert und können dies bei entsprechender Unterstützung auch bewältigen, allerdings sind hierzu Lehrkräfte, die die Muttersprache der Kinder beherrschen, notwendig.

Migration und Integration

Menschen mit Migrationshintergrund bilden in Gesellschaften keine soziokulturell homogene Gruppe, so die zentrale Aussage der Sinus-Studie (2008, S. 2) über Migrantenmilieus in Deutschland. Es zeige sich eine vielfältige und differenzierte Milieulandschaft. Die Migrantenmilieus würden sich weniger nach ethnischer Herkunft und sozialer Lage als nach ihren Wertvorstellungen, Lebensstilen und ästhetischen Vorlieben unterscheiden. Menschen des gleichen Milieus mit unterschiedlichem Migrationshintergrund würde deshalb mehr miteinander verbinden als mit dem Rest ihrer Landsleute aus anderen Milieus. Man könne deshalb nicht vom Herkunftsland auf das Milieu schließen.

Integrationsbarrieren würden sich am ehesten in den Unterschichtmilieus und im religiös verwurzelten Milieu finden. Als ein Indikator für den Grad der sozialen Integration wird in der Forschung u. a. die Kontakthäufigkeit und die Intensität von interethnischen Kontakten gesehen. Hierzu gehören Alltagskontakte, Freundschaften, Partnerschaften und Ehen (Bundesamt für Migration 2010, S. 5 f.).

Eltern können einen äußerst positiven Einfluss auf den Stand der Integration ihrer Kinder haben. Dies zeigt sich u. a. daran, dass Kinder besser integriert sind, wenn die Eltern die jeweilige Sprache sprechen, die Bildung der Eltern höher ausfällt, die Eltern eine positive Einstellung zur sozialen Vernetzung ihrer Kinder aufweisen und die Eltern Freunde in der jeweiligen Gesellschaft haben.

Gemeinsam aufwachsen

Der zentrale Weg der Integration ist die soziale Vernetzung von Migranten mit Deutschen. Wenn deutsche Kinder und Migranten gemeinsam aufwachsen, können sie sich kennenlernen. Migranten erlernen auf diese Weise spielend die deutsche Sprache und akzeptieren die geltenden Verhaltensregeln und -normen, deutsche Kinder und ihre Eltern bauen Vorurteile ab. Es sollten daher so früh wie möglich Gelegenheiten zum gegenseitigen Kennenlernen geschaffen werden; der Verweis auf den Kindergarten liegt hier nahe. Eine ausgewogene Durchmischung Deutscher und Migranten in Kindergärten und Schulen zu schaffen, ist vor allem in jenen Stadtteilen schwierig, in denen der Migrantenanteil unter der nachwachsenden Generation sehr hoch ist. Gleichwohl sollte auch in diesen Gebieten darauf geachtet werden, dass bestimmte Quoten nicht überschritten werden. Dies ist nur dann möglich, wenn Anreize für die Eltern gesetzt werden, ihr Kind in eine etwas weiter gelegene Kindertagesstätte oder Schule zu bringen bzw. wenn hierzu Strukturen geschaffen werden. Diese müssen durch Aufklärungskampagnen über die Vorteile eines solchen Zusatzaufwandes ergänzt werden. Es dürfte davon auszugehen sein, dass jedes Elternteil die beste Entwicklung für sein Kind wünscht und dafür in begrenztem Maße auch Anstrengungen in Kauf nimmt.

(Baier/Pfeiffer 2011, S. 212)

GRUNDWISSEN

243

3.3 INTERKULTURELLES LERNEN

Interreligiöse Bildung

Religion nicht ausgrenzen
„Die Pädagogik in Deutschland hat in den vergangenen zwanzig Jahren einen Fehler gemacht, weil man gedacht hat, man kann interkulturelles Lernen gestalten und die Religion ausgrenzen. Und das geht eben mit muslimischen Kindern gar nicht. Man kann mit türkischstämmigen Kindern nicht über ihre Kultur reden und den Islam auf die Seite drücken."
(Albert Biesinger. In: www.br.de/radio/bayern2/ sendungen/iq-wissenschaft- und-forschung/gesellschaft/ religioese-erziehung100. html)

Kindertagesstätten sind in besonderer Weise Orte, an denen Kinder und Erwachsene mit ganz unterschiedlicher Nationalität, Kultur und Religion zusammen kommen. Interreligiöse Bildung ist Teil einer interreligiösen Kultur. Sie wird aber in der Praxis nur von ca. einem Drittel der Kindertageseinrichtungen umgesetzt. Und dies, obwohl der Alltag dort stark von religiösen Unterschieden der Kinder geprägt ist, so Befunde einer repräsentativen Befragung von Erzieherinnen in Deutschland (Edelbrock/Biesinger/Schweizer 2012; Hoffmann 2009). Eine multireligiöse Zusammensetzung der Kinder in Kitas ist alltäglich geworden und zwar in konfessionellen wie im nichtkonfessionellen Einrichtungen. Dabei sind, quantitativ gesehen, in religiöser oder weltanschaulicher Hinsicht besonders drei Gruppen hervorzuheben: christliche Kinder, konfessionslose Kinder und muslimische Kinder. Darüber hinaus kommen Minderheiten wie jüdische Kinder in den Blick, die ebenfalls nicht übergangen werden dürfen. Die multireligiöse Zusammensetzung der Kindergruppen führt dazu, dass ein darauf eingestellter (religions-)pädagogisch sensibler Umgang mit religiösen und weltanschaulichen Unterschieden als allgemeine Aufgabe von Kindertagesstätten zu bezeichnen ist.

Die Aufgabe interreligiöser Bildung lässt sich nicht auf Einrichtungen in konfessioneller Trägerschaft begrenzen (zum Folgenden: Schweizer/ Biesinger/Edelbrock 2011).

Alle Kinder haben ein Recht auf Religion und auf kompetente religiöse Begleitung, ganz unabhängig davon, in welcher Art von Einrichtung sie sich befinden. Seit der Verabschiedung der Kinderrechtserklärung der Vereinten Nationen ist dieses Recht auch offiziell verbrieft.

Aus dieser Perspektive belegen die Untersuchungsbefunde einen enormen Nachholbedarf an religiöser Begleitung sowie an interreligiöser Bildung. Die Bedeutung interkultureller Bildung wird in den Einrichtungen bislang deutlich höher eingeschätzt als die der interreligiösen Bildung. Insofern stellt interreligiöse Bildung im Elementarbereich eine Zukunftsaufgabe dar, die in der Praxis noch entdeckt werden muss.

Bedeutung interreligiöser Bildung
- Fast jedes neunte Kind in den Kitas in Deutschland weist den Schätzungen der Erzieherinnen und Erzieher zufolge eine islamische Religionszugehörigkeit auf – bei weiter steigender Tendenz.
- 84 % der Befragten geben an, dass es in ihrer Gruppe Kinder mit Migrationshintergrund gibt und im Blick auf verschiedene Religionszugehörigkeiten sind es 77 %.
- Mehr als drei Viertel der befragten Erzieherinnen und Erzieher begegnen also im Alltag, schon von der Zusammensetzung der eigenen Kindergruppe her, der Frage, wie die Beziehungen zwischen Kindern mit unterschiedlicher Religionszugehörigkeit und religiöser Prägung angemessen berücksichtigt werden können.

- 58 % der Erzieherinnen und Erzieher berichten, dass Kinder in ihrer Einrichtung aus religiösen Gründen bestimmte Lebensmittel nicht zu sich nehmen dürfen (Edelbrock/Biesinger/Schweizer 2012).

Auch über die Kindergruppen in der Kita hinaus begegnen den Kindern interreligiöse Fragen in alltäglicher Weise – sei es durch die Medien oder in Gestalt von Wahrnehmungen in der Öffentlichkeit. Und schließlich werden alle Kinder, die heute in Deutschland aufwachsen, mit einer auf Dauer multireligiösen und multikulturellen Gesellschaft zurechtkommen müssen.

Grundlagen

Grundlage für gelingende interreligiöse Bildung ist Offenheit, Achtung und Wertschätzung für andere Kulturen und Religionen (zum Folgenden: Schweitzer/Biesinger/Edelbrock 2011). Toleranz und Respekt sowie wechselseitige Anerkennung stellen zentrale Ziele für die pädagogische Arbeit dar. Sie gelten nicht erst ab dem Schulalter, sondern müssen in kindgemäßer Form von Anfang an auch die Arbeit in der Kita bestimmen.

Dazu gehört es, allen Kindern eine umfassende Begleitung im Prozess des Aufwachsens in der Pluralität zu geben, auch in religiöser Hinsicht. Eine solche Begleitung ist heute selbst für christliche Kinder

Gedanken-, Gewissens- und Religionsfreiheit
Die Vertragsstaaten achten das Recht des Kindes auf Gedanken-, Gewissens- und Religionsfreiheit.
(UN-Kinderrechtskonvention 1989, Art. 14)

nicht überall gesichert – vor allem in kommunalen Einrichtungen werden religionspädagogische Aufgaben nur von einem Teil der Einrichtungen wahrgenommen – mitunter wohl aufgrund der nicht zutreffenden Rechtsauffassung, dass eine religiöse Begleitung von Kindern in kommunalen Einrichtungen gar nicht zulässig sei. Eine kompetente religiöse Begleitung muslimischer Kinder wird in den Einrichtungen in aller Regel bislang nicht geboten.

Interreligiöse Bildung ist als Friedenserziehung zu begreifen und Friedenserziehung als interreligiöse Bildung. Beide zielen auf aktive und reflektierte Toleranz im Sinne wechselseitiger Anerkennung, von Respekt und Solidarität miteinander.

Konkret bedeutet dies, dass interreligiöse Bildung in der alltäglichen Praxis der Kita fest verankert werden muss. Das Bildungsangebot der Einrichtungen muss so ausgestaltet werden, dass es den Kindern möglich wird,

- Wissen über andere Religionen zu erwerben, um das, was sie häufig bei anderen Kindern in der Einrichtung wahrnehmen, überhaupt verstehen zu können.
- die Ausdrucks- und Praxisformen anderer Religionen durch eigenes Erleben kennenzulernen.
- Haltungen und Einstellungen zu entwickeln, die von Offenheit und Toleranz, Respekt und Anerkennung geprägt sind.
- auch in religiöser Hinsicht mit anderen Kindern zu kommunizieren und so eine religiöse Sprachfähigkeit über die Grenzen der eigenen Religionsgemeinschaft hinaus zu erwerben.

Konkrete Ansätze

Dafür gibt es zahlreiche Möglichkeiten (Schweitzer/Biesinger/Edelbrock 2011):

- Kindern und ihren Eltern gezielt Offenheit auch für deren Religion signalisieren sowie die Bereitschaft, über religiöse Fragen zu sprechen
- sensibel werden für religiöse Fragen von Kindern und das Kind in seiner eigenen Religiosität stärken
- religiöse Orientierungsbedürfnisse wahrnehmen und im pädagogischen Alltag bewusst aufnehmen, z.B. Kinderfragen nach Gott, nach Tod und Sterben
- Zeit und Raum dafür einplanen, die Kinder in ihrer eigenen religiösen Identitätsbildung zu unterstützen und sie zum interreligiösen Austausch hinzuführen
- Erfahrungen von Kindern und Familien vor allem im Blick auf religiöse Festzeiten mit allen Kindern thematisieren: Advent und Weihnachten, aber ebenso Ramadan und Opferfest
- Religion und Religionen in der Kita alltäglich erfahrbar machen, z.B. Geschichten vorlesen oder erzählen und dabei den Kindern deutlich machen: „Das ist aus der Bibel, dem Buch der Christen.", „Diese Geschichte steht im Koran, dem Buch der Muslime.". Dabei kann auch sichtbar werden, dass wichtige Figuren wie Abraham, Mose und Jesus sowohl in der Bibel als auch im Koran vorkommen.
- Vernetzung mit dem Gemeinwesen auch in religiöser Hinsicht, etwa mit Kirchen- oder Moscheegemeinden
- Besuche und Erkundungen von Kirchen, Moscheen und Synagogen mit möglichst allen Kindern.

In Leitbildern und Konzeptionen von Kitas sollte klar werden, dass alle Kinder in der Einrichtung gleichermaßen willkommen sind, gerade auch mit ihren unterschiedlichen, religiösen und kulturellen Prägungen. Darüber hinaus sollte deutlich werden, dass diese Offenheit auch auf wechselseitiges Kennenlernen und Verstehen, auf Toleranz und Wertschätzung zielt.

Fachkräfte sollten sich ihrer eigenen religiösen Einstellung und Haltung auch gegenüber anderen Religionen bewusst werden und sich um Toleranz und Wertschätzung auch dem religiös Fremden gegenüber bemühen. Hierzu gehört auch, die eigenen Kompetenzen, in Bezug auf Fragen des Christentums, des Islams und des Judentums zu erweitern.

Interreligiöse Bildung ist nicht ohne die Einbeziehung der Eltern und deren religiöser Kompetenz möglich. Dabei muss auch berücksichtigt werden, dass die Rechte der Eltern, die keine religiöse Bildung wünschen, nicht verletzt werden.

Viele Zugehörigkeiten
„Jeder Mensch hat viele Zugehörigkeiten. Jeder weist viele unterschiedliche Muster von Gemeinschaften auf, darin ist die wichtigste Gemeinsamkeit eingeschlossen, die einer von allen geteilten Identität des Menschseins."
(Sen 2007, S. 34)

GRUNDWISSEN

247

3.3 INTERKULTURELLES LERNEN

Vorurteilsbewusste Bildung

Kulturelle Vielfalt: das gemeinsame Erbe der Menschheit

„Im Laufe von Zeit und Raum nimmt die Kultur verschiedene Formen an. Diese Vielfalt spiegelt sich wider in der Einzigartigkeit und Vielfalt der Identitäten, die die Gruppen und Gesellschaften kennzeichnen, aus denen die Menschheit besteht. Als Quelle des Austauschs, der Erneuerung und der Kreativität ist kulturelle Vielfalt für die Menschheit ebenso wichtig wie die biologische Vielfalt für die Natur."
(Nürnberger Erklärung der Deutschen UNESCO-Kommission 2002, Art. 1. www.unesco.de/nuernberger-erklaerung.html?&L=0)

Die vorurteilsbewusste Bildung und Erziehung, die speziell auch für den Vorschulbereich in dem Projekt „Kinderwelten" (www.kinderwelten.net) entwickelt und erprobt wurde, basiert auf dem sog. Anti-Bias-Ansatz. Dieser richtet sich gegen jede Form von Unterdrückung und Diskriminierung und setzt sich für Chancengleichheit ein. „Kinder sollen dabei unterstützt werden, ein positives Selbstbild zu entwickeln, Vielfalt zu respektieren und für Fairness einzutreten." (Wagner 2008, S. 27) Dies setzt bei den Erzieherinnen und Erziehern eine kritische Auseinandersetzung mit den eigenen Wertvorstellungen und Erziehungsprinzipien voraus.

Charakteristisch für die Anti-Bias-Arbeit ist der Fokus auf zwei miteinander verbundenen Handlungsebenen (Gomolla 2007, S. 6):

- Die pädagogische Arbeit mit Kindern, um auch schon kleine Kinder zum konstruktiven Umgang mit Aspekten der Differenz, Gleichheit und Diskriminierung und zur Teilhabe an demokratischen Prozessen zu befähigen.
- Diversitäts- und diskriminierungsbewusste Organisationsentwicklung. Damit sollen strukturelle Mechanismen, die für Kinder mit bestimmten Voraussetzungen den Zugang zu den Angeboten der Kitas versperren und ihre Lern- und Entwicklungsmöglichkeiten einschränken, in kontinuierlichen gemeinsamen Reflexionsprozessen sichtbar gemacht und abgetragen werden.

Dabei kommt der Arbeit an der persönlichen Haltung (inneren Einstellungen) der Erzieherinnen und Erzieher große Bedeutung zu.

Die Begründerin des Anti-Bias-Ansatzes, Louise Derman-Sparks (2007, S. 3), betont, dass die Anti-Bias-Arbeit besonders auf die soziale Identitäten im Sinne von Gruppenidentitäten achte. Denn Menschen hätten viele Identitäten (z.B. als Mutter, Enkel, Tante, als Erzieherin, Joggerin, Musikerin usw.). Sie würden sich mit bestimmten persönlichen Charakteristika (wie z.B. gesprächig, versorgend) und mit verschiedenen körperlichen Besonderheiten (wie z.B. beeinträchtigt, stark, attraktiv) identifizieren. Alle diese Aspekte gehörten auch zur Identität von Kindern. Die Gruppenidentitäten, die für die Anti-Bias-Arbeit besonders bedeutsam wären, würden sich vor allem auf ethnische Herkunft, Familienkultur, Hautfarbe, Geschlecht, sexuelle Orientierung, Behinderung/Beeinträchtigung beziehen.

Ziele und didaktische Prinzipien

Die auf Kinder bezogenen Ziele des Ansatzes sind (Ista 2004, S. 22):

- Jedes Kind muss Anerkennung und Wertschätzung finden, als Individuum und als Mitglied einer bestimmten sozialen Gruppe. Dazu gehören Selbstvertrauen und ein Wissen um seinen eigenen Hintergrund.
- Auf dieser Basis muss Kindern ermöglicht werden, Erfahrungen mit Menschen zu machen, die anders aussehen und sich anders verhalten als sie selbst, sodass sie sich mit ihnen wohl fühlen und Empathie entwickeln können.
- Das kritische Denken von Kindern über Vorurteile, Einseitigkeiten und Diskriminierung anzuregen, heißt auch, mit ihnen eine Sprache zu entwickeln, um sich darüber verständigen zu können, was fair und was unfair ist.
- Von da aus können Kinder ermutigt werden, sich aktiv und gemeinsam mit anderen gegen einseitige oder diskriminierende Verhaltensweisen zur Wehr zu setzen, die gegen sie selbst oder gegen andere gerichtet sind.

Ziele für Fachkräfte

Zu den vier Anti-Bias-Zielen für Kinder gibt es auch jeweils Ziele für Pädagoginnen und Pädagogen. Diese „geben einen hilfreichen Rahmen, um Selbstreflexion als fachliches Handeln zu entwickeln oder zu optimieren. Sie sind keine einfache Übertragung der Kinder-Ziele auf die Erwachsenenebene, sondern sie haben einen fachlichen Bezug" (Ista 2004, S. 26):

- Fachkräfte müssen sich ihrer eigenen Bezugsgruppenzugehörigkeiten bewusst werden und erkennen, welchen Einfluss diese auf ihr berufliches Handeln haben.
- Für Fachkräfte geht es nicht allgemein um Erfahrungen mit kultureller Vielfalt. Sie sollen wissen, wie sie die unterschiedlichen Vorstellungen der Familien über Erziehung und Lernen in Erfahrung bringen können.
- Fachkräfte müssen gegenüber den Diskriminierungen und Vorurteilen in ihrem Kindergarten, im Elementarbereich und allgemein in der Bildungspolitik kritisch sein.
- Und sie brauchen die Fähigkeit, Dialoge über Diskriminierung und Vorurteile zu initiieren und am Laufen zu halten, denn das ist ihre Form aktiver Einmischung.

Die Gestaltung einer vorurteilsbewussten Lernumgebung spielt bei diesem Ansatz eine besondere Rolle.

Interkulturelle Öffnung

„Die Lösung liegt in einer Anerkennung von Heterogenität bzw. in einer Wertschätzung der Vielfalt. Die ethnische kulturelle und religiöse Vielfalt darf nicht allein als gesellschaftliche Realität anerkannt, sondern muss vor allen Dingen als Chance begriffen und genutzt werden. Eine interkulturelle Öffnung der gesamten Gesellschaft ist hier unabdingbar."
(Rapti 2013, S. 89)

GRUNDWISSEN

249

3.3 INTERKULTURELLES LERNEN

Checkliste für eine Anti-Bias-Umgebung:
- Alle Kinder der Einrichtung sind mit Fotos repräsentiert.
- Man sieht und erkennt, was einzelne Kinder interessiert und womit sie sich beschäftigen.
- Bauwerke und Produkte der Kinder können besichtigt werden.
- In der Kita finden sich Fotos von wichtigen Bezugspersonen der Kinder.
- Es finden sich Hinweise auf die Familiensprachen aller Kinder.
- In der Puppenecke gibt es ganz verschieden aussehende Puppen aller Hautfarben, auch nicht nur eine Puppe derselben Hautfarbe, sondern mehrere. Keine Puppensorte dominiert.
- Bücher, Bilder, Spielmaterialien und CDs thematisieren wiederholt Mädchen und Jungen, Männer und Frauen, Menschen verschiedener Herkunft und Hautfarben sowie Kinder und Erwachsene mit Behinderungen. Sie sind dabei auch immer wieder bei Tätigkeiten wahrzunehmen, die nicht den Rollenklischees und anderen Zuschreibungen entsprechen.
- In der Verkleidungs- und in der Puppenecke finden sich Gegenstände und Bekleidungsstücke, die aus unterschiedlichen Berufswelten und Kulturen stammen.
- Beim Rundgang in der Kita entdeckt man Hinweise darauf, in welcher Umgebung die Kita sich befindet und welche Bezugsgruppen im Umfeld leben, denn die Dekoration und die Gestaltungselemente spiegeln Lebenserfahrungen der Kinder wider.
- An mehrsprachigen Aushängen ist zu erkennen, dass die Kita daran interessiert ist, alle Eltern zu informieren und anzusprechen, auch diejenigen, die kein Deutsch verstehen.

(Henkys/Hahn 2003, S. 8 f.)

Umsetzung konkret

Interkulturelles Lernen vollzieht sich im Alltag der vorschulischen Einrichtungen. Dabei sind grundlegende Kenntnisse über das Verständnis von Kulturen, Unterschiede in Wahrnehmung und Kommunikation aber vor allem auch über die eigenen Vorurteilsstrukturen notwendig. Der Bereich Grundwissen vermittelt hier einen ersten Zugang.

- **Kinder mit Migrationshintergrund**
  Der 2013 veröffentlichte Kinder-Migrationsreport (M1) verdeutlicht, dass Kinder mit Migrationshintergrund keine homogene Gruppe sind. Dennoch wachsen sie deutlich häufiger als Kinder ohne Migrationshintergrund in Familien mit geringen sozialen, ökonomischen und bildungsbezogenen Ressourcen auf.

- **Diversity und Zusammenhalt**
  Diversity wird häufig als Bedrohung des gesellschaftlichen Zusammenhalts wahrgenommen. M2 zeigt Bereiche und Dimensionen, wie gesellschaftlicher Zusammenhalt verstanden werden kann. Menschen haben vielfältige Zugehörigkeiten. Mit Hilfe von M3 können Merkmale dieser Zugehörigkeiten erfasst und in Bezug auf ihre Bindungsstärke hinterfragt werden.

- **Vielfalt leben und sichtbar machen**
  Wie Zugehörigkeit und Vielfalt im pädagogischen Alltag sichtbar werden können, zeigen M4 und M5. Die Orientierungen „Vielfalt und Gleichwürdigkeit" wurden vom „Netzwerk Diversity in Early Childhood" erarbeitet und können zur Überprüfung der eigenen Praxis dienen.

- **Interreligiöse Feiertage**
  Interreligiöse Feiertage bieten vielfältige Anlässe, religiöse und kulturelle Gemeinsamkeiten und Unterschiede direkt erlebbar zu machen. Dabei die Würde vor den Empfindungen und Gefühlen der anderen zu wahren, bleibt immer eine Herausforderung (M6).

- **Elternarbeit**
  Eltern mit Migrationshintergrund meiden oft Elternabende in Kindertageseinrichtungen. M7 stellt hierzu verschiedene Problemfelder zur Diskussion und regt an, nach Lösungen zu suchen. Kooperation mit Eltern geht von Information, Beratung und Bildungsangeboten bis hin zur Mitwirkung, Qualifizierung und Zusammenarbeit. M8 benennt Standards für diese Kooperation.

„Kein Mensch wird mit Hass auf eine andere Person wegen deren Hautfarbe, ihrer Herkunft oder Religion geboren. Die Menschen müssen das Hassen lernen, und wenn sie das Hassen lernen können, kann man sie auch das Lieben lehren."
(Nelson Mandela, Frankfurter Rundschau, 7./8.12.2013, S. 4.)

Lego
Lego lässt „Jabbas Palast"
verschwinden.
Die Spielzeugfirma Lego
nimmt den Bausatz „Jab-
bas Palast" vom Markt.
Denn die Türkische Kultur-
gemeinde Österreich hält
den „Star Wars"-Bausatz
für Volksverhetzung. Er ver-
unglimpfe Menschen, die
im Orient leben und belei-
dige Allah.
(Die Welt, 1.4.2013)

Playmobil
Für den Kinderspielzeug-
hersteller „Playmobil"
gehören schwarze Fußball-
spieler anscheinend nicht
nach Deutschland. Zumin-
dest möchte „Playmobil"
nicht, dass ihre Produkt-
reihe mit schwarzen Fuß-
ballspielern in Deutschland
verkauft wird. In England
und Schweden sieht der
Konzern den Rassismus
wohl ein bisschen anders.
Dort sind die Produkte auf
dem Markt.
*(www.netz-gegen-nazis.de/
artikel/rassismus-im-kin-
derzimmer-7735)*

- **Rassismus im Alltag**
  In den letzten Jahren sind Kinderbuchklassiker wie „Pippi Lang-
  strumpf" oder „Räuber Hotzenplotz" in die Diskussion geraten.
  Verschiedene Begriffe und Formulierungen seien rassistisch (z.B.
  „Negerkönig"). Die Verlage haben die Bücher inzwischen „berei-
  nigt".
  M9 stellt die Frage, ob „alte" Kinderbücher von diskriminierenden
  und abwertenden Begriffen bereinigt werden sollen und wie mit
  „Negerpuppen", Konstruktionsmaterialien und Plastikfiguren, die
  deutlich eine spezifische Kultur bevorzugen, umzugehen ist.

- **Interkulturelle Konflikte**
  Nicht nur der Bau von Moscheen ruft immer wieder Bürger auf den
  Plan, sondern auch der Bau und Betrieb von islamischen Kinder-
  gärten.
  Anhand von M10 können eigene Meinungen und Argumente ge-
  prüft und besprochen werden.

M1 Kinder-Migrationsreport

- Ein Drittel der Kinder in Deutschland hat einen Migrationshintergrund. Ethnische Heterogenität differiert allerdings stark nach Regionen.

- 91% der Kinder mit Migrationshintergrund leben in Westdeutschland. In den Stadtstaaten ist ihr Anteil an der gleichaltrigen Bevölkerung am höchsten. In Ballungsgebieten hat die Mehrheit der unter 15-Jährigen einen Migrationshintergrund.

- So heterogen die Gruppe der Kinder mit Migrationshintergrund nach ihren familialen Herkunftsländern und Migrationserfahrungen auch ist, fast alle sind in Deutschland geboren und aufgewachsen.

- Sieben von zehn Kindern mit Migrationshintergrund sind in Deutschland geboren und haben die deutsche Staatsbürgerschaft. Von dem knapp einem Viertel Kinder mit ausländischer Nationalität sind ebenfalls drei Viertel in Deutschland geboren.

- Ein Viertel der Kinder mit Migrationshintergrund lebt in einer Familie mit niedrigem Bildungsstatus, ebenso viele in Elternhäusern mit hohen Bildungs- und Berufsabschlüssen.
  Kinder ohne Migrationshintergrund finden häufiger günstigere Bildungsbedingungen in ihren Familien vor.

- Fast jedes fünfte Kind mit Migrationshintergrund lebt in Armut, jedes dritte ist von Armut bedroht. Von den Kindern ohne Migrationshintergrund betrifft dies jeweils weniger als die Hälfte. Überproportional groß ist auch der Anteil von Kindern mit Migrationshintergrund in Familien, die SGB-II-Leistungen erhalten.

- Ein hohes Bildungsniveau im Elternhaus schützt Kinder mit Migrationshintergrund nicht in gleichem Maße wie Kinder ohne Migrationshintergrund vor Armut. Dies trifft auch auf eine soziale Risikolage zu, in der beide Elternteile bzw. der alleinerziehende Elternteil nicht erwerbstätig sind/ist.

- Viertklässler mit Migrationshintergrund berichten häufiger von Gewalterfahrungen in der Familie als Gleichaltrige ohne Migrationshintergrund. Besonders hoch sind die Anteile in Familien mit arabischem/nordafrikanischem und mit türkischem Migrationshintergrund.

- Die Erziehungsstile, die Kinder unter neun Jahren im Elternhaus erfahren, unterscheiden sich nicht nach dem Migrationshintergrund. Am deutlichsten variiert das Erziehungsverhalten von Eltern mit dem Alter der Kinder: Die Erziehungsstile ändern sich ab dem 6. Lebensjahr.

- Von 100 Kindern mit Migrationshintergrund im Alter von 3 bis 6 Jahren besuchen 85 eine Kindertageseinrichtung. Bei den unter 3-Jährigen sind es lediglich 14. Kinder ohne Migrationshintergrund erreichen in beiden Altersgruppen höhere Werte.

Melihan Cinar u.a.: Kinder-Migrationsreport. Ein Daten- und Forschungsüberblick zu Lebenslagen und Lebensweisen von Kindern mit Migrationshintergrund. Deutsches Jugendinstitut, München, 2013, S. 15 ff., Auszüge.

M2 Gesellschaftlicher Zusammenhalt

Die Bertelsmann Stiftung hat Indikatoren für den gesellschaftlichen Zusammenhang erarbeitet:

Bereich	Dimension	Leitsatz
1. Soziale Beziehungen erzeugen Zusammenhalt durch ein Netz von horizontalen Beziehungen zwischen Personen und gesellschaftlichen Gruppen aller Art, das von Vertrauen geprägt ist und Diversität zulässt.	1.1 soziale Netze	Die Menschen haben starke und belastbare soziale Netze.
	1.2 Vertrauen in die Mitmenschen	Die Menschen haben großes Vertrauen in ihre Mitmenschen.
	1.3 Akzeptanz von Diversität	Die Menschen akzeptieren Personen mit anderen Wertvorstellungen und Lebensweisen als gleichberechtigten Teil der Gesellschaft.
2. Verbundenheit erzeugt Zusammenhalt durch eine positive Identifikation der Menschen mit dem Gemeinwesen, großes Vertrauen in dessen Institutionen und dem Empfinden, dass die gesellschaftlichen Umstände gerecht sind.	2.1 Identifikation	Die Menschen fühlen sich mit ihrem Gemeinwesen stark verbunden und identifizieren sich als Teil davon.
	2.2 Vertrauen in Institutionen	Die Menschen haben großes Vertrauen in gesellschaftliche und politische Institutionen.
	2.3 Gerechtigkeitsempfinden	Die Menschen sehen die Verteilung der Güter in der Gesellschaft als gerecht an und fühlen sich gerecht behandelt.
3. Gemeinwohlorientierung erzeugt Zusammenhalt durch Handlungen und Haltungen, die Schwache unterstützen, sich an sozialen Regeln orientieren und die gemeinschaftliche Organisation des Gemeinwesens ermöglichen.	3.1 Solidarität und Hilfsbereitschaft	Die Menschen fühlen sich verantwortlich für ihre Mitmenschen und helfen ihnen.
	3.2 Anerkennung sozialer Regeln	Die Menschen halten sich an grundlegende soziale Regeln.
	3.3 gesellschaftliche Teilhabe	Die Menschen nehmen am gesellschaftlichen und politischen Leben teil und beteiligen sich an öffentlichen Debatten.

Georgi Dragolov u.a.: Radar gesellschaftlicher Zusammenhalt. Messen was verbindet. Gesellschaftlicher Zusammenhalt im internationalen Vergleich. Gütersloh 2013, S. 17.

M3 Zugehörigkeiten

Jede Person hat – ob sie es will oder nicht – vielfältige Zugehörigkeiten
aber auch sehr individuelle Merkmale, die nur auf sie zutreffen.

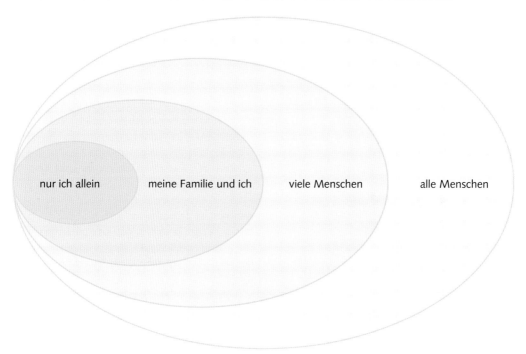

hohe Bindung

keine Bindung

Aufgabe

- Finden Sie Merkmale, die Menschen unterscheiden.
- Finden Sie Merkmale, denen Menschen zugeordnet werden, z.B. Kontinent, Nation, Land, Region, Ort/Stadt, Religion, Sprache, Geschlecht, Altersgruppe, Lieblingssport, Lieblingsmusik, Haarfarbe, Hobby, Blutgruppe, Verwandtschaft …
- Ordnen Sie die Merkmale den einzelnen Bereichen zu und finden Sie weitere Merkmale, die für Sie zutreffen.
- Nach welchen Kategorien werden Gruppen von Menschen eingeteilt?

- Zu welcher Gruppe (Kategorie) fühlen Sie sich besonders hingezogen?
- Jeder Mensch hat verschiedene Zugehörigkeiten – welche steht wann im Vordergrund?
- Welche Kategorien dienen der Ab- und Ausgrenzung?
- Welche Kategorien haben „Bindekraft" (z.B. Verwandtschaft), welche haben keine Bindekraft (z.B. Haarfarbe), welche haben unter bestimmten Umständen Bindekraft (z.B. Nationalität)?

M4 Mit Migrationshintergrund

In der Kita fühlt sich jeder zugehörig
Zugehörigkeitsgefühl ist die Grundlage für eine positive Entwicklung der uns anvertrauten Kinder und für eine wertschätzende Zusammenarbeit zwischen den Erwachsenen in gegenseitigem Respekt und auf Augenhöhe. Damit sich alle zugehörig fühlen können, schaffen die Mitarbeiterinnen und Mitarbeiter der Kitas ein Klima, in dem sich jeder willkommen fühlt. Vor allem gilt es, herauszufinden und zu achten, wie die Einzelnen selbst gesehen werden wollen. (…) Wollen sie ihre Familiensprache(n) erhalten oder ist ihnen nur wichtig, dass ihre Kinder die deutsche Sprache beherrschen? Dies können Erzieherinnen und Erzieher nur herausfinden, indem sie mit den Familien den Dialog aufnehmen.

Vielfalt der Familien sichtbar machen
Spuren der Familien in der Kita fördern das Zugehörigkeitsgefühl der Kinder:
- Fotos der Familienangehörigen helfen beim Eingewöhnen; Rituale aus der Familie geben Kindern Sicherheit für die Einschlafsituation; Nahrungsmittel von zu Hause lassen die Kinder gewohnte Geschmäcke und Düfte erleben; Lieder in ihrer Familiensprache beruhigen sie …
- Vielfalt stellt sich auch über eine Weltkarte dar, die zeigt, in welchen Ländern die Familien ihre Wurzeln haben. Stellen Eltern der Kindergruppe das Land und dessen Kultur vor, aus dem sie selbst oder ihre Familie kamen, bitten Erzieher möglichst noch andere Eltern aus demselben Land, ihre Sicht der dortigen Kultur einzubringen.

Allen Sprachen Raum geben
Sprache ist Identität – sie gehört zum Menschen dazu, sie macht ihn aus. So werden alle Kinder unterstützt, ihre Familiensprache(n) gut zu erlernen und zu sprechen. Begrüßung und Verabschiedung werden in allen Familiensprachen geübt.

- Kinder und Erwachsene lernen Reime und Lieder und zählen im Morgenkreis alle Kinder in den Familiensprachen. Eltern lesen in ihrer Sprache vor und bringen Schlüsselbegriffe in Projekte ein. So erleben alle Kinder, dass jedes Ding mehr als einen Namen hat – eine wesentliche Botschaft, die die Neugier auf andere Sprachen weckt.
- Diese Neugier gilt es, aufzugreifen und zu nutzen, um dem Ziel der EU näher zu kommen: Alle Bürger sollen zusätzlich zu ihrer Erstsprache zwei weitere Sprachen lernen. Die Kita als Kinderstube der Demokratie macht allen Kindern Lust, Deutsch als die gemeinsame Sprache zu sprechen.

Annäherung der Kulturen
Immer wieder prallen in der Kita unterschiedliche Kulturen aufeinander. Doch während Erzieherinnen noch vor zehn Jahren durch die Forderung nach Badebekleidung beim Planschen auch der Allerjüngsten eher ihre eigene Emanzipation gefährdet sahen, gehen sie heute gelassen mit solchen Ansprüchen von Eltern um. Dürfen muslimische Mädchen beim Malen oder bei Wasserexperimenten ihre Ärmel hochkrempeln? Dürfen Kinder von Zeugen Jehovas zu Ostern Eier anmalen?

Erzieherinnen und Erzieher sind gefordert, den Austausch mit den Eltern zu suchen, ihre Ängste und Sorgen ernst zu nehmen und mit Sensibilität zu Lösungen zu kommen, die den Kindern die Teilhabe und den Eltern das notwendige Vertrauen ermöglichen.

Regina Schallenberg-Diekmann: Mit Migrationshintergrund im Kindergarten. In: Paritätischer Wohlfahrtsverband. Landesverband Berlin e. V.: Vielfalt im Alltag gestalten. Interkulturelle Öffnung unter paritätischem Dach. Berlin 2012, S. 12 f., Auszüge.

M5 Vielfalt und Gleichwürdigkeit – 1

Orientierungen für die pädagogische Praxis
Diese Prinzipien beruhen auf dem Leitbild von DECET (Netzwerk Diversity in Early Childhood Education and Training) und sollen als Orientierung für die Bildung, Erziehung und Betreung von Kindern dienen.

1. Jede und jeder fühlt sich zugehörig
- Das Personal der Kindertageseinrichtung zeigt aktiv allen Familien, allen Kindern und Besuchern sowie den Bewohnern im Umfeld, dass sie willkommen und eingeladen sind, Teil des Ganzen zu sein.
- Die Kindertageseinrichtung gewährleistet den Zugang zu sämtlichen Angeboten der Einrichtung für alle Menschen im Gemeinwesen.
- Die Bedürfnisse jedes Einzelnen werden anerkannt und beachtet.
- Die Vielfalt der Familien spiegelt sich in der Kindertageseinrichtung und in der pädagogischen Arbeit wider.
- Das Konzept, seine praktische Umsetzung und die organisatorischen Strukturen der Einrichtung sind für alle erkennbar.
- Die pädagogischen Fachkräfte reflektieren regelmäßig ihre eigenen Erfahrungen, Gefühle und Haltungen.

2. Jedes Kind und jeder Erwachsene entwickelt die vielfältigen Aspekte der eigenen Identität
- Die pädagogischen Fachkräfte unterstützen jede Person darin, Stolz auf die eigene vielschichtige Identität zu entwickeln, indem sie die jeweils individuelle und die verschiedenen Bezugsgruppenidentitäten wahrnehmen und anerkennen.
- Sie schaffen eine sichere Atmosphäre, in der alle – auch gegensätzliche – Überzeugungen, Werte und Vorstellungen zum Ausdruck gebracht und diskutiert werden können.

- Die Bedürfnisse, Interessen und Fragen der Kinder, ihre Erfahrungen und wie sie diese Erfahrungen eigensinnig deuten und verarbeiten, steht im Fokus der pädagogischen Aktivitäten.
- Kinder, Eltern und Pädagogen tauschen sich aus, um mehr voneinander und den jeweiligen Lebenssituationen zu erfahren und zu verstehen und um angemessen aufeinander zugehen zu können.
- Kinder, Eltern und pädagogische Fachkräfte bestimmen selbst, wie viel Einblick in ihre Lebenssituation sie zulassen wollen.

3. Alle lernen voneinander über kulturelle und andere Grenzen hinweg
- Die pädagogischen Fachkräfte fördern ein positives Klima für Vielfalt, indem sie Unterschiede ebenso wie Gemeinsamkeiten mit Wertschätzung wahrnehmen und sichtbar machen.
- Die Fachkräfte schaffen eine Atmosphäre, die alle Beteiligten zum Austausch und Aushandeln von Ideen und Vorschlägen einlädt und anregt. So sind alle daran beteiligt, ein gemeinsames Verständnis von hoher Betreuungs- und Bildungsqualität zu entwickeln.
- Die Fachkräfte machen die Bildungsprozesse, die Ko-Konstruktion von Wissen durch den Dialog mit allen Beteiligten sichtbar.
- Jegliche Dokumentation macht die Stimmen von Kindern, Eltern, Fachkräften und anderen Beteiligten sichtbar und trägt zu Dialog und Reflexion bei.
- Jede Fachkraft reflektiert die eigene Praxis und strebt danach, die eigenen Grenzen zu erweitern und Beschränkungen des eigenen Wissens, der eigenen Werte, Bilder, Annahmen und Gefühle zu überwinden.

M5 Vielfalt und Gleichwürdigkeit – 2

4. **Jeder Erwachsene und jedes Kind beteiligt sich als aktiver Bürger**

- Frühkindliche Bildungseinrichtungen sind ein lebendiger und zentraler Teil der Netzwerke im Gemeinwesen. Die Mitarbeiterinnen und Mitarbeiter engagieren sich aktiv in Bereichen, die für das Gemeinwesen aktuell von Bedeutung sind.
- Die Fachkräfte schaffen demokratische Strukturen und holen aktiv die Meinungen aller Eltern, Kinder, Mitarbeiterinnen und Mitarbeiter der Einrichtung ein.
- Eltern, Personal und Kinder teilen die Verantwortung für die gemeinsame Gestaltung des täglichen Zusammenlebens und entwickeln ein Gefühl von Zugehörigkeit und Teilhabe.
- Die Einrichtung trägt zur Weiterentwicklung des Gemeinwesens bei, indem sie allen Kindern, Familien, Mitarbeiterinnen und Mitarbeitern ermöglicht, die vorhandenen Ressourcen zu nutzen: Raum, Personal, Ausstattung und Informationen.
- Das Personal der Einrichtung ist bestrebt, seine eigenen Kenntnisse, Fähigkeiten und Möglichkeiten in Bezug auf verschiedene Beteiligungsformen zu erweitern.

5. **Jeder bezieht aktiv, offen und mit dem Willen, an dieser Aufgabe zu wachsen, Stellung gegen Einseitigkeiten**

- Team, Leitung und Träger gewährleisten, dass die Zusammensetzung des Personals die Vielfalt im Gemeinwesen widerspiegelt.
- Leitung und Erzieherteam suchen die Verständigung und den Austausch mit Familien aus weniger sichtbaren Gruppen, die in der Einrichtung oder sogar im Gemeinwesen bisher nicht vertreten sind.
- Personal, Leitung und Träger fördern und vertreten eine Haltung in der Betreuungseinrichtung, mit der jede Form von Diskriminierung unvereinbar ist.
- Das Personal positioniert sich eindeutig gegen Einseitigkeiten und Diskriminierung.

- Das Personal schafft Gelegenheiten für Diskussionen über Ungleichheiten, soziale Ungerechtigkeit und Machtverhältnisse in der Gesellschaft.
- Die pädagogischen Fachkräfte übernehmen in der lokalpolitischen Diskussion die Rolle von Vermittlern und Interessenvertretern, indem sie auf die vielfältigen Bedürfnisse von Kindern und Familien und auf vorhandene soziale Ungleichheiten aufmerksam machen.

6. **Alle gemeinsam gehen gegen Vorurteile und institutionelle Formen von Diskriminierung vor**

- Das Personal erkennt, dass sich das Gemeinwesen und die Gesellschaft als Ganzes ständig verändern. In Zusammenarbeit mit anderen Beteiligten gehen sie den sich wandelnden Bedürfnissen der verschiedenen Gruppen im Gemeinwesen auf den Grund.
- Die pädagogischen Fachkräfte erarbeiten klare Leitlinien, ein Konzept und entsprechende Strukturen, die alle einschließen, die allen gleichermaßen den Zugang sichern und die von respektvollem Umgang mit Verschiedenheit geprägt sind.
- Die Leitung der Einrichtung stellt sicher, dass Eltern und Personal als gleichberechtigte Partner zusammenarbeiten, um Ungleichheiten zu erkennen und abzubauen.
- Das Personal ist gegenüber jeglicher Form von institutionalisierter Diskriminierung sensibilisiert und macht auf sie aufmerksam, um sie zu beseitigen.
- Die Erzieherinnen und Erzieher übernehmen eine aktive und zentrale Rolle, indem sie sich öffentlich zu Wort melden und sich für Respekt für Vielfalt und gegen stereotype Haltungen einsetzen.

DECET, Diversity in Early Childhood Education and Training: Vielfalt und Gleichwürdigkeit. Brüssel 2007, Auszüge.
www.decet.org

M6 Interreligiöse Feiertage

Islamische Feiertage (2014)

- Mawlid an-Nabi (Geburtstag des Propheten Mohamed): 14.1.2014
- Himmelfahrt Mohameds (Lailat al Miraj): 27.5.2014
- Nacht der Vergebung (Lailat al Bara'a): 14.6.2014
- 1. Tag des Ramadan (Anfang des Fastenmonats): 26.6.2014
- Nacht der Bestimmung (Lailat al-Quadr): 25.7.2014
- Fest des Fastenbrechens (Id al Fitr / Ramazan Bayrami): 29.7.2014
- Islamisches Opferfest (Id al-Adha / Kurban Bayrami): 4.10.2014
- Islamisches Neujahr: 25.10.2014
- Ashura-Fest (Fasten- und Rettungstag des Propheten Moses): 2.11.2014

Jüdische Feiertage (2014)

- Pessach-Anfang: 15./16.4.2014.
- Pessach-Ende: 21./22.4.2014
- Wochenfest (Schawuot): 4./5.6.2014
- Neujahrsfest (Rosch Haschana): 25./26.9.2014
- Versöhnungstag (Jom Kippur): 4.10.2014
- Laubhüttenfest (Sukkot): 9./10.10.2014
- Schlussfest (Schemini Azereth): 16.10.2014
- Fest der Gesetzesfreude (Simchat Tora): 17.10.2014
- Chanukkah: 2.–9.12.2014

Jüdischer Kalender online:
www.jgs-online.de/kaluach/KaluachJS.htm

Christliche Feiertage

- Heilige Drei Könige
- Mariä Lichtmess
- Aschermittwoch / Fastenzeit
- Passionszeit, Karfreitag
- Ostern
- Christi Himmelfahrt
- Pfingsten
- Dreieinigkeitsfest
- Erntedankfest
- Buß- und Bettag
- Reformationstag
- Allerheiligen
- Adventszeit und Weihnachten

Buddhistische Feiertage

- Vesakh-Fest: Das Vesakh-Fest ist das wichtigste Fest. Es soll an die Geburt, die Erleuchtung und den Tod des Fürstensohnes Siddhartha Gautama erinnern.
- Songkraan: „Blumenfest", steht für Buddhas Geburtstag und den Beginn eines neuen Jahres.
- Peharera: Fest zu Ehren Buddhas, das Buddhisten in Sri Lanka feiern.

Hinduistische Feiertage

- Diwali/Deepavali: Das Fest der Lichter wird zu Ehren Lakshmi, der Göttin des Wohlstandes, gefeiert.
- Holi: Gedenktag zu Ehren des Gottes Krishna.
- Pongal/Sankranti: Erntefest, mit dem der Sonnengott geehrt wird.

Den Festen und Feiertagen der Religionen liegen verschiedene Zeitangaben und Kalender zugrunde.

?
- Welche Bedeutung haben die jeweiligen Feiertage?
- Gibt es Ähnlichkeiten oder gar Gemeinsamkeiten zwischen den jüdischen, christlichen und muslimischen Feiertagen?
- Wie werden die jeweiligen Feiertage offiziell bzw. in der Familie begangen?
- Wie könnten sie im Kindergarten bekanntgemacht und gefeiert werden?

FÜR PÄDAGOGEN UND ELTERN

259

3.3 INTERKULTURELLES LERNEN

M7 Eltern mit Migrationshintergrund

Eltern mit Migrationshintergrund meiden oft Elternabende. Was könnte der Grund dafür sein?

? **Welchen Aussagen stimmen Sie zu?** Warum ist dies so? Was sehen Sie anders? Welche Möglichkeiten der Veränderung sind denkbar?

O Eltern mit Migrationshintergrund verfügen zum Teil über schwache Deutschkenntnisse.

O Sie haben Angst vor der Institution Kita.

O Sie haben falschen Respekt vor der Autorität der Einrichtung bzw. der Erzieherinnen und Erzieher.

O Sie vermuten, dass sie den Anforderungen in Bezug auf eine Zusammenarbeit nicht gewachsenen sind.

O Die Erwartungen der Eltern, der Kita und der Fachkräfte stimmen nicht überein.

O Eltern mit Migrationshintergrund fühlen sich in Bezug auf die Erziehung und Bildung ihrer Kinder oft überfordert.

O Das deutsche Bildungs- und Erziehungssystem ist den Eltern mit Migrationshintergrund oft unbekannt.

O Eltern haben oft unklare Vorstellungen von den Aufgaben der vorschulischen Einrichtungen.

O Die Arbeit mit Eltern mit Migrationshintergrund kostet viel Zeit.

O Sie haben wenig Kontakt zu Elternvertretern.

O Eltern mit Migrationshintergrund sind in Elternvertretungen kaum vertreten.

O Eltern mit Migrationshintergrund sind keine homogene Gruppe. Es gibt Eltern aus dem eher bildungsfernen Milieu, aber auch die, die der hoch gebildeten Mittelschicht angehören. Beide haben verschiedene Interessen.

Vgl. Cengiz Deniz: Elternarbeit mit Migranteneltern. In: Pädagogik 5/2012, S. 28 f.

M8 Standards für die Kooperation

Die Strukturierung familienbezogener Bildungsmaßnahmen basiert auf acht Standards, die von der Hauptstelle der RAA sowie der Universität Hamburg dokumentiert wurden.

Es handelt sich hierbei um eine universelle Maßnahme, das heißt, sie richtet sich an alle Eltern, damit diese so früh wie möglich mit Pädagogen und Pädagoginnen eine Bildungs- und Erziehungspartnerschaft im Sinne des Kindes eingehen. So wird das Interesse und Engagement der Eltern am Bildungsprozess ihres Kindes unterstützt. Hierbei werden acht Dimensionen für die Arbeit mit Eltern identifiziert:

Die Elterninformation ist Grundlage jeder Zusammenarbeit. Darauf aufbauend kann mitgedacht und mitgestaltet werden, sie bildet die Basis für eine erfolgreiche Zusammenarbeit und geht einher mit **der Elternberatung**, die zu bestimmten Themen, aber auch individuell angeboten wird. So entsteht ein positiver Kontakt, der die Eltern in ihrer Erziehungsarbeit unterstützt und den Pädagogen und Pädagoginnen wichtige Informationen zum familiären Umfeld des Kindes gibt.

Die Elternbildung stellt einen weiteren wichtigen Aspekt für diese Standards dar. Es existieren thematische Angebote für pädagogische Themen. (…) Die Eltern werden fortgebildet, sodass sie den aktuellen Lernprozess ihres Kindes aktiv begleiten können. Dadurch wird die Erziehungskompetenz, die sprachliche Kompetenz sowie die Gestaltung eines lern- und entwicklungsförderlichen Umfelds für die Kinder unterstützt. Diese Dimension stellt die Grundlage für eigene Entscheidungen auf eine solide Basis.

Aus diesen Bausteinen entwickelt sich dann eine **aktive Elternmitwirkung**. Diese weitere Prämisse für eine erfolgreiche Zusammenarbeit von Eltern und Pädagoginnen und Pädagogen fördert ein lern- und bildungsfreundliches Klima in den Familien, das sich positiv auf den Lernprozess des Kindes auswirkt.

Zur qualifizierten Durchführung ist geschultes Personal Voraussetzung: **Fortbildung von Erzieherinnen** für die Kooperation mit Eltern finden regelmäßig statt. Die auf Bausteinen basierenden Fortbildungen führen zur persönlichen **Qualifikation der Erzieherinnen und Erzieher** und zu einer wertschätzenden Arbeit mit zugewanderten Eltern. Ergänzend hierzu erhalten auch die **Eltern die Möglichkeit der Teilnahme an Aus-, Weiter- und Fortbildungsmaßnahmen** zur Erweiterung spezifischer pädagogischer, kommunikativer und interkultureller Kompetenzen. Diese **Elternqualifizierung** befähigt sie im Rahmen von Multiplikatorenprogrammen zur Bildungsarbeit.

Eine weitere wichtige Dimension stellt die **Kooperation im Gemeinwesen** dar, die durch Partizipation, Wertschätzung, Akzeptanz, Gleichwertigkeit, Transparenz und Mitverantwortung gekennzeichnet ist. Für das Zusammenleben in einer multikulturellen Gesellschaft werden die Angebote, Maßnahmen und Konzepte von Vereinen, Weiterbildungsstätten, Kindertagesstätten und Grundschulen auf die Bedürfnisse dieser Zielgruppe ausgerichtet. Es werden Fortbildungsangebote zur Erhöhung der interkulturellen Kompetenz angeboten.

Wenn diese Standards für die Kooperation mit zugewanderten Eltern umgesetzt werden, kann unter optimalen Bedingungen eine **Zusammenarbeit mit Eltern in Projekten** realisiert werden.

Marika Schwaiger in Zusammenarbeit mit Prof. Dr. Ursula Neumann: Regionale Bildungsgemeinschaften, Gutachten zur interkulturellen Elternbeteiligung, Universität Hamburg, Fakultät für Erziehungswissenschaft, Psychologie und Bewegungswissenschaft. Hamburg 2010, Auszüge.

M9 Hexe und Hotzenplotz

Hexe und Hotzenplotz künftig ohne Neger

Der Kinderbuchverlag Thienemann will seine Klassiker von politisch inkorrekten Wörtern befreien. Den Anfang macht „Die kleine Hexe" von Otfried Preußler – weil der Autor seine Meinung änderte.

Der Kinderbuchklassiker „Die kleine Hexe" von Otfried Preußler wird künftig ohne diskriminierende Begriffe wie Negerlein und Neger erscheinen. „Wir werden alle unsere Klassiker durchforsten", kündigt Klaus Willberg vom Stuttgarter Thienemann Verlag in der Berliner „tageszeitung" vom 5. Januar 2008 an. Die umstrittenen Wörter würden dabei nicht ersetzt, sondern ganz gestrichen. Es sei notwendig, Bücher an den sprachlichen und politischen Wandel anzupassen, begründet Willberg den Schritt: „Nur so bleiben sie zeitlos."

„Die kleine Hexe" wurde 1958 mit dem Deutschen Jugendbuchpreis ausgezeichnet. Seitdem wurde das Werk in 47 Sprachen übersetzt und weltweit mehr als 4,3 Millionen Mal verkauft.

Pippi Langstrumpf kommt schon ohne Zigeuner aus

Thienemann folgt damit dem Beispiel des Verlags Friedrich Oetinger aus Hamburg. Dieser soll Worte wie „Neger" und „Zigeuner" bereits vor vier Jahren aus seinen aktuellen Übersetzungen von „Pippi Langstrumpf" und anderen Kinderbuchklassikern von Astrid Lindgren gestrichen haben.

Die ehemalige Bundesfamilienministerin Kristina Schröder (CDU) wird das freuen: Sie hatte im Dezember 2012 für Aufsehen gesorgt, als sie sagte, diskriminierende Begriffe auszulassen, wenn sie ihrer Tochter vorlese: Wenn ihre 2010 geborene Tochter Lotte älter sei, würde sie „dann erklären, was das Wort ‚Neger' für eine Geschichte hat und dass es verletzend ist, das Wort zu verwenden".

vgl. www.welt.de/kultur/literarischewelt/article112415425/Hexe-und-Hotzenplotz-kuenftig-ohne-Neger.html

Märchen: Kulturpolitiker gegen Überarbeitung
Kulturpolitiker des Bundestages haben Bestrebungen zurückgewiesen, eine heute nicht mehr politisch korrekte Wortwahl in Märchen und klassischer Jugendliteratur zu korrigieren. Auch wenn in einigen klassischen Geschichten und Märchen Gewalt verherrlicht, Minderheiten diskriminiert und Vorurteile aufgebaut würden, ist es trotzdem nicht angebracht, Nachbesserungen vorzunehmen, damit sie unserem Zeitgeist entsprechen, sagte der kulturpolitische Sprecher der Union, Jens Börnsen. Gewaltverherrlichende Filme und Computerspiele seien zudem viel schädlicher.
Frankfurter Rundschau, 20.1.2013, S. 35.

?
- Sollen „alte" Kinderbücher von diskriminierenden und abwertenden Begriffen befreit werden?
- Sollen solche Bücher nicht mehr vorgelesen werden oder sollen beim Vorlesen die Begriffe verändert werden?
- Was bedeutet dies für den Charakter der Geschichten?
- Sollte dies dann auch mit Erwachsenenliteratur geschehen?
- Wer entscheidet darüber, welche Begriffe und Ausdrucksformen akezptabel und „politisch korrekt" sind?

M10 Der islamische Kindergarten

Der am Ort ansässige islamische Verein möchte einen eigenen Kindergarten gründen. Kritiker formieren sich …

Positionen des islamischen Vereins

- Muslimische Kinder sind in evangelischen oder katholischen Kindergärten aufgrund ihrer Religion oft Außenseiter.
- Kinder müssen sich aufgrund ihrer Religion oft rechtfertigen und fühlen sich „un-normal".
- Gesundes Selbstbewusstsein ist die Basis für die persönliche Entwicklung und Entfaltung. Dieses kann sich für muslimische Kinder in christlich geprägten Kindergärten nicht entwickeln.
- Der Umgang mit muslimischen Kindern ist den meisten Erzieherinnen völlig fremd.
- Muslimische Kinder lassen sich von christlichen Erzieherinnen nicht so viel sagen wie von solchen ihrer eigenen Glaubensrichtung.
- Die Eltern können in einem muslimischen Kindergarten besser erreicht werden.
- Der islamische Kindergarten soll auch offen für Kinder anderer Glaubensrichtungen sein.
- Für die gleichwertige Erziehung christlicher Kinder ist auch eine christliche Fachkraft vorgesehen.
- Unter den Kindern soll deutsch gesprochen werden, wie im Islamischen Verein selbst auch.
- Das fünfmalige Beten am Tag, ein islamischer Brauch, soll keine Pflicht sein.
- Jungen und Mädchen werden bis zur Pubertät gleich behandelt, wie es im Islam Brauch ist.
- Es wird mehr um den Koran gehen als um die Bibel und das Leben wird mehr von islamischen als von christlichen Festen geprägt sein.
- Ein islamischer Kindergarten entspricht der Zusammensetzung der Wohnbevölkerung.

Position der Kritiker

- Von der Öffentlichkeit wird die Gründung eines islamischen Kindergartens überwiegend als problematisch angesehen.
- Ein islamischer Kindergarten zögert die Konfrontation mit der gesellschaftlichen Realität nur hinaus.
- Dieser Kindergarten würde nur von muslimischen Kindern besucht werden.
- Es würde zu einer fortschreitenden Separierung muslimischer und deutscher Kinder kommen.
- Es ist eine Illusion, dass türkische Kinder in diesem Kindergarten vor allem Deutsch sprechen würden.

Vgl. Peter Ertle: Position beziehen ist gut. In: Schwäbisches Tagblatt, 28.2.2001.

?
- Setzen Sie sich mit den Argumenten der Befürworter bzw. Kritiker auseinander. Welche Argumente fehlen?
- Welche Meinung haben Sie? Fördert ein solcher Kindergarten das gemeinschaftliche Zusammenleben von Christen und Muslimen?
- Versetzen Sie sich in die Lage eines christlichen Elternteils. Welche Gründe gibt es für Sie, Ihr Kind in einen islamischen Kindergarten zu schicken bzw. nicht zu schicken?
- Versetzen Sie sich in die Lage eines islamischen Elternteils. Welche Gründe gibt es für Sie, Ihr Kind in einen islamischen Kindergarten zu schicken bzw. nicht zu schicken?
- Sollte ein solcher Kindergarten eine Betriebserlaubnis und entsprechende städtische Zuschüsse erhalten?

3.4 Gewaltspielzeug

Grundwissen

Materialien
Für Pädagogen und Eltern

Kriegsspielzeug boomt

Weihnachtslied

Morgen kommt der Weihnachtsmann,

Kommt mit seinen Gaben.

Trommel, Pfeife und Gewehr,

Fahn und Säbel und noch mehr,

Ja ein ganzes Kriegesheer,

Möcht' ich gerne haben.

Bring' uns, lieber Weihnachtsmann,

Bring' auch morgen, bringe

Musketier und Grenadier,

Zottelbär und Panthertier,

Roß und Esel, Schaf und Stier,

Lauter schöne Dinge.

(Hoffmann von Fallersleben 1840)

Der Verkauf von Kriegsspielzeug erlebt seit einigen Jahren einen neuen Boom. 3sat.online berichtete 2009 unter dem Titel „Die Rückkehr des Kriegsspielzeugs", dass Minipanzer und Soldaten die Kinderzimmer erobern würden (vgl. Billing/Meyer 2009). Ein neuer „Rüstungswettlauf" hätte begonnen – und kaum einer hätte etwas gemerkt. Kampfhubschrauber, Panzer und Panzerspähwagen würden Einzug in deutsche Kinderzimmer halten. Der Umsatz an Kriegsspielzeug würde rasant steigen.

Das Spiel mit solchem Gerät wird, trotz Verunsicherung vieler Eltern, oft als unproblematisch, ja sogar als positiv bewertet (vgl. Hartmann 2007). Kriegs- und Gewaltspielzeug ist ein geschlechtsspezifisches Phänomen, denn es sind hauptsächlich Jungen, die damit spielen und männliche Werte, die damit transportiert werden. Kriegs- und Gewaltspielzeug übt auf sie eine eigenartige Faszination aus.

Kinderspiel

Die Tatsache, dass alle Kinder in allen Kulturen und Lebenslagen spielen, kann als Zeichen dafür gewertet werden, dass das Spielbedürfnis zu der Grundausstattung des Menschen gehört. Es hängt offenbar mit seinem Erkundungstrieb, mit seiner unendlichen Neugier und mit seiner Lust, die Welt zu gestalten und zu verändern, zusammen (vgl. Flitner 2011).

Kinderspiel ist entwicklungspsychologisch gesehen für das Heranwachsen des Kindes von besonderer Bedeutung. Spiel ist jedoch nicht nur ein Naturphänomen, sondern auch Teil der Kultur (vgl. Lewe 2009). Es war immer Teil des geselligen Umgangs oder auch von religiösen Handlungen. Susanne Graschke (2011) weist darauf hin, dass Kulturwissenschaftler im unstrukturierten Kinderspiel die Vorstufe zu den späteren kulturellen Leistungen Erwachsener sehen. Springen und Herumtoben würden zu Tanz und Sport, aus dem Spiel mit Bauklötzen würden Kunst und Architektur erwachsen. Rollenspiele seien Vorgänger von Literatur und Theater. Kinder übersetzen im Spiel bestimmte Züge der Erwachsenenwelt in ihre eigene Sprache. An ihren Spielen kann man ablesen, welche Teile des Erwachsenenlebens für sie besonders wichtig sind.

Der Reiz des Spiels liegt für Kinder offenbar darin, im Spiel völlig selbst bestimmen zu können und nicht an den Maßstäben und Ansprüchen der Erwachsenen gemessen zu werden. Sie stellen hier eigene Regeln auf, können in andere Rollen schlüpfen und in eine Phantasiewelt eintauchen, die sich nur den Spielern öffnet.

Dabei kommt auch der Suche nach Spannungsmomenten eine wichtige Rolle zu und schließlich geht es in Spielen auch um die Bewältigung von wichtigen Problemen und Themen, also um ein tiefenseelisches Geschehen, das im Spiel bearbeitet und entwickelt wird. Selbstbestimmung, Suche nach Spannung und Erregung sowie Bearbeitung und

Bewältigung von Problemen sind also zentrale Elemente kindlichen Spiels (vgl. Flitner 1994).

Mit der Herausbildung der Kindheit als eigenem Lebensabschnitt im heutigen Sinne, die Aries (1998) nach und nach ab dem 17. Jahrhundert beschreibt, wurden auch spezifische Gegenstände als Spielzeug für Kinder entwickelt. Wobei Kinder aus eigener Motivation heraus mit allen vorfindbaren Materialien spielen und gestalten. Walter Benjamin (1969) formulierte die Erkenntnis, dass das Spiel die Bedeutung des Spielzeugs bestimmt und nicht umgekehrt.

Spiel und Spielzeug können heute nicht allein unter pädagogischen Gesichtspunkten betrachtet werden. Sie sind inzwischen weitgehend kommerzialisiert und werden als Massenmarkt gesehen, den es zu bedienen gilt, wobei die Medien die Trends vorgeben.

Waffen als Symbol

Waffen sowie deren Nachbildungen und mediale Darstellung wurden im Laufe der Geschichte zu Symbolen für Status, Macht und Kampfkraft. Sie hatten und haben häufig auch rituellen und religiösen Charakter, der eng mit Allmacht und Entscheidungsmöglichkeiten über Leben und Tod zusammenhing. Nicht nur Staaten, sondern ganze Imperien beruhten (und beruhen) auf der Verfügbarkeit, Androhung und Anwendung von Waffengewalt. Demokratien gründen auf dem Gewaltmonopol des Staates, das rechtsstaatlich kontrolliert und demokratisch legitimiert sein muss.

Das Gewaltmonopol des Staates und die Durchsetzung der Interessen des Staates bringen es mit sich, dass Handlungen, die im zivilen Bereich der Gesellschaft verboten und unerwünscht sind, im militärischen Bereich auf Anordnung des Staates eingeübt und eingesetzt werden müssen. In diesem Kontext werden nicht Waffen, sondern die Legalität oder Illegalität ihres Besitzes und Einsatzes als Problem gesehen.

Die Bewaffnung der Bürger und das Tragen von Waffen wird in Demokratien unterschiedlich gehandhabt und bewertet. Während in Europa private Waffen prinzipiell verboten und Ausnahmen gesetzlich geregelt sind, besteht in den USA das prinzipielle Recht der Bürgerinnen und Bürger, Waffen zum Selbstschutz zu tragen. In der Schweiz befinden sich sogar (obwohl heftig diskutiert) Kriegswaffen auch im privaten Besitz wehrfähiger Männer.

(Gugel 2013, S. 3)

Kriegs- und Gewaltspielzeug

Was zählt zu Kriegsspielzeug?

„Zum Kriegsspielzeug würde ich deshalb rechnen: alle Nachbildungen von Waffen, Pistolen, Gewehren, Raketen, Granaten, militärischen Fahrzeugen, Panzern, Flugzeugen, Kriegsschiffen, alle Attribute für die Darstellung von Kampfsituationen oder Schlachtfeldern, Sandsackbarrikaden, Steinmauern, zerstörte Häuser, Ruinen, Bunker, Stacheldrahtzäune und was es in dieser Art noch alles mehr gibt. Für die Abgrenzung des Kriegsspielzeugs ist es meines Erachtens unwesentlich, ob es sich um sogenanntes Funktionsspielzeug, also fertige Nachbildungen, oder um Modellbausätze handelt, denn Thematik und Zweckbestimmung sind bei beiden die gleichen."

(Vogel 1978, Auszug)

Als Kriegsspielzeug können alle Gegenstände bezeichnet werden, die Waffen und militärische Ausrüstung darstellen, waffenähnliche Gegenstände, Nachbildungen von Tötungsgeräten aller Art, elektronische Kriegs- oder Jagd- und Strategiespiele, die die Zerstörung oder Vernichtung des Gegners zum Ziel haben und die dazu geeignet sind, beim Kind oder Jugendlichen Phantasien über gewalttätige Auseinandersetzungen bzw. Kampfhandlungen auszulösen oder zum Nachspielen solcher Szenen anzuregen.

Bernhard Krohner (1979) trennt Kriegsspielzeug zunächst in eine subjektive und objektive Kategorie, um deutlich zu machen, was unter Kriegsspielzeug verstanden werden kann. Ausgehend vom subjektiven Verwendungszusammenhang wäre dann „jedes Spielzeug und jeder Gegenstand, mit dem Kinder und Jugendliche Krieg spielen", als Kriegsspielzeug zu bezeichnen. Vor dem Hintergrund einer objektiven Definition ist Kriegsspielzeug ein Spielmittel, das den Wert „Krieg" thematisiert. Als Synthese dieser beiden Ansätze ließe sich Kriegsspielzeug dann als „dasjenige Spielzeug, das Krieg abbildet und mit dem Krieg gespielt wird", bezeichnen.

Da Kriegsspielzeug kein Fachausdruck der Spielwarenbranche ist, gibt es auch keine einheitliche Definition. Dies hat vor allem dafür Konsequenzen, wenn man Aussagen über den Verkauf und die Verbreitung von Kriegsspielzeug machen möchte.

Gewaltspielzeug

Schwieriger ist der Begriff „Gewaltspielzeug" zu fassen, der in den 1980er Jahren zunehmend den Ausdruck Kriegsspielzeug ablöste. Er beinhaltet sowohl das klassische Kriegsspielzeug, das Actionspielzeug wie auch Medienspiele (Online-, Video- und Computerspiele). Dieses neue medienbasierte Gewaltspielzeug ist nicht mehr an historische Vorlagen gebunden, sondern sowohl in der äußeren Gestaltung der Spielfiguren als auch in den Spielinhalten selbst eine Mischung aus Märchen, Sagen, Mythen, Fantasy und Science-Fiction.

Solches Actionspielzeug ist also in einer Phantasiewelt angesiedelt, bei der es meist um den Kampf zwischen „Gut" und „Böse" geht. Es besteht i.d.R. aus Spielfiguren und Szenarien, die in eine vorgegebene Handlung eingebettet sind. Am bekanntesten und umstrittensten sind wohl die Actionfiguren wie „He-Man", „Skeletor", „Power-Ranger", „Starwars" oder das „A-Team". Spielfiguren und Szenarien wie „Turtles", „Dino-Riders" und „Lego Bionicle" sind ihnen gefolgt. Die Spielserien zeigen Gestaltungselemente, die bei Märchen zu finden sind, wie z.B. die Polarisierung der Gestalten in Gut und Böse. Der Grundkonflikt besteht in diesen Spielserien oft aus dem Angriff der „Bösen", wodurch die „Guten" ihr „Reich" verteidigen müssen. Dennoch werden diese Spielfiguren oft mit aufwendigen pädagogischen Gutachten versehen und als pädagogisch wertvoll angepriesen.

Während Kriegs- und Actionspielzeug trotz aller Vorgaben im Prinzip noch individuell manipulierbar sind, d.h. von Kindern, entsprechend ihrer eigenen Phantasie und ihren Spielbedürfnissen, eingesetzt und verändert werden können, ist dies bei elektronischen Spielen nicht mehr möglich. Hier muss sich das Kind auf eine vorprogrammierte Spielstruktur einlassen, indem es Tasten und Buttons an genau definierten Stellen drückt.

Je weniger Eingriffsmöglichkeiten Kinder in das Spielgeschehen haben und je mehr sie sich in dieses einpassen müssen und ihm ausgeliefert sind, desto problematischer erscheinen – vom Gesichtspunkt der kindlichen Verarbeitungsmöglichkeiten des Spielgeschehens her gesehen – die Spielmaterialien und -szenarios.

Eine unter Vermarktungsgesichtspunkten konsequente Weiterentwicklung stellt die Medienvielfalt dar. Zu den einzelnen Spielmaterialien werden Hörspiele und Videos, PC- und Onlinespiele, T-Shirts, Comics aber auch Fernsehserien usw. angeboten. Das Serien- und Wiederholungsprinzip kommt dabei kindlichen Wahrnehmungs- und Spielgewohnheiten ganz besonders entgegen. Erfolgreiche Actionserien findet man im Vorabendprogramm der privaten Fernsehsender ebenso wie in Videoportalen des Internets wieder.

Eine spezifische Kategorie von Kriegsspielzeug sind Modellbausätze, die vorwiegend von Erwachsenen gekauft und zusammengebaut werden. Es handelt sich dabei um maßstabsgetreue Nachbildungen von Waffensystemen wie Schiffen, Flugzeugen, Panzern u.ä.

Warum spielen Kinder mit Gewaltspielzeug?

Die Motive für Gewaltspielzeug sind vielfältig und variieren sicherlich bei verschiedenen Kindern. Als zentrale Motive können gesehen werden:

- **Die gesellschaftliche Realität von Waffen:** Waffen oder Waffensymbole sind in unserer Gesellschaft allgegenwärtig. Sie gehören zur Erwachsenenrealität und sind auf der ganzen Welt überall anzutreffen. Über bewaffnete Auseinandersetzungen wird in jeder Nachrichtensendung ausführlich berichtet. In der Werbung werden Waffen oft mit einer eigenen Ästhetik dargestellt. Kinder spielen zwar Krieg, Überfall, Raub und Mord, aber diese Spiele sind nicht ihre Erfindung, sondern ein Spiegel unserer Erwachsenenwelt. Ihre Art, sich damit zu beschäftigen (und dabei auch Eindrücke zu verarbeiten), ist, ausgewählte Szenen nachzuspielen.

- **Kindliche Ohnmachtserfahrungen:** Kinder sind von Erwachsenen abhängig und fühlen sich in einer unterlegenen Position. Mit Spielzeugwaffen können sie wenigstens in ihrer Phantasie ausbrechen, Stärke und Allmachtsgefühle empfinden. Es sind oft jene Kinder, die exzessiv mit Waffen spielen und mit der Pistole in der Faust die Kindergruppe besuchen, die ein eher schwaches Ich entwickelt haben. Sie erleben die anderen als Bedrohung ihrer Bedürfnisse und ihrer

Kriegs- oder Gewaltspielzeug?
- Ritterschwert
- Laserschwert
- Cowboycolt
- Wasserpistole
- Plastiksoldaten
- Plastikpanzer
- Kampfmesser
- Actionfiguren
- ferngesteuerte Panzer
- Kriegsszenarien
- Maschinenpistole
- Kampfbomber

Im Internet zu kaufen:
- 15-teiliges Waffen-Set: 3x Maschinengewehr, 1x Sturmgewehr, 2x Pistole, 1x Panzerfaust, 2x Munitionskoffer, 2x Funkgerät und 4x Fernglas" für z.B. Minifiguren (Star Wars, Agents usw.) inkl. einem Helm in Gold.
- Siku 4913 – Kampfpanzer (farblich sortiert).
- Waffen „5 Stück Maschinengewehre" für z.B. Minifiguren.

Jungs funktionieren anders
Da geht es um Wettkampf und Rivalität. Jungen-spiele zielen allgemein viel stärker auf Gewinner und Verlierer ab, Gut gegen Böse. Dem kommt unsere Ninjago-Serie mit fernöstli-chen Kämpfern entge-gen – ein ebenfalls großer Erfolg. Mädchen mögen Geschichten, die das Leben spielt. Da bezieht auch die Schönste mal das häss-liche Entlein mit ein. Bei Jungs geht's eher darum, den Schwächling zu be-siegen oder auszuschließen.
Lego-Europachef Dirk Engehausen 2013. In: www.fr-online.de

Identität und benötigen eine Stütze (Krücke in Form von Spielzeug-waffen), um zurechtzukommen.

- **Männlichkeit demonstrieren:** Waffen sind Machtsymbole. Waf-fenbesitz und Waffenanwendung werden häufig mit Männlichkeit verbunden. Ein „richtiger" Mann ist in der geschichtlichen Überlie-ferung und medialen Darstellung immer noch derjenige, der seine Familie beschützen kann. Stärke zeigen und Überlegenheit demons-trieren sind Eigenschaften, die Männer (scheinbar) haben müssen. Spielzeugwaffen gehören für Jungen deshalb vielfach zur Demons-tration männlicher Identität.

- **Die Verarbeitung von psychisch belastenden Situationen und Erleb-nissen:** Beobachtete oder erlebte Gewalt oder gar Misshandlungen sind für Kinder überfordernd oder gar traumatisierend. Kinder drü-cken solche Erlebnisse auch in Form „aggressiver" Spiele aus. Solche Aggressionen wenden sich im Spiel dann gegen Dinge oder Figuren, mit denen sich Kinder identifizieren. Dabei kommen zwei Aspekte zum Vorschein: Zum einen der Opferaspekt, d.h. das Kind durchlebt im Spiel nochmals die Opferposition. Und als zweiter Aspekt die Ver-geltung (des Täters). Hier werden Rachegefühle ausgespielt. Dazu ist jedoch eine bestimmte Stärke notwendig, und es muss eine beson-dere moralische Instanz wirksam sein, die Gerechtigkeit schafft.

- **Bedürfnis nach Orientierung:** Zu dieser innerpsychischen Ausein-andersetzung gehört auch das Bedürfnis nach Orientierung. Kin-der beschäftigen sich mit „Gut" und „Böse", mit „Macht" und „Ohnmacht", um einen eigenen Standpunkt zu finden. Sie spüren auch, dass beides, „Gut" und „Böse", in ihnen existiert. Die Eigen-schaften von verschiedenen Actionfiguren entsprechen genau die-sen ambivalenten Gefühlen der Kinder. Die Figuren sprechen diese Gefühle an und nutzen sie aus, indem sie helfen, diesen innerpsy-chischen Konflikt auf Figuren zu projizieren, die diese Eindeutigkeit von „Gut" und „Böse" symbolisieren. Doch ob diese Figuren auch helfen, diese Spannung produktiv zu bewältigen und auszubalancie-ren, darf bezweifelt werden (vgl. Büttner 1988).
Auch Gisela Wegener-Spöhring (2000) weist darauf hin, dass Kinder polare Gefühlswelten mit klaren Gut-und-Böse-Einteilungen suchen, um archetypische Erfahrungen zu thematisieren. Mit Kriegs- und Actionspielzeug könnten einfache Gut-Böse-Strukturen geschaffen werden, die die Spielenden mit Magie und Mythos so verwandeln würden, dass ihre besondere psychische Situation zum Ausdruck kommen könne. Um damit fertig zu werden, ist für sie ein Held attraktiv, der mit Hilfe seiner Freunde gegen das „Böse" ankämpft.

- **Zugehörigkeit:** Gewaltspielzeug in vielfältigen Variationen ist weit verbreitet. Das Bedürfnis nach Zugehörigkeit ist gerade auch bei Jun-gen ein wichtiges Handlungsmotiv. Wenn (aus Sicht der Jungen) alle mit solchen Spielzeug spielen, möchten sie selbst nicht ausgeschlos-sen sein.

Was Kinder lernen

Aus einem Kind, das mit Kriegs- und Gewaltspielzeug spielt, wird noch lang kein Militarist. Gewaltspielzeug macht Kinder nicht gewalttätig und Kriegsfilme verführen Kinder nicht dazu, Kriege zu führen. Solche Annahmen über Ursachen und Wirkungen greifen zu kurz, denn menschliches Verhalten ist von sehr vielen Einflussfaktoren abhängig. Dennoch, der Umgang mit Kriegs- und Gewaltspielzeug trägt umgekehrt nicht zur Entwicklung von Friedensfähigkeit bei. Zumindest drei Bereiche sollten in Bezug auf ihre möglichen negativen Auswirkungen beobachtet werden:

- **Umgang mit Aggression und Konflikten:** Wenn Kinder im Spiel Verhaltensweisen ausprobieren und einüben, so ist anzunehmen, dass die ständige Beschäftigung mit dieser Art von Spielzeug die aggressiven Verhaltensanteile stärkt. Dies könnte sich insbesondere langfristig beim Umgang mit Konflikten auswirken. Zur Konfliktaustragung werden dann weniger sprachliche als vielmehr körperlich-aggressive Mittel eingesetzt.

- **Einübung geschlechtsspezifischer Rollen:** Gewaltspielzeug ist ein geschlechtsspezifisches Phänomen, denn es sind hauptsächlich Jungen, die damit spielen und männliche Werte, die damit transportiert werden.

Was Erzieherinnen meinen

Im Rahmen von Fortbildungsveranstaltungen sollten Erzieherinnen und Erzieher benennen, was aus ihrer Sicht dazu beiträgt, dass Kinder mit Gewaltspielzeug spielen.

- Der Besitz von Gewaltspielzeug bringt „Freunde".
- Mit Waffen(imitaten) kann Macht über andere ausgeübt werden.
- Waffen dienen als (scheinbarer) Selbstschutz, um sich gegen Stärkere wehren zu können.
- Waffen tragen dazu bei, in einer Gruppe akzeptiert zu werden.
- Das Spiel mit Waffen kann Gewalterfahrungen in der Familie aufgreifen.
- Mangelnde Fähigkeit, sich verbal auszudrücken.
- Verarbeitung von Waffen und Kampfdarstellungen in Filmen, Spielen und im Fernsehen.
- Verarbeitung von Streit- und Angstsituationen in der Familie und im sozialen Umfeld.
- Das Spiel mit Waffen macht oft Krach und dies macht Spaß.
- Waffen können dazu benutzt werden, sich auszutoben und abzureagieren.
- Diese Spiele bringen Abenteuer und Spannung.
- Selbst erlebte Gewalt ausleben.
- Faszination von Technik und Waffen kann sich auch im Spiel wiederfinden.
- Spiel mit Waffen hat oft den Reiz des Verbotenen.
- Im Spiel mit Waffen werden auch „Helden" nachgeahmt.
- Das Spiel ist oft ein Nachspielen von in den Medien gesehenen Szenen.
- Mit diesem Spiel können Aggressionen abgebaut werden.
- Solche Spielmaterialien versprechen eine einfache und schnelle Konfliktlösung.
- Verführung durch ein großes Angebot an Gewaltspielzeug.
- Kinder haben kreativere Spiele verlernt.

Waffenfaszination

Es gibt aber eine einfache Erklärung dafür, weshalb sich Kinder Gewehre, Revolver und Panzer wünschen. Sie möchten das besitzen, womit die Freunde im Kindergarten, in der Schule, im Sportverein usw. spielen. Die Werbung im Fernsehen, in Spielzeugheften beeinflusst sie maßgeblich. Natürlich lockt auch das, was sie in Schaufenstern erblicken.

Man muss sich vor Augen halten, dass Kinder alles nachahmen, was sie zu sehen bekommen. Und hier lässt sich nicht leugnen, dass Waffen, Krieg und Gewalt in Nachrichten, Spielfilmen und im Fernsehen präsent sind.

Im Übrigen brauchen Kinder nicht unbedingt Spielzeugwaffen, um Krieg und Schießereien zu spielen. Die Kinder benutzen harmlose Dinge wie Kochlöffel, Legosteine etc. als Waffen! (…) Kinder sind in der Lage, alles Mögliche in einem Spielzeug zu sehen. Ihre Phantasie beflügelt sie reichhaltig.

(Weymann o.J.
www.familienhandbuch.de)

GRUNDWISSEN

3.4 GEWALTSPIELZEUG

Bundeswehrkaserne lässt Kinder Krieg spielen
Beim Tag der offenen Tür 2011 in der Bundeswehrkaserne in Bad Reichenhall durften dort Kinder und Jugendliche auf eine nachgebaute, vom Krieg zerstörte Stadt im Miniaturformat schießen. Die Miniaturstadt war mit „Klein-Mitrovica" bezeichnet. Im echten Mitrovica (Kosovo) hatten die Nazis Gräueltaten begangen.
(welt-online, 5.6.2011)

Schießsport für Kinder ab sechs Jahren
In fast allen Ländern der Erde werde mit „WALTHER-Waffen" geschossen, so der Kleinwaffenherstellen „Walther" auf seiner Internetseite. Unter dem Motto „Entdecke den Spaß am Schießen" bietet Walther Laserwaffen für „dynamisches Schießen für Kinder und Jugendliche ab sechs Jahren" an, um so Kinder mit dem Schießsport anzufreunden.
(www.carl-walther.de)

Wieder Kriegsspielzeug bei Märklin
Die Spielzeugfirma Märklin baut seit 2007 wieder Spielzeugpanzer. Unter dem Namen „Metal Military Mission by Märklin" wurde erstmals seit 1945 wieder Kriegsspielzeug in die Produktpalette aufgenommen.
(www.4mfor.de)

Action- und Gewaltspielzeug fördert ein Männlichkeitsideal, das mit Begriffen wie „kämpferisch", „emotionslos", „rücksichtslos", „Einsatz für das Gute" zu umschreiben ist. Hier werden überkommene Geschlechtsrollenstereotypen vermittelt, die in der heutigen Gesellschaft keinen Platz mehr haben.

- **Vermittlung von Geschichts- und Weltbildern:** Bei Kriegsspielzeug im engeren Sinne handelt es sich oft um die historische Nachbildung, z.B. Szenarien aus dem Ersten oder Zweiten Weltkrieg oder von heutigen Kriegsschauplätzen. Diese werden auf Verpackungen oder in Videoclips scheinbar realitätsgetreu dargestellt. Lange bevor Kinder ein wirkliches Geschichtsverständnis entwickeln oder Sachverhalte differenziert auffassen können, wird hier „Pseudo"-Wissen in Form von Bildern vermittelt, das erste Grundlagen für eine Weltsicht legen kann. Insbesondere dann, wenn sich diese Sichtweisen in den Medien fortsetzen und keine alternativen Erfahrungen möglich sind. Der Übergang zwischen „Realität und Fiktion" kann dabei verschwimmen oder sich sogar ganz auflösen.

Welche Wirkung hat Gewaltspielzeug?

Sehr lange wurde die Frage der Wirkung von Gewaltspielzeug nahezu ausschließlich unter dem Aspekt betrachtet, ob solches Spielzeug kindliche Aggressionen fördern oder gar wecken würde. Es geht jedoch nicht um den isolierten Einfluss einzelner Spielangebote und -materialien, sondern um die sich verstärkende Wirkung vieler sinngleicher Einflüsse während des Sozialisationsprozesses. Kinder, die vor dem Hintergrund einer eher lieblosen oder gleichgültigen oder gar ablehnenden, gewalttätigen Familienatmosphäre negative Vorerfahrungen gemacht haben, neigen dazu, diese Erfahrungen durch sinngleiche Eindrücke und Erlebnisse zu bestätigen.

Diese Kinder spielen dann auch verstärkt mit Gewaltspielzeug und konsumieren Gewaltmedien. Kommen später Misserfolgserlebnisse in der Schule hinzu, können sich solche Risikofaktoren, wenn sie nicht

Eine bemerkenswerte Auseinandersetzung mit dem Thema Kriegsspielzeug fand 1978 im Rahmen einer Spielwarenmesse in Bamberg statt:
Der damalige Bundesjustizminister Vogel hielt den Festvortrag und setzte sich ausgiebig mit dem Phänomen Kriegsspielzeug auseinander. Zwar lehnte auch er ein Verbot von Kriegsspielzeug ab, fand aber dennoch klare Worte:
„Wir müssen deshalb auch die nicht von der Hand zu weisende Möglichkeit ernst nehmen, dass das Kriegsspielzeug eine der Ausbreitung der Gewaltbereitschaft günstige Bedingung ist. Ich meine darüber hinaus, dass das Kriegsspielzeug klaren und für uns alle verbindlichen Wertentscheidungen der Verfassung zuwider läuft. Das gilt einmal für die Menschenwürde, die das Spiel mit Leben und Tod, den spielerischen Umgang mit Massenvernichtungsmitteln nicht duldet. Und es gilt für den ausschließlichen Verteidigungsauftrag der Bundeswehr, das Verbot des Angriffskrieges und die daraus fließende wertgebundene verfassungsmäßige Beurteilung der Waffenanwendung. Eine wertfreie, eben spielerische Betrachtung des Krieges und des Waffeneinsatzes, wie sie das Kriegsspielzeug geradezu provoziert, entspricht nicht dem Geist dieser Verfassungsbestimmungen."
(Vogel 1978, Auszug)

Steck, Wrumm, Bäng!
„Jungs kennen das: Erst spielt man mit seinen Spielzeugautos, später übergießt man sie mit Feuerzeugbenzin oder sprengt sie mit Böllern in die Luft. Ein englischer Slotcar-Hersteller hat diese kreative Zerstörungslust beim ‚Quick Build Demolition Derby Set' zur Kernidee erhoben."
(www.spiegel.de/auto/aktuell/scalextric-modellrennautos-aus-dem-lego-kompatiblen-steckbaukasten-a-880730.html)

durch korrigierende Erfahrungen aufgefangen werden können, zu negativen Handlungstendenzen verdichten.
Für Kinder, die eine geborgene Familienatmosphäre genossen haben, die lernen konnten, wie Konflikte konstruktiv gelöst werden können, wird ein gelegentliches Spiel mit Gewaltspielzeug oder der Medienkonsum von Gewaltvideos ein momentanes interessantes Ereignis sein, das Neugier befriedigt, aber langfristig keine negativen Folgen hinterlässt. Häufig werden sich Kinder jedoch zwischen diesen beiden Extremen bewegen. Für sie kann dann eine weitere Gewalterfahrung die entscheidende, verhaltensauslösende sein, zumal dann, wenn sie sich in einer Gruppe befinden, die Gewalt als Handlungsmöglichkeit akzeptiert oder evtl. geradezu fordert.
Die negativen Auswirkungen von Gewaltspielzeug dürfen also nicht isoliert und überspitzt gesehen werden. Der Medienforscher Bernhard

Brauchen Kinder Monster?

Brauchen Kinder nicht nur Märchen, sondern auch Monster?

Bettelheim: Ja, sie brauchen sie, weil sie ja selbst diese Ängste haben, und die werden dann externalisiert. Wenn man ein Bild davon hat, ist das weniger schreckenerregend, als wenn man kein Bild davon hat. Alles, was man beschreiben und benennen kann, wird dadurch in den eigenen Machtbereich einbezogen. Aber wenn man es nicht benennen kann, dann kann man es nicht bewältigen. Und da kommen wir auf die Sprache zurück. Die Sprache ist das Mittel, die Angst zu bewältigen.

Sie würden also einen Unterschied machen zwischen den Monstern, die im Fernsehen auftreten, und denen, mit denen die Kinder spielen können?

Bettelheim: Ja, einen Unterschied zwischen den Monstern, die einen überwältigen und denen, die man selbst bewältigen kann. *(Bettelheim 1987, S. 9, Auszüge)*

Schorb (1985) weist mit Recht darauf hin, dass nicht die Medien und Spielzeuge gewalttätig machen, sondern eine feindliche Umwelt und mangelnde Lebenschancen eine wichtige Rolle spielen. Welche Anteile die Medien zur Verstärkung und Verfestigung von Aggressivität haben, lässt sich nicht bestimmen. Wenn es auch keinen kausalen Zusammenhang zwischen dem Konsum von Gewaltmedien und dem gewalttätigen Verhalten von Kindern gibt, so ist doch anzunehmen, dass sie ein Risikofaktor für gewalttätiges Verhalten sein können. In der Fachwelt spricht man von der dritten oder vierten Dosis, die dazu beiträgt, ein bestimmtes Verhalten anzubahnen oder zu stabilisieren (vgl. Kap. 3.5). Beate Weymann (o.J.) formuliert diesen Zusammenhang so: „Zur Aggression werden Kinder letztendlich durch die reale Gewalt in ihrem Lebensumfeld erzogen, Spielzeugwaffen sind weniger gewichtig. Familien, die nur Gewalt beim Problemlösen anwenden, können nicht erwarten, dass ihre Kinder lernen, Konflikte auf andere Art und Weise (mit Worten, Verhandlungen, Kompromissen) durchstehen. Die Gewalt und Feindseligkeit des gesamten sozialen Milieus spiegelt sich im Spielverhalten der Kinder wider. Derartige Kinder besitzen nicht genügend ‚Ich-Stärke'. Außerdem sind sie nicht in der Lage, richtig zu spielen, d.h. sie trennen nicht Spiel und Realität. Ihr Alltag führt zu einem hohen Ausmaß an Aggressivität. Oder anders formuliert: Falls die Eltern miteinander und mit ihren Kindern pfleglich umgehen, hat das meistens zur Folge, dass auch die Kinder diese Umgangsweise nachahmen. Und so ist das Kriegsspiel für Psychologen ein aussagekräftiger Indikator für das Ausmaß an Angst und Aggressivität in dem jeweiligen Kind."

Mit Gewaltspielzeug umgehen

Bei der Frage des Umgangs mit Kriegs- und Gewaltspielzeug ist Differenzierung angesagt. Kriegsspielzeug und Kriegsszenarien im engeren Sinn sollten in Kinderzimmern und pädagogischen Einrichtungen keinen Platz haben. Dies gilt auch für Video- und Computerspiele, die unter jugendschützerischen Gesichtspunkten für Kinder nicht zugänglich sein sollten.

Ein generelles Verbot der Produktion und des Verkaufs von allen Arten von Kriegs- und Gewaltspielzeug ist aus Gründen der Gewerbefreiheit nicht möglich und aus pädagogischen Gründen auch nicht sinnvoll. Ganz abgesehen von der Schwierigkeit der Einordnung, welches Spielzeug genau darunter fallen sollte.

In vielen Kindergärten und Kindertagesstätten ist das Mitbringen und Spielen mit Spielzeugwaffen untersagt. Es bleibt jedoch das Problem, dass sich Verbote weder von den Eltern noch von den Erzieherinnen auf Dauer gänzlich durchsetzen lassen. Kinder finden, ob von den Eltern gewollt oder nicht, ab einem bestimmten Alter (4–6 Jahre) Mittel und Wege, um in den Besitz von Gewaltspielzeug zu kommen oder sich Nachbildungen selbst herzustellen und hinter dem Rücken von Eltern und Erzieherinnen damit zu spielen.

Was zu bedenken ist

- Verbote in pädagogischen Einrichtungen entspringen eher einer „political correctness", denn pädagogischen Überlegungen.
- Kinder drücken durch ihr Spiel Neugier, Interessen, aber auch ihr Verständnis von Rollen (z.B. Mannsein und was für sie dazu gehört) aus.
- Gewaltspielzeug ist Jungenspielzeug. Verbote vermitteln ihnen, dass ihre Interessen hier keinen Platz haben. Sie fühlen sich nicht in ihren spezifischen Ausdrucksformen respektiert.
- Der Umgang mit Gewaltspielzeug verfestigt so die klassische Rollenteilung beim Spiel und Spielzeug. Mädchen spielen typischerweise ruhiger und weniger aggressiv. Jungen lauter, raumgreifender und mit mehr Körpereinsatz. Dieses Spiel wird aber eher als „schlecht" und „unerwünscht" angesehen.
- Gewaltspielzeug spiegelt den alten Kampf zwischen Gut und Böse wider und lässt sich, dies zeigen internationale Studien über lange Zeiträume hinweg, nicht eindämmen (vgl. Holland 2000).
- Spielen mit Gewaltspielzeug ist nicht identisch mit aggressivem Verhalten. Oft folgt dieses Spiel eigenen Regeln. Dabei werden verschiedene Rollen aufgeteilt und immer wieder gewechselt.
- Es muss klar zwischen selbst gemachten, gebastelten Waffen(imitaten) und realistischen, gekauften Nachbildungen unterschieden werden. Während selbst konstruierte Waffen der Phantasie entspringen, sind mit gekauftem Kampfgerät oft die Spielszenarien schon vordefiniert.
- Spielzeugwaffen werden für Jungen auch als Mittel zur symbolischen Kommunikation verwendet. Sie vermitteln Botschaften über Ängste, Phantasien, Wünsche und Sehnsüchte.
- Verbote beenden Diskussionen und brechen einen möglichen Dialog ab, aber sie lösen keine Probleme.

Das eigene Verhältnis zu Gewaltspielzeug klären

Eltern und Erzieherinnen und Erzieher müssen sich zu der Frage von Kriegs- und Gewaltspielzeug verhalten. Auch ein Verzicht auf „pädagogische Interventionen" ist eine Reaktion. Dieses Verhalten ist oft von Unsicherheit geprägt. Die Feststellung: „Wir spielen hier nicht mit Waffen!" ist eindeutig und lässt sich auch mit guten Argumenten begründen. Dennoch bleibt häufig eine gewisse Unsicherheit im Umgang mit Gewaltspielzeug.

Es geht darum, eine eigene begründete Position zu finden und dies ist zunächst eine Anfrage an die eigene Einstellung zur und den eigenen

Worum es geht

„Um die Spielzeugpistole wird es in dieser Auseinandersetzung nicht gehen und auch nicht um den Panzer, wohl aber um detaillierte brutalisierte Szenarien, die in ihrer Ausdrücklichkeit die Transformationskraft des Kindes gefährden. Goethe, so liest man, habe seinem Sohn eine Spielzeugguillotine schenken wollen und nur die Mutter des Dichters habe dies verhindert. Recht hatte sie!"
(Wegener-Spöhring 2000)

GRUNDWISSEN

275

3.4 GEWALTSPIELZEUG

Eigenaktivität fördern
Wenn Spiel eine Bedeutung für die seelische Entwicklung des Kindes haben soll, so muss es vor allem Eigenaktivität sein können. Es darf sich nicht auf eng festgelegten Wegen oder Programmen bewegen, sondern muss zumindest Entscheidungen, Gestaltungen, Ausdrucksweisen, eigene Pläne des Kindes und Aktivitäten, die nicht nur durch den Würfel oder die Kartenfolge bestimmt werden, ermöglichen. Die Spielqualität ist um so höher, je mehr Qualitäten dieser Art angesprochen sind, d.h., je mehr eigene Aktivität, persönliche Thematik und freie Gestaltung des Kindes im Spiel Raum findet.
(Flitner 1974, S. 1–13, Auszug)

Umgang mit Aggression und Gewalt. Wo werden selbst die Ellbogen eingesetzt? Wo und wie werden die Kinder Opfer der eigenen Machtansprüche? Wie werden Gewalthandlungen anderer kommentiert und bewertet? Gilt das eigene Engagement nur einer Abrüstung im Kinderzimmer oder sind damit alle Waffen gemeint? Und nicht zuletzt: Welcher Anteil am kindlichen Verhalten liegt bei Eltern, Erzieherinnen und Erziehern selbst? Oft sind kindliche Verhaltensweisen Reaktionen auf aggressives und unduldsames Verhalten ihrer Bezugspersonen.

Auch hier sind die Eltern, Erzieherinnen und Erzieher in ihrem eigenen Lebensvollzug gefragt. Auch hier entscheidet die eigene Glaubwürdigkeit. Friedensfähigkeit, d.h. konstruktive Konfliktaustragung, muss von den Eltern und Erwachsenen vorgelebt werden. Sich der eigenen Einstellungen, Befürchtungen und Verhaltensweisen bewusst zu werden, ist also der erste Ansatzpunkt auch beim Umgang mit Gewaltspielzeug. Man sollte seinen Kindern keine Spielzeugwaffen kaufen, ihnen aber ruhig die eigene Einstellung zu Spielzeugwaffen und realen Waffen erklären und mit ihnen über die eigenen Befürchtungen und Ängste reden. Dies wird zwar nicht verhindern, dass sie dennoch immer wieder zu Gewaltspielzeug greifen, aber sie kennen unmissverständlich die Grundeinstellung der Eltern. Diesen Zwiespalt bewusst auszuhalten, zu dulden bzw. sogar zu akzeptieren, ist etwas anderes, als ihn naiv zu fördern oder vor ihm die Augen zu verschließen.

Gemeinderat gegen Kriegsspielzeug
SÜSSEN. Nicht entsprochen hat der Gemeinderat in seiner jüngsten Sitzung einem Antrag der SPD-Fraktion, wonach bei den Märkten der Gemeinde künftig der Verkauf von Kriegsspielzeug gänzlich verboten werden soll. Für die Ablehnung waren rechtliche Gründe entscheidend, weil sowohl das Innen- als auch das Wirtschaftsministerium des Landes übereinstimmend erklärt haben, dass ein Vertriebsverbot für Kriegsspielzeug von den örtlichen Marktordnungen nicht ausgesprochen werden dürfe, weil damit höherrangige Rechte (Gewerbefreiheit) beschnitten würden. Im Grundsatz ist sich der Gemeinderat jedoch einig, einen Appell gegen den Verkauf von Spielzeug, das der Gewaltverherrlichung dient, an die Händler zu richten. Vor allem, so meinte Bürgermeister Rolf Karrer, gelte es aber, an die Eltern zu appellieren, solcherlei Spielzeug erst gar nicht zu kaufen. Erst mangels Nachfrage werde auch eine dauerhafte Verringerung des Angebotes erfolgen.
(NWZ, 30.10.1991)

Alternativen anbieten

Ein weiterer wichtiger Ansatzpunkt ist die Frage nach attraktiven Alternativen. Alternativen, die Spannung und Aktion beinhalten und zudem gemeinsam unternommen werden können, werden seit vielen Jahren unter dem Stichwort „Erlebnispädagogik" praktiziert. Bootsfahrten, Klettergärten, Zelten, Waldspaziergänge bei Nacht usw. sind dabei nur einige Bereiche, die sich in vielen Variationen für jede Altersstufe leicht verwirklichen lassen.

Das Wesentliche dabei ist, dass Eltern und Kinder dies gemeinsam unternehmen. Kinder können so ihre (körperlichen) Fähigkeiten erproben und gleichzeitig erfahren, dass sie ihren Eltern nicht nur im materiellen Sinne etwas wert sind.

Alternativen anbieten bezieht sich auf alle Bereiche der Spielzeugwelt und der Medien. So können z.B. gute Bücher, gute (Computer-)Spiele und gute Filme helfen, Phantasie zu entwickeln und Konzentration zu fördern, aber vor allem auch zeigen, wie Menschen friedlich zusammenleben und wie Konflikte gewaltfrei gelöst werden können. Sie erfüllen so eine wichtige Vorbild- und Modellfunktion.

Das Wichtigste scheint aber zu sein, Kinder wieder Spielräume anzubieten, in denen sie selbständig und kreativ spielen und gestalten können. Die herkömmlichen Spielplätze und Spielangebote sind oft zu einfallslos und langweilig.

Grundlegende Einsichten

Wenn wir Kinder ernst nehmen wollen, dürfen wir einige grundlegende Einsichten nicht vergessen:

- Auch das beste Spielzeug kann den Kontakt und die Beziehung zu Eltern und Freunden nicht ersetzen.
- Auch das beste Spielzeug kann verlorengegangene Spielräume nicht zurückholen.
- Und: Auch das beste Spielzeug kann fehlende Anerkennung und Wertschätzung von Kindern nicht kompensieren.

Aber: Gutes Spielzeug kann eine Unterstützung bei den Bemühungen sein, Kindern die notwendigen Hilfestellungen auf dem Weg zu einer eigenständigen und sogleich sozialen Persönlichkeit zu geben.

Es darf nicht vergessen werden, es sind Erwachsene, die sich Kriegs- und Gewaltspielzeug ausdenken, herstellen und in Umlauf bringen.

Schuss im Kindergarten: Kind hat Pistole dabei

Ein sechsjähriger Junge hat in einem bayerischen Kindergarten mit einer Schreckschusswaffe geschossen. Wie die Polizei am Donnerstag mitteilte, war in der Pistole eine Platzpatrone. Verletzt wurde niemand. Eine Erzieherin hatte am Mittwoch im Turnraum des Kindergartens im schwäbischen Marktoberdorf, in dem mehrere Kinder spielten, ein lautes Geräusch gehört. Bei dem Sechsjährigen fand sie die Waffe und nahm sie ihm ab. Ermittlungen ergaben, dass das Kind die Pistole von zu Hause mitgebracht hatte. Dort lag sie ungesichert auf einem Schrank. Gegen die Mutter des Jungen werde Anzeige nach dem Waffengesetz erstattet, so die Polizei.
(Frankfurter Rundschau, 21.6.2013, S. 39)

Was Kinder brauchen ...

„Der junge Mensch (...) braucht (...) seinesgleichen – nämlich Tiere, überhaupt Elementares, Wasser, Dreck, Gebüsche, Spielraum. Man kann ihn auch ohne das alles aufwachsen lassen, mit Teppichen, Stofftieren oder auf asphaltierten Straßen und Höfen. Er überlebt es – doch soll man sich dann nicht wundern, wenn er später bestimmte soziale Grundleistungen nie mehr erlernt."
(Mitscherlich 1999)

GRUNDWISSEN

277

3.4 GEWALTSPIELZEUG

Umsetzung konkret

Der Umgang mit Kriegs- und Gewaltspielzeug ist nicht einfach. Zu viele Unsicherheiten sind damit verbunden. Umso wichtiger ist es, zu einer eigenen klaren und begründbaren pädagogischen Haltung zu kommen, die Jungen und auch Mädchen gerecht wird und auch evtl. die besonderen Erfahrungen und Bedürfnisse von Kindern, die aus Krisen- oder Kriegsgebieten kommen, im Blick hat.

Diese Haltung gilt es auch, den Eltern gegenüber zu begründen und zu kommunizieren. Wünschenswert wäre es auch, Eltern an den Abwägungen und Auseinandersetzungen in diesem Bereich teilhaben zu lassen.

Hilfreich kann die Auseinandersetzung mit folgenden Themenbereichen sein:

- **Die Bedeutung und Funktion von Waffen und Kriegsspielzeug kennen**
  Waffen sind in den Medien allgegenwärtig. Sie spielen mit ihren verschiedenen symbolischen Funktionen auch in der Kulturgeschichte bis heute eine wichtige Rolle. Sie charakterisierten Status und Macht ebenso wie Freiheitsempfinden und Männlichkeit (M1).
  Die Geschichte des Kriegsspielzeugs zeigt, dass dieses in der Vergangenheit immer sehr klar im Kontext von Krieg und Kriegserziehung gesehen und genutzt wurde. Sind diese historischen Einschätzungen heute noch gültig oder muss das Phänomen heute anders betrachtet werden (M2)?

- **Das eigene Verhältnis zu Kriegs- und Gewaltspielzeug klären**
  Kriegs- und Gewaltspielzeug sind Sammelbegriffe, die sehr Unterschiedliches benennen und einschließen. Gehören der Flitzebogen und die Wasserpistole auch dazu? Was ist eigentlich Gewaltspielzeug und was soll in der jeweiligen Einrichtung darunter verstanden werden? Mit dieser Auseinandersetzung ist die je eigene Bewertung der jeweiligen Spielmaterialien verbunden (M3).

- **Wie mit Spielzeugwaffen umgehen**
  „Bei uns gibt es kein Gewaltspielzeug", diese Haltung ist in vielen Kitas verbreitet. Mit Hilfe von M4 (Spielzeugwaffen verbieten!?) können die Argumente und Positionen abgewogen werden. Spielzeugtage können bei Kindern und Erwachsenen zu vielfältigen Verwicklungen führen, wenn nicht klar geregelt ist, welche Spielsachen mitgebracht werden sollen und welche nicht. M5 (Der Spielzeugtag) beschreibt einen Vorfall und fordert die Fantasie heraus, damit umzugehen.

Auch viele Eltern haben ihre Mühe beim Umgang mit Gewaltspielzeug. Sie diskutieren u.a. auch in Internetforen über ihre Einstellungen und Erfahrungen. Unter M6 sind Auszüge aus solchen Diskussionen dokumentiert. Sie regen an, selbst über die verschiedenen Sichtweisen nachzudenken und die eigene Haltung zu prüfen. Letztlich geht es darum, eigene Regeln zu entwickeln und diese auch zu kommunizieren. Eine besondere Herausforderung ist dabei der Umgang mit besonderen Tagen wie z.B. Fasching.

- **Alternativen anbieten**
  Die österreichische Organisation „Kinderfreunde" hat ihre Sichtweise auf die Bedeutung von Spielen für Kinder in einem Leitbild formuliert (M7), das auch Alternativen deutlich macht.
  Naturspielräume (M8) und erlebnispädagogische Ansätze können zu wichtigen Alternativen werden, die notwendige Spannungsmomente aufnehmen.

- **Typisch Jungen – typisch Mädchen**
  Brauchen Jungen anderes Spielzeug als Mädchen? Gibt es typisches Jungen- bzw. Mädchenspielzeug und worin liegt der Unterschied? Welches Spielzeug ist jeweils darunter zu verstehen und welche Funktionen werden damit erfüllt? Was ist „neutrales" Spielzeug. Was bedeutet es, dass Jungen häufig eher technikorieniertes Konstruktionsmaterial zum Spielen bevorzugen?

Kriegs- und Gewaltspielzeug muss natürlich auch im Kontext der Mediennutzung gesehen und diskutiert werden (vgl. Kap. 3.5).

Jungenspielzeug?
Mädchenspielzeug?
- Arztkoffer
- Autos
- Autospiele
- Basteln
- Bauen
- Brettspiele
- Eisenbahn
- Fangen, Raufen
- Kochen
- Konstruktionsmaterialien
- körperorientierte Spiele
- Kreisspiele
- kreativ gestalten
- Lego
- Medienspiele
- Playmobil-Küche
- Puppen
- Puzzle
- Raufspiele
- Ritterburg
- Sandkasten
- Schminkkasten
- Schubkarren
- Seilspringen
- Singspiele
- Sportspiele
- Technikspielzeug
- Versorgen
- Versteckspiele
- Wasserpistole
- Werkbank
- Werkzeugkasten
- Wettspiele

M1 Symbolische Funktion von Waffen

Die stets berichtete „eigenartige" Faszination, die, vor allem für Männer, von Waffen ausgeht, muss vor dem Hintergrund der vielfältigen Funktionen von Waffen gesehen werden.

Diese (waren und) sind auf der gesellschaftlichen Ebene u.a. Nahrungsbeschaffung (Jagd), Verteidigung (Sicherheit), Angriff (Machtausübung), Brauchtumspflege und Persönlichkeitsformung (Ausbildung an Waffen). Auf einer psychischen/psychologischen Ebene sind Waffen u.a. verbunden mit Omnipotenzgefühlen (Herr über Leben und Tod sein), Überwindung von Minderwertigkeitskomplexen, Ausdruck von „Freiheit", Ausleben aggressiver Impulse, Erweiterung der Handlungsmöglichkeiten, Befriedigung ästhetischer Bedürfnisse.

„Mit Waffen wird getötet, mit Waffen wird geprahlt. Sie verbreiten Respekt oder Schrecken, beeinflussen den Status ihres Trägers und wecken Emotionen. Sie werden verherrlicht, angebetet und verflucht. Mit Waffen wird symbolisch kommuniziert." (Evert 2007, S. 145). Dabei sind die realen und symbolischen Funktionen von Waffen nicht klar voneinander abzugrenzen, sondern vermischen sich. Diese symbolischen Bedeutungen von Waffen wurden bislang nur unzureichend untersucht.

Evert (2009, S. 61 ff.) unterscheidet in der historischen Betrachtung fünf symbolische Funktionsbereiche für soldatische Waffen (Kriegswaffen):

- **Die Waffe als soziales Symbol:** Das Tragen von (spezifischen) Waffen unterschied Soldaten von Zivilisten sowie innerhalb des Militärs in einzelne Einheiten und Rangordnungen. Die Waffe symbolisierte den gesellschaftlichen Stand ihres Trägers.
- **Die Waffe als religiöses Symbol, Natursymbol:** Waffen wurden für die Verknüpfung von Krieg und christlicher Religion verwendet, mit denen eine gerechte (heilige) Sache verfolgt wurde. Waffen verliehen dabei ihren Trägern „göttliche" Macht. Oft wurden Waffen auch gesegnet.
- **Die Waffe als nationales Symbol:** Waffen symbolisierten Patriotismus und das Einstehen für die eigene Nation, die immer als ehrenhafter und schlagkräftiger als die des Gegners dargestellt wurde. Der Tod im Kampf war und ist dabei ein ehrenvoller Tod.
- **Die Waffen als Körpersymbol, Personifizierung und Animation der Waffe:** Die Waffe wurde im Laufe der Zeit zum äußeren Zeichen menschlich-körperlicher Kraft und Macht. Dabei gab es immer Tendenzen, Waffen zu personifizieren bis hin zur Auflösung der Grenze zwischen Soldat und Waffe, also zu einer „materialsymbolischen Vereinigung".

Zu diesem Bereich der Körpersymbolik gehört auch die Waffe als Männlichkeitssymbol. Dabei wurde, z.B. in der Bildsprache der Frühen Neuzeit, eine sichtbare Parallelisierung zwischen dem männlichen Geschlechtsteil und der Waffe vorgenommen sowie die Waffe als (offenes bzw. verstecktes) Sexualsymbol verwendet. Waffen werden in der kulturhistorischen Betrachtung eindeutig dem männlichen Geschlecht zugeordnet.

Man könnte mit guten Gründen noch weitere symbolische Bedeutungsinhalte hinzufügen. So z.B. Waffen als Symbol für Freiheit.

Günther Gugel: Die Faszination von Waffen für (männliche) Jugendliche. Tübingen 2013, Arbeitspapier.

M2 Kriegsspielzeug in der Geschichte

War Kriegsspielzeug im 17. Jahrhundert noch Lehrmittel für Königssöhne, das dazu diente, die Thronfolger in ihren künftigen Aufgabenbereich als oberste Kriegsherren und Befehlshaber einzuweisen, so hat sich bereits im 18. Jahrhundert Kriegsspielzeug zum Massenspielzeug entwickelt. Durch den Übergang von Söldnerheeren zu Nationalarmeen (zunächst in Frankreich) kann die Ausbreitung von Kriegsspielzeug in Zusammenhang gesehen werden mit der Notwendigkeit, breitere Schichten zur Zustimmung zu Kriegen zu bewegen. Zinnsoldaten, die in verbilligten Massenproduktionen hergestellt wurden, waren der vorherrschende Typus des Kriegsspielzeugs. Im 19. Jahrhundert gab es bereits Nachbildungen aller Armeen der Welt. Kriegsspielzeug wurde gezielt zum Geschichtsunterricht herangezogen und diente der ideologischen Festigung der Heranwachsenden.

Der Umgang mit Kriegsspielzeug war zunächst eine Erscheinung von adeligen und bürgerlichen Kreisen. Dies änderte sich jedoch spätestens in der Vorphase des Ersten Weltkrieges. Kriegsspielzeug wurde in der Vergangenheit von den Erwachsenen immer als Einstimmung und Vorbereitung auf kriegerische Auseinandersetzung verstanden. „Wehrspielzeug", wie es im Nationalsozialismus genannt wurde, war „Lehrspielzeug". Kinder und Jugendliche sollten sich auf ihre Rolle als spätere Soldaten vorbereiten.

Diese Zusammenhänge wurden, zumindest in der Vergangenheit, klar gesehen, was wohl auch mit bewirkte, dass nach dem Ersten und Zweiten Weltkrieg Kriegsspielzeug immer zunächst vom Spielwarenmarkt verschwand.

Doch diese ablehnende Haltung hielt nie lange an. Sowohl in den 1920er Jahren, als auch bereits 1950 wurde wieder Kriegsspielzeug produziert. Dies war auch der Anlass, dass sich 1950 das Plenum des deutschen Bundestages mit dem Thema Kriegsspielzeug befasste.

Mit nur wenigen Gegenstimmen wurde ein Antrag angenommen, der die Bundesregierung ersuchte, „Herstellung und Vertrieb von Kriegsspielzeug jeglicher Art in dem Gebiet der Bundesrepublik Deutschland zu verhindern" und „bei der Alliierten Hohen Kommission darauf hinzuwirken, dass die Abgabe oder Überlassung von Kriegsspielzeug jeglicher Art durch Angehörige der Besatzungsmacht an deutsche Kinder in Zukunft unterbleibt".

Praktische Konsequenzen hatte diese Entschließung jedoch keine, da die Beratungen in den entsprechenden Ausschüssen zu keinem Ende kamen.

Zumindest zu diesem Zeitpunkt (1950) wurde auch im Parlament von einer negativen Wirkung von Kriegsspielzeug auf die Entwicklung der Kinder ausgegangen: „Zweifellos erzieht das Kriegsspielzeug zur Glorifizierung des Krieges und vor allem dazu, den Mord, die Tötung eines Menschen, wenn er als Gegner auftritt, leicht hinzunehmen …"

Nahm man bei dieser Debatte noch Auswirkungen auf politische Einstellungen an, so beschränken sich neuere Bundestagsanfragen auf die pädagogisch / psychologische Dimension, etwa auf die Frage eines Zusammenhangs zwischen Kriminalität und dem Spiel mit Kriegsspielzeug.

Vgl. Günther Gugel: Erziehung und Gewalt. Waldkirch 1983, S. 41.

M3 Was ist für uns Kriegsspielzeug?

M4 Spielzeugwaffen verbieten!?

Soll das Mitbringen von Kriegs- und Gewaltspielzeug generell (also auch Fasching) verboten werden? Wie bewerten Sie die folgenden Aussagen?

Ja

- Kriegs- und Gewaltspielzeug stört den normalen Ablauf in der Einrichtung, erschreckt andere Kinder und produziert Chaos.

- Solches Spielzeug hat keinerlei Lerneffekte.

- Kinder tragen durch ein Verbot keine Schäden davon.

- Wenn Kinder aus Kriegsgebieten im Kindergarten sind, könnten diese erneut traumatisiert werden.

- Andere Kinder müssen vor möglichen Bedrohungen und Verletzungen geschützt werden.

- Wenn Spielzeugwaffen erlaubt werden, gibt es keine klaren Orientierungen mehr.

- Kinder können noch nicht zwischen Spiel und Realität unterscheiden.

- Kinder können nicht selbst entscheiden, was für sie gut und was schlecht ist. Dies müssen die Erwachsenen tun.

Nein

- Totalverbote können nie ganz durchgesetzt werden.

- Verbote machen dieses Spielzeug erst interessant.

- Erst muss geklärt werden, welches Spielzeug genau gemeint ist.

- Kinder basteln sich aus Konstruktionsmaterialien eigene Waffen, verwenden Stöcke oder notfalls den Zeigefinger. Was geschieht dann?

- Jungen fühlen sich in ihren Bedürfnissen nicht ernst genommen.

- Spielzeugwaffen gehören für Jungen einfach dazu.

- Erzieherinnen und Erzieher können beim Beobachten von Kindern, wenn sie mit diesen Waffen spielen, Vieles über deren Ängste und Phantasien erfahren.

- Die Ängste der Erzieherinnen und Erzieher sind völlig unbegründet. Wer mit solchem Spielzeug spielt, wird kein Gewalttäter.

- Für Kinder ist es zunächst ein Spielgerät wie andere auch. Durch Tabuisierung wird es negativ aufgeladen.

- Die Faszination bleibt trotz Verbot, kann jetzt aber nicht mehr besprochen werden.

M5 Der Spielzeugtag

- Am „Spielzeugtag" bringt ein sechsjähriger Junge seinen ferngesteuerten Panzer mit in den Kindergarten.

- Die Kindergartenleiterin lässt ihn das Kriegsspielzeug wieder einpacken und stellt den Panzer in den Abstellraum.

- Am Tag darauf meldet sich der Vater. Er ist mit dem Vorgehen nicht einverstanden und argumentiert, die Bundeswehr sei grundgesetzlich verankert. Ein Panzer der Bundeswehr sei auch in Spielzeugform ein positives Identifikationsobjekt für Kinder, das der Verteidigung des Vaterlandes gegen äußere Feinde diene. Er könne akzeptieren, dass in Kindergärten eigene Regeln herrschten, könne aber nicht nachvollziehen, warum dann Piratenschiffe akzeptiert würden. Bei Piraten handele es sich eindeutig um außerhalb der gesetzlichen Normen einer Gesellschaft stehende Diebe und Mörder. Sie seien heutzutage ebenso aktiv wie in den vergangenen Jahrhunderten und die romantische Verklärung des Piratentums könne ja wohl nicht mehr Akzeptanz bei uns finden, als die der grundgesetzlich legalisierten Streitkräfte mit ihrer entsprechenden Ausrüstung.

Anmerkung

Das eigentliche Problem ist, dass in der Argumentation des Vaters politische Fragen mit pädagogischen vermischt werden. Krieg ist international geächtet und darf kein Mittel der Politik sein. Wir müssen und dürfen keine Sechsjährigen auf einen Krieg hin erziehen. Nicht nur die Bundeswehr, sondern auch das Recht auf Kriegsdienstverweigerung ist im Grundgesetz verankert, wenn auch die Wehrpflicht 2011 ausgesetzt wurde.

Die Argumente des Vaters sind nur auf den ersten Blick logisch. Eine Identifikation mit dem Verteidigungsauftrag der Bundeswehr wird nicht durch (Spielzeug-)Waffen hergestellt.

Die pädagogische Seite ist, dass Kinder, die in eine Gesellschaft hineinwachsen, vielfältige Anregungen benötigen, aber nicht im Sinne der Instrumentalisierung für spezifische Zwecke (Identifikation mit der Bundeswehr), sondern zur Förderung ihrer Persönlichkeitsentwicklung.

Wenn man der Logik des Vaters (in Bezug auf Piraten) folgen würde, dann müssten 80 % der Kinderbücher und Kinderfilme aus dem Verkehr gezogen werden, weil dort permanent Gesetze übertreten werden. Pippi Langstrumpf wäre dann eine Anarchistin, die sich dem Rechtsstaat widersetzt.

?
- Wie würden Sie reagieren, wenn das Kind mit dem Spielzeugpanzer in den Kindergarten kommt?
- Was würden Sie den anderen Kinder sagen?
- Würden Sie die Eltern informieren?
- Was würden Sie dem Vater antworten?
- Welche Konsequenzen würden Sie aus dem Vorfall ziehen?
- Welche Handlungsmöglichkeiten gibt es überhaupt in einem solchen Fall?

M6 Elternmeinungen

Auch in Internetforen wird das Thema Kriegsspielzeug diskutiert. Hier einige Meinungen:

- Realitätsgetreue Waffen oder Panzer gehören nicht in Kinderhände. Hier sollten Eltern auf jeden Fall klare Grenzen setzen.

- Auch wenn das Spiel der Kinder zuweilen sehr gewalttätig anmutet, werden bei „Cowboy und Indianer" Aggressionen nach außen gekehrt, Angst und Probleme bewältigt. Nicht die Waffe macht aggressiv. Das Spiel mit der Waffe führt lediglich dazu, dass die vorhandenen Aggressionen gezeigt werden.

- Ich bin nicht für dieses Spielzeug und wäre dafür, dass es aus den Läden verbannt wird. Aus klein wird groß. Ich würde den Kindern mal in einer ruhigeren Stunde erklären, warum ich mich dagegen entscheide.

- Kriegsspielzeug und alles, was damit zusammenhängt (also auch Videospiele dieser Art), gehören nicht in Kinderhand. Was dabei herauskommen kann, erlebt man ja leider immer wieder, wenn Kinder und Jugendliche Szenen aus Videospielen nachahmen wollen.

- Der Sohn meiner Freundin (6 Jahre) und ich waren gestern im Spielwarenladen. Er wollte unbedingt so 'ne ziemlich echt aussehende Spielzeugpistole. Ich habe ihm angeboten, sich was anderes auszusuchen. Das wollte er nicht, er hat dann den halben Laden zusammengeschrien und ich bin dann mit ihm wieder unverrichteter Dinge nach Hause gefahren.

- Militärisches Spielzeug übt meiner Erfahrung nach auf Jungs eine derartige Faszination aus, dass ein Verbot dieses Spielzeug eher noch attraktiver macht. Als normales Spielzeug annehmen und das Spiel damit wird nach einiger Zeit langweilig und bleibt in der Ecke liegen.

- Sind die Tagesschaubilder von Getöteten und die erschreckenden Berichte von Kindersoldaten immer noch nicht genug? Waffen sind „kinder(!!!)leicht" zu bedienen. Es gibt genug andere Spiele! Aber: Wir leben in einem freien Land. Meinen Appell wiederhole ich: Kein Kriegsspielzeug in Kinderhand!

- Der spielerische Umgang mit Kampfmaschinen jeglicher Art – und seien sie in Spielzeugform noch so niedlich und ungefährlich – wird die Hemmschwelle automatisch nach unten verlegen und den natürlichen Umgang als Erwachsener nicht fördern.

- Als ich den Jungen sah, wie er da so spielte, erkannte ich mich. Genauso habe ich als Kind auch gespielt: Soldaten waren in Massen aufmarschiert, Panzer fuhren herum, Flugzeuge flogen durch das Zimmer. Und was ist aus mir geworden? Ich bin ein Kriegsgegner, ich verabscheue Gewalt.

- Digitale Gewaltspiele können meiner Meinung nach die Rolle der Erlebnisverarbeitung nicht gerecht werden, da diese eher den Geist stumpf machen.

?
- Welche Themen werden angesprochen?
- Wechen Meinungen stimmen Sie zu? Warum?
- Welchen Meinungen stimmen Sie nicht zu? Warum?
- Welcher Gesichtspunkt ist für Sie am wichtigsten? Ordnen Sie die einzelnen Argumente.
- Formulieren Sie ihre eigene Meinung!

Handbuch – Gewaltprävention III
©2014, Berghof Foundation/Friedenspädagogik Tübingen

M7 Gewalt im Spiel

FÜR PÄDAGOGEN UND ELTERN

286

3.4 GEWALTSPIELZEUG

Seit Jahrzehnten engagieren sich die Kinderfreunde für gewaltfreies Spielen. Spielen ist die Arbeit der Kinder und Spielerfolge fördern Selbstvertrauen und machen Mut, Neues und immer Schwierigeres zu wagen. Spielzeug sollte deshalb sorgfältig ausgewählt werden.

Gewaltfrei!
Miniaturkanonen, Spielzeugpistolen, Schwerter und bewaffnete All-Monster – sie alle haben eines gemeinsam: Sie fördern gewaltorientiertes Handeln. Mit Waffen kann ein Kind nur eines machen: Kämpfen in allen Ausdrucksformen und Bedrohen der Unbewaffneten.

Vielseitig!
Je mehr man mit dem Spielzeug machen kann, umso besser! Einen Wagen kann das Kind nachziehen, ihn befüllen, Materialien transportieren und damit sogar Kinder ziehen. Mit Bausteinen kann man jeden Tag etwas Neues bauen.

Fantasie anregend!
Besser als eine batteriebetriebene Quasselpuppe ist deren schweigsame Schwester. Kinder erfinden mühelos mehr und bessere Worte für alles, was die Puppe sagen will.

Umweltverträglich!
Die Umweltverträglichkeit hängt vom Material, von der Produktion, dem Gebrauch und der Entsorgung ab. Langlebiges wird „vererbt". Oder man tauscht, kauft, verkauft auf dem Flohmarkt. Besser Wegwerfspielzeug und unnötig große Verpackungen vermeiden.

Unschädlich!
Man sollte „Riechen, Rütteln und Fühlen". Unangenehmer Geruch deutet auf Schadstoffe hin; stark parfümierte Tiere, Stifte oder Autos können Allergien fördern.

Spielen wie es mir gefällt mit Dingen aus der Alltagswelt!

Weniger ist mehr!
Dies gilt sowohl für Form und Farbe des Spielzeugs als auch für die Menge. Spielzeug in vereinfachter Form lässt die Kinder Wesentliches erkennen. Überflüssige Dekorationen lenken vom eigentlichen Spiel ab. Lieber weniger und besseres Spielzeug kaufen.

Und …
Kinder brauchen Platz, Zeit und Gelegenheit zum Spielen. Es ist wichtig, dass Eltern am Spiel der Kinder ernsthaftes Interesse zeigen, ohne dauernd einzugreifen oder zu kritisieren. Eltern sollten nicht das kaufen, was ihnen gerade Spaß macht, sondern das, was dem Kind anhaltende Freude und Nutzen bringen kann.

www.kinderfreunde.cc/Bundeslaender/
Oberoesterreich/Ueber-uns/Positionen/Keine-Gewalt-im-Spiel

M8 Naturspielräume

Kinder brauchen Natur! (…) Beobachtet man Kinder beim Spielen und befragt sie nach ihren Wünschen, wird schnell klar: Kinder wollen Natur nicht bloß anschauen und sich an ihrer Schönheit erfreuen; sie wollen mit ihr spielen: Auf Bäume klettern, im Gebüsch verstecken, auf der Wiese Ball spielen, im Boden graben, Stöcke sammeln und vieles mehr. (…)

Kinder brauchen „wilde Orte": Orte, an denen sie veränderbares Material finden, wo sie die eigene „kleine Welt" gestalten, wo sie Spuren hinterlassen und auf Spurensuche gehen können; Orte, wo die Natur immer wieder Überraschungen bietet und Leben wie Vergehen erlebbar wird.

Solche Spielräume für Kinder brauchen nur grob mit natürlichen Materialien strukturiert zu werden: Hügel, Pfütze, Grube, Gebüsch. Diese Räume können, wenn sie der kindlichen Veränderung und der natürlichen Dynamik überlassen werden, zu lebendigen Lebensräumen für Mensch und Natur werden.

Auch Natur kann sich im Spiel entwickeln. „Wo Kinder im Gebüsch verschwinden", Äste abbrechen und Blätter abreißen, kommen nur Pflanzen auf, die der Trittbelastung und dem Bespielungsdruck standhalten.

Es geht also nicht bloß um „Natur-Spiel-Räume". Es geht darum, Spiel- und Handlungsräume für Kinder zu entwickeln und selbständiges Spielen und einen tätigen Umgang mit Natur auch zuzulassen.

Umweltlernen in Frankfurt e.V. (Hrsg.): Spiel-Räume für Kinder. Frankfurt/M. o.J., S. 4 f., Auszüge.

Kinder machen Totholz lebendig

Ein großer Asthaufen wird im Außenbereich eines Kindergartens abgeladen. Aufgeschichtet zu Gestrüppstreifen nach dem Prinzip der Benjeshecke soll es den frisch angepflanzten Gebüschzonen einen Schutz vor Wind und Wetter und vor dem Tatendrang der Kinder bieten. Zu diesem Zweck sollte das Material ursprünglich zwischengelagert werden – natürlich im hinteren Teil der Gartenfläche des Kindergartens.

Natürlich? Was natürlich ist, haben die Kinder schnell auf ihre spontane Art demontiert. Dieses sogenannte Totholz weckte sofort ihre angeborene Entdeckerfreude.

Kaum hatten die ersten den schwankenden Berg erklettert, wurde er als Naturtrampolin zum Leben erweckt. Wer hat hier etwas von Totholz gesagt? Im Nu wollten auch die anderen Spielkameraden ihren Gleichgewichtssinn erproben, sodass der Asthaufen zum zentralen Anziehungspunkt auf dem Gelände wurde. Bald entstanden durch die Mitarbeit der Kinder die ersten Höhlen und Nester in dem Astwerk, denn Kinder wollen sich verbergen können.

Arne Hansen: Kinder machen Totholz lebendig. In: Umweltlernen in Frankfurt e.V. (Hrsg.): Spiel-Räume für Kinder. Frankfurt/M. o.J., S. 10.

3.5 Medien und Gewalt

Grundwissen

Materialien

Für Pädagogen und Eltern

Für Kinder

Mediennutzung

Kuscheln

„Kuscheln ist der häufigste Grund für das gemeinsame Fernsehen von Eltern und Kindern. Eltern und Kinder ab zwei Jahren sitzen einfach gern gemeinsam gemütlich vor dem Fernseher. Aber auch schlechtes Wetter ist für viele Eltern ein Motiv, ihren Kindern Fernsehen zu erlauben. Oder wenn das Kind krank ist. In einem Drittel der Familien mit Kindern ab zwei Jahren gehört Fernsehen zum abendlichen Ritual dazu. Was der größere Teil der Mütter in Deutschland vermeidet, ist das Fernsehen beim Essen oder als Belohnung für gutes Benehmen."
(Götz o.J., S. 3)

Gewaltprävention muss den Bereich der Medien mit einbeziehen, denn ein unkontrollierter und unbegleiteter Zugang zur Medienwelt kann gerade für Vorschulkinder erhebliche negative Folgen mit sich bringen. Kinder leben heute nicht nur in einer von Medien geprägten Umwelt, ihre Aneignung der Welt vollzieht sich, je älter sie werden, in einem zunehmenden Maße über Medien. Die Einflüsse von Medien auf den Alltag bereits von Kleinkindern sind allgegenwärtig und werden sich in den nächsten Jahren vor dem Hintergrund der sich immer weiter entwickelnden Informations- und Kommunikationstechnologien noch intensivieren.

Medien werden dabei in der Fachwelt und der Öffentlichkeit kontrovers diskutiert: Zum einen als permanente Gefährdung, die allein schon durch ihr Vorhandensein kindliche Entwicklung beeinträchtigen würde, zum andern als Chance, Entwicklung und Lernen durch neue Möglichkeiten zu unterstützen und zu begleiten. Bei Eltern dominiert häufig die Sorge vor negativen Einflüssen, vor denen sie ihre Kinder schützen wollen.

Da Bildschirmmedien ab einem Alter von zwei bis drei Jahren nicht mehr aus der Welt der Kinder ferngehalten werden können und auch nicht sollten, besteht die Aufgabe von Eltern und Erziehenden darin, Medienangebote gezielt auszuwählen, ihren Konsum zu begleiten und wo nötig zu begrenzen. Dabei ist immer auch auf Möglichkeiten der eigenen kreativen Gestaltung, Aneignung und Produktion von Medien zu achten. Ebenso sind jedoch auch vielfältige Aktivitäten jenseits von Medien wichtig.

Bereits Vorschulkinder verfügen heute über beträchtliche Medienerfahrungen und auch über eine relativ hohe Medienkompetenz, was den Umgang mit und die Bedienung von Geräten, die im Haushalt verfügbar sind, betrifft. Das Leitmedium ist in Familien heute immer noch das Fernsehen, es begleitet vielfach den Alltag. Doch Fernsehen wird nicht nur gezielt und bei voller Aufmerksamkeit als Informations- und Unterhaltungsmedium genutzt, sondern oft auch beiläufig und begleitend bei Hausarbeiten, beim Spielen der Kinder oder zu den Mahlzeiten. Immer wieder sind Fernsehgeräte auch Babysitter. Die Ortsgebundenheit des Fernsehkonsums hat sich inzwischen aufgelöst. Die rasante Veränderung der Medienwelten, insbesondere das mobile Internet mit Smartphones und Tablet-Computern ermöglicht, dass Fernsehprogramme und Videos (z.B. über Youtube) an jedem Ort und zu jeder Zeit verfügbar sind und damit auch für Vorschulkinder eine immer verfügbare Ressource darstellen. Nicht vergessen werden darf, dass Medien heute zu einem wichtigen Wirtschaftsfaktor geworden sind und Kinder eine interessante Zielgruppe darstellen.

Medien und Mediennutzung bei 3–5-Jährigen

Medien spielen auch bei Vorschulkindern eine wichtige Rolle. Im Durchschnitt schauen diese ca. 42 Min. am Tag fern. Bildschirmmedien vermitteln dabei Bilder von der Welt und über die Welt, sie bieten Anlass für Gespräche, wirken sich auf das Spielverhalten aus, beeinflussen Konsumverhalten und Wünsche von Kindern und strukturieren nicht zuletzt den Alltag von Familien und Kindern. Nutzungsstudien vermitteln einen Eindruck über die Bedeutung von Medien in den Familien (Medienpädagogischer Forschungsverbund Südwest 2013, S. 66 ff.; FIM-Studie 2012):

- Familien mit Kindern bis zu sechs Jahren sind sehr gut mit Medien ausgestattet. Computer, Internet, Fernseher, Radio, Handy und verschiedene Geräte zum Aufzeichnen von Fernsehinhalten sind heute in praktisch allen Haushalten zu finden. Einen Tablet-PC besitzen 15 % der Haushalte. Kassettenrekorder (28 %) und CD-Player (25 %) sind bei den 2–5-Jährigen am stärksten verbreitet.
- Dem Fernsehen kommt in den Familien eine besondere Bedeutung zu. 71 % der Eltern sehen regelmäßig, also mindestens mehrmals pro Woche, mit ihren Kindern fern. Wobei bei den 2–3-Jährigen ca. ein Viertel der Kinder noch keine Erfahrungen mit dem Fernsehen gemacht hat.
- Bei den Vorschulkindern (drei bis fünf Jahre) dominiert der öffentlich-rechtliche Kinderkanal (KiKA) mit 71 %, gefolgt von Super RTL mit 16 %, wobei der KiKA zu 43 % gemeinsam mit den Eltern genutzt wird.
- Die Lieblingssendungen der 3–5-Jährigen sind fast nur Zeichentrick- (77 %) und Kindersendungen (52 %). Kinder im Grundschulalter (sechs bis elf Jahre) nennen daneben zusätzlich noch Sitcoms/ Comedies besonders häufig.
- Die Hauptzeiten für gemeinsame Fernsehnutzung liegen zu 60 % vor dem Zubettgehen und zu 30 % beim Spielen, 13 % beim Abendessen, 16 % bei der Hausarbeit und 6 % beim Frühstücken.
- In nahezu allen Familien (97 %) gibt es klare Regeln in Bezug auf Zubettgehzeiten. Für die Fernsehnutzung (Dauer und Programm) geben drei Viertel der Familien an, Regeln zu haben. Für die Spieldauer und die Art der Spiele am PC und an Spielkonsolen verfügt nur noch jede fünfte Familie über Regeln.

Die Dauer und die Intensität des Fernsehkonsums variiert jedoch in den einzelnen Familien beträchtlich und ist sowohl von der sozioökonomischen Lage der Familie als auch vom Bildungsniveau abhängig. Kinder mit Eltern, die keinen oder einen niedrigen Schulabschluss haben, sehen erheblich mehr fern als andere.

Auch das Vorbild der Eltern spielt eine Rolle: Sind die Eltern Vielseher, sehen auch ihre Kinder viel. An den Wochenenden wird allgemein mehr geschaut als in der Woche. Eltern ist bewusst, dass ihre Kinder auch unangenehme Erfahrungen mit Medien machen können. Ihre Sorge gilt dabei vor allem dem Computer und Internet.

Medienwahrnehmung bei 3–6-Jährigen

Ab dem Kindergartenalter können Kinder mit Fernsehsendungen schon etwas anfangen – vorausgesetzt, sie sind auf ihre Altersgruppe zugeschnitten. Jüngere Kinder erkennen nicht, ob das, was sie in den Medien sehen oder hören, wirklich oder künstlich ist. Dreijährige schauen vielleicht noch hinter den Fernsehapparat oder in den CD-Player, um zu erkunden, wo die Figuren wohnen, von denen die Geschichte erzählt. Sie können zwischen dem technischen Apparat und der Wirklichkeit noch nicht deutlich unterscheiden.

Bilderbücher und Hörmedien sind im Kindergartenalter die wichtigsten Medien. Besonders Kassetten oder CDs mit Geschichten und Musik erfreuen sich bei dieser Altersgruppe großer Beliebtheit.

(www.kindergesundheit-info.de/themen/medien/ medienwahrnehung/ 3-6-Jahre)

Gewalt in Medien

Nutzung mobiler Medien
Wann lassen Eltern ihre 4–5-jährigen Kinder mobile Medien (Smartphone, Tablet-PC) nutzen:
- um Wartezeiten zu verkürzen z.B. im Restaurant, auf Autofahrten (54,9 %)
- zum Zeitvertreib (40,6 %)
- um dem Kind etwas zu erklären oder zu zeigen (31,3 %)
- als Belohnung (24,6 %).
(IZI 2012, S. 61)

Was als Gewalt in Medien bezeichnet wird, hängt davon ab, von welchem Gewaltverständnis man ausgeht und ob ein eher enger oder weiter Gewaltbegriff angelegt wird. In der Regel wird mit Gewalt in den Medien die Abbildung physischer Gewalt (schlagen, stechen, schießen) verstanden, nicht jedoch z.B. Unterdrückung und Diskriminierung oder Missbrauch von Macht.

Gewalt ist in den fiktionalen und den realen Medieninhalten in allen Varianten und Darstellungsformen zu finden. Der „Gewaltgehalt" der einzelnen Fernsehprogramme ist als unterschiedlich hoch einzuschätzen. Studien ergaben, dass in privaten Sendern ein höherer Gewaltanteil zu finden ist als im öffentlich-rechtlichen Bereich. Dieser zeigt Gewalt vor allem in Informationssendungen.
Ein wichtiger Teil der Gewaltdarstellungen in Bildschirmmedien betrifft kollektive Gewalt in Form von Kriegen, Kriegsnachrichten, Kriegsfilmen und Kriegscomputerspielen. Zur Machart gehören dabei auch ausgeprägte Feindbilder.
Die Probleme der Gewaltdarstellungen sind jedoch nicht so sehr die einzelnen Sender und Sendungen, sondern das Weltbild, das Medien vermitteln. Dieses kann Kinder nicht nur überfordern, sondern macht ihnen oft auch Angst.

Erkenntnisse der Medienwirkungsforschung
Inzwischen existiert eine kaum noch zu überschauende Anzahl an Studien zur Erforschung des Zusammenhangs zwischen Gewaltdarstellungen und realem Gewalthandeln. Einfache Ursachen-Wirkungs-Zusammenhänge werden dabei kaum mehr gesehen.
In Form von Metastudien liefert Michael Kunczik seit vielen Jahren Überblicke über die bisherigen Ergebnisse von Wirkungsstudien. Die Ergebnisse sind nicht immer eindeutig und immer wieder auch widersprüchlich. Die bisherige Forschung spricht jedoch dafür, dass folgende Personenvariablen mit stärkeren Effekten von Mediengewalt einhergehen können (Kunczik 2011, S. 9 ff.):
- männliches Geschlecht (v.a. wegen der Präferenz für gewalthaltige Inhalte)
- Alter, in dem violente Handlungsabläufe nachvollzogen und verstanden werden können, es aber noch an einem System von Verhaltensmustern und Wertvorstellungen zu deren Einordnung und Relativierung fehlt
- aggressive Prädispositionen
- hoher Risiko- und Erregungsbedarf (Sensation-Seeking)
- soziales Umfeld (Familie, Freundeskreis) mit hohem Medien(gewalt)-konsum und ausgeprägtem Gewaltverhalten, das die Angemessenheit in den Medien gezeigter violenter Verhaltensweisen zu bestätigen scheint (Effekt der „doppelten Dosis").

In Bezug auf inhaltliche Faktoren ist festzuhalten, dass der Kontext dargestellter Gewalt von größerer Bedeutung ist als deren Menge. Ein erhöhtes Risikopotenzial ist bei Mediengewalt mit folgenden Charakteristika anzunehmen:

- die Darstellung von Gewalt erscheint als gerechtfertigt
- die Gewalt wird durch attraktive, identifikationsträchtige Protagonisten ausgeübt
- Belohnung bzw. fehlende Bestrafung gewalttätigen Verhaltens
- Ausblendung negativer Folgen für das Opfer.

Für Kinder, die im realen Leben Gewalt beobachten oder ihr ausgesetzt sind, besitzen gewalthaltige Medieninhalte eine besondere Anziehungskraft, da diese durch die erlebte Realität als normal und angemessen eingeschätzt werden, stellen Kunczik und Zipfel fest (2006, S. 11, 162).

Michael Kunczik bilanziert in seinem Forschungsbericht über Medien und Gewalt den Forschungsstand so (2011, S. 13): „Das Gesamtmuster der Befunde spricht dafür, dass Mediengewalt einen Einfluss auf die Aggression der Rezipienten haben kann, der Effekt allerdings allenfalls als moderat einzuschätzen ist und violente Mediendarstellungen nur einen Faktor in einem komplexen Geflecht von Ursachen für die Entstehung von Gewalt darstellen. Hieraus folgt auch, dass einfache Lösungen, die nur an einer Stelle (wie z.B. dem Konsum violenter Computerspiele) ansetzen, zu kurz greifen. (…) Doch Kinder

Problematisch
Problematisch sind für einen vermutlich großen Teil der Jungen die Nutzungsdauer (zu viel), die Bedeutung der Medien im Alltag (zu hoch), die Art der genutzten Inhalte (nicht altersgemäß) sowie die wechselseitige Potenzierung dieser Einflussgrößen. (…) Als psychisch riskant zumindest für einen Teil der Jungen kann die Überforderung durch den Konsum nicht altersgemäßer Spiele und Inhalte gelten. *(Neubauer/Winter 2013, S. 123)*

und Jugendliche sind nicht nur mit Gewalt in den Medien konfrontiert, sondern in einem erheblichen Umfang auch mit realer selbst erlebter, beobachteter oder ausgeübter Gewalt."

Doch Medien nur auf ihre Auswirkungen auf mögliche direkte Aggressionshandungen zu diskutieren, wird dem Problembereich nicht gerecht, es gibt noch weitere mögliche Folgen.

Emotionale Überforderung

Eine oft unterschätzte Wirkung von Gewaltdarstellungen ist die Gefahr der Traumatisierung durch überwältigende Bilder und Szenen, die Kinder so stark emotional überfordern, dass diese Eindrücke nicht verarbeitet werden können.
Gerade Kleinkinder können die oft überfallartigen und ekelerregenden Szenen nicht verkraften. Es entstehen Angstgefühle, die seelische Verwundungen und Belastungen hervorrufen können. Schockähnliche Reaktionen, Schlaflosigkeit oder Angstzustände können die Folgen sein. Die Eindrücke auf ihr Gefühl wirken bei Kindern tiefer und länger als die dargestellten Inhalte.

Einseitige Weltbilder

Mediale Einflüsse wirken sich auch darauf aus, was als normal und selbstverständlich gesehen wird. Sie beeinflussen also auch das Weltverständnis und die Weltbilder bis hin zu Normen und Wertvorstellungen. Dabei ist auch die Werbung von besonderer Bedeutung. Insbesondere das Bild und die Rolle von Frauen und Männern werden stark durch die Mediendarstellungen geprägt. Untersuchungen zeigen, dass gerade auch im Kinderfernsehen ein verzerrtes Bild der Welt gezeigt wird (vgl. Hofmann 2012). So spielen nach wie vor Männer häufiger

Märchen und Gewalt
Märchen sind Geschichten besonderer Art. Oft verdichten sie Volksweisheiten, die in symbolischer Weise individuelle und kollektive (innere) Entwicklungsprozesse darstellen. Sie beschreiben dabei nicht „heile Welten", sondern oft genug die Welt der Schurken, Könige und Prinzessinnen, der Hexen, Räuber und Mörder. Sie greifen dabei existentielle Lebensfragen und Probleme auf.
In Märchen ist Gewalt an der Tagesordnung. Da werden Tiere und Menschen verstümmelt oder entzwei gerissen, werden von Vögeln Augen ausgehackt und von Menschen Prügel ausgeteilt. Diese Gewalt wird jedoch nicht um ihrer selbst willen beschrieben, nicht als Spannungsmoment missbraucht oder lustvoll ausgemalt. Gewaltdarstellungen sind in Märchen nie Selbstzweck. Sie zeigen Aspekte der Wandlung und der innerseelischen Reifung. Sie sind deshalb auch ein Teil der Auseinandersetzung mit der eigenen Person und werden von Kindern auch so verstanden.
Kinder benötigen bei Märchen keine Erklärungen oder Interpretationen. Sie verstehen diese intuitiv und erfahren deren heilende Wirkung. „Anders als jede sonstige Literatur führen die Märchen das Kind zur Entdeckung seiner Identität und seines Lebenssinns", meint Bruno Bettelheim.

die Hauptrollen in den Medien als Frauen. Mit insgesamt 64 % sind fast zwei Drittel der Hauptfiguren im Kinderfernsehen männlich. Bei den Tieren, die gut ein Viertel der Figuren ausmachen, sind bereits drei von vier Figuren männlich. Menschen mit Migrationshintergrund sind deutlich unterrepräsentiert und das Thema Behinderung wird im Kinderfernsehen nur am Rande thematisiert.

Die Darstellung von Armut ist selten zu beobachten. Nur zwei Prozent der Figuren leben in erkennbar unterdurchschnittlichen Verhältnissen. „Die weitestgehende Ausschließlichkeit von Mittel- und Oberschichtmilieus und die eindeutige Unterrepräsentanz von weniger gut situierten Wohn- und Lebensverhältnissen ist als deutlicher Mangelpunkt in der Qualität des Kinderfernsehens zu sehen." (ebd., S. 4)

Die Frage, welche Darstellungsformen in den Medien angemessen bzw. (noch) erlaubt sein sollen, lässt sich nicht nur unter dem Aspekt der möglichen Wirkung diskutieren. Es erscheint notwendig, auch medienethische Gesichtspunkte einzubeziehen. Dabei geht es um die Würde des Menschen und die Respektierung von universellen und kulturellen zentralen Rechten und Werten.

Bewegungsmangel und Spannungsaufbau

Kinder spüren einen permanenten Bewegungsdrang. Medienkonsum ist jedoch i.d.R. mit längerem Stillsitzen verbunden. Gleichzeitig vermitteln viele Sendungen oder Spiele einen langsamen Spannungsaufbau, den Kinder auch schätzen und wollen. Ist er doch mit der Chance verbunden, z.B. in einem Spiel gewinnen zu können und so ein Gefühl der Befriedigung und Selbstbestätigung des eigenen Könnens zu erreichen (Zimmer 2009). Zimmer stellt fest, dass diese Spannung im Spiel oder beim Fernsehschauen nicht abgebaut werden könne und so Stress erzeugen würde. Wichtig sei es deshalb, darauf zu achten, dass Kinder sich ausreichend (möglichst im Freien) bewegen.

Verdrängung

Als ein wichtiger Effekt der Wirkung von Medien wird heute die „Verdrängung" von anderen (bewegungsorientierten) Tätigkeiten durch die Nutzung von Medien gesehen, „nach der realweltliche Erfahrungen sowohl im Erkunden der Umgebung als auch insbesondere im Kontakt mit anderen Menschen durch den Konsum von Bildschirmmedien zeitlich verdrängt werden" (Bleckmann u.a. 2013, S. 8).

Medien und Spracherwerb
Das Erlernen der Muttersprache beruht in hohem Maße auf sozialer Interaktion wie dem Augenkontakt mit den Eltern. Die Augen vieler Babys kleben so fest am Bildschirm, dass sie noch nicht einmal ihre Eltern beachten. Trotzdem zeigen Tests, dass die Kinder nichts lernen. Als Eltern ihren 8–16 Monate alten Kindern beispielsweise täglich vorlasen, verbesserte sich deren Ergebnis in einem Sprachtest um sieben Punkte. Im Gegensatz dazu nahm das Resultat mit jeder Stunde, die ein Kind pro Tag DVDs schaute, um 17 Punkte ab.
(Gigerenzer 2013, S. 330)

Handlungsstrategien

Medien im Kindergarten
Welche Medien stehen den Kindern im Kindergarten zur Verfügung?
• CD-Kassettenplayer (91 %)
• DVD-Player (30 %)
• Fernseher (20 %)
• Digitalkamera (17 %)
• Computer (11 %)
• Internet (2 %).
(Medienpädagogischer Forschungsverbund Südwest 2013, S. 71)

Um keinen Zweifel aufkommen zu lassen: Kinder brauchen vor allem reale Erfahrungen in und mit ihrer Umwelt. Sie müssen ihre Welt mit allen Sinnen wahrnehmen können, also sehen, hören, riechen, begreifen, erfühlen. Kinder brauchen Körperlichkeit, Bewegung, Ausdruck und Resonanz. All dies können Medien ihnen nicht oder nicht allein bieten.

Es besteht aber auch kein Zweifel daran, dass Kinder heute lernen müssen, nicht nur mit der Medienvielfalt zurecht zu kommen, sondern diese zunehmend kompetent für ihre Bedürfnisse einzusetzen. Auf diesem Weg sind sie auf die Unterstützung der Erwachsenen angewiesen. Die Eltern spielen dabei eine Schlüsselrolle. Die vorschulischen Einrichtungen müssen jedoch ergänzend tätig werden. Diese sind heute meist immer noch weitgehend medienfreie Zonen, wenn man von dem unverzichtbaren Angebot von und dem Umgang mit Büchern absieht. Doch nicht die vorschulischen Einrichtungen entscheiden, ob und wie das Thema Medien aufgegriffen wird, sondern Kinder bringen ihre Medienerfahrungen mit und machen diese zum Thema ihrer Gespräche und Spiele. Die Einrichtungen können dies ignorieren oder aufgreifen und so ergänzende oder alternative Medienerfahrungen ermöglichen.

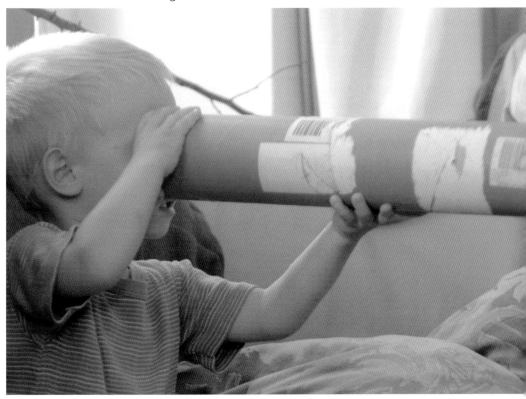

Beim Umgang mit Medien lassen sich drei prinzipielle Handlungsstrategien unterscheiden: (vgl. Hasenbrink u.a. 2012; Kunczik 2010, S. 11):

- **Restriktive Handlungsstrategien,** die auf Begrenzung ausgerichtet sind. Der Medienkonsum wird eingeschränkt. Es wird festgelegt, wie lange und welche Medien genutzt werden dürfen und welche Medien verboten sind. Erklärungen finden dabei kaum statt. Verbote können zwar vorübergehend den Medienkonsum unterbinden, diese beeinträchtigen als alleinige Handlungsstrategie jedoch das Vertrauensverhältnis zu den Eltern und führen (bei älteren Kindern) zu einer Verlagerung der Nutzung entsprechender Inhalte in den Freundeskreis. Zudem wird das Interesse an verbotenen Medien gesteigert.
- **Gemeinsames Schauen** (Spielen) bedeutet, dass die Eltern mit den Kindern zusammen Medien anschauen, allerdings ohne mit diesen darüber zu reden. Dieses so genannte Co-Viewing bewirkt jedoch genau das Gegenteil dessen, was beabsichtigt ist. Es wird von Kindern als Billigung der gesehenen Inhalte verstanden.
- **Aktive Handlungsstrategien** sind auf die Erklärung der Medien und deren Inhalte ausgerichtet. Eltern sprechen dabei mit ihren Kindern über die Sendungen oder Spiele. Die elterlichen Äußerungen sollten gewalthaltige Inhalte eindeutig negativ kommentieren und dies auch begründen. Und sie sollten für die Opferperspektive sensibilisieren.

Diese Umgangsweisen werden in der Praxis häufig miteinander kombiniert. Ihr Mischungsverhältnis verändert sich mit dem Alter der Kinder.

Doch diese Handlungsstrategien allein reichen heute nicht mehr aus, um einen kompetenten Umgang mit Medien zu erlernen. Es geht wesentlich auch um die kreative eigene Nutzung, Gestaltung und Produktion von Medien.

Die Bibliothek
Die Bibliothek ist der ganze Stolz der Kita im SOS-Kinderdorf in Berlin. In dem Regal am Eingang liegen Bilderbücher, so wie sie Kinder eben anordnen, ein zweites Bücherbord dient als Raumteiler. In den Ecken und an den bodentiefen Fenstern stehen kleine Sessel, auf dem Boden liegen Matratzen. Zwar toben Jungen und Mädchen noch draußen herum, doch nachmittags, versichert Kita-Koordinator Thorsten Lückel, werde es regelmäßig voll.
(www.spiegel.de/ unispiegel/studium/warum-berlin-mit-der-foerderung-der-schueler-so-wenig-erfolg-hat-a-869007.html)

Computer im Kindergarten?
- **Pro**
  Prof. Stefan Aufenanger: In jeder Bildungseinrichtung sollte es kleine Medienecken geben, in denen eine Vielzahl von Medien angeboten wird. Wenn dort pädagogisch sinnvoll gearbeitet wird und die Erzieher darauf vorbereitet sind, werden die Kinder lernen, die Vor- und Nachteile der verschiedenen Medien abzuschätzen. Alle unsere Erfahrungen zeigen: Je früher die Kinder die Möglichkeit haben, in diesen Institutionen mit Computer und Internet zu arbeiten, umso kompetenter und kritischer können sie mit den Medien umgehen.
- **Kontra**
  Prof. Christian Pfeiffer: Nein. Wenn behauptet wird, dass etwa Lesen lernen und Sprachentwicklung durch Bildschirme gefördert werden, dann kann ich mir nur an den Kopf langen. Das sagt doch schon der gesunde Menschenverstand, dass man Sprache durch ein menschliches Gegenüber lernt, das einem zugewandt ist, das liebevoll nachahmt, das freundlich korrigiert, und nicht durch das Betasten irgendeines Screens, der mit angeblich kindgerechten Bildern verziert ist.
(http://bildungsklick.de/a/40020/pro-contra-computer-im-kindergarten)

Ergebnisse der Medienwirkungsforschung zeigen gerade für den pädagogischen Bereich, dass Wirkungen von Medien nicht durch die Medien selbst ausgehen, sondern wesentlich von dem didaktischen Konzept, das dem Einsatz dieser Medien zugrunde liegt, bestimmt wird.

Medienkompetenz entwickeln

Stefan Aufenanger unterscheidet sechs Dimensionen von Medienkompetenz (Aufenanger o.J.):

- **Die kognitive Dimension** bezieht sich u.a. auf Wissen, Verstehen und Analysieren im Zusammenhang mit Medien sowie Kenntnisse über Medien und Mediensysteme.
- **Die moralische Dimension** bedeutet, Medien (und die Folgen ihrer Produktion und ihres Einsatzes) unter ethischen Aspekten beurteilen zu können. Als Maßstab sind die Menschenrechte oder Kinderrechte heranzuziehen.
- **Die soziale Dimension:** die Umsetzung der kognitiven und moralischen Dimension erfolgt im Raum des sozialen und politischen Handelns. Menschen sollen befähigt werden, Rechte um Medien politisch zu vertreten und soziale Auswirkungen von Medien angemessen thematisieren zu können.
- **Die affektive Dimension** umfasst den Bereich des Unterhaltens und Genießens von Medien.
- **Die ästhetische Dimension** sieht Medien als Vermittler von Ausdrucks- und Informationsmöglichkeiten und betont dabei den kommunikationsästhetischen Aspekt.
- **Die Handlungsdimension** bedeutet, Medien zu gestalten, sich mit Hilfe von Medien ausdrücken, informieren oder experimentieren zu können.

Medienkompetenz kann sich über gezielte altersentsprechende Möglichkeiten der Auseinandersetzung entwickeln, die Bildung durch Medien, Bildung über Medien und Bildung mit Medien beinhalten.

Kompetenzen vermitteln

„Es spricht im Medienzeitalter alles dafür, Erziehenden und Lehrenden medienpädagogische Kompetenz zu vermitteln und sie in Ausbildung und Schulungen mit grundlegenden medienpädagogischen Empfehlungen vertraut zu machen. Wenn zudem für die Kinder die Möglichkeit besteht, in einer ‚Medienecke' verschiedene Medien gezielt, zeitlich eng begrenzt und mit Betreuung nach vereinbarten Regeln zu nutzen, dann werden die von den Skeptikern befürchteten Nachteile des Einsatzes neuer Medien in Kindergarten und Grundschule vermieden, die Vorteile und Chancen aber genutzt."

(www.bundespruefstelle.de/bpjm/Jugendmedienschutz-Medienerziehung/ erziehung-medienkompetenz,did=108076.html)

Die Bedeutung und den Stellenwert der verschiedenen Medien für Kinder in ihren einzelnen Altersstufen zu verstehen, ist Voraussetzung dafür, mit ihnen in einen Dialog über Medien eintreten zu können. Ein Problem von Medienerziehung im Kindergarten ist, dass Erzieherinnen sich gerade für diesen Erziehungs- und Förderbereich zu wenig qualifiziert fühlen und es ihnen oft sowohl an medienpädagogischer Kompetenz als auch (subjektiv) an eigener Medienkompetenz mangelt (vgl. Six/Gimmler 2007, S. 274).

Das eigene Medienverhalten reflektieren

Bei dem Thema „Gewalt in Medien" geht es auch um die Frage nach dem eigenen Verhältnis zur Gewalt, nach eigenen Gewaltphantasien, nach Gewalt im Erziehungsverhalten (z.B. bei Strafen) sowie nach Duldung und Unterstützung von Gewalt. Und es geht um das eigene Verhältnis zu Medien, die kritische Reflexion des eigenen Medienkonsums und die Entwicklung von Maßstäben für „gute" Medien. Erwachsene sind auch im Medienbereich Vorbilder. Nur wenn Eltern und Erzieher ihr eigenes Medienverhalten begrenzen, reflektieren und immer wieder erklärend begründen, lernen Kinder und Jugendliche, im Alltag eigene Maßstäbe zu entwickeln.

Kinder schützen / Medienzugang begrenzen und steuern

Kleinkinder können noch nicht selbst über Art und Dauer ihrer Mediennutzung entscheiden. Sie können auch noch nicht entscheiden, welche Sendungen oder welche Spiele für sie geeignet sind und welche nicht. Sie haben jedoch Wünsche und Vorlieben, mit denen umgegangen werden muss. Deshalb ist es wichtig, dass Erwachsene ihre Auswahl erklären und begründen und mit zunehmendem Alter Kinder an der Auswahl beteiligen. Zeitliche Begrenzungen, die durchaus auch flexibel gehalten werden können und auch Ausnahmen zulassen, sind wichtig.

Die Bundesprüfstelle für jugendgefährdende Medien schlägt folgende Richtwerte vor: bis drei Jahre: kein Fernsehen, vier bis fünf Jahre: 30 Min. täglich, sechs bis neun Jahre: fünf Stunden pro Woche. Bei Kindern ab fünf Jahren kann auch eine wöchentliche Höchstsehdauer vereinbart werden, sodass das Kind selbst innerhalb dieses Zeitbudgets Gestaltungsmöglichkeiten hat. Wann immer möglich, sollten die Sendungen gemeinsam mit den Eltern angeschaut und anschließend darüber gesprochen werden. Probleme bereiten oft (Geburtstags-)Besuche bei anderen Kindern, die andere Fernseh- oder Computerregeln haben. Probleme treten auch auf, wenn Kinder eben nicht das (vereinbarte) Kinderprogramm anschauen, sondern Erwachsenensendungen mitsehen, z.B. weil sie (scheinbar) nicht schlafen können.

Kinder verschaffen sich in unbeaufsichtigten Momenten schnell selbst Zugang zu Fernsehgeräten, Computern oder Smartphones. Mobile Geräte werden zunehmend unterwegs als Möglichkeit, Zeit zu überbrücken, eingesetzt. Für alle Geräte gibt es inzwischen vielfältige

Vorleseapps

Jede vierte Familie mit Kindern besitzt ein Tablet-PC. Smartphones sind bei 80 % der Familien mit Kindern vorhanden.

Bilderbuch- und Vorleseapps sind immer weiter verbreitet. Diese neue Technik löst das Buch beim Vorlesen nicht ab, sondern wird ergänzend genutzt. Eltern differenzieren bewusst zwischen Apps für unterwegs und Büchern zum Lesen und Kuscheln.

Viele Eltern sehen in Apps zusätzliches Motivationspotenzial und eine spannende Erweiterung zum Buch – aber viele Eltern sind auch (noch) zurückhaltend.

Vorlesen wird durch Apps noch selbstverständlicher und vielfältiger in den Alltag von Familien integriert – auch in Situationen, in denen bisher mit einem gedruckten Buch nicht vorgelesen werden konnte. Väter benutzten Apps häufiger als Mütter.

(Stiftung Lesen 2012)

Ausschalten können

Zur Medienkompetenz gehört unter anderem:

- Die Fähigkeit, ein Medium auszuschalten, wenn es nicht mehr gut tut oder wenn es Inhalte wiedergibt, die zu belastend sind.
- Die Fähigkeit, das richtige Medium auszusuchen, um die Antwort zu bekommen, die man sucht.
- Das Wissen, welcher Information man mehr, welcher man weniger vertrauen kann.
- Das Wissen, welche Interessen wer mit der Verbreitung von Medieninhalten verfolgt.
- technisches, ästhetisches und rechtliches Wissen um ein Medium.

(www.bundespruefstelle. de/bpjm/Jugendmedienschutz-Medienerziehung/ Erziehung-Medienkompe tenz/medienerziehung.html, Auszug)

technische Sperren, mit deren Hilfe sowohl einzelne Sender oder Internetseiten gesperrt werden können, als auch der gesamte Zugang durch PIN-Codes gesichert werden kann. Ebenso lassen sich DVD-Geräte oder Festplattenrekorder sichern. Begrenzungen sollten immer auch begründet und nicht als Strafe verwendet werden.

Medien auswählen lernen

Das Medienangebot ist heute vielfältig und unübersichtlich. Qualitativ hochwertige und geeignete Kindermedien für das entsprechende Alter sind, wenn man sie nicht kennt, nicht ohne Weiteres identifizierbar. Als Hilfestellung können gelten:

- **Die Alterskennzeichnung der Medien**

  Diese Kennzeichnungen sind Freigaben für verschiedene Altersstufen nach gesetzlichen Vorgaben (ab 0, ab 6, ab 12, ab 16, ab 18). Medien, die geeignet sind, „die Entwicklung von Kindern und Jugendlichen oder ihre Erziehung zu einer eigenverantwortlichen und gemeinschaftsfähigen Persönlichkeit zu beeinträchtigen" (§ 14 Abs. 1 JuSchG), werden nicht freigegeben (vgl. www.usk.de; www. fsk.de). Mit der Altersfreigabe ist jedoch keine pädagogische Empfehlung verbunden.

- **Kriterien gefährdender Medien kennen**

  Die Bundesprüfstelle für jugendgefährdende Medien bietet ein laufend aktualisiertes Verzeichnis der indizierten, d.h. als jugendgefährdend eingestuften Medien an (www.bundespruefstelle.de). Des Weiteren sind dort umfangreiche Informationen zu allen Aspekten des Jugendmedienschutzes verfügbar: Über Film und Fernsehen, Computer- und Konsolenspiele, Internet und Handy, Lese- und Hörmedien aber auch zu Erziehungsfragen und zu Aspekten der Medienkompetenz. Als jugendgefährdend eingestufte Medien sind dennoch oft über das Internet verfügbar.

- **Informationen für Fernsehsendungen – Flimmo**

  Die Internetseite Flimmo (www.flimmo.de) bietet tagesaktuell für Kinder ausgewählte Sendungen mit Altersempfehlungen und Inhaltsbeschreibungen an. Ziel von FLIMMO ist es, Eltern und Erziehenden die Sichtweisen der Kinder auf Fernsehangebote nahezubringen und ihnen Mut für eine Fernseherziehung zu machen sowie die Medienkompetenz der Kinder zu fördern. Flimmo arbeitet auf der Grundlage medienpädagogischer Forschung. Für Eltern und Erziehende bietet Flimmo umfangreiche Hintergrundmaterialien, gerade auch zum Bereich Jugendschutz und Umgang mit Medien.

- **Sicherer Surfraum für Kinder – fragFINN**

  FragFINN (www.fragfinn.de) ist ein Internetportal, das einen geschützten Surfraum für Kinder anbietet. Dieses Angebot wurde speziell für Kinder geschaffen, damit sie sich (innerhalb dieses Raumes) frei im Internet bewegen können, ohne auf für sie ungeeignete Inhalte zu stoßen (vgl. www.ein-netz-fuer-kinder.de). Der Surfraum basiert auf einer sogenannten Whitelist. Dies ist eine thematisch und zahlenmäßig umfangreiche Liste an kindgeeigneten und von Medienpädagogen redaktionell geprüften Internetseiten. Mithilfe der Kindersuchmaschine von fragFINN sind die Seiten leicht zu finden.

- **Qualitätssiegel**
  Ein Qualitätssiegel für Kinderseiten im Internet bietet der Erfurter Netcode an, der Internetseiten nach Qualitätskriterien überprüft. Wichtig für die medienpädagogische Arbeit ist es, Kinder auch auf qualitativ hochwertige Sendungen oder Programme aufmerksam zu machen und diese evtl. auch gemeinsam zu sehen (www.erfurter-netcode.de).

- **Computerspieledatenbank – Spielbar**
  Mit dem Internetangebot „Spielbar" (www.spielbar.de) stellt die Bundeszentrale für politische Bildung einen umfangreichen Überblick über empfehlenswerte Computerspiele bereit. Alle Spiele sind kommentiert und auch mit den entsprechenden Altersfreigaben versehen. Medienpädagogische Fachartikel ermöglichen eine vertiefende Orientierung. Auch unter dem Begriff „Serious Games" (www.seriousgames.de) werden hochwertige Lernspiele für Kinder angeboten.

Mit Medien produktiv umgehen, Medien selbst gestalten

Medien sind Hilfsmittel, um sich die Welt anzueignen. Im Zentrum aktiver Medienarbeit sollte deshalb immer wieder die Möglichkeit stehen, selbst produktiv tätig zu werden. Dies geschieht auf der Grundlage eines entdeckenden Lernens und Experimentierens (vgl. Theunert 2007). Dies kann über die Aufnahme und den Schnitt von Tönen, Geräuschen oder Liedern und Musik ebenso geschehen wie durch Fotos und selbstgestaltete Videoclips (vgl. Landeshauptstadt München 2011).

Umgang mit Spannung

Das Erleben von Spannung ist sowohl für Erwachsene als auch für Kinder ein zentrales Motiv für die Nutzung von Unterhaltungsmedien wie Film, Fernsehen, Literatur aber auch Computerspielen. Ist eine Geschichte hochspannend, kann dies dazu führen, dass Kinder neben Spannung auch Angst und Furcht fühlen. Untersuchungen zeigen, dass Kinder Geschichten umso besser bewerteten, je spannender sie diese erleben. Bedeutend für die positive Bewertung der Geschichten war auch, wie die Spannung zum Ende aufgelöst wurde.
Die Angst, die Kinder infolge von Film- und TV-Inhalten erlebt haben, begleitet sie teilweise bis ins Erwachsenenalter und kann in gravierenden Fällen zu Albträumen oder Schlaflosigkeit sowie zu speziellen Ängsten führen.
Als Bewältigungsstrategien bieten sich bei älteren Kindern kognitive Strategien, also Erklärungen der Medieninhalte und ihrer Machart an. Für jüngere Kinder sind nicht-kognitive Strategien, die auf körperliche Nähe zielen, wichtig.
Spannungsgeladene Medien sollten nur gemeinsam mit den Eltern oder vertrauten Erwachsenen angesehen werden. Emotionale Geborgenheit ist ein wichtiges Moment der positiven Bewältigung des Konsums solcher Medien.
(Hennighausen/Schwag 2013, S. 43 f., Auszüge)

Flickenteppich Medienpädagogik

„In der täglichen Arbeit des Jugendmedienschutzes fällt aber eine Schieflage besonders auf. Allenthalben werden die ordnungspolitischen Verfahren optimiert, während der präventive Jugendmedienschutz zwar einhellig eingefordert aber nach wie vor unzureichend ausgestattet ist. Es gibt kaum curriculare Verankerungen von Medienbildung in der formalen Bildung und eine generell schlechte finanzielle Ausstattung im Bereich der nonformalen Bildung, so dass hier zwar viele einzelne Maßnahmen angestoßen werden, es aber an Nachhaltigkeit und Systematik fehlt. Die Medienpädagogik in Deutschland ist ein bunter Flickenteppich. Dabei kann eine offensivere Vermittlung von Medienkompetenz den Jugendmedienschutz sinnvoll ergänzen."
(Gutknecht/Krüger 2013, S. 15)

Beim Bauen mit Konstruktionsmaterialien können die einzelnen Schritte festgehalten werden, um sie anschließend zu einer Fotoserie oder gar einem Trickfilm zusammenzusetzen. Mit Fotos und Bildern kann die eigene Familie den anderen vorgestellt werden. Die Erlebnisse der Ferien oder des Wochenendes können auch über Mediendarstellung (Fotos, Töne usw.) „erzählt" werden. Selbst einen Film zu inszenieren und zu drehen, ermöglicht durch einen produktiven Umgang mit dem Medium Film vertiefende Einblicke in Machart und Aufbau. Dabei können auch Eltern in vielfältiger Weise einbezogen werden. Inhalt der produktiven Mediengestaltung können und sollen auch die Auseinandersetzung mit anderen Medienerlebnissen im Fernsehen, bei Computerspielen oder Videos aber auch mit Büchern oder Werbung sein. Diese neu zu interpretieren, zu hinterfragen und zu verändern, indem z.B. Geschichten in einen anderen Rahmen gestellt und neue erzählt oder verändert werden, ist eine interessante Möglichkeit, mit Medien umzugehen.

Elternarbeit im Kindergarten

Um Eltern fachlich kompetent informieren zu können, ist es wohl in den meisten Fällen notwendig, Fachreferenten und -referentinnen der entsprechenden Medienstellen einzubeziehen. Diese geben konkrete Hilfestellungen und Tipps zum Umgang mit medialen Problemen und Gefahren und beantworten vor allem Fragen zu Medien und zur Medienerziehung, die Eltern beschäftigen. Themenabende ermöglichen eine Vertiefung und einen Austausch über spezifische Aspekte der Medienerziehung. Vor allem geht es darum, zunehmend Orientierung und Sicherheit im Umgang mit Medien zu vermitteln. Diese sind dann möglich, wenn auch konkrete (Medien-)Erziehungsprobleme gemeinsam besprochen und gelöst werden können. Auch schriftliche Elterninformationen oder Hinweise auf Informationsmöglichkeiten können hier hilfreich sein.

Da Eltern oft die Inhalte vieler Sendungen oder Computerspiele ihrer (älteren) Kinder nicht kennen, ist es wichtig, dass diese exemplarisch

Family Literacy

Der Begriff „Family Literacy" beschreibt schriftbezogene Praktiken von Eltern, Kindern und anderen Familienmitgliedern in ihrem Alltag. Als soziokulturelle Praxis werden Lesen und Schreiben als soziales und kommunikationsbezogenes Tun und Handeln verstanden, das den Kommunikationsmodus Schrift verwendet bzw. sich auf Schrift bezieht. Aufgrund der mannigfaltigen Potenziale und Funktionen von Schrift bzw. Lesen und Schreiben bezieht sich Family Literacy auf vielfältige Formen der Verwendung von Schrift, schriftlichen Texten und Medien sowie ihrer Vermittlung.

Family-Literacy-Programme verfolgen das Ziel, Eltern dabei zu unterstützen, ihre Kinder an das Lesen und Schreiben heranzuführen und sie darin zu bestärken, ihre literale Praxis und die diesbezüglichen Kompetenzen auszubauen.
(Bundesministerium für Unterricht, Kunst und Kultur 2012, S. 18)

selbst solche Spiele durchspielen können. Hierüber können z.B. Schülerinnen und Schüler Auskunft geben und Beispiele praktisch vorführen (vgl. www.bundespruefstelle.de).

Alternativen anbieten

Zur Medienarbeit gehört auch der wiederkehrende Abstand zu Medien. Der Umgang mit Medien sollte nicht andere Beschäftigungsmöglichkeiten dominieren. Deshalb ist es wichtig, immer wieder attraktive andere Angebote zu machen: Spannende Erzählungen, Theater und Rollenspiele, Nachtwanderungen, Erkundungen der Natur, mit dem Fernglas Sterne beobachten, vielfältige Experimente machen usw. Natürlich könnten diese immer auch medial begleitet und dokumentiert werden.

Ein spannendes Mitmachprojekt ist, einmal im Jahr eine, zwei oder drei Wochen lang ohne Medien auszukommen oder gezielt auf einzelne Medien (z.B. TV) zu verzichten. Dies muss mit den Eltern abgesprochen und vorbereitet werden und bedarf in dieser Zeit verstärkter attraktiver anderer Angebote.

Themeninteressen der Haupterzieher
- Erziehungsfragen (73 %)
- Liebe, Partnerschaft (69 %)
- Gesundheit/Medizin (65 %)
- Ernährung, Kochen (62 %)
- Schule (52 %)
- Mode, Kleidung (51 %)
- Ausbildung, Beruf (49 %)
- Reisen (46 %)
- Medienerziehung (46 %)

(Medienpädagogischer Forschungsverbund Südwest 2013, S. 70)

Internetseiten für Kinder
- **„Blinde Kuh"**, Suchmaschine für Kinder: www.blinde-kuh.de
- **„Frag Finn"**, Suchmaschine für Kinder: www.fragfinn.de
- **„Frieden-fragen"**, Krieg und Frieden für Kinder: www.frieden-fragen.de
- **„Hanisauland"**, Politik für Kinder: www.hanisauland.de
- **„Helles Köpfchen"**, Wissensportal und Suchmaschine für Kinder: www.helles-koepfchen.de
- **„Logo"**, die Nachrichtensendung im Kinderkanal: www.kika.de
- **„Lilipuz"**, Radio für Kinder: www.wdr5.de/lilipuz
- **Internettipps für Kids:** www.klick-tipps.net
- **„Kindernetz"**, Medien für Kinder: www.kindernetz.de
- **Kinderrechte erklärt:** www.fuer-kinderrechte.de
- **„Kinderzeitmaschine"**, Geschichte für Kinder: www.kinderzeitmaschine.de
- **„Minitz"**, Nachrichten für Kinder: www.kindernetz.de/minitz
- **„Sowieso"**, Onlinezeitung für Kinder: www.sowieso.de
- **Spiele und Nachrichten aus aller Welt:** www.seitenstark.de

Internetseiten für Erwachsene
- **EU Initiative für mehr Sicherheit im Netz:** www.klicksafe.de
- **Jugendschutz im Internet:** www.jugendschutz.net
- **Sicherheit für Kinder im Netz:** www.kinderserver-info.de
- **Stiftung Lesen:** www.stiftunglesen.de

Umsetzung konkret

Die Auseinandersetzung mit Medien muss in vorschulischen Einrichtungen mit der Qualifizierung der Mitarbeiterinnen und Mitarbeiter beginnen. Six und Grimm (2007, S. 281) stellten bereits 2007 in ihrer Analyse fest, dass die Mehrheit der pädagogischen Fachkräfte sich auf ein nur unzureichendes Wissen stützen könne. Dies betrifft die von Kindergartenkindern bevorzugten Medienangebote, die Bewertung von Medien und einzelnen Medienangeboten sowie die Mediennutzung von Kindern. Daran hat sich bis heute nur wenig geändert. Medienpädagogik im Kindergarten kann nie auf die Kinder allein beschränkt sein, immer sollten die Eltern einbezogen werden.

- **Über die Bedeutung von Medien heute informiert sein**
  Der 2013 veröffentlichte 14. Kinder- und Jugendbericht macht auf die Bedeutung der Medien für das Aufwachsen von Kindern und Jugendlichen aufmerksam (M1). Insbesondere kommt dabei auch zum Ausdruck, dass bereits sehr früh eine „digitale Spaltung" zwischen verschiedenen Milieus sichtbar wird. In bildungsferneren Schichten ist ein eher konsumorientierter Umgang mit Medien zu beobachten, während in bildungsnäheren Schichten ein eher interaktiver und kreativer Umgang festzustellen ist.

- **Mediennutzung und Kindermedien kennen**
  Voraussetzung für medienpädagogische Arbeit ist, über das Medienverhalten der Kinder und die von ihnen genutzten Medien(inhalte) informiert zu sein. Denn eines der grundlegenden Probleme des Umgangs mit Gewalt in Medien ist, dass Eltern und Fachkräfte häufig weder die Sendungen, die Kinder sehen, noch über die Computerspiele, die Kinder spielen, aus eigener Anschauung informiert sind. Das Ausmaß und die Inhalte ihrer Mediennutzung wird von Kindern meist beiläufig kommuniziert. In Elternabenden kann mit Hilfe von M2 das Thema gezielt aufgegriffen werden.

- **Mit Problembereichen umgehen**
  Viele Problembereiche sind mit einem „zu viel" und „zu früh" verbunden. Beides überfordert Kinder. Insbesondere Gewaltinhalte können Kinder ängstigen und im Extrem zu Traumatisierungen führen. Zu wissen, welche Inhalte angstmachend sein können und Möglichkeiten des Umgangs mit dieser Angst zu kennen, ist deshalb wichtig. M3 beschreibt die Bedeutung von Angst für Kinder und mögliche Umgangsweisen damit. M4 thematisiert Kriegsangst bei Kindern und M5 gibt Hinweise der Bundesprüfstelle für jugendgefährdende Medien für Erziehende wieder.

- **Orientierung geben, Qualitätskriterien entwickeln**

  Medienkomptenz zu entwickeln, ist immer auch damit verbunden, Auswahl- und Qualitätskriterien für „gute" altersentsprechende Medien zu kennen. Die Auseinandersetzung mit von Fachleuten entwickelten Kriterien ermöglicht es, einen eigenen Standpunkt zu finden. Eltern werden Qualitätskriterien eher akzeptieren, wenn diese mit ihnen gemeinsam entwickelt und diskutiert wurden. Solche Kriterien sollten immer auch an konkreten Beispielen anschaulich gemacht werden. M6 zeigt Kriterien für gute Bücher. M7 greift die Kriterien für Kindersendungen der Internetseite „Flimmo" auf und M8 stellt Anfragen an Computerspiele.

- **Kreative Handlungsmöglichkeiten erproben**

  Medien selbst in vielfacher und kreativer Weise zu gestalten, anderen zu präsentieren und mit ihnen darüber zu reden, ist der Kern von Medienpädagogik. Hierzu bedarf es keiner besonderen Anlässe. Dies kann in den normalen Tagesablauf so integriert werden, wie andere Bereiche auch. Dabei müssen nicht immer alle Kinder gleich beteiligt sein. Dies ist vor allem dann der Fall, wenn spezielle Medienprojekte durchgeführt werden. M9 zeigt hierzu eine Fülle von kreativen Möglichkeiten. M10 greift den Bereich Fotogeschichten und Fotodokumentationen auf. Anhand der Bastelbogen (Trickfilm und Daumenkino) von M11 und M12 kann das Prinzip des bewegten Bildes (Einzelbilder, die schnell hintereinander ablaufen) veranschaulicht werden.

- **Ein medienpädagogisches Konzept entwickeln**

  Vor dem Hintergrund vielfältiger Einzelaktivitäten kann und sollte ein medienpädagogisches Konzept entwickelt und möglichst auch schriftlich festgehalten werden. Dieses Konzept sollte Antworten auf folgende Fragen bieten: Warum machen wir Medienarbeit? Wo wollen wir hin? Wie sollen Medien in den Alltag integriert werden? Welche speziellen medienpädagogischen Projekte wollen wir anbieten? Wo müssen und können wir uns qualifizieren? Wen können wir beratend einbeziehen? Wie können Eltern mitarbeiten?

M1 Medien verändern die Lebenswelt

Nichts hat die Lebenswelten der Kinder und Jugendlichen in den beiden letzten Jahrzehnten im Vergleich zu „früher" vermutlich so grundlegend und nachhaltig verändert wie die Entwicklungen, die sich im Bereich der elektronischen Medien und den damit verbundenen Kommunikationsmöglichkeiten vollzogen haben – und immer noch vollziehen.

Handys, Smartphones und Computer mit einem inzwischen fast allen zugänglichen Internet verändern und erweitern die Möglichkeiten der universellen Kommunikation so fundamental und anhaltend – zwar nicht nur für Heranwachsende, aber für diese ungleich selbstverständlicher und vor allem von Anfang an, als „Digital Natives", also ohne eigene Differenzerfahrung.

Dabei eröffnen „Social Communities" wie Schüler-VZ, Studi-VZ, Facebook etc. neue Möglichkeiten der permanenten, ortsunabhängigen Kommunikation: spielerische Selbstinszenierungen ebenso wie allgegenwärtigen Tratsch und Klatsch, Information wie Desinformation, Meinungsäußerung und Willensbildung ebenso wie politische Agitation. Die moderne elektronische Kommunikation eröffnet Möglichkeiten der direkten und indirekten, der sofortigen oder zeitversetzten Kommunikation, bietet einen uneingeschränkten Zugang zu Daten und Informationen und schafft völlig neue Möglichkeiten des freien Zugangs zu vielen Facetten des Weltgeschehens.

Indes: Diese Kommunikation bewirkt auch eine noch wenig ausgeleuchtete Veränderung des Privaten, des Schutzes vor unkontrollierbarer Transparenz und Öffentlichkeit.

Sie erzeugt Risiken, schafft Strukturen eines öffentlichen Gedächtnisses, das alles ohne Gewichtung speichert und selbst unangenehme Dinge nicht mehr dem menschlichen Vergessen und Verdrängen anheimstellt und das unabsehbare Fernwirkungen einmal gemachter Äußerungen und Inszenierungen nach sich zieht, die junge Menschen oft nicht überblicken können. Die Tatsache, dass unvorstellbare Datenmengen mittlerweile über jede einzelne Person gespeichert und kommerziell verwertet werden und deren Implikationen für ein selbstbestimmtes Handeln in der Zukunft, wird dabei weder durch die Nutzer und Nutzerinnen noch durch die Fachkräfte in der Kinder- und Jugendhilfe bislang in breitem Maße reflektiert.

Dies alles dürfte das Denken und Handeln, die Routinen der Kommunikation und des sozialen Umgangs junger Menschen im Zuge des Gewahrwerdens dieser Auswirkungen in Zukunft noch weitaus stärker verändern, als dies bislang absehbar ist. Darüber hinaus zeigt sich innerhalb des virtuellen Raums eine Ausdifferenzierung von Nutzungsweisen und -möglichkeiten, die zu einer Reproduktion ungleicher Teilhabe an den Potenzialen der neuen Medien führt. (…) Das führt dazu, dass sich eine teilhabebezogene Ausdifferenzierung des virtuellen Raums entwickelt, die zur Folge hat, dass ein Teil der Kinder und Jugendlichen ihre Interessen darin erfolgreich organisieren und vertreten, von der Informationssuche profitieren und sich über Vernetzung mit anderen entsprechend weitere Ressourcen erschließen, während die anderen an diesen Möglichkeiten nur eingeschränkt oder gar nicht teilhaben.

Deutscher Bundestag – 17. Wahlperiode: 14. Kinder- und Jugendbericht 2013, S. 55.

M2 Mediennutzung von Kindern

Medientätigkeiten	Kind allein wie oft / wie lange	gemeinsam mit Eltern wie oft / wie lange
fernsehen		
telefonieren		
Radio hören		
Bücher lesen / vorlesen		
CDs / Kassetten hören		
Internet nutzen		
Comics anschauen		
DVD/Video anschauen		
Musik hören		
Computerspiele spielen		
Tablet/Smartphone spielen		

Darüber mache ich mir Sorgen …

Dass mein Kind
- Angst bekommen könnte.
- sich nicht mehr für andere Dinge interessiert.
- nur noch fernsehen möchte.
- die gesehenen Inhalte nicht verarbeiten kann.
- in der Sprachentwicklung zurück bleiben könnte.
- Dinge erfährt, die es noch nicht wissen sollte.
- zu sehr der Werbung ausgesetzt ist.
- Gewaltdarstellungen sieht.
- rohe Sprache lernt.
- das, was es sieht, nachmachen könnte.

Das finde ich wichtig …

Dass mein Kind durch Medien
- Neues erfährt.
- viele Anregungen bekommt.
- interessante Filme kennenlernt.
- andere Menschen und Länder kennenlernt.
- erfährt, was gut und richtig ist.
- Spannung erfahren kann.
- lernen kann, wie man mit Problemen umgeht.
- neue Lieder und Spiele sieht.
- Geschicklichkeit üben kann.
- mitreden kann.
- sich nicht langweilt.

M3 Wenn Fernsehen Angst macht

Bedeutung von Ängsten bei Kindern

Angst ist wichtig und sinnvoll. Sie warnt vor Gefahren, beschützt uns vor großen Risiken und erzieht uns zur Vorsicht. Auch wenn Eltern dies oftmals verunsichert, so haben auch Kinder Ängste, die für das jeweilige Alter und die damit verbundene kognitive Entwicklung typisch sind.

Funktion von Ängsten

Oft erfüllen sie eine bestimmte Funktion (z.B. Trennungsängste, Verlustängste, Ängste vor Dunkelheit und bedrohlichen Gestalten, vor Katastrophen und Kriegen) und stellen damit eine altersbedingte Auseinandersetzung des Kindes mit entwicklungstypischen Konflikten dar. Das Angstgefühl ist dabei der Entwicklung und dem jeweiligen Umbruch angepasst und ist oft mit Unbekanntem und Ungewohntem verbunden. Angst hat somit immer auch etwas mit Fortschritt zu tun und ermöglicht dem Kind, Neues auszuprobieren.

Viele der Ängste verschwinden häufig von allein, wenn die jeweilige Entwicklungsstufe durchschritten ist. Für Kinder ist es aber wichtig, zu lernen, wie man Strategien zur Angstbewältigung entwickeln und die Ängste überwinden kann. Sinnvoll ist, wenn sie auf spielerische Weise lernen, mit den beängstigenden Gefühlen umzugehen und sehen, dass man die Anspannung ertragen kann. Dabei ist ein Wechsel zwischen Furcht, Überwindung und Erleichterung wichtig.

Mit Ängsten umgehen

Fantastische Geschöpfe, wie wir sie in spannenden Vorlesegeschichten oder harmlosen Filmen und Hörbüchern vorfinden, können bei der Bewältigung von Entwicklungsaufgaben und eigener Unsicherheiten hilfreich sein. Hier können Kinder lernen, spannende Momente in der Gewissheit zu ertragen, dass am Ende alles gut ausgeht.

Sich in bestimmten Situationen altersangemessen zu überwinden und sich bewusst etwas zu trauen, schafft Erfolgserlebnisse im Umgang mit den eigenen entwicklungstypischen Ängsten. Auf diese Weise wird das Selbstbewusstsein des Kindes aufgebaut und das ängstliche Gefühl durch Stolz ersetzt.

Programmberatung für Eltern e.V.: Flimmo 1/2013: Gruselmomente im Fernsehen. München 2013, Auszug.

Angst auch bei Kindern als zum Leben gehörig betrachten

Sie erweisen Ihrem Kind keinen Gefallen, wenn Sie ihm Angst um jeden Preis ersparen wollen (was kaum möglich ist!). Angst ist ein wichtiges Signal. Angstfrei aufgewachsene Kinder sind deshalb nicht unbedingt lebenstüchtiger. Kinder haben meist mehr davon, wenn sie erleben, dass Ängste zu verkraften sind und wie man mit ihnen umgehen kann. Die dazu notwendigen Erfahrungen fallen leichter, wenn sich Kinder in ihrer Familie geborgen und gehalten fühlen und so Vertrauen in die Welt entwickeln können. Angstfreie („unerschrockene") Kinder haben im Leben oft besondere Probleme, da sie Gefahren meist schlechter einschätzen und Grenzen schlechter einhalten können.
www.angst-auskunft.de/AAA_Spezielle_Aengste/AAA_Kinderangst.htm

M4 Umgang mit Kriegsangst bei Kindern

Kinder bleiben von den aktuellen Kriegen und Terroranschlägen nicht unberührt. Sie verfolgen das Geschehen in den Medien oder bei Gesprächen der Erwachsenen auf ihre Art.

Kinder stellen Fragen und machen sich ihre eigenen Gedanken. Sie sind von den Bildern und Informationen tief berührt und irritiert, verstehen Vieles nicht, können Vieles nicht in ihr bisheriges Weltbild einordnen. Das Kriegsgeschehen und die damit verbundene Berichterstattung machen ihnen auch Angst. Sie sind, anders als viele Erwachsene, vor allem auch emotional berührt und betroffen.

Wie mit dieser Situation umgehen?

- Kinder brauchen gerade in einer als bedrohlich empfundenen Situation Sicherheit, emotionale Geborgenheit und Zuversicht für die Zukunft. Nur dies ermöglicht ihnen Entwicklung und (psychisches) Überleben.
- Machen Sie sich klar, dass Kinder auch nach dem Warum von Krieg und Terror fragen. Wehren Sie Fragen nach Zusammenhängen und Details nicht ab, sondern beantworten Sie diese nüchtern und sachlich nach Ihrem Wissensstand. Geben Sie zu, wenn Sie etwas nicht wissen, die Kinder spüren dies sowieso. Versuchen Sie, gemeinsam mit ihnen Antworten auf offene Fragen zu finden. Vermeiden Sie unbedingt Verallgemeinerungen und vorschnelle Schuldzuschreibungen.
- Nehmen Sie die auftretenden (z.T. massiven) Ängste der Kinder ernst und wehren Sie diese nicht als unbegründet ab. Machen Sie den Kindern jedoch auch deutlich, dass Sie bei ihnen sind und Sie deshalb jetzt nichts zu befürchten haben.
- Versuchen Sie nicht, den Kindern Informationen über die Geschehnisse vorzuenthalten. Zwingen Sie den Kindern aber auch keine Informationen auf. Lassen Sie die Kinder bei der Berichterstattung im Fernsehen oder Rundfunk nicht allein. Achten Sie darauf, dass Sie solche Berichte nur gemeinsam hören oder sehen. Sprechen Sie mit den Kindern anschließend über Ihre eigenen Empfindungen und die der Kinder.
- Rechnen Sie damit, dass die Kinder Szenen aus dem Erlebten und Gehörten in ihre Phantasie und in ihre Spiele einbeziehen. Halten Sie es aus, wenn Terroranschläge oder Kriege nachgestellt oder nachgespielt werden. Kinder setzen sich so mit ihrer Umwelt auseinander und verarbeiten damit auch ihre Eindrücke.
- Verbergen Sie nicht Ihre eigene Betroffenheit, Angst, Wut und Hilflosigkeit über das Geschehen. Aber laden Sie Ihre Emotionen nicht auf Ihre Kinder ab, sondern vermitteln Sie ihnen, dass es notwendig ist, sich gegen die Gewalt zu stellen und Täter aufzuspüren und zu bestrafen.
- Helfen Sie mit, die Gefühle der Kinder in Worte zu fassen. Entdecken Sie aber auch die Gefühle, die hinter den Worten (Fragen, Witzen usw.) der Kinder stecken. Lassen Sie die Kinder mit ihren Gefühlen nicht allein. Zeigen Sie ihnen, auch durch körperliche Nähe, dass sie bei Ihnen geborgen sind.
- Halten Sie den normalen Alltag (Tagesablauf) so weit wie möglich aufrecht. Teilen Sie dabei aufmerksam den Alltag mit den Kindern. Nehmen Sie sich besonders viel Zeit für die Kinder. Entdecken Sie dabei mit ihnen gemeinsam Schönes und Außergewöhnliches.

Günther Gugel. In: www.frieden-fragen.de/ fuer-eltern-und-erzieher/umgang-mit-wichtige- themen-fuer-eltern/kriegsangst-bei-kindern. html

M5 Tipps für Erziehende

Alter: Fachleute raten davon ab, Kinder im Alter von weniger als drei Jahren fernsehen zu lassen. Bei unter Dreijährigen kann Fernsehen bleibende Schäden verursachen. Ab dem dritten bis vierten Lebensjahr können Kinder behutsam an das Fernsehen herangeführt werden. Dabei ist es sinnvoll, mit ihnen altersgerechte Kindersendungen mit langsamen Bildabfolgen auszusuchen, die sie verstehen können.

Gefährdungen: Dem Alter und der Entwicklung Ihres Kindes nicht entsprechende Inhalte und eine zu zeitintensive Nutzung dieser Medien können die Entwicklung von Kindern beeinträchtigen: Wenn Ihr Kind häufig durch Film- und Fernsehinhalte überfordert oder verängstigt wird, problematische Inhalte konsumiert und es aufgrund zeitintensiver Nutzung dieser Medien zu wenige Freiräume für soziale und andere Aktivitäten hat, bringt dies Defizite an Lebens- und Lernerfahrungen mit sich und kann Einschränkungen seiner Entwicklungs- und Lebensperspektiven zur Folge haben.

Umgang: Ob ein Kind lernt, verantwortungsbewusst mit Film und Fernsehen umzugehen, ist maßgeblich von unserem elterlichen Vorbild abhängig. Es empfiehlt sich, gerade Vorschul- und Grundschulkinder pädagogisch empfehlenswerte Sendungen oder Filme sehen zu lassen, die sie nicht überfordern. Außerdem sollten Sie Ihr Kind bei seinen ersten Film- und Fernseherfahrungen begleiten, damit es mit Ihnen über seine Eindrücke reden und sie verarbeiten kann. In späteren Jahren sollten Sie den Kindern größere Freiräume in der Auswahl von Filmen, Fernsehsendungen und auch den Nutzungszeiten einräumen.

Regeln: Vereinbaren Sie mit Ihrem Kind klare Regeln (und achten Sie auf deren Einhaltung). Kinder unter drei Jahren brauchen kein Fernsehen.

4–5-Jährige können bis zu 30 Minuten am Tag fernsehen, am besten mit einem Erwachsenen. 6–9-Jährigen reichen fünf Stunden pro Woche.

Berücksichtigen Sie bei der Festlegung der Zeiten auch die Nutzung von anderen Medien wie Internet oder Computerspiele.

Die Vereinbarungen über Film- und Fernsehzeiten sollten bei älteren Kindern ein Wochenbudget und keine einheitliche tägliche Höchstgrenze vorsehen.

Sendungen: Schon im Tagesprogramm finden sich Sendungen, die insbesondere von kleineren Kindern nicht verstanden werden oder bei denen Sie feststellen, dass sie Ihr Kind negativ beeinflussen.

Das Internetportal Flimmo zeigt Ihnen, welche Sendungen für Kinder nicht geeignet sind und nennt Ihnen auch die Gründe dafür.
www.flimmo.de

Alterskennzeichnung: Wenn Sie für Kinder oder Jugendliche Filme (DVDs, Videos) kaufen wollen, sollten diese auf jeden Fall ein Alterskennzeichen der Freiwilligen Selbstkontrolle der Filmwirtschaft (FSK) tragen, das ihrem Alter entspricht. Die Altersfreigaben der FSK sagen allerdings nichts über den pädagogischen Wert eines Films aus, sie sind keine pädagogischen Empfehlungen!

www.bundespruefstelle.de/bpjm/Jugend medienschutz-Medienerziehung/Film-Fernsehen/10-tipps-fuer-erziehende,did=107114. html, Auszüge.

M6 Gute Bücher – schlechte Bücher

Schlechte Bücher erkennt man an

- Verharmlosungen.
- klischeehaften und stereotypen Darstellungen.
- Überhöhung der eigenen Gruppe oder des eigenen Volkes.
- Legitimation von Unrecht und Gewalt als Mittel zur „Lösung" von Konflikten.
- mangelnder Moral.
- fehlenden Differenzierungen und einseitigen Sichtweisen.
- Ausklammerung wichtiger Fakten.
- falschen Harmonievorstellungen.

Was heißt gewaltverherrlichend?

Kriegs- und gewaltverherrlichende Medien sind dadurch gekennzeichnet, dass

- Kriege und Gewalt als positiv, anziehend und reizvoll, also als Aktion und „Abenteuer" beschrieben werden.
- die Ursachen und Folgen von Kriegs- und Gewalthandlungen ausgeklammert werden.
- sie Kriege und Gewalt als Bewährungsprobe für Männlichkeit schildern.
- sie die Anwendung von Gewalt als unausweichlich und gerechtfertigt beschreiben.
- sie Kampf als Selbstzweck darstellen.
- die Feinde entmenschlichte Wesen sind, die Helden jedoch im Auftrag des „Guten" handeln.
- sie die Sichtweise und Leiden der Opfer ausblenden.

Günther Gugel

Qualitätskriterien für Kinderbücher

Folgende Aspekte können bei der Beurteilung von Kinderbüchern hilfreich sein:

Inhaltliche Aspekte

- Welches Thema wird in dem Buch dargestellt?
- Ist die Darstellung spannend, lustig, interessant? Gibt es einen Spannungsbogen?
- Wie werden die Hauptpersonen dargestellt?
- Welche Aussage hat das Buch? Welche Werte und gesellschaftlichen Vorstellungen werden vermittelt?
- Berücksichtigt das Buch die Erfahrungswelt und Interessen der Kinder? Wird an ihre Erfahrungen oder Probleme angeknüpft?
- Regt der Inhalt zum Mit- und Weiterdenken an?
- Wird die Fantasie der Kinder angeregt und Spielraum für Wünsche und Träume geboten?
- Sind keine diskriminierenden oder verletzenden Elemente (rassistischer, sexueller, politischer oder sozialer Art) enthalten?

Bildliche Aspekte

- Wecken die Bilder Neugier, lösen sie Fragen aus?
- Fordern die Bilder zum genauen Hinsehen auf?
- Sind die Bilder ansprechend? Dies ist zum großen Teil eine Frage des persönlichen Geschmacks, sie sollten jedoch nicht Angst einflößend, abstoßend oder diskriminierend sein.
- Wird der Charakter der Figuren passend umgesetzt? Werden die Gefühle und Stimmungen in ihrer Mimik wiedergegeben?

Österreichischer Buchklub der Jugend (Hrsg.): Leseförderung im Kindergarten. Praxismappe. Wien 2007, S. 33 f., Auszüge.

M7 Bewertung von Kindersendungen

Flimmo, das Portal für Medienerziehung für Eltern und Erziehende hat

drei Bewertungskategorien für Fernsehsendungen entwickelt.

1. Kinder finden's prima

- Inhaltliche Elemente, die das jeweilige Unterhaltungsbedürfnis von Kindern bedienen, ihre Sinne und Emotionen anregen.
- Figuren, an denen sie sich jeweils orientieren können, die Identitätsangebote machen und Anregung für tragfähige Handlungsmuster bieten.
- Geschichten, Handlungsstrukturen usw., die den jeweiligen Verstehensfähigkeiten und Sichtweisen entgegenkommen.

2. Mit Ecken und Kanten

- Problematischer Umgang mit Gewalt als legitime und erfolgversprechende Art der Konfliktlösung.
- Einseitiger und diskriminierender Umgang mit Geschlechterrollen.
- Diskriminierende Menschenbilder, die dazu geeignet sind, Vorurteile gegenüber sozialen und ethnischen Gruppen zu befördern.
- Verzerrte Darstellung von Sexualität.
- Diskriminierung von geschlechtlichen Orientierungen.
- Das Zur-Schau-Stellen von Personen in ihrer Privatsphäre oder in Extremsituationen.
- Darstellungsweisen, die gezielt Realität und Fiktion vermischen.
- Vermischung von Werbung und Inhalt.
- Darstellungsweisen, die für Kinder undurchschaubar und damit nicht einzuordnen sind, etwa Satire oder ironische Überzeichnung.

3. Nicht für Kinder

- Drastische und reißerische Darstellung von Gewalt und deren Folgen.
- Darstellung von Gewalt, die in Zusammenhang mit mysteriösem, unerklärlichem Geschehen steht.
- Darstellung von Gewalt, die sich in für Kinder realitätsnahen Kontexten abspielt.
- Welt- und Menschenbilder, die stark verzerrend oder diskriminierend sind.
- Gutheißen von Selbstjustiz oder die Proklamierung einer gewalttätigen und gefahrvollen Welt.

www.flimmo.de/downloads/Flimmo_Kriterien.pdf, Auszüge.

M8 Anforderungen an Computerspiele

- Welche Art von Spielverhalten lässt das Spiel zu (allein, Gruppe, gegen Computer …)?
- Welche Spielhandlungen stehen im Mittelpunkt des Spiels?
- An welchen Wertvorstellungen orientiert sich das Spiel?
- Wer sind die Hauptakteure im Spiel?
- In welchen (Lebens-)Situationen agieren sie?
- Wo ist das Spielszenario angesiedelt (Realität, Geschichte, Fiktion)?
- Wie werden Personen dargestellt?
- Welche Typisierungen werden verwendet?
- Welche Rollen spielen Männer, welche Frauen?
- Welche Art von Aufgaben werden gestellt?
- Wodurch wird Spannung erzeugt?
- Welche Rolle spielt Gewalt in dem Spiel?
- Wird Gewalt als Selbstzweck eingesetzt?
- Von wem wird Gewalt ausgeübt?
- Gibt es einen Begründungszwang für die Anwendung von Gewalt?
- Gibt es Alternativen zur Gewaltanwendung oder bleibt diese die einzige Handlungsmöglichkeit?
- Bietet das Spiel Möglichkeiten, das Ziel durch verschiedene Verhaltensweisen zu erreichen?
- Gibt es nur die Extreme „Gut" und „Böse" oder auch Abstufungen?
- Ist der Spielablauf beeinflussbar bzw. veränderbar?
- Wie sieht die spielinterne Belohnung (Verstärkung) aus? Welche Verstärker werden eingesetzt?
- Bietet das Spiel Möglichkeiten für partnerschaftliches Handeln am Bildschirm?
- Welche Emotionen löst das Spiel bei den Spielerinnen und Spielern aus?

?

Eigene Erfahrungen
- Welche Spiele kennen Sie?
- Welche Spiele haben Sie schon gespielt?
- Welche Erfahrungen haben Sie mit Computerspielen schon gemacht?
- Gibt es ein Spiel, das Sie gerne spielen würden?
- Welches Spiel würden Sie einem 6-jährigen Jungen (Mädchen) empfehlen?
- Was macht Ihnen bei Computerspielen Sorgen?
- Was finden Sie bei Computerspielen toll?

FÜR PÄDAGOGEN UND ELTERN

313

3.5 MEDIEN UND GEWALT

M9 Mit Medien kreativ umgehen

Experimente mit Videos

- den Film ohne Ton ansehen

- den Film mit Geräuschen selbst vertonen

- nur den Ton des Films, ohne Bild, anhören

- den Ton abspielen und die Handlung von Kindern (abschnittweise) spielen lassen

- die Geschichte nacherzählen lassen

- die Geschichte nachspielen lassen

- einen neuen Titel erfinden

- ein Bild zum Titel malen oder gestalten

- sich einen anderen Schluss ausdenken

- die Geschichte beim Anschauen abbrechen und selbst weitererzählen/weiterspielen lassen

- die Filmgeschichte als Bildergeschichte selbst zeichnen lassen

- die Geschichte als Schattenspiel nachspielen

- die Geschichte mit Playmobil oder Lego nachstellen und abfotografieren

- die Handlung an einen anderen Ort oder in eine andere Zeit verlegen

- Fragen an die Personen der Handlung stellen

- aus der Geschiche ein Hörspiel machen

Ein Hörspiel selbst entwickeln

Genau hinhören zu können, ist eine Schlüsselkompetenz, die man trainieren kann: Unter dem Motto „Ohrenkino – wenn Kokosnüsse wie Hufe klappern" erfahren Studierende des Unterkurses, wie viel Freude es macht, ein Hörspiel auf die Beine zu stellen. Sie denken sich Geschichten aus, sprechen Dialoge ein, jagen mit dem Aufnahmegerät nach Geräuschen und fügen das Material am Computer zusammen. Dabei bekommen sie Anregungen und Ideen, wie man Kinder für Worte, Stimmen, Geräusche und Musik sensibilisiert und ein Hörspielprojekt mit ihnen umsetzt.

*www.evangelische-fachschulen.de/stuttgart/
schulleben/schulleben_1213.htm#ohren1*

www.ohrenspitzer.de

M10 Fotografieren

Mit Hilfe von Digitalkameras können Aktivitäten sowohl dokumentiert als auch inszeniert werden. Fotos sind nicht einfach Abbild von Wirklichkeit, sondern schaffen immer eine neue Realität. Sie schärfen die bewusste Wahrnehmung und animieren zur kreativen Gestaltung. Vor allem aber können sie auch viel über die Kinder erzählen: Was ihnen wichtig ist und wie sie sich und andere sehen. Hierzu ist es sinnvoll, Themen oder Situationen vorzugeben, zu denen fotografiert werden soll, z.B.:

- Menschen, Tiere, Gegenstände, Räume, Gebäude, Natur, Spielsachen, …
- ein Baum im Jahreslauf
- ein Jahr lang jeden Tag ein Foto aus dem gleichen Fenster machen
- unsere Gruppe, unser Tagesablauf, unsere Spiele, unsere Räume, was wir mögen, was wir nicht mögen …
- unsere Gruppe und jedes Kind einzeln
- da komme ich her, hier wohne ich, hier schlafe ich, das sind meine Eltern …
- mein Tagesablauf, mein Weg zum Kindergarten …
- was ich besonders gern mag.

Mit Fotos umgehen

- Fotogeschichten gestalten
- Fotos für Eltern zusammenstellen
- Fotos am Computer verändern
- Fotorätsel entwerfen (der Ausschnitt und das Ganze)
- Fotocollagen gestalten

Hinweis

Auf der Internetseite www.trickino.de können Kinder selbst Trickfilme erstellen.

Einen Trickfilm erstellen

Trickfilme können leicht durch Fotografieren von Einzelbildern erstellt werden. Die einfachste Trickfilmtechnik ist die Legetechnik. Die Zeichnungen liegen ausgeschnitten auf einem Tisch und werden von oben abfotografiert. Personen oder Gegenstände werden aus Papier ausgeschnitten und vor einem Hintergrund bewegt. Dabei kann man auch Transparentpapier verwenden oder mit Klebstoff Teile neu fixieren. Jede kleine Bewegung gibt ein neues Standbild. So können zunächst kleine Bewegungsabläufe erstellt werden. Ein komplexerer Film benötigt eine (einfache) Handlung und kann mit Geräuschen unterlegt werden.

Detaillierte Anleitung in: Landesanstalt für Medien Nordrhein-Westfalen (Hrsg.): Die Trickfilmbox. Leitfaden für die Praxis. Düsseldorf 2007.

M11 Trickfilm

Einen 1 mm starken Karton auf 14 cm x 6,5 cm zuschneiden • Vorlage an gestrichelter Linie ausschneiden und um den Karton kleben • An den Kreisen Löcher durchstechen • Wer mag kann die Kinder anmalen – der Hintergrund sollte weiß bleiben • Auf jeder Seite eine glatte Schnur mit 40–50 cm Länge durch die beiden Löcher fädeln und verknoten.

Nun können die gezeichneten Kinder zu Freunden werden. Dazu die Zeigefinger durch die bei-

den Schnüre stecken und diese stark miteinander verdrehen. Anschließend die Schnüre stramm spannen und den Karton vor einer weißen Wand beim Zurückdrehen betrachten – die Kinder sind nun nebeneinander zu sehen.

M12 Daumenkino

Ausschneiden und hintereinander legen • auf der linken, weißen Seite tackern und mit schmalem Klebebandstreifen zusammenkleben • durch den Daumen laufen lassen.

Die Animation kann verlängert werden, indem die Vorlage mehrmals ausgedruckt und hintereinander gelegt wird.
Im Internet ist Freeware zur Druckvorlagenerstellung aus eigenen Filmsequenzen zu finden.

3.6 Kindeswohlgefährdung

Kindeswohlgefährdung

Keine Einzelfälle

„Das Interesse der Öffentlichkeit entzündet sich in der Regel an dramatisch verlaufenen Einzelfällen. (…) Der jeweilige Einzelfall steht jedoch für viele Fälle von Kindeswohlgefährdungen, die weniger in das Licht der Öffentlichkeit geraten: Für Kinder, die nicht ausreichend ernährt werden, die gesundheitsgefährdenden Lebensbedingungen ausgesetzt werden, die emotional und sozial stark vernachlässigt werden, die körperlich oder seelisch misshandelt werden, die keine oder nur geringe Entwicklungsanregungen erhalten. Wie viele Kinder dies in Deutschland sind, ist nicht annähernd präzise zu bestimmen. Die Schätzungen differieren zwischen 48.000 und 430.000 Kinder im Alter bis zu sechs Jahren, die in gefährdenden Lebensbedingungen aufwachsen."
(Bundesjugendkuratorium 2007, S. 5)

Die Gefahr von Vernachlässigung und Kindeswohlgefährdung ist in den ersten fünf Lebensjahren am größten, stellt der 13. Kinder- und Jugendbericht der Bundesregierung fest (BMFSFJ 2009, S. 83). Während dieser Zeit sterben mehr Kinder in der Folge von Vernachlässigung und Misshandlung als in jedem späteren Alter.

Das Sozialgesetzbuch regelt die staatlichen Zuständigkeiten, Verantwortlichkeiten und Eingriffsmöglichkeiten bei einer Kindeswohlgefährdung. Dem Staat kommt dabei das „Wächteramt" zu. Er versteht sich als Aufsichts- und Hilfsorgan beim Versagen elterlicher Erziehung. Staatliche Einrichtungen müssen dabei die Einhaltung der elterlichen Verpflichtung und Verantwortung für das Wohlergehen ihrer Kinder überwachen und gegebenenfalls eingreifen. Doch es gibt auch gesellschaftliche Gruppen, Vereine und Organisationen, die hier tätig werden. Sie sehen den Ansatz für Kinderschutz vor allem in der Verwirklichung der Rechte des Kindes. Kinderschutz ist als Teil einer umfassenden Gewaltprävention zu verstehen.

Kinderschutz und frühe Hilfen

Kinderschutz und frühe Hilfen beschreiben den staatlichen Ansatz, der im Sozialgesetzbuch unter dem Begriff „Kindeswohlgefährdung" geregelt ist. Kinderschutz und frühe Hilfen folgen dabei unterschiedlichen Logiken (vgl. Schone 2010, S. 4–7):

- Beim Schutzauftrag bei Kindeswohlgefährdung geht es um rechtlich festgelegte Interventionen bei Gefährdungen, die eine erhebliche Schädigung zur Folge haben können. Im Blick ist hier das einzelne Kind und sein Anspruch auf Schutz vor Gefahren für sein Wohl. Es geht also um die Abwehr konkret identifizierbarer Gefährdungen, die auch von den Eltern ausgehen können. Es handelt sich dabei im Extrem um Zwangseingriffe in die Familie und um einen Eingriff in das elterliche Sorgerecht.
- Frühe Hilfen betreffen die Ausgestaltung einer helfenden Infrastruktur, die sehr niederschwellig angesiedelt ist. Sie wendet sich insbesondere an Familien in Problemlagen und möchte verhindern, dass sich Schwierigkeiten zu Problemen entwickeln. Diese Hilfen basieren auf der Grundlage von Freiwilligkeit. Der Schwerpunkt staatlicher präventiver Tätigkeit im Sinne des Kinderschutzgesetzes liegt in diesem Bereich der frühen Hilfen. Allerdings ist die Gewährung früher Hilfen Ermessenssache, es gibt keinen Rechtsanspruch darauf.

Was ist Kindeswohlgefährdung?

Der Begriff Kindeswohl ist juristisch gesehen der zentrale Begriff für elterliche Verantwortung für das Kind, aber auch für staatliche Hilfen und Eingriffe, wenn das Kindeswohl gefährdet ist. Kindeswohl betrifft also das Verhältnis von Staat und Familie in den Dimensionen Eingriff,

Hilfe und Kontrolle (vgl. Oelkers 2011, S. 310). Obwohl dem Begriff im Kinderschutzgesetz eine zentrale Rolle zukommt, ist er in vielen Punkten interpretationsbedürftig und nicht klar definiert (vgl. Fegert 2011). Als Gefährdungsursachen des Kindeswohls werden im BGB (§ 1666, Abs. 1) vier Bereiche benannt (Schmid/Meysen 2006, S. 2–1):

- die missbräuchliche Ausübung der elterlichen Sorge,
- die Vernachlässigung des Kindes,
- das unverschuldete Elternversagen oder
- das Verhalten eines/einer Dritten.

Wenn einer oder mehrere dieser vier Tatbestandsmerkmale zu einer Gefährdung des Kindeswohls führen und die Eltern nicht gewillt oder in der Lage sind, die Gefahr abzuwenden bzw. Hilfe zur Gewährleistung des Kindeswohls anzunehmen, hat das Familiengericht zur Abwendung der Gefahr die erforderlichen Maßnahmen zu treffen. Das Gericht kann dabei Eingriffe in die Elternrechte bis hin zum Entzug des Elternrechts vornehmen.

Das Kindeswohl beinhaltet die beiden Dimensionen Förderung und Schutz: „Kinder und Jugendliche bedürfen der positiven Förderung, um sich zu eigenverantwortlichen, mündigen Persönlichkeiten zu entwickeln. Außerdem müssen sie vor Gefahren für ihr Wohl geschützt werden." (Schmid/Meysen 2006, S. 2–3)

Bürgerliches Gesetzbuch
§ 1666, Abs. 1

„Wird das körperliche, geistige oder seelische Wohl des Kindes oder sein Vermögen gefährdet und sind die Eltern nicht gewillt oder nicht in der Lage, die Gefahr abzuwenden, so hat das Familiengericht die Maßnahmen zu treffen, die zur Abwendung der Gefahr erforderlich sind."

Staatlicher Kinderschutz / Wächteramt des Staates

individuelle Verletzung des Kindeswohls durch

• Missbrauch elterlicher Sorge • Vernachlässigung des Kindes • unverschuldetes Elternversagen • Verhalten Dritter	• aktuelle Gefahr • erhebliche Schädigung (eingetreten oder drohend) • negative Prognose der Entwicklung

Eltern sind nicht in der Lage oder nicht bereit, die Gefahr abzuwenden

staatliche Reaktionen gesteuert durch das Jugendamt

Frühe Hilfen	**Schutzauftrag bei Gefährdung**
• Achtsamkeit gegenüber Lebenslagen • niederschwellige Unterstützungssysteme für Familien • Freiwilligkeit • vorbeugend, aktiv	• individueller Schutzauftrag für Kinder • staatliche Zwangsmaßnahme • rechtlich normierter Eingriff • eingreifend, reaktiv

(vgl. Schone 2010, S. 4–7)

GRUNDWISSEN

321

3.6 KINDESWOHLGEFÄHRDUNG

Oft fangen Sätze nach einer körperlichen Misshandlung so an:
- Es hat sich den Kopf am Bettpfosten gestoßen ...
- Mein Kind ist die Treppe runter gefallen ...
- Julia hat den heißen Ofen angefasst ...
- Andere Kinder oder seine Geschwister haben ihn verprügelt und gegen die Schaukel gestoßen ...
- Das Baby ist vom Wickeltisch gefallen ...
- So habe ich Marion gefunden, als ich zurückkam ...
- Dann hat das Kind plötzlich alles ausgespuckt und hat Krämpfe gekriegt und dann bin ich hergekommen ...
- Ich weiß gar nicht, wovon Sie sprechen ...
- Nein, damit haben wir nichts zu tun, ich brächte mich um, wenn das die Wahrheit wäre ...

(Kinderschutzzentrum Berlin 2009, S. 34)

Der Begriff Kindeswohlgefährdung definiert dabei die Grenze, an der die Rechte der Eltern enden. Diese Elternrechte haben im Grundgesetz (Art. 6, Abs. 2) einen hohen Stellenwert. Nehmen die Eltern diese Verantwortung nicht wahr oder können sie diese nicht wahrnehmen, so ist der Staat verpflichtet, einzugreifen. Diese Funktion des Staates wird oft als „Wächteramt" des Staates beschrieben. Eingriffe des Staats dürfen jedoch nach der Rechtsprechung des Bundesgerichtshofes nur geschehen, wenn drei Kriterien für die Feststellung einer Kindeswohlgefährdung gleichzeitig erfüllt sind (Schmid/Meysen 2006, S. 2–5 f.):

- gegenwärtig vorhandene Gefahr: Es muss also eine aktuell vorhandene Gefahr für das Wohlergehen des Kindes benannt werden können.
- Erheblichkeit der Schädigung: Das Kind muss durch eine drohende oder bereits eingetretene Schädigung an Leib und Leben bedroht sein.
- Sicherheit der Vorhersage: Es muss eine „mit ziemlicher Sicherheit" vorhersagbare gefährdungsbedingte, erhebliche Beeinträchtigung der kindlichen Entwicklung prognostiziert werden. Die Prognose entfällt, wenn die Schädigung bereits eingetreten ist.

Diese im BGB und der Rechtsprechung benannten Ursachen weichen von der in den Sozialwissenschaften üblichen Einteilung der Gefährdungsursachen in die Bereiche „Misshandlung", „Vernachlässigung" und „sexueller Missbrauch" ab. In der Fachliteratur werden die Gefährdungen jedoch anhand dieser Dimensionen diskutiert und oft unter dem Begriff „Gewalt gegen Kinder" zusammengefasst (vgl. Kap. 2.2).

Kindeswohlgefährdung erkennen
Heinz Kindler (2006, S. 71–2) benennt vor dem Hintergrund international eingesetzter Diagnoseinstrumente fünf zentrale Einschätzungsfaktoren:
- Erhebliche Besorgnis wegen einer gegenwärtigen Misshandlung, Vernachlässigung oder eines sexuellen Missbrauchs. Hierfür müssen deutliche Hinweise (z. B. Verletzungsspuren) vorliegen.
- Augenscheinlich ernsthafte Beeinträchtigungen der Fürsorgefähigkeiten des gegenwärtig betreuenden Elternteils durch psychische Erkrankung, Sucht oder Partnerschaftsgewalt. Auch ohne erkennbare Spuren muss die gegenwärtige Sicherheit eines Kindes als nicht gewährleistet angesehen werden, wenn der gegenwärtig betreuende Elternteil in seiner Fähigkeit zur Fürsorge deutlich eingeschränkt erscheint.
- Das Verhalten eines Haushaltsmitglieds mit Zugang zum Kind erscheint gewalttätig oder in hohem Maße unkontrolliert bzw. es werden glaubhafte Drohungen gegen ein Kind ausgesprochen: Die gegenwärtige Sicherheit eines Kindes kann durch die Anwesenheit eines Haushaltsmitglieds, das eine Tendenz zu gewalttätigem, stimmungslabilem Verhalten zeigt, erheblich beeinträchtigt werden.

- Der Zugang zum Kind wird verweigert, das Kind ist unauffindbar bzw. es bestehen ernsthafte Hinweise für eine bevorstehende Verbringung des Kindes in einen nicht kontrollierbaren Bereich. Der plötzliche Rückzug einer Familie und die Verweigerung des Zugangs zum Kind hat sich in Gefährdungsfällen als Warnhinweis auf eine möglicherweise eskalierende Gefährdung erwiesen.
- Elterliche Verantwortungsabwehr und Ablehnung von Hilfen bei deutlichen Hinweisen auf kindeswohlgefährdende Situationen in der unmittelbaren Vorgeschichte. Kindeswohlgefährdende Situationen treten nach gegenwärtigem Wissensstand vielfach nicht isoliert, sondern wiederholt auf.

Gefährdung nicht wahrnehmen

„Schwierig erscheint insbesondere die fortgesetzte Nichtwahrnehmung von Vernachlässigung, Kindesmisshandlung und sexuellem Missbrauch als medizinisches Problem. Zwar bestehen entsprechende Codes in der in Deutschland gültigen Version der internationalen Klassifikation von Krankheiten (ICD-10), tatsächlich führt die Situation im SGB V (§ 294a) durch die Pflicht zur Mitteilung drittverursachter Gesundheitsschäden an Krankenkassen dazu, dass in der Medizin derzeit kaum Misshandlungsdiagnosen gestellt werden, obwohl die diagnostischen Möglichkeiten vorhanden wären. (…) Zumindest kommt die Nennung einer Misshandlungsdiagnose in unserem Gesundheitssystem einer Einschaltung der Staatsanwaltschaft und der Strafverfolgungsbehörden gleich. Deshalb liegen in Deutschland – im Gegensatz zu den meisten europäischen Ländern – keine reliablen Gesundheitsstatistiken zum Thema Misshandlung, sexueller Missbrauch vor." *(Fegert 2011, S. 5 f.) Diese Mitteilungspflicht wurde durch eine Gesetzesänderung im August 2013 aufgehoben.*

Kinderschutz in Kitas

Der staatliche Schutzauftrag für Kinder gilt auch für Einrichtungen der Kindertagesbetreuung: „Kinder für ihr Wohl vor Gefahren zu schützen, gehört deshalb zu den Pflichtaufgaben jeder Kindertageseinrichtung." (Maywald 2011, S. 6)

Mitarbeiterinnen und Mitarbeiter in diesen Einrichtungen können, wenn sie entsprechend geschult sind, schon frühzeitig Anzeichen von Misshandlung oder Verwahrlosung wahrnehmen und haben deshalb auch eine besondere Verantwortung aber auch eine besondere Herausforderung. Was Susanna Lillig (2006, S. 43–1) für den Bereich des Allgemeinen Sozialen Dienstes (ASD) formuliert, gilt auch für Fachkräfte in Kindertagesstätten: „Die Arbeit in Fällen von Kindeswohlgefährdung gehört für viele Fachkräfte mit zu den verantwortungsvollsten Tätigkeiten. (…) Es handelt sich um einen Arbeitsprozess, der möglicherweise hohe persönliche Belastung und unterschiedlich starke Unsicherheitsgefühle bei oftmals schwierigen Arbeitsbedingungen und mangelnden Handlungsleitlinien mit sich bringen kann. Diese

Gefährdungseinschätzungen

Die Jugendämter in Deutschland führten im Jahr 2012 ca. 107.000 Verfahren zur Einschätzung der Gefährdung des Kindeswohls durch.

Von allen Verfahren bewerteten die Jugendämter 17.000 (16 %) eindeutig als Kindeswohlgefährdungen („akute Kindeswohlgefährdung"). Bei 21.000 Verfahren (20 %) konnte eine Gefährdung des Kindes nicht ausgeschlossen werden („latente Kindeswohlgefährdung"). Zwei von drei Kindern (66 %), bei denen eine akute oder latente Kindeswohlgefährdung vorlag, wiesen Anzeichen von Vernachlässigung auf. In 26 % der Fälle wurden Anzeichen für psychische Misshandlung festgestellt. Ähnlich häufig, nämlich mit einem Anteil von 24 %, wiesen die Kinder Anzeichen für körperliche Misshandlung auf. Anzeichen für sexuelle Gewalt wurden in 5 % der Verfahren festgestellt. Jedes vierte Kind (25 %), für das ein Verfahren zur Einschätzung der Gefährdung des Kindeswohls durchgeführt wurde, hatte das dritte Lebensjahr noch nicht vollendet.

(Statistisches Bundesamt. Pressemitteilung Nr. 251 vom 29.7.2013)

Die Kinderschutzfachkraft
Der im Kinder- und Jugendhilfegesetz formulierte
„Schutzauftrag bei Kindeswohlgefährdung" (§ 8a SGB
VIII) fordert von Diensten
und Einrichtungen, bei Kindeswohlgefährdung syste-
matisch vorzugehen.
Die Aufgaben einer Kinderschutzfachkraft nach § 8a
SGB VIII sind hauptsächlich:
1. Erkennen einer Kindes-
   wohlgefährdung.
2. Risikoeinschätzung durch
   qualifizierte Beurteilung
   der Kindeswohlgefähr-
   dung.
3. Wissen um notwendige
   Verfahrensschritte, die
   ggf. durch die Fachkräfte
   einzuleiten sind.
4. Systematisches Handeln
   zum Schutz der Kinder in
   Gefährdungssituationen.
Alle Fachkräfte, die mit
Kindeswohlgefährdung in
Kontakt kommen können,
sind gefordert, sich in der
Wahrnehmung von Anhalts-
punkten sowie im Handeln
bei erkannter Kindeswohl-
gefährdung zu qualifizieren.
*(Internationaler Bund: Zer-
tifizierte Weiterbildung
zur Kinderschutzfachkraft.
Flyer 2011, Auszüge)*

Arbeit bedeutet professionelles Handeln in akuten oder chronischen Krisen- und Belastungssituationen einzelner Kinder und Familien." Erkennen von und Handeln bei Kindeswohlgefährdung ist immer Handeln im Kontext gesetzlicher Regelungen und Vorgaben. Die Handlungsschritte und Abläufe sind nicht beliebig und individuell bestimmbar, sondern folgen vorgegebenen Anweisungen und Kriterien, um professionelles Handeln zu gewährleisten. Deshalb müssen die zuständigen Jugendämter schriftliche Vereinbarungen mit allen Einrichtungen über Aufgaben, Verfahrenswege und Abläufe bei Verdachtsfällen auf Kindeswohlgefährdung treffen. In jeder Einrichtung soll eine „insoweit erfahrene Fachkraft" tätig sein, die bei der Gefahreneinschätzung hinzugezogen werden muss. Ebenso sind die Kinder und Sorgeberechtigten bei der Gefährdungseinschätzung zu beteiligen und weitere Schritte zu planen. Um dies zu ermöglichen, ist die systematische Qualifizierung der Fachkräfte notwendig.

Obwohl bei der weit überwiegenden Zahl von Kindeswohlgefährdungen die Eltern als Verursacher gesehen werden müssen, können in bestimmten Fällen, etwa bei sexuellem Missbrauch, auch Dritte als Täter in Frage kommen. Dies können Personen außerhalb des Elternhauses sowie Mitarbeitende der Einrichtung sein. Die seit 2012 im SGB VIII (§ 72a) vorgeschriebene Vorlage eines polizeilichen Führungszeugnisses bei Neueinstellungen (und bei vorhandenem Personal in regelmäßigen Abständen) soll verhindern, dass sich bereits wegen Missbrauch verurteilte Täter in Einrichtungen einschleichen können.

Aufgaben der Kindertagesstätte
Die Aufgaben in Kindertagesstätten beziehen sich darauf, Risikofaktoren und Gefährdungen zu kennen und diese in der Praxis auch rechtzeitig zu erkennen. Es muss eine erste Gefährdungseinschätzung unter Einbeziehung einer Fachkraft vorgenommen werden und es ist weiter abzuklären, ob der Fall ggf. dem Jugendamt zu übergeben ist. Da es keine genauen Indikatoren für das Gefährdungsrisiko gibt, ist die gemeinsame Einschätzung von Fachkräften eine zentrale Aufgabe. Es geht dabei immer sowohl um den Schutz gefährdeter Kinder als auch um Hilfen für die Familie (vgl. Lillig 2007, S. 43–1).

Umgang mit Eltern und Umgang mit dem Kind

Besondere Herausforderungen ergeben sich in Gefährdungssituationen für den Umgang mit Eltern, bei denen Vernachlässigung und Misshandlungen vermutet werden oder tatsächlich gegeben sind. Trotz der schwierigen Situation muss zum Wohl des Kindes ein „Arbeitsbündnis" mit ihnen ermöglicht werden (vgl. Lillig 2007). Es geht dabei um die Erarbeitung eines gemeinsamen Problem- und Lösungsverständnisses. Dabei spielen unterschiedliche Sichtweisen, scheinbare oder tatsächliche Schuldzuweisungen aber auch Widerstände und Aggressionen eine Rolle. Deshalb ist es wichtig, solche Gespräche wertschätzend, respektvoll, achtsam und interessiert zu führen und gut vorzubereiten. Grundfragen können dabei sein: Welches Ziel hat das Gespräch? Wer sollte daran teilnehmen, wo sollte es stattfinden? Wie können Gespräche in einer hilfreichen Art und Weise ablaufen? Wie kann eine offene Gesprächsatmosphäre erreicht werden? Wie kann der notwendige Daten- und Personenschutz gewährleistet werden?

Eine noch größere Herausforderung ist jedoch der Umgang mit betroffenen Kindern. Denn bei Verdachtsmomenten und Eingriffen sind immer tiefgreifende Lebensbereiche tangiert. Das Netzwerk für Frühprävention, Sozialisation und Familie (KiNET 2011) weiß: „Kinder in schwierigen Lebenssituationen neigen dazu, sich zu isolieren. Dies kann geschehen, indem sie sich zurückziehen oder auch, indem sie sich besonders ‚schwierig' oder aggressiv verhalten und so andere Kinder oder die Erzieherinnen verschrecken. Die besondere Herausforderung besteht darin, diese Kinder aus ihrer Isolation zu holen und sie in den Alltag der Kindertagesstätte zu integrieren. Stabile, sichere Beziehungen sind für die Bewältigung schwieriger Lebenssituationen besonders wichtig. Im Mittelpunkt des pädagogischen Handelns muss daher der Aufbau dieser sicheren Bindungen stehen."

Fragen zur Einschätzung
- Sind die Anzeichen zum ersten Mal aufgetreten?
- Welche Anzeichen wurden beobachtet?
  – Über welchen Zeitraum?
  – In welchen Situationen?
- Besteht die Gefahr der Wiederholung?
- Sind die Eltern (vermutlich) in der Lage, Hilfe anzunehmen?
- Welche Hilfe wäre geeignet oder notwendig?
- Liegt eine akute Notsituation vor?
- Ist es erforderlich, sofort das Jugendamt oder die Polizei einzuschalten?
(KiNET 2010, S. 14)

Der formale Ablauf nach § 8a SGB VIII

1. Erkennen
- Erkennen einer möglichen Kindeswohlgefährdung aufgrund einschlägiger Indikatoren und Hinweise.

2. Erste (vorläufige) Gefährdungseinschätzung
- Rücksprache mit Kolleginnen und Kollegen oder vorgesetzten Personen (Datenschutz beachten)
- erste Einschätzung der Situation
- erste Abklärung des weiteren Vorgehens

3. Erarbeitung einer vertiefenden Gefährdungseinschätzung
- Gibt es Hilfebedarf oder ist dies mit eigenen Mitteln zu bewältigen?
- Hinzuziehung einer sog. „insofern erfahrenen Fachkraft"
- Information und Einbeziehung der Eltern

4. Bei drohender oder akuter Kindeswohlgefährdung
- Information des Jugendamtes/Übergabe des Falles
- weiterer Kontakt zum Jugendamt, zu den Eltern, zum Kind
- Vermittlung und Begleitung von Hilfen
- detaillierte Dokumentation des Vorgehens, der Beobachtungen und Gespräche

5. Nacharbeit
- Nachbesprechungen und systematische Reflexion von Fällen

(Lillig 2007, S. 43–1)

Mögliche Fehler

Reinhart Wolf (2006, S. 46–2 ff.) benennt fünf Problemfelder, in denen leicht Fehler unterlaufen können und somit Kindern eher schaden als helfen:

- Mediale Inszenierungen: Die permanente Inszenierung und Skandalisierung von (sexueller) Kindesmisshandlung kann leicht zu einer „Unschärferelation" in der eigenen Wahrnehmung führen.
- Doppeltes Mandat: Hilfe als strategische Orientierung des Kinderschutzes schließt den kontrollierenden Eingriff zum Schutz des Kindes wie der Eltern nicht aus, wohl aber Täterermittlung, Täterverfolgung und Bestrafung. Dafür sind Polizei und Justiz zuständig.
- Anamnese und Diagnosefehler: Es wird versäumt, die ganze Familie und das betroffene Kind nach den Regeln der Kunst umfassend zu untersuchen. Es werden wichtige Personen und Situationen ausgeblendet oder gar nicht wahrgenommen.
- Methodische Prozessfehler: Eine problematische Kindfixierung kann zu einem Kontextverlust führen. Dann verliert Kinderschutz die gesamte Familie, die Eltern und die anderen Kinder, überhaupt die weiteren Lebensumstände aus den Augen, wird eindimensional und neigt zu unbedachten Spaltungen.
- Aufkündigung der geforderten vertrauensvollen Zusammenarbeit mit den Familien.

Thema Sexualität

„Kinderschutz und Kindeswohl sind nicht ohne die Kategorie Sexualität und ohne den Gender-Begriff zu denken, wobei mit dem Letzteren die gesellschaftliche Ordnung der Geschlechterverhältnisse erfasst wird. Über kindliches Sexualwissen liegen nur einige empirische Untersuchungen vor. Auch die Kenntnisse von Eltern über menschliche Sexualität im Allgemeinen und kindliches Sexualhandeln im Speziellen sind kaum erforscht. Kinderschutz wird definiert als Schutz der Kinder vor sexuellen Übergriffen Älterer, zunehmend aber auch als Schutz der Kinder vor Sexualität überhaupt.

In der Praxis stehen Erzieherinnen, Erzieher und Eltern meist hilflos vor den Ausprägungen kindlicher Sexualität und reagieren möglicherweise mit Wegschauen, Verschweigen, Nichtstun, Ignorieren – auch aus Angst. Wünschenswert aber ist ein Hinschauen: Wer erlebt Sexualität mit wem und warum? Welche Kinder werden warum und von wem gewählt? Hinschauen ist wichtig, um spätere Opfererfahrungen möglichst frühzeitig zu unterbinden."

(Rabe-Kleberg/Damrow 2012, S. 34–39)

Frühe Hilfen

Das Konzept der frühen Hilfen fällt in den Bereich der Prävention. Aus der Präventionsforschung ist bekannt, dass sich frühzeitige Unterstützungsangebote für belastete Familien langfristig äußerst positiv auf die Entwicklung des Kindes und der Familie und auch auf die Verhinderung eines möglichen späteren dissozialen Verhaltens auswirken. Finanzielle Investitionen in diesem Bereich zahlen sich in gesamtgesellschaftlichen Langzeitbetrachtungen um ein Vielfaches aus.

Dem wurde mit dem von der Bundesregierung 2007 initiierten Aktionsprogramm „Frühe Hilfen für Eltern und Kinder und soziale Frühwarnsysteme" Rechnung getragen, indem das „Nationale Zentrum für Frühe Hilfen" gegründet wurde (www.fruehehilfen.de). „Frühe Hilfen" finden sich auch als zentraler Handlungsansatz im 2012 in Kraft getretenen neuen Bundeskinderschutzgesetz wieder.

Frühe Hilfen sollen Entwicklungsmöglichkeiten von Kindern von 0–3 Jahren frühzeitig und nachhaltig verbessern (vgl. www.fruehe-hilfen. de). Frühe Hilfen wenden sich zum einen an alle Eltern im Sinne der Stärkung der Erziehungskompetenz und der Förderung eines gesunden Aufwachsens. Zum anderen wenden sie sich an Familien in Problemlagen. Damit sollen Risiken frühzeitig erkannt und durch gezielte Unterstützungsangebote reduziert werden.

Im Konzept der frühen Hilfen spielt die Kooperation und Koordination von verschiedenen Einrichtungen eine zentrale Rolle. Angebote aus den Bereichen Schwangerschaftsberatung, dem Gesundheitswesen, der Frühförderung, der Kinder- und Jugendhilfe sollen dabei ineinandergreifen. Eine Schlüsselrolle spielen nach dem neuen Bundeskindergesetz dabei die Familienhebammen, die über ihre Besuche vor Ort nahe an den Familien sind und deshalb auch eine koordinierende Funktion haben. Diese reicht jedoch erfahrungsgemäß kaum über das erste Lebensjahr des Kindes hinaus.

Zentren für frühe Hilfen bieten inzwischen vielfältige Unterstützung und Qualifikation an. Die Umsetzung geschieht auf Länder- und kommunaler Ebene. Eine 2012 durchgeführte Umfrage des Nationalen Zentrums frühe Hilfen bei Jugendämtern über den Stand der Umsetzung kommt zu dem Ergebniss, dass die Steuerung und Koordination der frühen Hilfen zu ca. 80% bei den Jugendämtern (neben Gesundheitsämtern und freien Trägern) liegt (NZFH 2012). Die Netzwerkstrukturen für frühe Hilfen sind im Aufbau und sind oft identisch mit denen des allgemeinen Kinderschutzes. Die Angebote liegen sowohl in der Primärprävention, als auch bei Hilfen für Familien in belasteten Lebenslagen. Dabei werden zu 90% Hilfen angeboten, bei denen Familien im häuslichen Umfeld aufgesucht werden. 90% der von Jugendämtern genannten Kooperationspartner sind Familienhebammen, die auf Honorarbasis tätig sind.

Inobhutnahmen 2012
Im Jahr 2012 haben die Jugendämter in Deutschland 40.200 Kinder und Jugendliche in Obhut genommen. Davon 6.583 Kinder unter sechs Jahren. Das waren insgesamt 1.700 oder 5% mehr als 2011. Mit einem Anteil von 43% (17.300) Kinder und Jugendliche war die Überforderung der Eltern bzw. eines Elternteils der häufigste Anlass für die Inobhutnahme.
(Statistisches Bundesamt 2013, S. 6, 11)

Angebote und Maßnahmen der Kommunen (durch das Jugendamt) in Prozent

Begrüßungsschreiben/Informationsangebot zur Geburt	71
Schwangerschaftsberatung für werdende Eltern	92
Gruppenangebote für Eltern mit Säuglingen und Kleinkindern	94
Elternkurse/-schulen/-seminare	96
Anlaufstelle am Jugendamt für Familien mit Säuglingen	73
Erstbesuch nach der Geburt (mit päd. Fachkräften)	49
Erstbesuch nach der Geburt mit Laien bzw. Ehrenamtlichen	20
Aufsuchende Angebote im 1. Lebensjahr durch Hebammen	75
… durch Kinderkrankenschwestern	30
… durch (Sozial-)Pädagoginnen	58
… durch Familienpatinnen (Laien)	43
… durch Haushalts-/Familienpflegerinnen	38
Beratung für Eltern mit Säuglingen und Kleinkindern (z. B. Babysprechstunde, Elternsprechstunde, Schreiambulanz)	80
„Geh-Struktur"-Angebote	44
„Komm-Struktur"-Angebote	66

(NZFH 2011, S. 10 f.)

Wer arbeitet im Bereich des Kinderschutzes?

- **Eltern:** Primär verantwortlich für die Entwicklung ihrer Kinder und der Abwehr von Gefahren.
- **Jugendämter:** Hoheitliche, steuernde und planende Aufgaben. Vereinbarungen nach §8a Abs. 4 SGB VIII mit den freien Trägern der Jugendhilfe.
- **Familiengericht:** Wird bei Verdacht auf Kindeswohlgefährdung von Amts wegen tätig (§ 1666 Abs. 3 BGB).
- **Freie Wohlfahrtsverbände und freie Träger der Kinder- und Jugendhilfe:** Praktische Durchführung von Aufgaben der Jugendhilfe.
- **Polizei:** Aufgaben der Gefahrenabwehr und der Strafverfolgung.
- **Strafjustiz:** Verfolgung und Ahndung strafbarer Handlungen, die eine Kindeswohlgefährdung darstellen.
- **Kindertagesstätten:** Wahrnehmung von und unmittelbares Handeln bei Anhaltspunkten für eine Gefährdung oder Beeinträchtigung des Wohls eines Kindes.
- **Gesundheitsbehörden:** Informieren und Beraten zur gesundheitlichen Prävention. Ferner führen sie Einschulungsuntersuchungen durch.
- **Kinderschutzorganisationen** wie der „Deutsche Kinderschutzbund", UNICEF oder die „Deutsche Liga für das Kind" verstehen sich als Anwälte von Kindern, achten auf die Einhaltung von Kinderrechten und weisen auf kollektive Problemlagen hin.

Für einen gelingenden Kinderschutz müssen diese Einrichtungen nicht nur formal zusammenarbeiten, sondern gut kooperieren. Sie sollen u. a. in einen Austausch über die jeweiligen Arbeitsbereiche und institutionellen Strukturen eintreten, eine Verständigung über Risiko-

Denken über Zuständigkeiten hinaus

Der Wohlfahrtsstaat, der stärker als bisher auf Beeinträchtigungen des Kindeswohls achtet, ist gegenüber Erziehungsleistungen von Eltern zunehmend skeptisch eingestellt. Einerseits fördert er Elternkurse, frühe Hilfen sowie Bildung, Betreuung und Erziehung in der öffentlichen Kindertagesbetreuung. Andererseits kontrolliert er aber auch die private Erziehung durch Vorsorgeuntersuchungen und Sprachstandserhebungen sowie durch ein dichteres Netz an erzieherischen Hilfen.

Die Institutionen der Kinder- und Jugendhilfe und die Fachkräfte sind heute verstärkt auf arbeitsfeldübergreifende Kooperationen angewiesen. Kinder- und Jugendhilfe findet zunehmend in Netzwerken statt, ob es sich um das neue Leistungsfeld der frühen Hilfen, um die Kindertagesbetreuung, die Hilfen zur Erziehung oder die Jugendsozialarbeit handelt. (…) Ohne ein Denken über Zuständigkeitsgrenzen hinaus, lässt sich effektive Hilfe kaum verwirklichen.
(Trede 2013, S. 9)

faktoren und Kriterien von Kindeswohlgefährdung ermöglichen oder auch Verabredungen von Direktkontakten in Akutfällen beschleunigen (vgl. Baden-Württemberg 2009). Damit Kooperationen gelingen, sind jedoch bestimmte Voraussetzungen notwendig. Wer kooperiert, muss etwas von der Kooperation wollen und etwas davon haben. Es sind Vorleistungen an Zeit und Geld notwendig und ebenso die Bereitschaft, Kompromisse einzugehen (vgl. Herwig-Lempp 2012, S. 116).

Kinderschutz und Kinderrechte

Kinder
Kinder sind Persönlichkeiten eigener Art, eben keine kleinen Erwachsenen. Deshalb müssen die Rechte der Kinder in ganz besonderer Weise geschützt werden. Es gibt kindspezifische Rechte, wie das Recht auf Entwicklung einer eigenen Persönlichkeit, das Recht auf Förderung und Beteiligung. Diese Rechte stehen bisher nicht explizit im Grundgesetz. Kinder haben bisher in unserer Verfassung Objektrang und keine Subjektstellung. Das wollen wir ändern.
(Aktionsbündnis Kinderrechte ins Grundgesetz www.lto.de/recht/hintergruende/h/kinderrechte-grundgesetz-aktionsbuendnis-kindeswohl-unicef)

Auch Gewalt gegen Kinder wurde vor allem durch eine soziale Bewegung thematisiert. Mit der Kinderschutzbewegung fand der „moderne Kinderschutz" und die Orientierung am Kindeswohl Eingang in die Praxis von Jugendämtern und Beratungsstellen. Dabei vollzog vor allem die internationale Kinderrechtsbewegung den Wandel vom Kinderschutz hin zu genuinen Kinderrechten. Ein Meilenstein stellt dabei das UN-Übereinkommen über die Rechte des Kindes (Kinderrechtskonvention) dar (Focks 2006, S. 194).

Am 24. September 1924 proklamierte der Völkerbund die Genfer Deklaration „Rechte des Kindes". Diese war jedoch nicht rechtsverbindlich und wurde durch die Auflösung des Völkerbundes 1946 gegenstandslos. Es dauerte bis 1989, bis die Vollversammlung der Vereinten Nationen die rechtlich bindende Konvention über die Rechte des Kindes beschloss. Diese Kinderrechtskonvention ist inzwischen von 193 Staaten ratifiziert. Sie enthält weltweite Standards für Kinderrechte und verpflichtet die Staaten, sich aktiv für deren Umsetzung einzusetzen. Dies soll durch die Umsetzung in nationales Recht geschehen. Damit gibt es erstmals ein völkerrechtlich verbindliches Dokument für die Rechte der Kinder. Kinder werden dabei nicht als schutzbedürftiges Objekt, sondern als selbständiger Träger von Rechten, also als Subjekt gesehen.

Die Kinderrechtskonvention beruht auf vier Prinzipien (www.unicef.de):

- **Dem Recht auf Gleichbehandlung:** Kein Kind darf benachteiligt werden – sei es wegen seines Geschlechts, seiner Herkunft, seiner Staatsbürgerschaft, seiner Sprache, Religion oder Hautfarbe, einer Behinderung oder wegen seiner politischen Ansichten.
- **Das Wohl des Kindes hat Vorrang:** Wann immer Entscheidungen getroffen werden, die sich auf Kinder auswirken können, muss das Wohl des Kindes vorrangig berücksichtigt werden – dies gilt in der Familie genauso wie für staatliches Handeln.
- **Dem Recht auf Leben und Entwicklung:** Jedes Land verpflichtet sich, in größtmöglichem Umfang die Entwicklung der Kinder zu sichern – zum Beispiel durch Zugang zu medizinischer Hilfe, Bildung und Schutz vor Ausbeutung und Missbrauch.
- **Der Achtung vor der Meinung des Kindes:** Alle Kinder sollen als Personen ernst genommen und respektiert und ihrem Alter und ihrer Reife gemäß in Entscheidungen einbezogen werden.

Aus diesen Prinzipien leiten sich zum Beispiel das Recht auf medizinische Hilfe, auf Ernährung, auf den Schutz vor Ausbeutung und Gewalt sowie auf freie Meinungsäußerung und Beteiligung ab.

Damit hat auch die Prävention von und der Umgang mit Kindeswohlgefährdung einen eindeutigen Rahmen erhalten, der noch nicht ausgefüllt ist. Anna Würth und Uta Simon weisen besonders darauf hin, dass die gesellschaftspolitischen Dimensionen der Kinderrechtskonvention noch nicht im Bewusstsein der Entscheidungsträger angekommen seien. „Kinder als Rechtssubjekte zu stärken und ihre Rechtsausübung zu verbessern heißt, einen tiefgreifenden gesellschaftlichen Wandel anzustoßen. Dieser besteht in einer Umverteilung von Macht- und Entscheidungsprozessen zugunsten von Kindern – und einem Perspektivenwechsel seitens der Erwachsenen." (Würth/Simos 2012, S. 34) Bisher fehle es insbesondere an Modellen und Instrumenten für eine effektive Beteiligung von Kindern unterschiedlicher Altersgruppen an politischen und gesellschaftlichen Entscheidungen.

Im Bereich von Kindertagesstätten spielt das Thema Kinderrechte bislang eher eine untergeordnete Rolle. In keiner der befragten Einrichtungen stehen Kinderrechte im Sinne der UN-Kinderrechtskonvention in der Konzeption, stellt der Kinderreport Deutschland 2012 fest. Kinderrechte werden als Thema der Bildung von Kindern gesehen aber nicht als ein Aspekt der alltäglichen Abläufe (www.gesundheitliche-chancengleichheit.de/kinderreport-deutschland-2012).

10 wichtige Kinderrechte
1. Das Recht auf Gleichbehandlung und Schutz vor Diskriminierung unabhängig von Religion, Herkunft und Geschlecht.
2. Das Recht auf einen eigenen Namen und eine Staatszugehörigkeit.
3. Das Recht auf Gesundheit.
4. Das Recht auf Bildung und Ausbildung.
5. Das Recht auf Freizeit, Spiel und Erholung.
6. Das Recht auf eine eigene Meinung und sich zu informieren, mitzuteilen, gehört zu werden und zu versammeln.
7. Das Recht auf eine gewaltfreie Erziehung und eine Privatsphäre.
8. Das Recht auf sofortige Hilfe in Katastrophen und Notlagen wie Armut, Hunger und Krieg und auf Schutz vor Vernachlässigung, Ausnutzung und Verfolgung.
9. Das Recht auf eine Familie, elterliche Fürsorge und ein sicheres Zuhause.
10. Das Recht auf Betreuung bei Behinderung.
(www.wir-kinder-haben-rechte.de)

Problemfelder und Kritik

Jungen

„Jungen werden häufiger und schwerer misshandelt als Mädchen. Die verbreitete und die Gewaltschutzpolitik leitende Auffassung, häusliche Gewalt sei ‚Männergewalt gegen Frauen und Kinder', führt dazu, dass diejenigen Kinder, die Opfer von Misshandlungen oder gar von sexuellem Missbrauch durch ihre Mütter werden, nicht im Fokus der Gewaltschutzpolitik sind. Gerade dies wäre aber im Hinblick auf die intergenerationelle Spirale der Gewalt von besonderer Wichtigkeit."
(Bock 2004, S. 108)

Verschiedene Fachleute stellen fest, dass sich Kindertageseinrichtungen mit der Stärkung und Formalisierung ihrer Präventivfunktionen in eine in sich widersprüchliche Position begeben würden. Das Bild vom Kind schwanke nun zwischen dem kompetenten, sich selbst bildenden Subjekt und dem des zu schützenden potenziellen Opfers. Eltern würden jetzt einerseits zu potenziellen Verdächtigen, andererseits trügen sie aber als „Bildungspartner" auf der Basis von Vertrauen gemeinsam Verantwortung für das Gelingen kindlicher Bildungsprozesse. Damit wirke die in der Jugendhilfe vorfindbare Einheit von „Hilfe und Kontrolle" auch in die Kitas hinein (vgl. Rabe-Kleberg/Damrow 2012, S. 35).

Es gehe dabei um das Spannungsverhältnis zwischen Privatheit und Öffentlichkeit. Zwischen der Förderung von Kindern und Jugendlichen im Sinne des Kindeswohls durch geeignete Maßnahmen auf der einen Seite und einer notwendigen kontrollierenden Intervention bei konkretem Verdacht auf eine Kindeswohlgefährdung auf der anderen. Wobei die Förderung und Unterstützung der Familie im Vordergrund stehen sollte (vgl. Bundesjugendkuratorium 2007, S. 6).

Bei einem Konzept von Kinderschutz als Gefahrenabwehr seien Kinder als Akteure nicht vorgesehen, so Rabe-Kleberg und Damrow (2012, 39). Die Bildungsprozesse von Kindern fänden aber am nachhaltigsten auf der Basis von Konstruktions- und Partizipationsprozessen der Kinder statt. Im Paradigma des Kinderschutzes sei das Kind hauptsächlich Objekt, es werde als potenzielles Opfer konzipiert, das des Schutzes

---

Kritik am Kinderschutzgesetz

Zum 1.1.2012 trat in Deutschland das neue Kinderschutzgesetz in Kraft. Die Deutsche Kinderhilfe übte ebenso wie andere Expertinnen und Experten massive Kritik an diesem Gesetz. Die wesentlichen Kritikpunkte sind:

- Weder wird geklärt, was unter „Kindeswohlgefährdung" zu verstehen ist, noch, wann ein „weiteres Tätigwerden erforderlich" ist.
- Es gibt keinen Rechtsanspruch auf frühe Hilfen.
- Es gibt keine einheitlichen Fach- und Qualitätsstandards.
- Jugendhilfemaßnahmen werden nicht evaluiert.
- Es gibt keine grundsätzliche Anzeigepflicht bei Verdachtsfällen.
- Es gibt keine Vorschrift für obligatorische Hausbesuche.
- Es gibt keine Verpflichtung für Vereine und freie Träger, von allen Mitarbeitern ein erweitertes Führungszeugnis einschließlich Vorstrafen bei Sexualdelikten zu verlangen.
- Die Einführung von unabhängigen Beschwerdestellen (Ombudsmann) ist nicht vorgesehen.
- Behinderte Kinder in Heimen werden systematisch benachteiligt, da es keine Vertragspflicht der Heimträger gibt, mit der Jugendhilfe zur Regelung des Kinderschutzes zusammenzuarbeiten.
- Die Eingliederung des Gesundheitswesens in das Gesetz ist nicht genügend umgesetzt.

(vgl. Deutsche Kinderhilfe, Presseerklärung 22.11.2011; Fegert, 2011, S. 5)

durch Erwachsene bedarf. Ressourcen und Potenziale der Kinder im Rahmen der Idee des Kinderschutzes würden so brach liegen. Kinder würden so im Kontext der gesellschaftlichen Machtdifferenz von Erwachsenen und Kindern weiterhin klein gehalten.

Damit sei unklar, ob und wie in Kindertageseinrichtungen der Kinderschutz in die traditionellen und orginären, auch rechtlich kodifizierten Aufgaben der Bildung, Erziehung und Betreuung kleiner Kinder integriert werden könnte.

Jürgen Maywald (2011, S. 6) sieht insbesondere folgende Mängel in der Konzeption des staatlichen Kinderschutzes:

- mangelnde Berücksichtigung des Themas Kinderschutz in den Ausbildungsgängen
- kaum vorhandene Standardisierung der Handlungsabläufe bei Anzeichen für eine Kindeswohlgefährdung in den Einrichtungen
- weitgehend fehlende Evaluation in diesem Bereich
- unzureichende Vernetzung der Hilfen im Sozialraum
- verbreitete Unterschätzung der Bedeutung von Kindertageseinrichtungen für Kinderschutz und frühe Hilfen
- geringe Forschungstätigkeit.

Situationen, die in Tageseinrichtungen Anlass für eine Gefährdung geben?
- Früh- und Spätschicht
- Übernachtungen/ Mittagsschlaf
- Wickeln/Toilettenbegleitung
- Baden
- Hygiene (Anziehen und Umziehen der Kinder)
- 1-zu-1-Situationen im pädagogischen Alltag, z.B. beim körperlichen Kontakt zu den Kindern (Kinder sitzen auf dem Schoß, Kinder in den Arm nehmen, Kuscheln beim Vorlesen)
- sehr große emotionale Nähe zu einzelnen Kindern
- Fotografieren und Filmen.
(Landeshauptstadt Stuttgart, Jugendamt. 2013, S. 17)

Grenzverletzungen, Übergriffe, sexuelle Gewalt

- Pädagogisch unangemessene Grenzverletzungen können im pädagogischen Alltag unabsichtlich geschehen. Häufig ist es Folge fachlicher und/oder persönlicher Unzulänglichkeiten von Mitarbeiterinnen/Mitarbeitern oder unklarer Regeln und Strukturen. (…)
- Übergriffe unterscheiden sich von solchem unbeabsichtigten Verhalten dadurch, dass sie eben nicht unabsichtlich passieren. Sie überschreiten die innere Abwehr und Schamgrenzen. Sie sind eine Form von Machtmissbrauch und Ausdruck einer respektlosen Haltung gegenüber Mädchen und Jungen. (…)
- Die strafrechtlich relevanten Formen sexueller Gewalt sind im Strafgesetzbuch (STGB §§ 174–178) zusammengefasst. Sexuelle Handlungen werden dazu instrumentalisiert, um Gewalt und Macht in verbaler und/oder körperlicher Art auszuüben.

„Die Grenze bestimmt immer das Kind." Dieser Grundsatz bestimmt den Umgang mit Übergriffen und Grenzverletzungen.
(Landeshauptstadt Stuttgart, Jugendamt. 2013, S. 15 f.)

GRUNDWISSEN

333

3.6 KINDESWOHLGEFÄHRDUNG

Umsetzung konkret

Während mit dem Begriff Gewaltprävention normalerweise das Prinzip der Eigenverantwortung verbunden wird und Maßnahmen als „Kann-" oder „Soll"-Aufgaben gesehen werden, handelt es sich beim Kinderschutz bei Kindeswohlgefährdung um eine „Muss"-Aufgabe. Handeln bei Kindeswohlgefährdung ist eine gesetzlich festgelegte Aufgabe, der nachgekommen werden muss. Für Einrichtungen der Kindertagesbetreuung bestehen genaue Vorgaben, wie bei einem Verdacht auf Gefährdung vorzugehen ist. Dies betrifft jedoch nur den Bereich der Intervention.

Der zweite Bereich des staatlichen präventiven Handelns, der im Kontext des Kinderschutzes unter dem Stichwort „Frühe Hilfen" zusammengefasst wird, ist eine freiwillige Maßnahme, für deren Umsetzung es keine gesetzliche Verpflichtung gibt.

- **Die rechtlichen Grundlagen kennen**
  Kinder sollen vor jeder Form von Gewaltanwendung geschützt werden. Sie haben einen Anspruch auf Schutz und Fürsorge und ein Recht auf gewaltfreie Erziehung. In zahlreichen Konventionen und Gesetzen sind diese Rechte der Kinder verankert (M1). Diese Rechte zu kennen und sie zur Grundlage der pädagogischen Arbeit zu machen, ist ein zentraler Schritt für einen modernen Kinderschutz. Dabei ist wichtig, sich immer wieder klar zu machen, dass es nicht nur um Schutzrechte, sondern auch um Beteiligungs-, Entwicklungs- und Förderrechte geht (M2).

- **Anforderungen an pädagogische Kräfte**
  Von pädagogischen Kräften wird u.a. verlangt, dass sie Anhaltspunkte für Kindeswohlgefährdung kennen, die Leitungsebene informieren, Fachkräfte einbeziehen und mit Eltern Kontakt aufnehmen (M3). Dies bei einem Gefährdungsverdacht oder in einer tatsächlichen Gefährdungssituation auch realisieren zu können, bedarf der intensiven Vorbereitung und Absprachen.

- **Vorgehen bei Kindeswohlgefährdungen**
  Für die Praxis ist es zum einen wichtig, dass die formalen Abläufe bei einem Verdacht auf Kindeswohlgefährdung bekannt sind und die notwendigen Handlungsvoraussetzungen geschaffen werden. Hierzu gehören u.a. die Vereinbarung mit dem Jugendamt, die erfahrene Fachkraft, die Ansprechpartner im Jugendamt, Kennen von Beobachtungskriterien, Klarheit über die Dokumentation usw. (M4).
  Anhand immer wieder vorkommender konkreter Begebenheiten können mögliche Reaktions- und Vorgehensweisen besprochen werden. Dabei wird auch sichtbar, wo weiterer Informationsbedarf besteht.

- **Erste Abklärungen**
  Fragen stellen, weitere Informationen beschaffen und Abklärungen
  vorzunehmen, sollte nicht spontan geschehen, sondern anhand von
  vorformulierten Fragerastern (M5). In dem ASD-Handbuch Kindeswohlgefährdungen sind hierzu umfassende Materialien enthalten
  (http://db.dji.de/asd/ASD_Inhalt.htm).

- **Umgang mit sexualisierter Gewalt**
  Was würden Sie bei Bekanntwerden eines sexuellen Übergriffes
  durch eine Fachkraft tun? M6 benennt verschiedene Handlungsmöglichkeiten und stellt diese zur Diskussion. Der Unabhängige Beauftragte für Fragen des sexuellen Kindesmissbrauchs formuliert
  Anforderungen an Schutzkonzepte in Einrichtungen (M7), die diskutiert und geprüft werden sollten. „Keine Umarmung" ist ein Zeitungs-
  artikel überschrieben (M8), der die Probleme, die mit einem strikten
  Berührungsverbot verbunden sind, benennt. Jede Einrichtung muss
  zu diesem Bereich einen gangbaren Weg finden.

- **Den gesellschaftlichen Kontext von Kinderschutz kennen**
  Das Bundesjugendkuratorium, das die Bundesregierung bei Fragen
  des Kindes- und Jugendschutzes berät, hat vor einigen Jahren eine
  bemerkenswerte Stellungnahme zum Thema Prävention veröffentlicht, in der sie Achtsamkeit und Aufmerksamkeit für das Wohlergehen von Kindern anmahnt und vor öffentlichkeitswirksamem
  Aktionismus warnt sowie auf Schwachstellen des staatlichen Kinderschutzes hinweist. Diese Stellungnahme ist auch heute noch aktuell
  (M9).

M1 Gesetzliche Grundlagen – 1

UN-Kinderrechtskonvention, Artikel 19, Schutz vor Gewaltanwendung, Misshandlung, Verwahrlosung

Die Vertragsstaaten treffen alle geeigneten Gesetzgebungs-, Verwaltungs-, Sozial- und Bildungsmaßnahmen, um das Kind vor jeder Form körperlicher oder geistiger Gewaltanwendung, Schadenszufügung oder Misshandlung, vor Verwahrlosung oder Vernachlässigung, vor schlechter Behandlung oder Ausbeutung einschließlich des sexuellen Missbrauchs zu schützen, solange es sich in der Obhut der Eltern oder eines Elternteils, eines Vormunds oder anderen gesetzlichen Vertreters oder einer anderen Person befindet, die das Kind betreut.

EU-Grundrechtscharta, Artikel 24, Rechte des Kindes

(1) Kinder haben Anspruch auf den Schutz und die Fürsorge, die für ihr Wohlergehen notwendig sind. Sie können ihre Meinung frei äußern. Ihre Meinung wird in den Angelegenheiten, die sie betreffen, in einer ihrem Alter und ihrem Reifegrad entsprechenden Weise berücksichtigt.

(2) Bei allen Kinder betreffenden Maßnahmen öffentlicher oder privater Einrichtungen muss das Wohl des Kindes eine vorrangige Erwägung sein.

(3) Jedes Kind hat Anspruch auf regelmäßige persönliche Beziehungen und direkte Kontakte zu beiden Elternteilen, es sei denn, dies steht seinem Wohl entgegen.

Grundgesetz, Art. 6, Abs. 2

(2) Pflege und Erziehung der Kinder sind das natürliche Recht der Eltern und die zuvörderst ihnen obliegende Pflicht. Über ihre Betätigung wacht die staatliche Gemeinschaft.

Bürgerliches Gesetzbuch (BGB), § 1631 (2)

Kinder haben ein Recht auf gewaltfreie Erziehung. Körperliche Bestrafungen, seelische Verletzungen und andere entwürdigende Maßnahmen sind unzulässig.

Bürgerliches Gesetzbuch (BGB), § 1666 (1)

Wird das körperliche, geistige oder seelische Wohl des Kindes oder sein Vermögen gefährdet und sind die Eltern nicht gewillt oder nicht in der Lage, die Gefahr abzuwenden, so hat das Familiengericht die Maßnahmen zu treffen, die zur Abwendung der Gefahr erforderlich sind.

Strafgesetzbuch, § 171, Verletzung der Fürsorge- oder Erziehungspflicht

Wer seine Fürsorge- oder Erziehungspflicht gegenüber einer Person unter sechzehn Jahren gröblich verletzt und dadurch den Schutzbefohlenen in die Gefahr bringt, in seiner körperlichen oder psychischen Entwicklung erheblich geschädigt zu werden, einen kriminellen Lebenswandel zu führen oder der Prostitution nachzugehen, wird mit Freiheitsstrafe bis zu drei Jahren oder mit Geldstrafe bestraft.

Bundeskinderschutzgesetz, § 1, Kinderschutz und staatliche Mitverantwortung

(3) Aufgabe der staatlichen Gemeinschaft ist es, soweit erforderlich, Eltern bei der Wahrnehmung ihres Erziehungsrechts und ihrer Erziehungsverantwortung zu unterstützen, damit

1. sie im Einzelfall dieser Verantwortung besser gerecht werden können,
2. im Einzelfall Risiken für die Entwicklung von Kindern und Jugendlichen frühzeitig erkannt werden und
3. im Einzelfall eine Gefährdung des Wohls eines Kindes oder Jugendlichen vermieden oder, falls dies im Einzelfall nicht mehr möglich ist, eine weitere Gefährdung oder Schädigung abgewendet werden kann.

M1 Gesetzliche Grundlagen – 2

Kinder- und Jugendhilfegesetz (SGB VIII)
§ 8a SGB VIII: Schutzauftrag bei Kindeswohlgefährdung

(1) Werden dem Jugendamt gewichtige Anhaltspunkte für die Gefährdung des Wohls eines Kindes oder Jugendlichen bekannt, so hat es das Gefährdungsrisiko im Zusammenwirken mehrerer Fachkräfte einzuschätzen. Soweit der wirksame Schutz dieses Kindes oder dieses Jugendlichen nicht in Frage gestellt wird, hat das Jugendamt die Erziehungsberechtigten sowie das Kind oder den Jugendlichen in die Gefährdungseinschätzung einzubeziehen und, sofern dies nach fachlicher Einschätzung erforderlich ist, sich dabei einen unmittelbaren Eindruck von dem Kind und von seiner persönlichen Umgebung zu verschaffen. Hält das Jugendamt zur Abwendung der Gefährdung die Gewährung von Hilfen für geeignet und notwendig, so hat es diese den Erziehungsberechtigten anzubieten.

(2) Hält das Jugendamt das Tätigwerden des Familiengerichts für erforderlich, so hat es das Gericht anzurufen; dies gilt auch, wenn die Erziehungsberechtigten nicht bereit oder in der Lage sind, bei der Abschätzung des Gefährdungsrisikos mitzuwirken. Besteht eine dringende Gefahr und kann die Entscheidung des Gerichts nicht abgewartet werden, so ist das Jugendamt verpflichtet, das Kind oder den Jugendlichen in Obhut zu nehmen.

(3) Soweit zur Abwendung der Gefährdung das Tätigwerden anderer Leistungsträger, der Einrichtungen der Gesundheitshilfe oder der Polizei notwendig ist, hat das Jugendamt auf die Inanspruchnahme durch die Erziehungsberechtigten hinzuwirken. Ist ein sofortiges Tätigwerden erforderlich und wirken die Personensorgeberechtigten oder die Erziehungsberechtigten nicht mit, so schaltet das Jugendamt die anderen zur Abwendung der Gefährdung zuständigen Stellen selbst ein.

(4) In Vereinbarungen mit den Trägern von Einrichtungen und Diensten, die Leistungen nach diesem Buch erbringen, ist sicherzustellen, dass
1. deren Fachkräfte bei Bekanntwerden gewichtiger Anhaltspunkte für die Gefährdung eines von ihnen betreuten Kindes oder Jugendlichen eine Gefährdungseinschätzung vornehmen,
2. bei der Gefährdungseinschätzung eine insoweit erfahrene Fachkraft beratend hinzugezogen wird sowie
3. die Erziehungsberechtigten sowie das Kind oder der Jugendliche in die Gefährdungseinschätzung einbezogen werden, soweit hierdurch der wirksame Schutz des Kindes oder Jugendlichen nicht in Frage gestellt wird. (…)

(5) Werden einem örtlichen Träger gewichtige Anhaltspunkte für die Gefährdung des Wohls eines Kindes oder eines Jugendlichen bekannt, so sind dem für die Gewährung von Leistungen zuständigen örtlichen Träger die Daten mitzuteilen, deren Kenntnis zur Wahrnehmung des Schutzauftrags bei Kindeswohlgefährdung nach § 8a erforderlich ist. Die Mitteilung soll im Rahmen eines Gespräches zwischen den Fachkräften der beiden örtlichen Träger erfolgen, an dem die Personensorgeberechtigten sowie das Kind oder der Jugendliche beteiligt werden sollen, soweit hierdurch der wirksame Schutz des Kindes oder des Jugendlichen nicht in Frage gestellt wird.

M2 UN-Kinderrechtskonvention

Schutzrechte

Schutz vor
- jeder Form von Gewalt
- sexuellem Missbrauch
- schädlicher Kinderarbeit

Beteiligungsrechte

- Informationsfreiheit
- Vereinigungs- und Versammlungsfreiheit
- Recht, gehört zu werden
- Beteiligung bei Gerichts- und Verwaltungsverfahren

Entwicklungs- und Förderrechte

Recht auf
- angemessene Lebensbedingungen
- Gesundheitsvorsorge
- Bildung
- Freizeit, Spiel, …

Rechte der Kinder

Kinder als Rechtsträger

Pflichten des Staates

Schutzpflicht
Schutz vor
- Übergriffen durch Eltern und andere Personen
- Ausbeutung durch Unternehmen

Achtungspflicht
- Staat hindert Kinder nicht an der Ausübung ihrer Rechte
- Staat sorgt dafür, dass staatliche Akteure (Lehr-, Polizeikräfte) Kinderrechte achten

Gewährleistungspflicht
- Maßnahmen zur Umsetzung der Kinderrechte (Rechtsbehelfe, Infrastruktur, Sozialpolitik usw.)

verantwortlich für Umsetzung und Überwachung der Kinderrechtskonvention

Prinzipien
- Recht auf Leben, Überleben, Entwicklung
- Nichtdiskriminierung
- Vorrang für Kindeswohl
- Beteiligung des Kindes und Berücksichtigung seiner Meinung

Empfehlungen
- Aufstellung eines nationalen Aktionsplanes
- geeignete Schulungs- und Ausbildungsprogramme
- Erhebung von Daten über Situation von Kindern
- eigenes Budget für Kinder in nationalen Haushalten

Vgl. Anna Würth / Uta Simon: Die UN-Kinderrechtskonvention: Der normative Rahmen. In: Aus Politik und Zeitgeschichte, 43/2012, S. 28–34.

M3 Geforderte Handlungsweisen

Der Gesetzgeber verlangt von den in Kindertageseinrichtungen tätigen Fachkräften folgende Handlungsweisen:

- Das Erkennen gewichtiger Anhaltspunkte für eine Kindeswohlgefährdung.
- Die Informierung der Leitung (Vier-Augen-Prinzip).
- Der beratende (nicht Fall abgebende) Einbezug einer in Sachen Kindeswohlgefährdung erfahrenen Fachkraft und die Vornahme einer durch sie unterstützenden Risikoabschätzung.
- Die Suche nach dem Gespräch mit den Eltern sowie die Hinwirkung bei ihnen auf die Inanspruchnahme von Hilfen.
- Die Feststellung, ob die angenommenen Hilfen ausreichend erscheinen, um die Gefährdung des Kindes abzuwendenv
- Die Informierung des Jugendamtes, falls die Eltern eine für erforderlich gehaltene Hilfe ablehnen oder die von ihnen angenommenen Hilfen nicht ausreichend erscheinen, um die Gefährdung des Kindes abzuwenden.
- Die sorgfältige Dokumentation sämtlicher Handlungsschritte und Gesprächsergebnisse.
- Die sofortige Information des Jugendamtes bzw. die Einbeziehung anderer Stellen (wie Notarzt, Krankenhaus, Polizei) auch ohne vorherige Information der Eltern, wenn eine dringende Gefahr für das Wohl eines Kindes besteht.

Vereinbarung

Sämtliche den Schutzauftrag bei Kindeswohlgefährdung betreffende Regelungen sind in einer schriftlichen Vereinbarung zwischen der Kindertageseinrichtung und dem zuständigen Jugendamt niederzulegen.

Diese Vereinbarung sollte insbesondere Folgendes enthalten:

- Verfahrensabläufe gemäß § 8 a SGB VIII;
- Regelungen zur Erhebung, Verwendung und zum Schutz von Sozialdaten gemäß §§ 61 ff. SGB VIII, durch die u. a. sichergestellt wird, dass der Datenschutz dem Schutz des Kindes nicht entgegensteht und diesen nicht behindern darf;
- Regelungen zur Eignung von in der Kindertageseinrichtung tätigem Personal gemäß § 72 a SGB VIII, um zu gewährleisten, dass keine Personen beschäftigt werden, die wegen bestimmter Straftaten mit Kindesbezug verurteilt worden sind. Der Vereinbarung sollte eine Liste mit den Namen und Adressen der insofern erfahrenen Fachkräfte beigefügt werden.

Jörg Maywald: Kindeswohlgefährdung. Die Rolle der Kindertageseinrichtung – Anforderung an Fachkräfte. WiFF Expertisen Nr. 8. München 2011, S.11.

M4 Klärungen im Team

Im Team ist zu klären:

- Ist eine Vereinbarung mit dem Jugendamt abgeschlossen?
- Wer ist die „insofern erfahrene Fachkraft"?
- Sind die Verfahrenswege bei Verdacht auf Kindeswohlgefährdung allen klar?
- Sind die Ansprechpartner im Jugendamt bekannt (Telefonnummer greifbar)?
- Gibt es Überlegungen und Ablaufskizzen für Gespräche mit Eltern?
- Werden gezielt Verhaltensbeobachtungen vorgenommen? Werden diese dokumentiert?
- Gibt es regelmäßig Fallbesprechungen?

Was tun, wenn ...

- ein Kind eine Woche lang unentschuldigt fehlt und mehrere Anrufe bei den Eltern ohne Erfolg bleiben?
- ein Kind sich plötzlich ganz anders verhält oder eine ganz andere Grundstimmung hat, als dies bisher üblich war?
- die Eltern einer Empfehlung, das Kind beim Kinderarzt vorzustellen, bislang nicht nachgekommen sind?
- ein Kind häufig ungesunde Nahrungsmittel in die Kita mitbringt?
- ein Kind an der gemeinsamen Mittagessenversorgung nicht teilnehmen kann, da die Eltern Schulden beim Essenanbieter haben?
- die Kita dem Allgemeinen Sozialen Dienst (ASD) des Jugendamtes eine Kindeswohlgefährdung angezeigt hat und der Kontakt zu dem Kind und den Eltern weiter gehalten werden muss?
- die Eltern sich dem Kontakt zur Kita entziehen und andere Personen das Kind bringen und holen?
- im Gespräch mit den Eltern Probleme in der Familie bekannt werden? Was kann getan werden, damit die Eltern die Hilfe des Allgemeinen Sozialen Dienstes des Jugendamtes in Anspruch nehmen?

Zusammenarbeit mit dem Allgemeinen Sozialen Dienst (ASD)

- Wir haben als Kita eine Kindeswohlgefährdung an den ASD weitergeleitet – warum bekommen wir keine Rückmeldung, wie der ASD jetzt weiter vorgeht?
- Ich kann telefonisch beim ASD niemanden erreichen – wie gehe ich vor?
- Wir haben durch Zufall erfahren, dass in einer Familie Hilfen zur Erziehung durch das Jugendamt anlaufen – warum haben wir davon keine Kenntnis?
- Wir wissen nicht, wie wir weiter mit dem Kind und der Familie arbeiten können. Kann uns der ASD hier weiterhelfen?
- Was macht der ASD bei einer Kindeswohlgefährdung? Wird das Kind in jedem Falle aus der Familie herausgeholt?
- Kann ich mich bei auflaufenden Essensgeldschulden einer Familie an den ASD wenden?

KiNET – Netzwerk für Frühprävention, Sozialisation und Familie: Richtig helfen – wann und wie? Ein Leitfaden zum Thema Kindeswohlgefährdung. Dresden 2010, S. 22 ff.

M5 Fragen zur Abklärung

Kindbezogene Fragen

- Besteht eine (akute) Gefährdung des Kindes oder Jugendlichen?
- Welche Bedürfnisse und Entwicklungsbereiche des Kindes oder des/der Jugendlichen sind davon betroffen?
- Schweregrad und Dauer: In welchem Ausmaß und wie lange besteht die Gefährdungssituation?
- Welche Entwicklungsbeeinträchtigungen oder Verhaltensauffälligkeiten sind bereits vorhanden?
- Über welche Stärken und Ressourcen verfügt der/die Minderjährige? (eltern- und familienbezogene Fragen)
- Wie sind die elterlichen Erziehungsfähigkeiten einzuschätzen?
- Über welche Stärken und Ressourcen verfügen die Eltern und die Familie? (gefährdungsbezogene Fragen)
- Wie lassen sich Verdachtsmomente im Hinblick auf Vernachlässigung, Misshandlung oder sexuellen Missbrauch beurteilen?
- Gibt es Hinweise auf zukünftige Misshandlungs- oder Vernachlässigungsrisiken?
- Welche Veränderungsbereitschaft und -fähigkeit zeigen die Eltern?

Susanna Lillig: Welche Phasen der Fallbearbeitung lassen sich unterscheiden: In: Heinz Kindler u.a. (Hrsg.): Handbuch Kindeswohlgefährdung nach § 1666 BGB und Allgemeiner Sozialer Dienst. München 2006. S. 44–3.

Eine schwierige Situation

Kinder, denen Gewalt angetan wurde oder deren Wohl aus anderen Gründen gefährdet ist, befinden sich in einer schwierigen Situation. Einerseits benötigen sie einfühlsame Erwachsene, denen sie sich mitteilen können, bei denen sie Trost und Verständnis finden und die dazu beitragen, ihre Lage zu verbessern. Andererseits versuchen sie, genau dies zu vermeiden, um nicht die Loyalität gegenüber ihrer Familie aufzugeben, ihre wichtigsten Bezugspersonen zu „verraten" und sich gegen die eigenen Eltern zu stellen. Gerade wenn die Kinder noch jung sind, fühlen sie sich in der Regel schuldig für das, was ihnen angetan wurde: „Wie schlecht muss ich sein, dass meine Eltern mich so behandeln", lautet ihre Schlussfolgerung.

Jörg Maywald: Kindeswohlgefährdung. Die Rolle der Kindertageseinrichtung – Anforderung an Fachkräfte. WiFF Expertisen Nr. 8. München 2011, S. 8.

M6 Was würden Sie tun, wenn …

Was würden Sie bei Bekanntwerden eines sexuellen Übergriffs durch eine Fachkraft tun?

„Ein/e Kind/Jugendliche/r berichtet Ihnen persönlich, dass es von einer Lehrkraft/pädagogischen Fachkraft an den Geschlechtsteilen berührt worden sei."	sofort machen	innerhalb der nächsten Tage machen	gar nicht machen
„Ich spreche behutsam mit dem Kind darüber, was es erlebt hat."			
„Ich überlege mit dem Kind, welche Hilfe es jetzt braucht."			
„Ich bitte jemand anderen, ausführlich mit dem Kind/Jugendlichen zu sprechen."			
„Ich konfrontiere die verdächtigte Lehrkraft/Fachkraft mit den Äußerungen des Kindes/Jugendlichen."			
„Ich nehme Rücksprache mit einer spezialisierten Fachkraft/Beratungsstelle."			
„Ich informiere die Leitung/Aufsicht/Heimaufsicht/das Jugendamt."			
„Ich informiere die Eltern/Sorgeberechtigten."			
„Ich informiere die Polizei."			

Orientierung für mögliche Reaktionen

- Kindzentrierte Reaktionen.
- Reaktionen, die sich auf die Suche nach weiterer Hilfe bzw. Informationen konzentrieren, indem beispielsweise verdächtige Personen konfrontiert werden.
- Reaktionen, bei denen die Weitergabe der Information im Mittelpunkt steht.

Deutsches Jugendinstitut (Hrsg.): Sexuelle Gewalt gegen Mädchen und Jungen in Institutionen. Abschlussbericht des DJI-Projekts: „Sexuelle Gewalt gegen Mädchen und Jungen in Institutionen". München 2011, S. 111 f.

M7 Kein Raum für Missbrauch

Schutzkonzepte gegen sexuelle Gewalt als Zeichen von Qualität und Offenheit

Mädchen und Jungen haben ein Recht auf Achtung ihrer persönlichen Grenzen. Sie haben zudem Anspruch auf Hilfe bei sexuellen Übergriffen und Missbrauch. Durch Schutzkonzepte können vorbeugende Maßnahmen gegen Missbrauch innerhalb der Einrichtung im Alltag ergriffen und Risiken erkannt und abgebaut werden. Verfügen Mitarbeiterinnen und Mitarbeiter in Einrichtungen über ein Basiswissen zu sexueller Gewalt und greifen sie aktiv zum Schutz betroffener Mädchen und Jungen ein, können sie auch für die vielen Mädchen und Jungen kompetente Vertrauenspersonen sein, die sexuelle Gewalt in der Familie, im sozialen Umfeld, durch andere Jugendliche und Kinder oder im Internet erfahren. Es ist ein Zeichen von Qualität und Offenheit, wenn eine Einrichtung Schutzkonzepte gegen sexuelle Gewalt entwickelt hat.

Empfehlungen für Schutzkonzepte in Einrichtungen:

1. Die Verantwortung für den Schutz der Mädchen und Jungen vor sexueller Gewalt ist in Leitbild und Satzung aufgenommen.
2. Im Einstellungsgespräch und im Arbeitsvertrag wird sexuelle Gewalt gegen Mädchen und Jungen thematisiert, beispielsweise durch die Vorlage eines erweiterten Führungszeugnisses und die Unterzeichnung einer Selbstverpflichtung.
3. Ein Verhaltenskodex legt Regeln für einen grenzachtenden Umgang der hauptberuflichen und ehrenamtlichen Mitarbeiterinnen und Mitarbeiter fest, dabei sind die besonderen Risiken des Arbeitsfeldes zu berücksichtigen.
4. An der Erarbeitung von Schutzkonzepten werden Mitarbeiterinnen und Mitarbeiter, Kinder, Jugendliche und Eltern beteiligt.
5. Mädchen und Jungen werden über ihr Recht auf Achtung der persönlichen Grenzen und Hilfe in Notlagen bereits beim Eintritt in die Institution informiert und erhalten in regelmäßigen Abständen Präventionsangebote.
6. Im Rahmen von Elternabenden bzw. durch Elternarbeit und Elternbeteiligung werden Mütter und Väter über Formen sexueller Gewalt, Strategien von Tätern und Täterinnen und Möglichkeiten der Prävention aufgeklärt.
7. Die hauptberuflichen und ehrenamtlichen Mitarbeiterinnen und Mitarbeiter sind zur Teilnahme an einer Informationsveranstaltung über Basiswissen zu sexueller Gewalt verpflichtet. Die Teilnahme an weiterführenden Fortbildungsangeboten wird empfohlen und ermöglicht.
8. Die Einrichtung verfügt über eine Beschwerdestelle und benennt Ansprechpersonen innerhalb und außerhalb der Einrichtung, an die sich Kinder, Eltern und Fachkräfte im Fall einer Vermutung von sexueller Gewalt wenden können.
9. Ein Notfallplan, der sich an den spezifischen Bedingungen der Einrichtung orientiert, regelt das Vorgehen in Fällen der Vermutung von sexueller Gewalt.

Unabhängiger Beauftragter für Fragen des sexuellen Kindesmissbrauchs (2013).
www.kein-raum-fuer-missbrauch.de

M8 Umgang mit Berührungen

Die dreijährige Laura hatte ein besonders inniges Verhälnis zu Hendrik, dem einzigen männlichen Mitarbeiter in dem Kopenhagener Kindergarten „Mohnblume". Wenn sich Laura weh getan hatte, war nur er gut genug, um sie zu trösten. Bis eines Tages die Mutter Beschwerde einlegte: Hendrik habe sich ihrer Tochter ungebührlich genähert.

Die anderen „Mohnblume"-Mitarbeiterinnen wussten, dass da nichts dran war. Dennoch hatte die Klage Konsequenzen. Hendrik durfte Laura nicht mehr auf den Schoß nehmen, sie nur noch mit Worten trösten, nicht mehr mit Umarmung und Schmusen. Frustriert verließ er wenig später den Kindergarten.

In vielen dänischen Kitas gibt es die Regel, dass ständig zwei Erwachsene bei den Kleinen sein müssen. Zum Wickeltisch und den Toiletten ist die Tür stets offen, in vielen Krippen hat man Glaswände eingebaut, um den Einblick zu sichern. In den Krippen für die Kleinsten bleiben von Windeln gerötete Babypopos ungeschmiert, weil das Personal den Kindern nicht an den Schritt fassen darf.

Hannes Gamillscheg: Keine Umarmung, kein Schmusen. In: Frankfurter Rundschau, 9.1.2013, S. 8, Auszüge.

Landeshauptstadt Stuttgart, Jugendamt
Besonderheiten im Umgang mit Berührungen

- Berührungen sollen nur als Erwiderung eines kindlichen Bedürfnisses erfolgen und niemals von den Bedürfnissen des Erwachsenen ausgehen.
- Berührungen des Kindes sollten nur mit seinem Einverständnis erfolgen. Kleinste Anzeichen von Widerstand gegen Berührungen müssen sofort respektiert werden.
- Es soll darauf geachtet werden, dass Brust, Gesäß und Intimbereich des Kindes nicht – auch nicht versehentlich – berührt werden.
- Eine Ausnahmesituation stellt das Wickeln von Kindern dar. Hier haben die verbalen und nonverbalen Signale der Kinder größte Bedeutsamkeit. Ihnen ist mit einer erhöhten Aufmerksamkeit zu begegnen.
- Fotografien und Filmaufnahmen, die der Beobachtung und der Dokumentation in den Tageseinrichtungen dienen, orientieren sich immer an der Würde und dem Respekt gegenüber des/der Fotografierten und sind vor Veröffentlichung auch dahingehend zu überprüfen.

Landeshauptstadt Stuttgart, Jugendamt: Fachkräfte in der besonderen Verantwortung. Verbindlicher Leitfaden zur Prävention von und Umgang mit sexualisierter Gewalt und Grenzverletzungen durch Mitarbeiterinnen und Mitarbeiter des Jugendamtes. Stuttgart 2013, S. 17.

?

- Welche Vorkehrungen gegen Kindesmissbrauch und Pädophilie gibt es in Ihrer Einrichtung?
- Gibt es gemeinsam erarbeitete und akzeptierte Verhaltensweisen?
- Welche Verhaltensregeln werden im Text genannt?
- Für wie sinnvoll halten Sie die genannten Verhaltensregeln?
- Wie kann man diese Regeln den Kindern erklären?
- Wie reagieren die Eltern auf diese Regeln?
- Welche anderen Vorgehensweisen wären denkbar?

M9 Thesen zur Kindeswohlgefährdung

1. Die Art, in der in der Gesellschaft (…) über Kindeswohlgefährdungen und Kinderschutz diskutiert wird, droht die Kinder- und Jugendhilfe zurückzuwerfen auf alte, bisher als überholt angesehene Muster der Fürsorgetradition. Dadurch wird gesellschaftspolitisch die Spannung zwischen Freiheit und gesellschaftlicher Kontrolle missachtet und kinder- und jugendhilfepolitisch wird die Gefahr einer reduzierten Zugangsmöglichkeit zu problembelasteten Familien erzeugt.

2. Der öffentlich wirksame Ruf nach „Prävention" erzeugt neben der wichtigen Installierung früh einsetzender Hilfeangebote auch kritikwürdige Nebenwirkungen: Die unrealistische Hoffnung, dadurch das Problem der Kindeswohlgefährdung „in den Griff" bekommen zu können und die Ausweitung des öffentlichen, immer stärker in private Lebensverhältnisse eingreifenden Kontrollraums. Es bedarf einer gesellschaftlichen Debatte darüber, dass und wie man „der Prävention vorbeugen" sollte.

3. Wenn „frühe Hilfen" für Kinder und Familien geschaffen werden sollen, ist nicht nur das Jugendamt gefragt. Vielmehr bedarf es einer bestimmten Haltung in vielen Institutionen, die als „Achtsamkeit", als Aufmerksamkeit für das Wohlergehen von Kindern charakterisiert werden kann. (…)

4. Statt eines vermeintlich öffentlichkeitswirksamen Aktionismus, der auf mehr und neue „Modelle und Modellprogramme für frühe Hilfen" setzt, sollten die bereits vorhandenen vielfältigen Projekte und Modelle intensiver ausgewertet werden. Durch eine genauere Untersuchung, was diese Projekte und Ansätze so nützlich macht und wie sie in die örtlichen Anforderungen und Strukturen eingebettet sind, würde man ein besseres Wissen über tragfähige Rahmenbedingungen und vielfältige Anregungen für eine produktive Weiterentwicklung des Kinderschutzes erhalten. Die Kombination von Wissen über tragfähige Rahmenbedingungen (die man dann auch als „Standards" bezeichnen kann) einerseits und die Berücksichtigung der jeweiligen örtlichen Konstellationen andererseits würde deutlich machen, dass es den allgemein und überregional gültigen Königsweg für einen wirksamen Kinderschutz nicht geben kann.

5. Bei der öffentlichen Debatte um Modelle im Kinderschutz droht der ASD als „Basisdienst eines wirksamen Kinderschutzes" aus dem Blick zu geraten. Die Qualifizierung des ASD muss im Sinne einer verlässlichen Struktur des Kinderschutzes im Mittelpunkt stehen. (…)

6. Die kritische öffentliche Diskussion zum Kinderschutz bei Kindeswohlgefährdung darf vor dem Jugendamt nicht halt machen. Dabei darf es nicht nur um individuelle Fehler von MitarbeiterInnen gehen, sondern auch das „Organisationsversagen" von Jugendämtern muss diskutiert werden. Eine kritische Debatte zu möglichem „Organisationsversagen" von Jugendämtern findet bisher kaum statt.

7. Die für wirksame frühe Hilfen immer wieder proklamierte „Vernetzung" von Hilfeangeboten bleibt eine wirkungslose Formel, wenn damit nicht eine methodische Herausforderung gekennzeichnet wird. Die häufige Praxis eines reinen „Sich-Zusammen-Setzens an runden Tischen" ohne Analyse von Kooperationshindernissen, ohne eine gezielte Arbeit an der Bewältigung solcher Hindernisse und ohne eine methodisch strukturierte „Netzwerkarbeit" ist vergeudete Zeit und Energie.

Bundesjugendkuratorium: Schutz vor Kindeswohlgefährdung. Anmerkungen zur aktuellen Debatte. München 2007, S. 23 f.

4. Literatur

A

Ableitner, Sarah u.a. (2013): Fit für den Inklusions-sport. Arbeitshilfe für Übungsleiter. Behinderten- und Rehabilitations-Sportverband Bayern e.V. Schorndorf.

Ah, Manuela von: Mama, du bist tot! Kinder lieben das Spiel mit Waffen – zu Gewalttätern werden sie deshalb noch lange nicht. In: Wir Eltern. Az Aargauer Zeitung 2011. www.wireltern.ch/familienjahre/erziehung/waffenundkind.php

Alberti, Bettina (2010): Seelische Trümmer. Geboren in den 50er- und 60er-Jahren: Die Nachkriegsge-neration im Schatten des Kriegstraumas. München.

Alle, Friederike (2012): Kindeswohlgefährdung. Das Praxishandbuch. 2. Aufl., Freiburg.

Alt, Christian (Hrsg.) (2008): Kinderleben. 5 Bände. Heidelberg.

Arbeitsgemeinschaft der Wissenschaftlichen Medizinischen Fachgesellschaften (AWMF) (2010): Leitlinie der Deutschen Gesellschaft für Sozial-pädiatrie und Jugendmedizin. Kindesmisshandlung und Vernachlässigung. AWMF-Leitlinien-Register Nr. 071/003, Entwicklungsstufe 2.

Antimilitarismus Information, Heft 3/79: Themen-heft Kriegsspielzeug.

Arbeitsstelle Kinder- und Jugendkriminalpräven-tion (o.J.): Das Logische Modell als Instrument der Evaluation in der Kriminalitätsprävention im Kindes- und Jugendalter (2009–2010) – Erträge und Nutzen. München.

Arbeitsstelle Kinder- und Jugendkriminalprävention (Hrsg.) (2007): Strategien der Gewaltprävention im Kindes- und Jugendalter. Eine Zwischenbilanz in sechs Handlungsfeldern. München.

Ariès, Philippe (1998): Geschichte der Kindheit. München.

Auernheimer, Georg (2010): Einführung in die inter-kulturelle Pädagogik. Darmstadt.

Aufenanger, Stefan (o.J.): Medienkompetenz. www.mediaculture-online.de/Stefan-Aufenanger. 373.0.html

Autorengruppe Bildungsberichterstattung (2012): Bildung in Deutschland. Berlin.

AWO/Institut zur Interkulturellen Öffnung (IzIKÖ) (2009): Dokumentation der Fachtagung „Wir behandeln alle gleich, alle sind willkommen?" Der Anti-Bias-Ansatz: Chancengerechtigkeit durch unterschiedsbewusstes Handeln. Köln.

B

Baake, Dieter (1998): Medienkompetenz. In: Kubicek u.a. (Hrsg.): Lernort Multimedia. Jahrbuch Telekommunikation und Gesellschaft 1998. Heidelberg.

Baden-Württemberg/Justizministerium/Innenminis-terium/Ministerium für Kultus, Jugend und Sport/Ministerium für Arbeit und Soziales/KVJS (Hrsg.) (2009): Interdisziplinäre Zusammenarbeit im Kin-derschutz. Aufgaben der beteiligten Institutionen. Empfehlungen für örtliche Netzwerke. Stuttgart.

Baier, Dirk/Christian Pfeiffer (2007): Gewalttätigkeit bei deutschen und nichtdeutschen Jugendlichen. Befunde der Schülerbefragung 2005 und Folgerungen für die Prävention. Forschungsbericht 100 des Kriminologischen Forschungsinstituts Niedersachsen. Hannover.

Baier, Dirk u.a. (2009): Jugendliche in Deutsch-land als Opfer und Täter von Gewalt. Erster Forschungsbericht zum gemeinsamen Forschungs-projekt des Bundesministeriums des Inneren und des Kriminologischen Forschungsinstituts Nieder-sachsen. Forschungsbericht 107. Hannover.

Baier, Dirk u. a. (2010): Kinder und Jugendliche in Deutschland: Gewalterfahrungen, Integration, Medienkonsum. Forschungsbericht 109. Hannover.

Baier, Dirk/Christian Pfeiffer (2011): Jugendliche als Opfer und Täter von Gewalt in Berlin. Kriminolo-gisches Forschungsinstitut Niedersachsen. Forschungsbericht 114. Hannover.

Bannenberg, Britta (2009): Kriminalität bei jungen Migranten und Präventionsansätze. In: Bundes-ministerium der Justiz (Hrsg.): Das Jugendkriminal-recht vor neuen Herausforderungen? Mönchen-gladbach, S. 155–185.

Bannenberg, Britta/Dieter Rössler (2006): Erfolg-reich gegen Gewalt in Kindergärten und Schulen. München.

Barberowski, Jörg (2012): in Stuttgarter Zeitung, 2.7.2012, S. 8.

Barkholz, Ulrich u.a. (o.J.): Gesundheitsförderung in der Schule. Institut für Schule und Weiterbildung, Soest.

Bast, Heinrich/Angela Bernecker/Ingrid Kastien (1990): Kindesmisshandung und ihre Ursachen. Reinbek.

Bauer, Joachim (2008): Lob der Schule. Sieben Perspektiven für Schüler, Lehrer und Eltern. 5. Aufl. Hamburg.

Bauer, Joachim (2011): Schmerzgrenze. Vom Ur-sprung alltäglicher und globaler Gewalt. München.

Bayer Vital GmbH (2013): Gewaltstudie 2013: Gewalt und Missachtungserfahrungen von Kindern und Jugendlichen in Deutschland. Fact Sheet. Leverkusen.

Beauftragte der Bundesregierung für Ausländer-fragen (Hrsg.) (2010): Daten und Fakten zur Aus-ländersituation. Berlin.

Beauftragte der Bundesregierung für Migration (2013): Teilhabe und Zusammenhalt. Integrationspolitik in der 17. Legislaturperiode. Berlin.

Beccaria (o.J.): Qualitätssicherung in der Kriminalprävention: 7 Schritte zum erfolgreichen Präventionsprojekt. Hannover.

Bednatz-Braun, Iris (2013): Migration und Integration als wissenschaftliches Thema. In: DJI Impulse 2/2013. München, S. 73 f.

Behnke, Andrea (2012): Die 50 besten Spiele zum Umgang mit Konflikten. München.

Benjamin, Walter (1965): Altes Spielzeug. Zur Spielzeugausstellung des Märkischen Museums. In: Ders. (1969): Über Kinder, Jugend und Erziehung. Frankfurt/M., S. 55–60.

Bensel, Joachim/Gabriele Haug-Schnabel (2011): Vom Säugling zum Schulkind – Entwicklungspsychologische Grundlagen. Kindergarten heute. Wissen kompakt. Freiburg.

Bensel, Joachim/Gabriele Haug-Schnabel (2013): Kinder beobachten und ihre Entwicklung dokumentieren. Kindergarten heute – spezial. Freiburg.

Bergmann, Wolfgang (2010): Kleine Jungs – große Not. Wie wir ihnen Halt geben. 3. Aufl., Weinheim.

Bertelsmann Stiftung (Hrsg.) (2013): Radar gesellschaftlicher Zusammenhalt. Messen was verbindet. Gesellschaftlicher Zusammenhalt im internationalen Vergleich. Zentrale Ergebnisse auf einen Blick. Gütersloh.

Berth, Felix: Für eine kluge Ungleichbehandlung – Essay. In Apuz, 22–24/2012. www.bpb.de/apuz/136761/fuer-eine-kluge-ungleichbehandlung-essay?p=all

Bertram, Hans/Steffen Kohl/Wiebke Rösler (2011): Zur Lage der Kinder in Deutschland 2011/2012: Kindliches Wohlbefinden und gesellschaftliche Teilhabe. Deutsches Komitee für UNICEF, Köln.

Berufsverband der Ärzte für Kinderheilkunde und Jugendmedizin Deutschlands e.V. (1998): Hessischer Leitfaden für Arztpraxen: Gewalt gegen Kinder. Was ist zu tun bei „Gewalt gegen Mädchen und Jungen"? Wiesbaden.

Besemer, Christoph (2009): Mediation. Vermittlung in Konflikten. Karlsruhe.

Bettelheim, Bruno (1987): Kinder brauchen Monster. Interview mit Bruno Bettelheim. In: Frankfurter Rundschau, 13.10.1987.

Bettelheim, Bruno (1993): Kinder brauchen Märchen. München.

Beudels, Wolfgang (2008): Gegen Gewalt ankämpfen: Ringen und Raufen als präventives Angebot im Kindergarten. In: motorik 1/2008, S. 25–34.

Bienek, Bernd/Detlef Stoklossa (2007): Gewaltpräventive Jungenarbeit in Kindertageseinrichtungen. DJI, München.

Biesinger, Albert (2012): Kinder nicht um Gott betrügen: Warum religiöse Erziehung so wichtig ist. Freiburg.

Billing, Tilman/Silke Meyer (2009): Die Rückkehr des Kriegsspielzeugs. Minipanzer und Soldaten erobern Kinderzimmer. In: 3sat, Kulturzeit, 18.11.2009.

Binger, Lothar/Susann Hellemann/Christa Lorenz (1993): Kinderspielräume. Berlin.

Binswanger, Michèle (2009): Krieg im Kinderzimmer. In: Tagesanzeiger, 20.4.2009.

Birkenbach, Hanne (1981): Erziehung zur Gewalt: Zum Umgang mit Kriegsspielzeug. In: Henning Schierholz (Hrsg.): Frieden – Abrüstung – Sicherheit. Didaktisches Sachbuch für Schule, Jugendarbeit und Erwachsenenbildung. Reinbek, S. 284–308.

Bleckmann, Paula u.a. (2013): MEDIA PROTECT. Medienpädagogische Elternberatung in der Grundschule. Konzeptbeschreibung und formative Evaluation. Kriminologisches Forschungsinstitut Niedersachsen e.V., Forschungsbericht 121. Hannover.

Bock, Michael: (2004) Männer als Opfer der „Gewalt" von Frauen. In: Bundesministerium für soziale Sicherheit, Generationen und Konsumentenschutz, Männerpolitische Grundsatzabteilung (Hrsg.): Psychosoziale und ethische Aspekte der Männergesundheit. Wien.

Bock-Famula, Kathrin/Jens Lange (2013): Länderreport Frühkindliche Bildungssysteme 2013. Gütersloh.

Borg-Laufs, Michael/Katja Dittrich (Hrsg.) (2010): Die Befriedigung psychischer Grundbedürfnisse als Ziel psychosozialer Arbeit. In: Dies.: Psychische Grundbedürfnisse in Kindheit und Jugend. Tübingen, S. 7–22.

Borke, Jörn/Hanna Bruns (2013): Kultursensitive Krippenpädagogik. Anregung für den Umgang mit kultureller Vielfalt. Kiliansroda.

Bostelmann, Antje (2007): Achtung Eltern! im Kindergarten: Typische Konflikte mit Eltern und wie man damit umgeht. Mülheim/Ruhr.

Bowlby, John (1982): Bindung – Eine Analyse der Mutter-Kind-Beziehung. München.

Bowlby, John (2010): Bindung als sichere Basis: Grundlagen und Anwendung der Bindungstheorie. 2. Aufl., München.

Braun, Günther/Ulla Püttmann (2005): Kinder bauen Brücken zueinander. Das Bensberger Mediations-Modell in Kindertagesstätten. Bensberg.

Braun, Günter u.a. (o.J.): Anders streiten lernen mit dem Bensberger Mediations-Modell. In: Bundesverband Mediation e.V., Fachgruppe Schule und Jugendarbeit (Hrsg.) (2005): Materialsammlung zur Mediation an Schulen. Kassel.

Bringewalt, Peter (2011): Schutzauftrag bei Kindeswohlgefährdung und Bundeskinderschutzgesetz. In: ZKJ – Zeitschrift für Kindschaftsrecht und Jugendhilfe, Heft 8, 2011, S. 278–281.

Brinkmann, Ulrich/Siegfried Frech/Ralf-Erik Posselt (Hrsg.) (2011): Gewalt zum Thema machen. Gewaltprävention mit Kindern und Jugendlichen. Bonn.

Brisch, Karl-Heinz/Theodor Hellbrügge (2012): Bindung und Trauma. Risiken und Schutzfaktoren für die Entwicklung von Kindern. 4. Aufl., Stuttgart.

Brock, Inés (2012): Frühpädagogische Fachkräfte und Eltern – Psychodynamische Aspekte der Zusammenarbeit. Weiterbildungsinitiative Frühpädagogische Fachkräfte (WiFF). München.

Brooks, Robert/Sam Goldstein (2007): Das Resilienz-Buch. Stuttgart.

Brown, Jan (2007): Time, Space and Gender: Understanding „Problem" Behaviour. In: Young Children. Children & Society (2007), Vol. 21, S. 98–110.

Brown, Jan/Mandy Winterton (2010): Violence in UK Schools: What is Really Happening. British Educational Research Association. Macclesfield.

Bründel, Heidrun u. a. (Hrsg.) (2012): Schüler 2012 – Wissen für Lehrer: Gewalt. Seelze.

Brumlik, Micha (Hrsg.) (2007): Vom Missbrauch der Disziplin. Antworten der Wissenschaft auf Bernhard Bueb. Weinheim.

Bundesamt für Migration und Flüchtlinge (2010): Migrationsreport 33. Nürnberg.

Bundesamt für Migration und Flüchtlinge (2010): Minas. Atlas für Migration, Integration und Asyl. Nürnberg.

Bundesamt für Migration und Flüchtlinge (2013): Migrationsbericht 2011. Berlin.

Bundesjugendkuratorium (2007): Schutz vor Kindeswohlgefährdungen. Anmerkungen zu einer aktuellen Debatte. Stellungnahme des Bundesjugendkuratoriums. München.

Bundesministerium der Justiz (Hrsg.) (2012): Verdacht auf sexuellen Kindesmissbrauch in einer Einrichtung – Was ist zu tun? Fragen und Antworten zu den Leitlinien zur Einschaltung der Strafverfolgungsbehörden. Berlin.

Bundesministerium für Familie, Frauen, Senioren und Jugend (Hrsg.) (2009): 13. Kinder- und Jugendbericht. Berlin.

Bundesministerium für Familie, Senioren, Frauen und Jugend (2010): Bundeskinderschutzgesetz. Zahlen und Daten. Berlin 10.12.2010.

Bundesministerium für Familie, Senioren, Frauen und Jugend (2013): Familienreport 2012.

Bundesministerium für Familie, Frauen, Senioren und Jugend (Hrsg.) (2013): 14. Kinder- und Jugendbericht. Berlin.

Bundesministerium für Unterricht, Kunst und Kultur (2012): Family Literacy. Bestandsaufnahme von nationalen und internationalen Projekten. Wien.

Bundesprüfstelle (o. J.): Medienkompetenz. In: www.bundespruefstelle.de/bpjm/Jugendmedienschutz-Medienerziehung/erziehung-medienkompetenz,did=151280.html

Bundeszentrale für gesundheitliche Aufklärung (Hrsg.) (2002): „Früh übt sich …" Gesundheitsförderung im Kindergarten. Impulse, Aspekte und Praxismodelle. Köln.

Busch, Nina (2010): Kindeswohlgefährdung bei Kindern im Alter von 0 bis 3 Jahren: Rechtliche Grundlagen, Ursachen und Handlungsmöglichkeiten. Saarbrücken.

Büscher, Wolfgang u. a. (Hrsg.) (1982): Friedensbewegung in der DDR. Texte 1978–1982. Hattingen.

Bussmann, Kai-D. (2002): Das Recht auf gewaltfreie Erziehung aus juristischer und empirischer Sicht. In: Familie – Partnerschaft – Recht. Berlin 7, S. 289–293.

Bussmann, Kai-D. (2003): Erste Auswirkungen des Gesetzes zur Ächtung der Gewalt in der Erziehung. In: IKK-Nachrichten (1–2), S. 1–4.

Bussmann, Kai-D. (2005): Report über die Auswirkungen des Gesetzes zur Ächtung der Gewalt in der Erziehung. Vergleich der Studien von 2001/2002 und 2005 – Eltern-, Jugend- und Expertenbefragung. Berlin.

Büttner, Christian (1979): Kriegsspielzeug oder die Organisation der Feindseligkeit. In: Kindheit 2/1979, S. 153–168.

Büttner, Christian (1988): Notizen aus der Pädagogischen Provinz. Wider die Dämonisierung der Muskelprotze – Aggressionsspielzeug im Kinderzimmer. In: Südwestfunk, 2. Programm, 1.10.1988.

Büttner, Christian (1991): Kinder und Krieg. Zum pädagogischen Umgang mit Haß und Feindseligkeit. Mainz.

Bukovics, Maud u. a. (2006): KLIK – Konflikte lösen im Kindergarten: Ein praxiserprobtes Trainingsprogramm zur Konfliktbewältigung für Kinder von 5–7 Jahren. Berlin.

C

Cierpka, Manfred (Hrsg.) (2005): Möglichkeiten der Gewaltprävention. Göttingen.

Cierpka, Manfred (2011): Faustlos – Wie Kinder Konflikte gewaltfrei lösen lernen. Freiburg.

Cierpka, Manfred/Klaus Feßmann (2010): Die Kieselschule – Klang und Musik mit Steinen: Gewaltprävention in Kindergarten und Grundschule. Gütersloh.

Cinar, Melihan u.a. (2013): Kinder-Migrations-report. Ein Daten- und Forschungsüberblick zu Lebenslagen und Lebensweisen von Kindern mit Migrationshintergrund. Deutsches Jugendinstitut. München.

D

Danner, Stefan (2012): Partizipation von Kindern in Kindergärten. In: APuZ 22–24/2012. Bonn, S. 40–45.

DECET, Diversity in Early Childhood Education and Training (2007): Vielfalt und Gleichwürdigkeit. Brüssel. www.decet.org

Deegener, Günther (2006): Erscheinungsformen und Ausmaße von Kindesmisshandlung. In: Wilhelm Heitmeyer/Monika Schröttle (Hrsg.): Gewalt. Beschreibungen, Analysen, Prävention. Bonn, S. 26 ff.

Deegener, Günther/Wilhelm Körner (Hrsg.) (2011): Gewalt und Aggression im Kindes- und Jugendalter. Weinheim.

Deniz, Cengiz (2012): Elternarbeit mit Migranteneltern. In: Pädagogik 5/2012.

Department for Children, Schools and Families (2007): Confident, Capable and Creative: Supporting Boys' Achievements: Guidance for Practitioners in the Early Years Foundation Stage. Primary National Strategy. Crown.

Derman-Sparks, Louise (2007): Aktuelle Entwicklungen der gegenwärtigen Anti-Bias-Arbeit in den USA. Projekt Kinderwelten. Berlin.

Deutsch, Morton (1976): Konfliktregelung. München.

Deutsche Gesellschaft für Friedens- und Konfliktforschung e.V. (Hrsg.) (1979): Kriegsspielzeug. Erfahrungen aus Praxis und Forschung. DGFK-Heft Nr. 13, Bonn.

Deutsche Gesetzliche Unfallversicherung (Hrsg.) (2009): Achtung in der Schule. Informationen zur Gewaltprävention für Lehrkräfte und Eltern. St. Augustin.

Deutsche Gesetzliche Unfallversicherung (Hrsg.) (2012): Gewaltbedingte Unfälle in der Schüler-Unfallversicherung 2010. München.

Deutscher Bundestag (2013): Der 14. Kinder- und Jugendbericht. Bericht über die Lebenssituation junger Menschen und die Leistungen und Bestrebungen der Kinder- und Jugendhilfe in Deutschland. Deutscher Bundestag, Drucksache 17/12200. Berlin

Deutsches Jugendinstitut (Hrsg.) (2011): Sexuelle Gewalt gegen Mädchen und Jungen in Institutionen. Abschlussbericht des DJI-Projekts: „Sexuelle Gewalt gegen Mädchen und Jungen in Institutionen". München.

Deutscher Kinderschutzbund (2011): Deutscher Kinderschutzbund Bundesverband e.V. fordert RTL zur Beendigung der Sendung „Super-Nanny" auf. Offener Brief. Berlin 5.10.2011.

Deutscher Kinderschutzbund Bundesverband e.V. (2012): Gewalt gegen Kinder. Stellungnahme des Deutschen Kinderschutzbundes Bundesverband e.V. Berlin, 14.11.2012.

Deutscher Kinderschutzbund Landesverband NRW e. V. (Hrsg.) (2012): Sexualisierte Gewalt durch Mitarbeiter und Mitarbeiterinnen an Mädchen und Jungen in Organisationen – Eine Arbeitshilfe. Wuppertal.

DFG – Stiftung Deutsches Forum für Kriminalprävention (Hrsg.) (2013): Entwicklungsförderung und Gewaltprävention für junge Menschen. Impulse des DFK-Sachverständigenrates für die Auswahl & Durchführung wirksamer Programme. Ein Leitfaden für die Praxis. Bonn.

Dittrich, Irene u.a. (Hrsg.) (2007): Pädagogische Qualität in Tageseinrichtungen für Kinder. Ein nationaler Kriterienkatalog. 3. akt. und erw. Aufl., Berlin.

Dlugosch, Sandra (2010): Mittendrin oder nur dabei? Miterleben häuslicher Gewalt in der Kindheit und seine Folgen für die Identitätsentwicklung. Heidelberg.

Döbrich, Peter/Herbert Schnell (Hrsg.) (2008): Qualitäts-Partnerschaft der Regionen (QPR). Frankfurt/M.

Dragolov, Georgi u.a. (2013): Radar gesellschaftlicher Zusammenhalt. Messen was verbindet. Gesellschaftlicher Zusammenhalt im internationalen Vergleich. Gütersloh.

Dulabaum, Nina L. (1998): Mediation. Das ABC. Die Kunst, in Konflikten erfolgreich zu vermitteln. Weinheim und Basel.

Dunn, Judy/Claire Hughes (2001): I Got Some Swords and You're Dead!: Violent Fantasy, Antisocial Behaviour, Friendship and Moral Sensibility in Young Children. Child Development, Vol. 72, No. 2, S. 491–505.

Dusenbury, Linda u.a. (2003): A Review of Research on Fidelity of Implementation: Implications for Drug Abuse Prevention in School Settings. Health Education Research, 18 (2), S. 237–256.

E

Edelbrock, Anke/Albert Biesinger/Friedrich Schweitzer (Hrsg.) (2012): Religiöse Vielfalt in der Kita. Berlin 2012.

Edelstein, Wolfgang/Peter Fauser (2001): Demokratie leben und lernen. Gutachten für ein Modellversuchsprogramm der BLK. Bonn.

Eggers, Christian (1994): Seelische Misshandlung von Kindern. In: Der Kinderarzt, 25, 748–755.

Eibel-Eibesfeldt, Irenäus (1984): Die Biologie des menschlichen Verhaltens. Grundriß der Humanethologie. München.

Eisenberg, Götz (2010): „... damit mich kein Mensch mehr vergisst!" Warum Amok und Gewalt kein Zufall sind. München.

Eisner, Manuel/Denis Ribeaud/Stephanie Bittel (2007): Prävention von Jugendgewalt. Wege zu einer evidenzbasierten Präventionspolitik. Eidgenössische Ausländerkommission EKA. Bern-Wabern.

Eisner, Daniel/Denis Ribeaud/Rahel Locher (2009): Prävention von Jugendgewalt. Expertenbericht Nr. 05/09. Bern.

Elliot, Delbert S. (2004). Blueprint-Modelle zur Gewaltprävention. DVJJ Sonderdruck zum 26. Deutschen Jugendgerichtstag.

Elschenbroich, Donata (2001): Weltwissen der Siebenjährigen. Wie Kinder die Welt entdecken können. München.

Engfer, Annette (2005): Formen der Misshandlung von Kindern – Definitionen, Häufigkeiten, Erklärungsansätze. In: Ulrich Tiber Egle/Sven Olaf Hoffmann/Peter Joraschky (Hrsg.): Sexueller Mißbrauch, Mißhandlung, Vernachlässigung. Erkennung, Therapie und Prävention der Folgen früher Stresserfahrungen. 3. Aufl., Stuttgart, S. 3–19.

Epstein, Holger (2007): Licht und Schatten in der Organisation. In: Rudi Ballreich/Marlies W. Fröbe/Hannes Piber (Hrsg.): Organisationsentwicklung und Konfliktmanagement. Innovative Konzepte und Methoden. Zürich, S. 101–124.

Erbs, Henning u.a. (1979): Ist das noch Spielzeug? Berlin.

Erll, Astrid/Marion Gymnich (2009): Interkulturelle Kompetenzen: Erfolgreich kommunizieren zwischen den Kulturen. Stuttgart.

Evert, Urte (2007): Die Eisenbraut. Symbolische Funktionen der soldatischen Waffe. In: Militär und Gesellschaft in der Frühen Neuzeit. Heft 2/2007. Potsdam, S. 145–150. http://opus.kobv.de/ubp/volltexte/2008/2120/pdf/MGFN_11_2007_02_Pr01.pdf

Evert, Urte (2009): „Gute Sach stärkt den Mann." Sachkundliche Überlegungen zu symbolischen Funktionen der frühen neuzeitlichen Militärwaffen. In: Militär und Gesellschaft in der Frühen Neuzeit. Heft 1/2009. Potsdam, S. 50–74, http://opus.kobv.de/ubp/volltexte/2009/3199/pdf/mgfn13_01_auf04.pdf

F

Fachgruppe Mediation in Erziehung und Bildung (MEB) (2010): Umsetzung von Mediation in den Handlungsfeldern von Erziehung und Bildung. Eine Orientierungs- und Handlungshilfe. Kassel. www.bmev.de/fileadmin/downloads/fachgruppen/fg_meb_orientierungs-handlungshilfe.pdf

Faller, Kurt/Sabine Faller/Sabine Weiss (2013): Kinder können Konflikte klären. Mediation und soziale Frühförderung im Kindergarten – ein Trainingshandbuch. Münster.

Fegert, Jörg M. (2011): Stellungnahme zum Regierungsentwurf BT-Drs. 17/6256 vom 22.6.2011 (Bundeskinderschutzgesetz).

Fialka, Viva (2010): Kindergarten heute: Wie Sie mit Konflikten souverän umgehen: Konfliktmanagement. Freiburg.

Fisher, Roger/William Ury/Bruce Patton (2004): Das Harvard-Konzept. Der Klassiker der Verhandlungstechnik. Frankfurt/M.

Flitner, Andreas (1974): Zum Verständnis des Kinderspiels. In: Kindergarten heute 1/1974, S. 1–13.

Flitner, Andreas (2011): Spielen-Lernen: Praxis und Deutung des Kinderspiels. Weinheim und Basel.

Focks, Petra (2006): Häusliche Gewalt gegen Frauen und die Folgen für Kinder als Thema der Ausbildung in der sozialen Arbeit. In: Barbara Kavemann/Ulrike Kreyssig (Hrsg.): Handbuch Kinder und häusliche Gewalt. Wiesbaden, S. 193–203.

Forsa (2011). Gesellschaft für Sozialforschung und statistische Analysen (2011): Gewalt in der Erziehung. Tabellenband. Berlin.

Fountain, Susan (1996): Leben in Einer Welt. Anregungen zum globalen Lernen. Braunschweig.

Frank, Annegret/Marc Robitzky (2010): Rangeln, Regeln, Rücksicht nehmen: Spiele und Körperübungen für ein faires Miteinander von Kindern in Kita und Grundschule. Münster.

Freese, Jörg/Verena Göppert/Mechthild Paul (2011): Frühe Hilfen und Kinderschutz in den Kommunen. Wiesbaden.

Freiberg, Thomas von (2011): Resilienz – mehr als ein problematisches Modewort? In: Margherita Zander (Hrsg.): Handbuch Resilienzforschung. Wiesbaden, S. 219–239.

Freud, Sigmund (1991): Neue Folge der Vorlesungen zur Einführung in die Psychoanalyse. Frankfurt/M.

Freytag, Claudia (1994): Kalter Krieg im Kinderzimmer. Kriegsspielzeug und Weltraumspiele in Ost und West. In: Haus der Geschichte der Bundesrepublik (Hrsg.): SpielZeitGeist. Spiel und Spielzeug im Wandel. München, S. 53–59.

Friederichs, Edgar (2007) In: Robert Brooks/Sam Goldstein: Das Resilienz-Buch. Wie Eltern ihre Kinder fürs Leben stärken. Stuttgart.

Fröhlich-Gildhoff, Klaus/Jutta Becker/Sibylle Fischer (2012): Resilienzförderung in der Kita. Weinheim.

Fröhlich-Gildhoff, Klaus/Maike Rönnau-Böse (2011): Resilienz. Stuttgart.

Fromm, Erich (1977): Anatomie der menschlichen Destruktivität. 4. Aufl., Reinbek.

Frühe Hilfe (o.J.): www.fruehehilfen.de/wissen/daten-und-fakten-kindesvernachlaessigung-und-misshandlung/daten-und-fakten/

Fthenakis, Wassilios E. (2007): Auf den Anfang kommt es an. In: Betrifft Kinder, 08–09/2007, S. 6–17.

Fthenakis, Wassilios E. u.a. (2009): Natur-Wissen schaffen. Band 5: Frühe Medienbildung. Köln.

G

Galm, Beate/Katja Hees/Heinz Kindler (2010): Kindesvernachlässigungen, erkennen und helfen. München.

Galtung, Johan (1973): Strukturelle Gewalt. Reinbek.

Galtung, Johan (2007): Konflikte und Konfliktlösungen. Die Tanscend-Methode und ihre Anwendung. Berlin.

Gaschke, Susanne (2011): Die verkaufte Kindheit. München.

Gaschke, Susanne (2011): Die Verkürzung der Kindheit. Vor lauter Konsum und Kommunikation schrumpft die Zeit für freies Spiel und ungestörte Entfaltung – eine Empörung. In: Die Zeit, 8.9.2011.

Gigerenzer, Gerd (2013): Risiko: Wie man die richtigen Entscheidungen trifft. Gütersloh.

Glasl, Friedrich (2008): Selbsthilfe in Konflikten. Konzepte, Übungen, praktische Methoden. 5. Aufl., Stuttgart/Bern.

Glasl, Friedrich (2011): Konfliktmanagement. 10. überarb. Aufl., Bern u.a.

Görgen, Thomas/Benjamin Kraus/Anabel Taefi (2013): Jugendkriminalität und Jugendgewalt: Befunde zu Delinquenz und Prävention. Münster.

Götte, Stefanie (2012): Information frischgebackener Eltern über Unterstützungsangebote – mit oder ohne Willkommensbesuch. In: JAmt Heft 1–2012, S. 7–12.

Götz, Maya u.a. (2012): Wie Kinder und Jugendliche Familien im Brennpunkt verstehen. Forschungsbericht zur Studie „Scripted Reality: Familien im Brennpunkt". Düsseldorf.

Götz, Maya (o.J.): Warum Mütter ihre Kinder fernsehen lassen. München. www.br-online.de/jugend/izi/deutsch/forschung/SchauHin_Muetterstudie.pdf

Gomolla, Mechtild (2007): Wissenschaftliche Begleitung. Kinderwelten. Vorurteilsbewusste Bildung und Erziehung in Kindertageseinrichtungen. Münster.

Grimm, Petra/Katja Kirste/Jutta Weiß (2005): Gewalt zwischen Fakten und Fiktionen. Eine Untersuchung von Gewaltdarstellungen im Fernsehen unter besonderer Berücksichtigung ihres Realitäts- und Fiktionalitätsgrades. Berlin.

Gross, Jean (Hrsg.) (2008): Getting it Early: Primary Schools and Early Intervention. The Smith Institute and the Centre for Social Justice. London.

Grossmann, Klaus E. (2012): Emmy Werner: Engagement für ein Lebenswerk zum Verständnis menschlicher Entwicklung über den Lebenslauf. In: Karl Heinz Brisch/Theodor Hellbrügge (Hrsg.): Bindung und Trauma. Risiken und Schutzfaktoren für die Entwicklung von Kindern. 4. Aufl., Stuttgart, S. 15–33.

Grotberg, Edith H. (2011): Anleitung zur Förderung der Resilienz von Kindern. In: Margherita Zander (Hrsg.): Handbuch Resilienzförderung. Wiesbaden.

Grün, Arno (2000): Das Fremde in uns. Stuttgart.

Grüneberg, Sabine (2013): Neue Wege in der Betreuung. In: Süddeutsche Zeitung, 16.4.2013.

Grüner Michael (o.J.): Gewaltprävention in der Schule. Hamburg.

Gugel, Günther (1983): Erziehung und Gewalt. Waldkirch.

Gugel, Günther (2008): Handbuch Gewaltprävention I. Für die Grundschule und die Arbeit mit Kindern. Grundlagen, Lernfelder, Handlungsmöglichkeiten. Tübingen.

Gugel, Günther (2010): Handbuch Gewaltprävention II. Für die Sekundarstufen und die Arbeit mit Jugendlichen. Grundlagen, Lernfelder, Handlungsmöglichkeiten. Tübingen.

Gugel, Günther (2011): Praxisbox Medien und Gewalt. Problemfelder und Handlungsmöglichkeiten. Tübingen.

Gugel, Günther (2011): Praxisbox Interkulturelles Lernen. Grundlagen, Ansätze, Materialien. Tübingen.

Gugel, Günther (2011): Praxisbox Streitkultur. Konflikteskalation und Konfliktbearbeitung. 2. Aufl., Tübingen.

Gugel, Günther (2011): Ursachen von Aggression und Gewalt. In: Ulrich Brinkmann/Siegfried Frech/Ralf-Erik Posselt (Hrsg.): Gewalt zum Thema machen. Gewaltprävention mit Kindern und Jugendlichen. Bonn.

Gugel, Günther (2013): Die Faszination von Waffen für (männliche) Jugendliche. Aspekte des Themas und Überlegungen zu pädagogischen Lernmodellen. Tübingen (Arbeitspapier).

Gutknecht, Sebastian/Thomas Krüger (2013): 10 Jahre KJM: Erfolgreiche, aber nicht konfliktfreie Arbeit. In: Kommission für Jugendmedienschutz: kjm informiert 2013/2014.

H

Hägele, Annegret (2011): Die „Geislinger Weiberschlacht" 1941. Talheim.

Härtling, Peter (2011): Was Kinder „nicht" brauchen. In: UNICEF-Nachrichten 2/2011. Bonn, S. 11.

Hafeneger, Benno (2011): Strafen, prügeln, missbrauchen. Gewalt in der Pädagogik. Frankfurt/M.

Hafeneger, Benno (2013): Beschimpfen, bloßstellen, erniedrigen. Beschämung in der Pädagogik. Frankfurt/M.

Halder, Angelika (2007): Vom Kindergarten zur Schule. In: TPS 10/2007, S. 28 ff.

Hall, Edward T. (1981): Beyond Culture. New York.

Hantel-Quitmann, Wolfgang (2013): Basiswissen Familienpsychologie. Familien verstehen und helfen. Stuttgart.

Hartmann, Thomas (2007): Schluss mit dem Gewalt-Tabu! Warum Kinder ballern und sich prügeln müssen. Köln.

Hasenbrink, Uwe/Hermann-Dieter Schröder/ Gerlinde Schumacher (2012): Ergebnisse einer repräsentativen Elternbefragung. Kinder- und Jugendmedienschutz aus der Sicht der Eltern. In: Media Perspektiven 1–2012, S. 18–30.

Hasenbrink, Uwe u.a. (2011): Jugendmedienschutz aus Sicht der Eltern. Kurzbericht über eine Studie des Zweiten Deutschen Fernsehens. Hamburg.

Haug-Schnabel, Gabriele (2004): Kinder von Anfang an stärken. Wie Resilienz entstehen kann. In: TPS 5/2004.

Haug-Schnabel, Gabriele (2005): Starke und einfühlsame Kinder – Die Bedeutung von Empathie als Schutzfaktor. Psychosozialer Dienst Karlsruhe, 14.7.2005. www.verhaltensbiologie.com

Haug-Schnabel, Gabriele (2009): Aggression bei Kindern: Praxiskompetenz für Erzieherinnen. Freiburg.

Haug-Schnabel, Gabriele/Ilse Wehrmann (Hrsg.) (2012): Raum braucht das Kinde: Anregende Lebenswelten für Krippe und Kindergarten. Kiliansroda.

Haumersen, Petra/Frank Liebe (1990): Eine schwierige Utopie. Der Prozeß interkulturellen Lernens in deutsch-französischen Begegnungen. Berlin.

Heitmeyer, Wilhelm (Hrsg.) (2010): Deutsche Zustände. Folge 9. Frankfurt/M.

Heitmeyer, Wilhelm (Hrsg.) (2011): Deutsche Zustände. Folge 10. Berlin.

Heitmeyer, Wilhelm/Johan Hagan (Hrsg.) (2002): Internationales Handbuch der Gewaltforschung. Wiesbaden.

Heitmeyer, Wilhelm/Monika Schröttle (Hrsg.) (1995): Gewalt. Beschreibungen, Analysen, Prävention. Bonn.

Held, Lothar/Martin Thurmair (2011): Frühe Hilfen und Interdisziplinäre Frühförderstellen. In: JAmt Heft 3–2011, S. 122–126.

Henkys, Barbara/Stefani Hahn (2003): Eine Anti-Bias-Umgebung schaffen. Projekt Kinderwelten. Berlin.

Henneberg, Rosy/Helke Klein/Lothar Klein/Herbert Vogt (Hrsg.) (2004): Mit Kindern leben, lernen, forschen und arbeiten. Kindzentrierung in der Praxis. Seelze.

Hennig, Claudius/Uwe Knödler (2010): Schulprobleme lösen. Weinheim.

Hennighausen, Christine/Frank Schwag (2013): Der König der Löwen in der Falle. Kinder zwischen Spannungs- und Angsterleben während der Medienrezeption. In: tv diskurs 63, 1/2013.

Hermann, Corinna A. (2005): Veranstaltungsbericht: „Resilienz – Gedeihen trotz widriger Umstände". Internationaler Kongress vom 9.02.–12.2.2005 in Zürich. www.systemagazin.de/berichte/hermann_ resilienzkongress.php

Hermann, Franz (2013): Konfliktkompetenz in der Sozialen Arbeit. Neun Bausteine für die Praxis. München/Basel.

Herwig-Lempp, Johannes (2012): Worum ging's eigentlich? Einschätzungen des Tagungsbegleiters. In: AWO Bundesverband e.V. (Hrsg.): Frühe Hilfen. Impulse geben, Praxis entwickeln. Dokumentation der Fachtagung vom 21.–23.11.2011 in Magdeburg. Berlin, S. 112–117.

Herzig, Bardo/Silke Grafe (2006): Digitale Medien in der Schule. Standortbestimmung und Handlungsempfehlungen für die Zukunft. Paderborn.

Hestermann, Thomas (Hrsg.) (2012): Von Lichtgestalten und Dunkelmännern. Wie die Medien über Gewalt berichten. Wiesbaden.

Hillenbrand, Clemens u.a. (2008): Lubo aus dem All!: Programm zur Förderung sozial-emotionaler Kompetenzen im Vorschulalter. Münster.

Himmelmann, Gerhard (2007): Demokratie lernen als Lebens-, Gesellschafts- und Herrschaftsform. Ein Lehr- und Arbeitsbuch. Schwalbach/Ts.

Hirdes, Imke Anne (2013): Gehen Sie doch mal in eine Erziehungsberatungsstelle …" In: Psychologie heute, 5/2013, S. 67.

Hoffener, Manfred (o.J.): Wenn Kinder trotzen. In: www.familienhandbuch.de

Hoffmann, Eva (2009): Interreligiöses Lernen im Kindergarten? Berlin.

Hofmann, Olie (2012): Die dargestellte Realität des Kinderfernsehens. Televizion 25/2012/1. Müchen. www.br-online.de/jugend/izi/deutsch/publikation/ televizion/25-2012-1/hofmann_realitaet.pdf

Hofstede, Geert (2010): Cultures and Organizations: Software for the Mind. 3. Aufl., Profile Books.

Holland, Penny (2000): Take the Toys From the Boys? An Examination of the Genesis of Policy and the Appropriateness of Adult Perspectives in the Area of War, Weapon and Superhero Play. In: Citizenship, Social and Economics Education, Vol. 4, No. 2, S. 92–108.

Holland, Penny (2003): We Don't Play with Guns Here: War, Weapon and Superhero Play in the Early Years. Maidenhead, S. 1–14.

Holthusen, Bernd (2009): Straffällige männliche Jugendliche mit Migrationshintergrund – eine pädagogische Herausforderung. In: Landesstelle Jugendschutz Niedersachsen (Hrsg.): Jugendgewalt mit Migrationshintergrund. Dokumentation der Fachtagung. Hannover.

Holthusen, Bernd/Abrina Hoops (2012): Kriminalprävention im Kindes- und Jugendalter. In: JZZ. Zeitschrift für Jugendkriminalrecht und Jugendhilfe, 1/2012.

Holzbrecher, Alfred (Hrsg.) (2011): Interkulturelle Schule. Eine Entwicklungsaufgabe. Schwalbach/Ts.

Honig, Michael-Sebastian (2011): Kindheit. In: Hans-Uwe Otto/Hans Thiersch (Hrsg.): Handbuch Soziale Arbeit. 4., neu bearb. Aufl., München, S. 750–759.

Hüsken, Angelika (2013): Kindeswohlgefährdung: erkennen – beurteilen – eingreifen – gesetzliche Grundlagen und Handlungsempfehlungen für Kindertagesstätten. Kempen.

Hüther, Gerald (2011): Wie ändere ich mein Verhalten? Vortrag im Südwestrundfunk, SWR2 Aula, 4.12.2011.

Hüther, Gerald (2012): Verschaltungen im Gestrüpp: kindliche Hirnentwicklung. In: Apuz. Aus Politik und Zeitgeschichte, Nr. 22–24/2012, S. 15–19.

Hurrelmann, Klaus/Tanjev Schulz (Hrsg.) (2012): Jungen als Bildungsverlierer. Brauchen wir eine Männerquote in Kitas und Schulen? Weinheim und Basel.

I

Institut für Demoskopie Allensbach (2012): Vorwerk Familienstudie 2012. Allensbach.

Institut für Friedenspädagogik Tübingen e.V. (o.J.): Warum spielen Kinder mit Kriegs- und Gewaltspielzeug? www.friedenspaedagogik.de/themen/ksz/ksz_05.htm

Institut für Friedenspädagogik Tübingen e.V. (o.J.): Zur Wirkung von Kriegs- und Gewaltspielzeug. www.friedenspaedagogik.de/themen/ksz/ksz_06.htm

Institut für interdisziplinäre Konflikt- und Gewaltforschung (2010): Deutsche Zustände – Unruhige Zeiten. Presseinformation zur Präsentation der Langzeituntersuchung Gruppenbezogene Menschenfeindlichkeit. Berlin 3.12.2010.

Institut für interdisziplinäre Konflikt- und Gewaltforschung (2011): Deutsche Zustände. Presseinformation 12.12.2011.

InWEnt (Hrsg.) (2006): Faires Miteinander. Leitfaden für die interkulturell kompetente Kommune 2012. 4. überarb. Aufl., Bonn.

Ista (Hrsg.) (2004): Kinderwelten. Bundesweites Projekt zur Verbreitung und Vertiefung des Ansatzes Vorurteilsbewusster Bildung und Erziehung. Berlin.

IZI (2012): Grunddaten Kinder und Medien 2012. München.

J

Jampert, Karin (2002): Schlüsselsituation Sprache. Opladen.

Jefferys-Duden, Karin (1999): Das Streitschlichter-Programm. Mediatorenausbildung für Schülerinnen und Schüler der Klassen 3 bis 6. Weinheim und Basel.

Jennessen, Sven/Nicole Kastirke/Jochen Kotthaus (2013): Diskriminierung im vorschulischen und schulischen Bereich. Eine sozial- und erziehungswissenschaftliche Bestandsaufnahme. Expertise im Auftrag der Antidiskriminierungsstelle des Bundes. Berlin.

Jessel, Holger (2008): Wirkkomponenten der psychomotorischen Gewaltprävention. In: Motorik, 31. S. 3–10.

Johach, Helmut (2011): „Haben oder Sein" in Zeiten der Krise. Zur Aktualität Erich Fromms. In: Vorstand der Internationalen Erich-Fromm-Gesellschaft e.V. (Hrsg.): Fromm Forum 15/2011, S. 120–123.

Judt, Matthias (Hrsg.) (1998): DDR-Geschichte in Dokumenten. Beschlüsse, Berichte, interne Materialien und Alltagszeugnisse. Bonn.

Jürgensen, Sigrid (1981): Spielwaren als Träger gesellschaftlicher Autorität. Ein Beitrag zur visuellen Soziologie. Frankfurt/M./Bern.

Juul, Jesper/Helle Jensen (2012): Vom Gehorsam zur Verantwortung. 5. Aufl., Weinheim.

K

Kaiser, Thomas/Martina Bauer/Markus Schmid (2004): Das Wut-weg-Buch. Spiele, Traumreisen, Entspannung gegen Wut und Aggression bei Kindern. Freiburg.

Kamp, Uwe/Deutsches Kinderhilfswerk e.V. (2012): Kinderreport Deutschland: Mitbestimmung in Kindertageseinrichtungen und Resilienz. 12.6.2012. www.gesundheitliche-chancengleichheit.de/kinderreport-deutschland-2012

Karstedt, Susanne (2001): Prävention und Jugendkriminalität – Welche Maßnahmen sind erfolgreich,
welche nicht? In: ajs-informationen, 37. Jg,
Nr. 1/2001.

Kavemann, Barbara/Ulrike Kreyssig (Hrsg.) (2007):
Handbuch Kinder und häusliche Gewalt. 2. Aufl.,
Heidelberg.

Keller, Heidi (Hrsg.) (2011): Handbuch der Klein-
kindforschung. 4. vollst. überarb. Aufl., Bern.

Kinderschutz-Zentrum Berlin (Hrsg.) (2009): Kindeswohlgefährdung. Erkennen und Helfen. 11. überarb. Aufl., Berlin.

Kindler, Heinz (2006): Wie kann die gegenwärtige
Sicherheit eines Kindes eingeschätzt werden. In:
Ders. u.a. (Hrsg.): Handbuch Kindeswohlgefähr-
dung nach § 1666 BGB und Allgemeiner Sozialer
Dienst (ASD). München, S. 71–2 ff.

Kindler, Heinz (o.J.): Kinderschutz in Deutschland
stärken. München.

Kindler, Heinz u.a. (Hrsg.) (2006): Handbuch
Kindeswohlgefährdung nach § 1666 BGB und
Allgemeiner Sozialer Dienst (ASD). München.

KiNET – Netzwerk für Frühprävention, Sozialisation
und Familie (2011): Richtig helfen – wann und
wie? Ein Leitfaden zum Thema Kindeswohlgefährdung. Dresden.

Kleeberger, Fabian/Katharina Stadler (2011): Zehn
Fragen – Zehn Antworten. Die Ausbildung von
Erzieherinnen und Erziehern aus Sicht von Lehr-
kräften an Fachschulen für Sozialpädagogik.
WiFF-Studien 13. München.

Klein, Winfried u.a. (2006): KLIK. Konflikte lösen
im Kindergarten. Ein praxiserprobtes Trainingsprogramm zur Konfliktbewältigung für Kinder
von 5–7 Jahren. Berlin.

Klein, Lothar (2000): Mit Kindern Regeln finden.
Freiburg.

Klemenz, Bodo (2003): Ressourcenorientierte
Diagnostik und Intervention bei Kindern und
Jugendlichen. Tübingen.

Klemenz, Bodo (2009): Ressourcenorientierte
Psychologie. Ermutigende Beiträge einer menschen-
freundlichen Wissenschaft. Band 1. Tübingen.

Klemenz, Bodo (2011): Ressourcenorientierte
Psychologie. Ermutigende Beiträge einer menschen-
freundlichen Wissenschaft. Band 2. Tübingen.

Kluczniok, Katharina/Jutta Sechtig/Hans-Günther
Roßbach (Hrsg.) (2012): Qualität im Kindergarten.
In: DJI Impulse 2/2012.

Knauf, Helen (2010): Bildungsbereich Medien.
Göttingen.

Kneise, Eva (2008): Ressourcenorientierte Aggressionsprävention. Zu den Chancen ressourcenorientierter Ansätze bei Aggression und Dissozialität von Jugendlichen aus pädagogischer Sicht.
Inauguraldissertation, Universität zu Köln. Köln.

Kobelt Neuhaus, Daniela (2004): Was Kinder
resilient werden lässt. In: TPS. Theorie und Praxis
der Sozialpädagogik, 5/2005, S. 7.

Kobusch, Sabine (2005): Ein Haus für Kinder.
Tagesbetreuung für Kinder im Alter von vier
Monaten bis 14 Jahren. In: Jugendhilfe Report
4/2005, S. 13–15.

Koglin, Ute/Franz Petermann (o.J.): Sucht- und
Gewaltprävention im Kindergarten. In: Online-
Handbuch Kindergartenpädagogik. www.kinder
gartenpaedagogik.de/747.html

KOMDAT Jugendhilfe (2006): Kommentierte Daten
der Jugendhilfe, Informationsdienst der Dortmun-
der Arbeitsstelle Kinder- und Jugendhilfestatistik,
9. Jg., Sonderausgabe Oktober 2006.

KOMDAT Jugendhilfe (2009): Kommentierte Daten
der Jugendhilfe, Informationsdienst der Dortmun-
der Arbeitsstelle Kinder- und Jugendhilfestatistik.
12. Jg., September 2009.

Körner, Wilhelm/Günther Deegener (Hrsg.)(2011):
Erfassung von Kindeswohlgefährdung in Theorie
und Praxis. Lengerich.

Kraus, Kerstin/Maike Laux/Silke Hertel (2013):
Soziale Kompetenzen gezielt fördern: Praktische
Übungen, Spiele und Geschichten für den Kinder-
garten. Donauwörth.

Krause, Christina (o.J.): „Der salutogenetische Blick"
Fachstandard in der Arbeit von Erzieher/innen?
www.kindergartenpaedagogik.de/2163.pdf

Krenz, Armin (Hrsg.) (2010): Kindorientierte
Elementarpädagogik. Göttingen.

Krenz, Armin (2013): Elementarpädagogik aktuell:
Die Entwickung des Kindes professionell begleiten.
München.

Kriminologisches Forschungsinstitut Niedersachsen e.V. (Hrsg.) (2010): Kinder und Jugendliche
in Deutschland: Gewalterfahrungen, Integration,
Medienkonsum. Zweiter Bericht zum gemeinsamen Forschungsprojekt des Bundesministeriums
des Innern und des KFN. Forschungsbericht 109.
Hannover.

Krohner, Bernhard (1979): Definition von Kriegsspielzeug. In: Henning Erbs u.a.: Ist das noch Spielzeug? Berlin, S. 16–43.

Krohner, Bernhard (1977): Ist das noch Spielzeug?
In: Psychologie heute, 12/1977, S. 14–22.

Krüger-Potratz, Marianne/Werner Schiffauer (2011):
Migrationsreport 2010. Fakten – Analysen – Perspektiven. Frankfurt/M.

Kruttschnitt, Candace (1994): Gender and Interper-
sonal Violence. In: Albert J. Reiss/Jeffrey A. Roth
(Hrsg.): Understanding and Preventing Violence.
Vol. 3, Social Influences. Washington, S. 293–376.

Küchenhoff, Joachim/Anton Hügli/Ueli Mäder
(Hrsg.) (2005): Gewalt. Ursachen, Formen,
Prävention. Gießen.

Kunczik, Michael/Astrid Zipfel (2005): Medien und Gewalt. Befunde der Forschung seit 1998. Berlin.

Kunczik, Michael/Astrid Zipfel (2006): Gewalt und Medien. Ein Studienhandbuch. Köln/Weimar.

Kunczik, Michael (2011): Medien und Gewalt. Befunde der Forschung 2004–2009 Bericht für das Bundesministerium für Familie, Senioren, Frauen und Jugend. Kurzfassung. Mainz.

Kurwinkel, Tobias/Philipp Schmerheim (2013): Kinder- und Jugendfilmanalyse. Konstanz/München.

L

Lamnek, Siegfried u.a. (2012): Tatort Familie. Häusliche Gewalt im gesellschaftlichen Kontext. 3. erw. und überarb. Aufl., Heidelberg.

Landeshauptstadt Düsseldorf (Hrsg.) (2000): Düsseldorfer Gutachten. Empirisch gesicherte Erkennnisse über kriminalpräventive Wirkungen. Düsseldorf.

Landeshauptstadt Düsseldorf (Hrsg.) (2002): Düsseldorfer Gutachten. Leitlinien wirkungsorientierter Kriminalprävention. Düsseldorf.

Landeshauptstadt München/Referat für Bildung und Sport (Hrsg.) (2011): Medienkompetenz in Kindertageseinrichtungen. München.

Landeshauptstadt Stuttgart, Jugendamt (2013): Fachkräfte in der besonderen Verantwortung. Verbindlicher Leitfaden zur Prävention von und Umgang mit sexualisierter Gewalt und Grenzverletzungen durch Mitarbeiterinnen und Mitarbeiter des Jugendamtes. Stuttgart.

Lanier, Sarah/Ingo Rothkirch (2006): Menschen aus fremden Kulturen verstehen. Marburg.

Lauth, Gerhard W./Bernd Heubeck (2006): Kompetenztraining für Eltern sozial auffälliger Kinder (KES). Göttingen.

Larass, Petra (Hrsg.) (2000): Kindsein kein Kinderspiel. Das Jahrhundert des Kindes (1900–1999). Halle (Saale).

Lewe, Christiane (2009): Das Spiel in der Kulturpädagogik. Zur Notwendigkeit der Förderung einer Spielkultur. Hamburg.

Lillig, Susanna (2006): Welche Leitlinien bestimmen das Handeln in der Sozialen Arbeit bei Kindeswohlgefährdung? In: Heinz Kindler u.a. (Hrsg.): Handbuch Kindeswohlgefährdung nach § 1666 BGB und Allgemeiner Sozialer Dienst. München, S. 43–1 ff.

Lillig, Susanna (2006): Welche Phasen der Fallbearbeitung lassen sich unterscheiden. In: Heinz Kindler u.a. (Hrsg.): Handbuch Kindeswohlgefährdung nach § 1666 BGB und Allgemeiner Sozialer Dienst. München, S. 44–1 ff.

Lindner, Ulrike (2013): Klare Worte finden. Elterngespräche in der Kita: professionell vorbereiten, kompetent kommunizieren, Konflikte entschärfen. Mülheim/Ruhr.

Lingenauber, Sabine (2013): Einführung in die Reggio-Pädagogik: Kinder, Erzieherinnen und Eltern als konstitutives Sozialaggregat. Bochum.

Lösel, Friedrich (2004): Multimodale Gewalprävention bei Kindern und Jugendlichen: Familie, Kindergarten, Schule. In: Wolfgang Melzer/Hans-Dieter Schwind (Hrsg.): Gewaltprävention in der Schule. Baden-Baden.

Lösel, Friedrich (2012): Frühe Prävention von Gewalt und Delinquenz in der kindlichen Entwicklung. In: ZJJ 1/2012, S. 7–16.

Lüders Christian/Bernd Holthusen (2007): Gewalt als Lernchance. Jugendliche und Gewaltprävention. Manuskript, Vortrag auf dem 12. Deutschen Präventionstag. In: Deutsches Jugendinstitut (Hrsg.): Strategien der Gewaltprävention. München.

Lüders, Christian (2010): Neue Wege der Evaluation gewalt- und kriminalpräventiver Maßnahmen und Projekte. In: Berliner Forum Gewaltprävention Nr. 41/2010, S. 127–139.

M

Maccoby, Eleanor/John Martin (1983): Socialization in the Context of Family. Parent-Child Interaction. In: E. Marvis Hetherington (Hrsg.): Socialization, Personalty and Social Development. New York.

Marci-Boehncke, Gudrun (2008): Medienerziehung in der KiTa – Kompetenzen und Meinungen der ErzieherInnen. In: Medien-Pädagogik 11/2008.

Marci-Boehncke, Gudrun/Matthias Rath (2010): Medienkompetenz für ErzieherInnen. Ein Handbuch für die moderne Medienpraxis in der frühen Bildung. München.

Maringer, Eva/Reiner Steinweg (2002): Gewalt-AuswegeSehen. Anregungen für den Abbau von Gewalt. Tübingen/Oberwart.

Mayer, Heidrun/Petra Heim/Herbert Scheithauer (2007): Papilio: Ein Programm für Kindergärten zur Primärprävention von Verhaltensproblemen. Bonn.

Maywald, Jörg (2011): Kindeswohlgefährdung. Die Rolle der Kindertageseinrichtung – Anforderung an Fachkräfte. WiFF Expertisen Nr. 8. München.

Maywald, Jörg (2012): Kinder haben Rechte! Kinderrechte kennen – umsetzen – wahren. Für Kindergarten, Schule und Jugendhilfe (0–18 Jahre). Weinheim/Basel.

Maywald, Jörg (2012): Kindeswohlgefährdung – vorbeugen, erkennen, handeln. Kindergarten heute. Wissen kompakt. Freiburg.

Maywald, Jörg (2013): Kinderschutz in der Kita: Ein praktischer Leitfaden für Erzieherinnen und Erzieher. Freiburg.

Mecheril, Paul u.a. (2010): Migrationspädagogik. Weinheim und Basel.

Medienpädagogischer Forschungsverbund Südwest (Hrsg.) (2012): FIM 2011. Familie, Interaktion & Medien. Untersuchung zur Kommunikation und Mediennutzung in Familien. Stuttgart.

Medienpädagogischer Forschungsverbund Südwest (Hrsg.) (2013): KIM-Studie 2012. Kinder + Medien, Computer + Internet. Mit Sonderteil miniKIM. Stuttgart.

Melzer, Wolfgang/Wilfried Schubarth/Frank Ehninger (2004): Gewaltprävention und Schulentwicklung. Analysen und Handlungsmodelle. Bad Heilbrunn.

Merkel, Kerstin/Constance Dittrich (2011): Spiel mit dem Reich: Nationalsozialistisches Gedankengut in Spielzeug und Kinderbüchern. Wiesbaden.

Meysen, Thomas/Diana Eschelbach (2012): Das neue Bundeskinderschutzgesetz. Baden-Baden.

Mielke, Heinz-Peter (Hrsg.) (2001): Aggression, Gewalt, Kriegsspiel. Tagungsband des Internationalen Symposiums vom 23. und 24. Oktober 1999 aus Anlaß der Ausstellung „Krieg in der Kinderstube. Zur Geschichte des Kriegsspielzeuges" im Niederrheinischen Freilichtmuseum. Grefrath/Kreis Viersen.

Mikos, Lothar (2009): Kritik an der Gewaltforschung. In: tv-diskurs 4/2009, S. 68–70.

Ministerium für Kultus, Jugend und Sport Baden-Württemberg (Hrsg.) (2013): Roter Faden Prävention. Projekte und Programme für Kindertageseinrichtungen und Schulen in Baden-Württemberg. Stuttgart.

Ministerrat der Deutschen Demokratischen Republik. Ministerium für Volksbildung (Hrsg.) (1972): Bedarfsplan für Spielzeug und Unterrichtsmittel des Kindergartens. Berlin.

Ministerrat der Deutschen Demokratischen Republik. Ministerium für Volksbildung (Hrsg.) (1985): Programm für die Bildungs- und Erziehungsarbeit im Kindergarten. Berlin.

Mitscherlich, Alexander (1999) Die Unwirtlichkeit unserer Städte. Anstiften zum Unfrieden. 27. Aufl., Frankfurt/M.

Molnár, Kaj-Magdalena (2007): Am Anfang war das Bild: Medienerziehung im Kindergarten am Beispiel der aktiven Fotoarbeit. Stuttgart.

Montada, Leo/Elisabeth Kals (2001): Mediation. Lehrbuch für Psychologen und Juristen. Weinheim.

Münder, Johannes/Barbara Mutke/Reinhold Schone (2000): Kindeswohl zwischen Jugendhilfe und Justiz. Professionelles Handeln in Kindeswohlverfahren. Münster.

N

Näger, Sylvia (2013): Literacy: Kinder entdecken Buch-, Erzähl- und Schriftkultur. Freiburg.

Nakhla, Daniel/Andreas Eickhorst/Manfred Cierpka (Hrsg.) (2012): Praxishandbuch für Familienhebammen: Arbeit mit belasteten Familien. 2. Aufl., Frankfurt/M.

Neckel, Sighard u. a. (Hrsg.) (2010): Sternstunden der Soziologie. Wegweisende Theoriemodelle des soziologischen Denkens. Frankfurt/M./New York.

Neidhardt, Friedhelm (1986): Gewalt. Soziale Bedeutungen und sozialwissenschaftliche Bestimmungen des Begriffs. In: Bundeskriminalamt (Hrsg.) (1986): Was ist Gewalt? Wiesbaden.

Neubauer, Gunter/Reinhard Winter (2013): Sorglos oder unversorgt? Zur psychischen Gesundheit von Jungen. In: Lothar Weißbach/Matthias Stiehler (Hrsg.): Männergesundheitsbericht 2013. Im Focus: Psychische Gesundheit. Bern.

Neuß, Norberg (2010): Grundwissen Elementarpädagogik: Ein Lehr- und Arbeitsbuch. Berlin.

Neuß, Norbert (2012): Kinder & Medien. Was Erwachsene wissen sollten. Seelze.

Nickles, Bruno W./Sigmar Roll/Klaus Umbach (2013): Kinder- und Jugendschutz. Eine Einführung in Ziele, Augaben und Regelungen. Leverkusen.

Niedersächsisches Ministerium für Soziales, Frauen, Familie und Gesundheit/Deutscher Kinderschutzbund (DKSB)/Landesverband Niedersachsen/Landesvereinigung für Gesundheit Niedersachsen e. V./Landesstelle Jugendschutz Niedersachsen (2007): Gewalt gegen Kinder Leitfaden für Früherkennung, Handlungsmöglichkeiten und Kooperation in Niedersachsen. 3. vollst. überarb. Aufl., Hannover.

Nolting, Hans-Peter (2005): Lernfall Aggression: Wie sie entsteht – wie sie zu vermindern ist. Reinbek.

Nuber, Ursula (2005): Resilienz: Immun gegen das Schicksal? In: Psychologie heute. 9/2005.

NZFH (Nationales Zentrum Frühe Hilfen) (Hrsg.) (2011): Bestandsaufnahme zur Entwicklung der kommunalen Praxis im Bereich früher Hilfen. Zweite Teiluntersuchung. Köln.

NZFH (Nationales Zentrum Frühe Hilfen) (2012): Bestandsaufnahme Frühe Hilfen. Dritte Teiluntersuchung. Kurzbefragung Jugendämter 2012. Köln.

NZFH (Nationales Zentrum Frühe Hilfen) (2012): Wirkungsevaluation „Keiner fällt durchs Netz". Ein Modellprojekt des Nationalen Zentrums frühe Hilfen. Köln.

O

Österreicher, Herbert/Edeltraud Prokop (2010): Gärten für Kleinkinder. Kiliansroda.

4. LITERATUR

Österreichischer Buchklub der Jugend (Hrsg.) (2007): Leseförderung im Kindergarten. Praxismappe. Wien.

Olds, D. u.a. (1998). Long-term Effects of Nurse Home Visitation on Children's Criminal and Antisocial Behavior. The Journal of the American Medical Association, 280, S. 1238–1244.

Olds, D. u.a. (1999). Prenatal and Infancy Home Visitation by Nurses: Recent Findings. The Future of Children, 9, S. 44–63.

Olk, Thomas (2013): Alle Kinder gezielt gefördert. In: DJI Impulse, 1–2013.

Omer, Haim/Arist von Schlippe (2004): Autorität durch Beziehung. Die Praxis des gewaltlosen Widerstands in der Erziehung. Göttingen.

Omer, Haim/Arist von Schlippe (2011): Autorität ohne Gewalt. Coaching für Eltern von Kindern mit Verhaltensproblemen. 8. Aufl., Göttingen.

Opp, Günther (2010): „Kinder und Jugendliche wollen eine harmonische Welt". In: Kolping-Bildungswerk im Erzbistum Bamberg e.V., Geschäftsbericht. Bamberg, S. 19–23.

Opp, Günther/Michael Fingerle/Andreas Freytag (Hrsg.) (1999): Was Kinder stärkt. Erziehung zwischen Risiko und Resilienz. München/Basel.

Orban, Rainer/Gabi Wiegel (2013): Ein Pfirsich ist ein Apfel mit Teppich darauf: Systemisch arbeiten im Kindergarten. Heidelberg.

Otto, Hans-Uwe/Holger Ziegler (2010): What Works – Welches Wissen braucht die Soziale Arbeit? Zum Konzept evidenzbasierter Praxis. Opladen.

P

Pauen, Sabine (2012): Wie lernen Kleinkinder? Entwicklungspsychologische Erkenntnisse und ihre Bedeutung für Politik und Gesellschaft. In: Apuz. Aus Politik und Zeitgeschichte, Nr. 22–24/2012, S. 8–14.

Petermann, Franz/Ulrike Petermann (2012): Training mit aggressiven Kindern. 13. überarb. Aufl., Weinheim und Basel.

Petersen, Lars-Eric/Bernd Six (2008): Stereotype, Vorurteile und soziale Diskriminierung: Theorien, Befunde und Intervention. Weinheim.

Pfeiffer, Christian/Peter Wetzels (1997): Kinder als Täter und Opfer. Eine Analyse auf der Basis der PKS und einer repräsentativen Opferbefragung. Forschungsbericht 68. Hannover.

Pfeiffer, Christian/Peter Wetzels/Dirk Enzmann (1999): Innerfamiliäre Gewalt gegen Kinder und Jugendliche und ihre Auswirkungen. Forschungsbericht 80. Hannover.

Pilz, Gunter A. (2010): Wichtig für Gewaltprävention. In: Günther Gugel: Handbuch Gewaltprävention II. Tübingen, S. 447 f.

Polizeipräsidium Land Brandenburg u.a. (Hrsg.) (2011): „MIT-EIN-ANDER" in Kita und Schule. EFFEKT und Anti-Bullying. Konzept. 2. überarb. und erg. Aufl., o.O.

Posth, Rüdiger (2013): Gewaltfrei durch Erziehung: Versuch einer Pädagogik des friedlichen Zusammenlebens. Das Konzept der bindungsbasierten frühkindlichen Entwicklung und Erziehung (BBFEE). Münster.

Programmberatung für Eltern e.V. (Hrsg.) (2013): Flimmo 1/2013: Gruselmomente im Fernsehen. München.

R

Raabe, Tobias/Andreas Beelmannn (2011): Gewalttätiges und dissoziales Verhalten von Kindern und Jugendlichen: Prävention und Intervention. In: Günther Deegener/Wilhelm Körner (Hrsg.): Gewalt und Aggression im Kindes- und Jugendalter. Ursachen, Formen, Intervention. Weinheim und Basel, S. 88–105.

Rabe-Kleberg, Ursula/Miriam K. Damrow (2012): Eltern als Partner und Verdächtige zugleich: Kindergarten und Kinderschutz. In: APuZ 22–24/2012, S. 334–39.

Rademacher, Helmolt/Marion Altenburg-van Dieken (Hrsg.) (2011): Konzepte zur Gewaltprävention in Schulen. Prävention und Intervention. Berlin.

Rapti, Aleka (2013): Vielfalt als Chance. In: Landesschülerbeirat Baden-Württemberg: Jugendstudie Baden-Württemberg 2013. Stuttgart.

Ratzke, Katharina u.a. (1997): Über Aggression und Gewalt bei Kindern in unterschiedlichen Kontexten. In: Praxis der Kinderpsychologie und Kinderpsychiatrie 46, 1997, S. 153–168.

Rich, Diane (2003). Bang, Bang! Gun Play and Why Children Need It. In: Early Education. www.richlearningopportunities.co.uk/1pub.htm

Richter, Dagmar (Hrsg.) (2007): Politische Bildung von Anfang an. Bonn.

Richter, Horst-Eberhardt (2012): Patient Familie. Entstehung und Therapie von Konflikten in Ehe und Familie. Gießen.

Richter, Horst-Eberhardt (2013): Eltern, Kind, Neurose. Psychoanalyse der kindlichen Rolle. Reinbek.

Risch, Maren (2013): Medienkompetenz und Sprachförderung in der frühkindlichen Bildung. Konzeption und Evaluation von Fortbildungsangeboten. München.

Rogge, Jan Uwe (2010): Wenn Kinder trotzen. Reinbek.

Rohrmann, Tim/Christa Wanzeck-Sielert (2013): Mädchen und Jungen in der KiTa: Körper, Gender, Geschlecht. Stuttgart.

Rosenberg, Marshall B. (2002): Gewaltfreie Kommunikation. Paderborn

S

Saalfrank, Katharina (2013): Du bist ok, wie du bist. Das Ende der Erziehung. Köln.

Sader, Manfred (2002): Toleranz und Fremdsein. 16 Stichworte zum Umgang mit Intoleranz und Fremdenfeindlichkeit. Weinheim und Basel.

Sader. Manfred (2007): Destruktive Gewalt. Möglichkeiten und Grenzen ihrer Verminderung. Weinheim und Basel.

Salewski, Yvonne u.a. (2013): Nachhaltigkeit entdecken, verstehen, gestalten: Kindergärten als Bildungsorte nachhaltiger Entwicklung. Kiliansroda.

Sandel, Michael (2012): Was man mit Geld nicht kaufen kann. Die moralischen Grenzen des Marktes. Berlin.

Sander, Manon (2011): Die Elternarbeit im Kindergarten: Das Praxisbuch für gute Elternarbeit in der Kita. Heidelberg.

Schader, Heike (2013): Risikoabschätzung bei Kindeswohlgefährdung: Ein systemisches Handbuch. Weinheim.

Schallenberg-Diekmann, Regina (2012): Mit Migrationshintergrund im Kindergarten. In: Paritätischer Wohlfahrtsverband. Landesverband Berlin e.V.: Vielfalt im Alltag gestalten. Interkulturelle Öffnung unter paritätischem Dach. Berlin.

Scheithauer, Herbert (2003): Aggressives Verhalten von Jungen und Mädchen. Göttingen.

Scheithauer, Herbert/Charlotte Rosenbach/Kay Niebebank (2008): Gelingensbedingungen für die Prävention von interpersonaler Gewalt im Kindes- und Jugendalter. Bonn.

Scheithauer, Herbert/Charlotte Rosenbach/Kay Niebebank (2012): Gelingensbedingungen für die Prävention von interpersonaler Gewalt im Kindes- und Jugendalter. 3. korrig. und überarb. Aufl., Bonn.

Schick, Andreas (2010): Effektive Gewaltprävention. Evaluierte und praxiserprobte Konzepte für Schulen. Göttingen.

Schick, Andreas (2011): Enstehungsbedingungen aggressiven Verhaltens im Kindes- und Jugendalter. In: Günther Deegener/Wilhelm Körner (Hrsg.): Gewalt und Aggression im Kindes- und Jugendalter. Ursachen, Formen, Intervention. Weinheim, Basel, S. 20–34.

Schlack, R. u.a. (2013): Körperliche und psychische Gewalterfahrungen in der deutschen Erwachsenenbevölkerung. Ergebnisse der Studie zur Gesundheit der Erwachsenen in Deutschland (DEGS1). Bundesgesundheitsblatt 56, S. 755–764.

Schmid, Heike/Thomas Meysen (2006): Was ist unter Kindeswohlgefährdung zu verstehen? In: Heinz Kindler u.a. (Hrsg.): Handbuch Kindeswohlgefährdung nach § 1666 BGB und Allgemeiner Sozialer Dienst. München S. 2–1 ff.

Schmidt, Bettina (2008): Den Anti-Bias-Ansatz zur Diskussion stellen. Beitrag zur Klärung theoretischer Grundlagen in der Anti-Bias-Arbeit. Oldenburg.

Schneewind, Klaus/Beate Böhmert (2010): Kinder im Vorschulalter kompetent erziehen. Der interaktive Elterncoach „Freiheit in Grenzen". 2. Aufl., Bern.

Schneider, Beate u.a. (2010): Medienpädagogische Kompetenz in Kinderschuhen: eine empirische Studie zur Medienkompetenz von Erzieherinnen. Berlin.

Schön, Bernhard (Hrsg.) (2010): Toben, raufen, Kräfte messen: Ideen, Konzepte und viele Spiele zum Umgang mit Aggressionen. Münster.

Schopp, Johannes (2006): Elternseminare. Ein gleichwürdiger Dialog. In: Pädagogik, 9/06.

Schorb, Bernd: Science-Fiction-Spielzeug – Kriegszeug. Haben sie Wirkungen? Was weiß man darüber? In: ajs-informationen. Mitteilungen der Aktion Jugendschutz Stuttgart, 6/1985.

Schorb, Bernd/Helga Theunert (Hrsg.) (2010): Mediengebrauch von Kindern im Alter von 0 bis 6 Jahren. München.

Schrand, Petra (2002): Peng, du bist tot. Knallen, Ballern, Zielen, Treffen – Jungs sind von Spielzeugwaffen fasziniert. In: Eltern, 8/2002, S. 64–68.

Schreckenberger, Susanne/Erika Brodbeck (o.J.): Der Raum als dritter Erzieher – Innenräume, Außenräume und dazwischen. In: Martin R. Textor (Hrsg.): Kindergartenpädagogik. Online Handbuch www.kindergartenpaedagogik.de/1739.html

Schröder, Achim/Helmolt Rademacher/Angela Merkle (2008): Handbuch Konflikt- und Gewaltpädagogik: Verfahren für Schule und Jugendhilfe. Schwalbach/Ts.

Schubarth, Winfried (2010): Gewalt und Mobbing an Schulen. Möglichkeiten der Prävention und Intervention. Stuttgart.

Schwaiger, Marika/Ursula Neumann (2010): Regionale Bildungsgemeinschaften. Gutachten zur interkulturellen Elternbeteiligung. Universität Hamburg, Fakultät für Erziehungswissenschaft, Psychologie und Bewegungswissenschaft. Hamburg.

Schweitzer, Albert (2009): Die Ehrfurcht vor dem Leben. Grundtexte aus fünf Jahrzehnten. 9. Aufl., München.

Schweitzer, Friedrich/Albert Biesinger/Anke Edelbrock (2011): Empfehlungen zur interreligiösen Bildung in Kindertageseinrichtungen. In: www.familienhandbuch.de.

Schwind, Hans-Dieter/Jürgen Baumann u.a. (Hrsg.) (1989): Ursache, Prävention und Kontrolle von Gewalt. Analysen und Vorschläge der unabhängigen Regierungskommission zur Verhinderung und Bekämpfung von Gewalt. 4 Bände. Berlin.

Sen, Amartya (2007): Auf die Gemeinsamkeiten besinnen. In: Frankfurter Rundschau, 30.11.2007, S. 34 f.

Senghaas, Dieter (2004): Zum irdischen Frieden. Frankfurt/M.

Sieferle, Rolf Peter/Helga Breuninger (Hrsg.) (1998): Kulturen der Gewalt. Frankfurt/M.

Sierek, Karl (1980): Krieg im Kinderzimmer. Zur ideologischen Vereinnahmung unserer Kinder durch Spielzeug. Institut für Gesellschaftspolitik. Wien.

Siller, Friederike/Cornelia Margraf/Lidia de Reese (2012): Whitelists: Zwischen Unbedenklichkeit und Qualität von Kinderseiten. In: Ingrid Stapf u.a. (Hrsg.): Kinder im Social Web. Baden-Baden, S. 173–187.

Sinus Sociovision (Hrsg.) (2008): Zentrale Ergebnisse der Sinus-Studie über Migranten-Milieus in Deutschland. Heidelberg u.a. www.sinus-institut.de

Sit, Michaela (2012): Sicher, stark und mutig: Kinder lernen Resilienz. Freiburg.

Six, Ulrike/Roland Gimmler (2007): Die Förderung von Medienkompetenz im Kindergarten. Eine empirische Studie zu Bedingungen und Handlungsformen der Medienerziehung. Düsseldorf.

Sleeboom, Inge/Katrien Van de Vijfeijken/Jop Hellendorn (2013): Was bewegt dich? Helfende Gespräche mit Kindern. Weinheim.

Small, Gary/Gigi Vorgan (2009): iBrain. Wie die neue Medienwelt Gehirn und Seele unserer Kinder verändert. Stuttgart.

Smith, Peter K./Anthony Pellegrini (2008): Learning through play. In: Encyclopedia on Early Childhood Development. Centre of Excellence for Early Childhood Development.

Sommerfeld, Verena (2007): Strategien der Gewaltprävention im Bereich der Kindertageseinrichtungen. In: Arbeitsstelle Kinder- und Jugendkriminalitätsprävention (Hrsg.): Strategien der Gewaltprävention im Kindes- und Jugendalter. Eine Zwischenbilanz in sechs Handlungsfeldern. München.

Sozialministerium Baden-Württemberg (2004): Landesjugendbericht Baden-Württemberg für die 13. Legislaturperiode. Stuttgart.

Spillmann, Kurt R. (1991): Konfliktdynamik und Kommunikation. Strategien der De-Eskalation. In: Manfred Prisching/Gerold Mikula (Hrsg.): Krieg, Konflikt, Kommunikation. Der Traum von einer friedlichen Welt. Wien.

Spitzer, Manfred (2012): Digitale Demenz. Wie wir uns und unsere Kinder um den Verstand bringen. 3. Aufl., München.

Stadelmann, Rita (2005): Das Projekt Losberhöhle – Ein Konfliktritual im Kindergarten. In: perspektive mediation 2 (1), S. 29–31.

Stadt Frankfurt a.M., Dezernat für Bildung, Umwelt und Frauen (Hrsg.) (2003): Umgang mit Konflikten in Kita und Elternhaus. Frankfurt/M.

Stamer-Brandt, Petra (2010): Projektarbeit in Kita und Kindergarten: planen, durchführen, dokumentieren. Leitfaden für Pädagogisches Handeln. Freiburg.

Statistische Ämter des Bundes und der Länder (2012): Kindertagesbetreuung 2012. Wiesbaden.

Statistisches Bundesamt (Hrsg.) (2009): Sterbefälle nach äußeren Ursachen und ihren Folgen (ab 1998). www.gbe-bund.de

Statistisches Bundesamt (Hrsg.) (2009): Statistiken der Kinder- und Jugendhilfe – Vorläufige Schutzmaßnahmen 2008. www-ec.destatis.de

Statistisches Bundesamt (2012): Bevölkerung und Erwerbstätigkeit. Bevölkerung mit Migrationshintergrund. Ergebnisse des Mikrozensus 2011. Wiesbaden.

Statistisches Bundesamt (2013): Statistiken der Kinder- und Jugendhilfe 2012. Vorläufige Schutzmaßnahmen. Wiesbaden.

Steffen, Wiebke (2007): Jugendkriminalität und ihre Verhinderung zwischen Wahrnehmung und empirischen Befunden. Gutachten zum 12. Deutschen Präventionstag am 18. und 19. Juni 2007 in Wiesbaden. Wiesbaden.

Stein, Margit (2008): Wie können wir Kindern Werte vermitteln? Wertevermittlung in Familie und Schule. München.

Steinweg, Reiner (2008): Gewalt und Gewaltfreiheit in der Friedenspädagogik. In: Renate Grasse/Bettina Gruber/Günther Gugel (Hrsg.): Friedenspädagogik. Grundlagen, Praxisansätze, Perspektiven. Reinbek, S. 99–122.

Stemmler, Susanne (2011): Multikultur 2.0: Willkommen im Einwanderungsland Deutschland. Göttingen.

Stiftung Lesen (2012): Vorlesestudie 2012: Vorlesen mit Bilder- und Kinderbuch-Apps, Mainz.

Suess, Gerhard J. (2011): Missverständnisse über Bindungstheorie. WiFF Expertise 14. München.

T

Techniker Krankenkasse, Landesvertretung Mecklenburg-Vorpommern (Hrsg.) (2007): Gewalt gegen Kinder. Ein Leitfaden für Ärzte und Institutionen in Mecklenburg-Vorpommern. 4. Aufl., Schwerin.

Theunert, Helga/Kathrin Demmler (2006): (Interaktive) Medien im Leben Null- bis Sechsjähriger – Realitäten und Handlungsnotwendigkeiten. In: Bardo Herzig/Silke Grafe (Hrsg.): Digitale Medien in der Schule. Standortbestimmung und Handlungsempfehlungen für die Zukunft. Paderborn.

Theunert, Helga/Kathrin Demmler (2007): Medien entdecken und erproben – Null bis Sechsjährige in der Medienpädagogik. In: Helga Theunert (Hrsg.): Medienkinder von Geburt an. München.

Thiersch, Hans (1994): Gewalt – Bemerkungen zur gegenwärtigen Diskussion. In: Hans Thiersch/Jürgen Wertheimer/Klaus Grunwald (Hrsg.): „... überall in den Köpfen und Fäusten". Auf der Suche nach Ursachen und Konsequenzen von Gewalt. Darmstadt, S. 1–22.

Thiersch, Hans (2007): Wie geht die Sozialpädagogik mit Regelverletzungen junger Erwachsener um? Ein Beitrag aus der Tagung: Jung, erwachsen, straffällig – was tun? Heranwachsende im Strafrecht. Bad Boll.

Thiersch, Renate (2011): Kindertagesbetreuung – Frühpädagogik. In: Hans-Uwe Otto/Hans Thiersch (Hrsg.): Handbuch Soziale Arbeit. 4. neu bearb. Aufl., München.

Thole, Werner/Alesandra Retkowski/Barbara Schäuble (Hrsg.) (2012): Sorgende Arrangements. Kinderschutz zwischen Organisation und Familie. Wiesbaden.

Tichomirowa, Katja (2013): Verdrängter Irrweg. In: Frankfurter Rundschau, 14.8.2013, S. 13.

Tietze, Wolfgang u.a. (2007): Kindergarten-Skala. Revidierte Fassung (KES-R). Deutsche Version der „Early Childhood Environment Rating Scale". Weinheim.

Tietze,Wolfgang u.a. (2013): Nationale Untersuchung zur Bildung, Betreuung und Erziehung in der frühen Kindheit (NUBBEK). Kiliansroda.

Tomasello, Michael (2012): Warum wir kooperieren. 2. Aufl., Berlin.

Trede, Wolfgang (2013): Hilfe statt Nothilfe. In: DJI Impuse 1–2013, S. 9.

Treptow, Sandra (2012): Was verstehen Erzieherinnen unter Medienerziehung? Ergebnisse einer empirischen Studie an ausgewählten Kindergärten in Nord-Württemberg.

Tschöpe-Scheffler, Sigrid (2004): Qualitätsanfragen an Elternkurse. Wie man Konzepte leichter beurteilen kann. In: TPS. Theorie und Praxis der Sozialpädagogik. 8/2004, S. 4–7, Auszüge.

U

Umweltlernen in Frankfurt e.V. (Hrsg.) (o.J.): Spiel-Räume für Kinder. Frankfurt/M.

Unabhängiger Beauftragter für Fragen des sexuellen Kindesmissbrauchs (2011): Erster Forschungsbericht zur Repräsentativbefragung Sexueller Missbrauch. Berlin.

Unabhängiger Beauftragter für Fragen des sexuellen Kindesmissbrauchs (2013): Wie wird sexualisierte Gewalt definiert? http://beauftragter-missbrauch. de/course/view.php?id=112#Abschnitt2)

Unicef (2003): A League Table of Child Maltreatment Deaths in Rich Nations. Florence.

Unicef (2006): Gewalt gegen Kinder. Bereich Grundsatz und Information I 0077-1.500-10/06).

Unicef (2012): Unicef-Vergleichsstudie reiche Länder – arme Kinder, 29.5.2012. www.unicef.de/presse/2012/vergleichsstudie-kinderarmut

USB Optimus Foundation (Hrsg.) (2011): Sexuelle Übergriffe an Kindern und Jugendlichen in der Schweiz. Formen, Verbreitung, Tatumstände. Zürich.

V

Vandenbroeck, Michel (2007): DECET: Vielfalt & Gleichwürdigkeit. Berlin.

Vogel, Hans-Jochen (1978): Rede vor der Arbeitsgemeinschaft Spielzeug e.V. am 3.10.1978 in Bamberg. In: Henning Schierholz (Hrsg.) (1981): Frieden, Abrüstung, Sicherheit. Reinbek, S. 297–301.

Vogt, Herbert (2007): Im Dschungel der Ansätze. Kindzentrierung kann pädagogisch suchenden Teams Orientierung geben. In: TPS 10/2007.

Volz, Rainer/Paul M. Zulehner (2009): Männer in Bewegung. Zehn Jahre Männerentwicklung in Deutschland. Bundesministerium für Familie, Senioren, Frauen und Jugend. Forschungsreihe Band 6. Baden-Baden.

W

Wagner, Petra (Hrsg.) (2008): Handbuch Kinderwelten. Freiburg. www.kinderwelten.net

Wagner, Petra (Hrsg.) (2013): Handbuch Inklusion: Grundlagen vorurteilsbewusster Bildung und Erziehung. Freiburg.

Wahl, Klaus (2007): Vertragen oder Schlagen? Biografien jugendlicher Gewalttäter als Schlüssel für eine Erziehung zur Toleranz in Familie, Kindergarten und Schule. Berlin.

Wahl, Klaus (2009): Aggression und Gewalt. Ein biologischer, psychologischer und sozialwissenschaftlicher Überblick. Heidelberg.

Wanders, Sibylle (2013): Gewaltfrei Lernen. Das Trainingsprogramm für die Grundschule: Durch Bewegung zur sozialen Kompetenz. Weinheim.

Wardetzki, Bärbel (2004): Ohrfeige für die Seele. Wie wir mit Kränkung und Zurückweisung besser umgehen können. München.

Wegener-Spöhring, Gisela (2000): Feuer frei. Warum man Kriegsspielzeug nicht verbieten soll. In: NZZ Folio 12/00.

Weinert, Barbara (2013): Gewalt in Medien. In: tv-diskurs 2/2013.

Weiß, Hans (2013): Interdisziplinäre Frühförderung und frühe Hilfen – Wege zu einer intensiveren Kooperation und Vernetzung. Impulspapier, Nationales Zentrum Frühe Hilfen. Köln.

Weißbach, Lothar/Matthias Stiehler (Hrsg.) (2013): Männergesundheitsbericht 2013. Im Focus: Psychische Gesundheit. Bern.

Welter-Enderlin, Rosmarie (2005): Die Zentrierung auf die frühe Kindheit ist falsch. In: Psychologie heute, 9/2005.

Welter-Enderlin, Rosmarie/Bruno Hildenbrand (2012): Resilienz – Gedeihen trotz widriger Umstände. Donauwörth.

Werkstatt Friedenserziehung Bonn (Hrsg.) (1987): Hilfe – die Monster kommen! Kinder und die neue Fantasy-Spielwelt. Bonn.

Werner, Annegret (2006): Was brauchen Kinder, um sich altersgemäß entwickeln zu können? In: Heinz Kindler u.a. (Hrsg.): Handbuch Kindeswohlgefährdung nach § 1666 und Allgemeiner Sozialer Dienst. München, S. 13-2 ff.

Werner, Emmy (2001): Unschuldige Zeugen. Der Zweite Weltkrieg in den Augen von Kindern. Hamburg.

Werner, Emmy (2005): Resilienz. In: Psychologie heute. 9/2005.

Weymann, Beate (2010): Mein Kind spielt am liebsten mit Waffen und Panzern. In: Das Familienhandbuch des Staatsinstituts für Frühpädagogik. www.familienhandbuch.de

WHO (2002): World Report on Violence and Health. Geneva.

WHO-Regionalbüro für Europa (Hrsg.) (2003): Weltbericht Gewalt und Gesundheit. Zusammenfassung. Kopenhagen.

Willets, David (o.J.): The Childhood Review: Play, Space and Adventure (Conservative Party Working Paper). www.conservatives.co.uk

Wolff, Reinhart (2006): Inwiefern können Fachkräfte des Sozialen Dienstes durch ihr Handeln Kindern schaden bzw. zur Kindeswohlgefährdung beitragen? In: Kindler, Heinz u.a. (Hrsg.): Handbuch Kindeswohlgefährdung nach § 1666 BGB und Allgemeiner Sozialer Dienst (ASD). München.

Würth, Anna/Uta Simon (2012): Die UN-Kinderrechtskonvention: Der normative Rahmen. In: Aus Politik und Zeitgeschichte, 43/2012, S. 28–34.

Wustmann, Corina (2011): Resilienz in der Frühpädagogik. In: Margherita Zander (Hrsg.): Handbuch Resilienzforschung. Wiesbaden, S. 350–359.

Wyrobnik, Irit (2012): Wie man ein Kind stärken kann. Ein Handbuch für Kita und Familie. Göttingen.

Z

Zander, Margherita (Hrsg.) (2011): Handbuch Resilienzforschung. Wiesbaden.

Zick, Andreas/Beate Küpper/Andreas Hövermann (2010): Die Abwertung der Anderen. Eine europäische Zustandsbeschreibung. Berlin.

Zieger, Holger (2012): Wirkungsevaluation in der sozialen Arbeit mit straffälligen jungen Menschen. In: JZZ 1/2012, S. 17–23.

Ziegler, Holger (2013): Gewaltstudie 2013: Gewalt- und Missbrauchserfahrungen von Kindern und Jugendlichen in Deutschland. Bielefeld.

Zimmer, Renate (1999): Veränderte Kindheit, veränderte Schule. In: Niedersächsisches Kultusministerium/Techniker Krankenkasse: Bewegte Schule. Lernen mit Kopf, Herz und Hand. Niedersachsen macht Schule. Ganzheitliches Lernen fördern – Schulleben gestalten – Schulentwicklung unterstützten. Braunschweig, S. 3–12. www.ohg.goe.ni.schule.de/ohg/0201projekte/0411bew_schule/Argumente.pdf

Wir stärken Dich e.V.

Wir stärken Dich e.V. steht für gewalt- und suchtpräventive Projekte in Schulen, im Kindergarten und der Vorschule. Zudem greift der Verein mit Aktionen wie „Fitness goes Schule" die Problematik mangelnder Bewegung und falscher Ernährung im Kindes- und Jugendalter auf. 2003 gegründet, arbeitet „Wir stärken Dich e.V." zur Erreichung seiner Satzungsziele mit anderen Vereinen, Stiftungen, Institutionen und Experten zusammen. Vorrangiges Ziel ist es, das Selbstbewusstsein von Kindern und Jugendlichen zu stärken und die Ich-Stärke zu fördern. Finanziert werden die gemeinnützigen Projekte fast ausschließlich über die Mitglieder. Beispiele aus der Projektarbeit (Stand Dezember 2013):

Aktion „Fitness goes Schule"

Viele Kinder und Jugendliche bewegen sich zu wenig und essen zu viel bzw. nehmen die falschen Nahrungsmittel mit kaloriendichtem Fast Food, Softgetränken und Süßigkeiten zu sich. Mögliche Folgen dieser Entwicklung sind Risikofaktoren wie Herz-Kreislauf-Erkrankungen, Fettstoffwechselstörungen, Diabetes mellitus Typ 2, Bluthochdruck, Hormonstörungen und andere Erkrankungen, die üblicherweise erst im Alter auftreten. Es kommt zu Überlastungserscheinungen am Skelett und insbesondere bei Kindern und Jugendlichen können auch psychische Schäden durch Übergewicht oder Adipositas hervorgerufen werden.

Abhilfe können flächendeckende Bewegungsprogramme an Schulen und Kindergärten schaffen. Mit der Aktion „Fitness goes Schule" möchte „Wir stärken Dich e.V." Schulen ein präventives Bewegungs- und Ernährungskonzept anbieten. Grundlage für den Bereich Ernährung bildet „Das Power-Buch Ernährung für Kinder" der Autorin Cora Wetzstein, Diplom-Oecotrophologin und Kochbuchautorin.

Forum für Eltern, Lehrer und Erzieher

Das Onlineportal für Eltern, Lehrer und Erzieher (www.experten-forum.org) beschäftigt sich mit den Themen Gewaltprävention an Schulen und Kindergärten, Suchtprävention an Schulen und Übergewicht und Adipositas im Kinder- und Jugendalter. Es werden laufend aktuelle Beiträge, unter anderem von Experten aus der Praxis, Wissenschaft und Forschung, veröffentlicht. Zielgruppen sind Eltern, Lehrkräfte, Erzieher und weitere Berufsgruppen in der Kinder- und Jugendarbeit.

Theatershow „Der neue Schüler"

Die Theatershow „Der neue Schüler", aufgeführt von „People's Theater e.V.", soll die Problematik von Mobbing (Bullying) an Schulen aufzeigen und unter Einbeziehung der Jugendlichen zu Lösungsansätzen führen. Dabei wird ein sozialer Konflikt in einer kurzen Theaterszene dargestellt. Droht der Konflikt zu eskalieren, stoppt ein Moderator das Stück, sodass durch Fragen mit dem Publikum die Ursachen herausgearbeitet und Lösungsvorschläge entwickelt werden können. Einzelne Zuschauer spielen die verschiedenen Lösungsansätze durch. Zum Abschluss erfolgt eine zusammenfassende „Vorbildlösung".

Präventionspreis „Starke Kinder"

Mit dem Kreativwettbewerb „Starke Kinder" soll unter anderem erreicht werden, dass Themen wie Gewalt- und Suchtprävention bereits an Grundschulen bewusst und Kinder spielerisch u.a. für verbale Grenzüberschreitungen, Freundschaft und Kameradschaft sensibilisiert werden. Mitmachen können alle Schüler/innen, die im Bewerbungszeitraum eine Grundschule besuchen. Die Kinder können sich mit Einzelarbeiten oder mit Gruppenarbeiten um den Preis bewerben.

Präventionspreis „Schule bewegt sich"

Ebenso wird der Präventionspreis „Schule bewegt sich" für Jugendliche an weiterführenden Schulen seit 2008 ausgeschrieben. Mit diesem Wettbewerb soll unter anderem erreicht werden, dass sich Schulen und deren Schüler/innen stärker mit den Themen Sucht und Gewalt in ihrem Umfeld auseinandersetzen. An dem Kreativwettbewerb können Schüler/innen im Alter von 10–15 Jahren teilnehmen.

„Wir sind starke Kinder"– Song für Kinder im Kindergarten und in der Vorschule

Der Song mit dem Titel „Wir sind starke Kinder" soll der Gewaltprävention bei Kindergartenkindern und Vorschülern dienen. So kann das Selbstbewusstsein der Kleinsten schon spielerisch gefördert werden. „Ein Lied, das Mut macht, ein Lied, das stark macht, ein Lied, das Spaß macht", so Musiklehrerin Antje Völz. Sieben ihrer Schülerinnen der Wasgau-Schule bilden den Chor für diesen Song. Texterin und Interpretin des Songs ist Christina Drewing.

Das Handbuch Gewaltprävention

Band I: Für die Grundschule und die Arbeit mit Kindern

Auch die Grundschule wird von Konflikten und Gewalt in vielfältigen Formen nicht verschont. Wenngleich das Ausmaß im Vergleich zu anderen Schularten (noch) geringer ist, so stellt Gewalt doch auch hier ein gravierendes Problem dar. Verbale Grenzüberschreitungen, Mobbing, Ausgrenzung, Drohungen, Erpressungen oder körperliche Gewaltanwendungen zerstören nicht nur die Grundlagen des Zusammenlebens und -lernens, sie stellen auch den Lernerfolg in Frage. Lernen kann nur in einem Klima der Sicherheit und Anerkennung gelingen.

Günther Gugel: Handbuch Gewaltprävention I.
Für die Grundschule und die Arbeit mit Kindern. Grundlagen – Lernfelder –
Handlungsmöglichkeiten. 2. Aufl. Tübingen 2009, 536 S.

Band II: Für die Sekundarstufe und die Arbeit mit Jugendlichen

Der Ansatz des Handbuchs Gewaltprävention II geht davon aus, dass der Weg zu einer „guten Schule" in unmittelbarem Zusammenhang mit einer höheren Schulmotivation der Schülerinnen und Schüler, verbesserten schulischen Leistungen und einer Verminderung von Gewalt an der Schule steht. Der Schlüssel zu guten schulischen Leistungen ist ein angstfreies Klassen- und Schulklima, das von gegenseitiger Wertschätzung und Akzeptanz geprägt ist. Es geht nicht um Einzelmaßnahmen, sondern um die Verbesserung der sozialen Schulqualität. Dabei ist Gewaltprävention in den normalen Unterrichtsverlauf und in den Prozess der Schulentwicklung integriert. Gewaltprävention ist so kein „zusätzliches" Angebot, sondern Teil des pädagogischen Alltags.

Günther Gugel: Handbuch Gewaltprävention II.
Für die Sekundarstufen und die Arbeit mit Jugendlichen. Grundlagen –
Lernfelder – Handlungsmöglichkeiten. Tübingen 2010. 736 S.

Band III: Für den Vorschulreich und die Arbeit mit Kindern

Die Gewaltpräventionsforschung weist immer wieder darauf hin, dass Gewaltprävention früh beginnen muss, um ihre Wirksamkeit entfalten zu können. Dieses Handbuch ermöglicht einen ganzheitlichen Blick auf die zentralen Bereiche von Gewaltprävention im Bereich Vorschule und bietet konkrete Handlungsmöglichkeiten an. Es orientiert sich am Stand der wissenschaftlichen Diskussion und begreift Gewaltprävention auch als Teil der Organisationsentwicklung in pädagogischen Einrichtungen.

Günther Gugel: Handbuch Gewaltprävention III.
Für den Vorschulbereich und die Arbeit mit Kindern. Grundlagen – Lernfelder –
Handlungsmöglichkeiten. Tübingen 2014. 368 S.

Das Handbuch Gewaltprävention ist ein Projekt von „Wir stärken Dich e.V.", als Kooperationsprojekt durch die Berghof Foundation entwickelt.
Alle drei Bände sind online verfügbar unter: www.schulische-gewaltpraevention.de

Die Berghof Foundation

Die Berghof Foundation ist eine unabhängige und gemeinnützige Nichtregierungsorganisation, die sich dem Ziel verschrieben hat, Konfliktparteien und andere Akteure in ihren Bemühungen zu unterstützen, einen dauerhaften Frieden durch Friedensentwicklung und Konflikttransformation zu erreichen. Die Vision der Berghof Foundation ist eine Welt, in der Menschen friedliche Beziehungen miteinander unterhalten und Gewalt als Mittel der Durchsetzung sozialer und politischer Ziele überwinden. Während wir Konflikt als integralen, oft notwendigen und damit unvermeidbaren Bestandteil politischen und gesellschaftlichen Lebens ansehen, glauben wir, dass die Anwendung von Gewalt in Konflikten vermeidbar ist.

Konflikttransformation erfordert die Einbindung der Konfliktparteien und derjenigen, die am meisten von der Gewalt betroffen sind. Sie benötigt aber auch Wissen, Fähigkeiten, Ressourcen und Institutionen, die dabei helfen können, gewaltträchtige Konflikte in konstruktive und nachhaltige Zusammenarbeit zu verwandeln.

Unsere Vision gründet sich auf der Überzeugung, dass die Unterstützer eines friedlichen Wandels nur erfolgreich sein können, wenn ihnen geeignete Räume für Konflikttransformation zur Verfügung stehen („Creating Space for Conflict Transformation").

Unser Auftrag

Die Berghof Foundation trägt zu einer gewaltfreien Welt bei, indem sie Konfliktparteien und andere Akteure in ihren Bemühungen unterstützt, einen dauerhaften Frieden durch Friedensentwicklung und Konflikttransformation zu erreichen.

Dabei stützen wir uns auf die vorhandenen Wissensbestände, Fähigkeiten und Ressourcen in den Feldern der Konfliktforschung, der Friedensförderung, der Friedenspädagogik und der Stiftungsarbeit und wollen diese weiterentwickeln. Wir arbeiten mit Partnern und Geldgebern zusammen, um inklusive Unterstützungsmechanismen, -prozesse und -strukturen zu schaffen. Diese sollen Akteure befähigen, konstruktiv miteinander umzugehen und gewaltfreie Antworten auf die Herausforderungen in Konfliktsituationen zu entwickeln.

Unsere Standorte

Die Berghof Foundation hat ihren Sitz im Berghof Center in Berlin. Außerdem unterhält die Foundation Zweigstellen im süddeutschen Tübingen und in Bangkok, Thailand. Je nach Erfordernissen und nach den Bedürfnissen und Anfragen unserer Partner können Projektbüros in anderen Ländern eingerichtet werden.

www.berghof-foundation.org